以"结构化教学"为核心的
小学数学课程图谱

曾亮 杜琳 主编

图书在版编目（CIP）数据

以"结构化教学"为核心的小学数学课程图谱/曾亮，杜琳主编.— 上海：上海教育出版社，2022.11
（2023.11重印）
ISBN 978-7-5720-1732-2

Ⅰ.①以… Ⅱ.①曾… ②杜… Ⅲ.①小学数学课－教学研究 Ⅳ.①G623.502

中国版本图书馆CIP数据核字(2022)第195599号

责任编辑　王雅凤
封面设计　周　吉

Yi "Jiegouhua Jiaoxue" wei Hexin de Xiaoxue Shuxue Kecheng Tupu
以"结构化教学"为核心的小学数学课程图谱
曾　亮　杜　琳　主编

出版发行	上海教育出版社有限公司
官　　网	www.seph.com.cn
地　　址	上海市闵行区号景路159弄C座
邮　　编	201101
印　　刷	上海普顺印刷包装有限公司
开　　本	700×1000　1/16　印张 22.25　插页 9
字　　数	400 千字
版　　次	2022年11月第1版
印　　次	2023年11月第3次印刷
书　　号	ISBN 978-7-5720-1732-2/G·1588
定　　价	78.00 元

如发现质量问题，读者可向本社调换　　电话：021-64373213

顾 问

彭涌　匡世联　李建萍

主 编

曾亮　杜琳

副主编

王晓明　周波　廖敏

编 委

欧小丽	钟砚	肖雨含	任美全	周婷	姜霞
肖雪梅	唐治国	沈爱华	黄威	张利成	彭彦萍
罗壹	董梦景	刘佳佳	童雪玲	唐雪梅	周峻
谭静	李婷	肖维肖	吕怡丽	任婉奕	黄谦梓
叶丽洪	郭文静	康毅	高小清	李思帷	

序一

《义务教育数学课程标准（2022年版）》确立了核心素养导向的课程目标，强调课程内容的组织"重点是对内容进行结构化整合，探索发展学生核心素养的路径"。基础教育课程改革以促进人的全面发展为导向，以立德树人为根本任务，实现以课程育人为主体的全面育人、全方位育人和全程育人。在学科核心素养的落实中，要求"以学科大概念为核心，使课程内容结构化，以主题为引领，使课程内容情境化"。本书再现了四川省成都高新区小学数学团队近年来如何通过"课程图谱"的构建与使用，实现"结构化教学"的研究历程和研究成果，展现了研究团队的前瞻性和专业素养。这样的实践研究在当今背景下更凸显了其现实意义，值得我们学习分享。

一、本书为学科教研提供了典型范式

书中呈现了一条如何开展真实有效的学科教研的路径，即"以赛代培，以赛促研"，真正实现"教、研、培、评"的一体化。其特点在于：(1)顶层设计站位高。成都高新区小学数学团队精准把握课改方向，紧紧抓住"新课标"，以"新课标"为"标"对小学数学课程内容进行系统化梳理，形成各领域的课程图谱，用图谱的建构来推动全区小学数学教学改革，落实核心素养，促进全区小学数学教师的专业发展。(2)目标明确。团队工作明确指向"通过结构化教学，促进教学改革"这一目标，并以此来构建课程图谱、梳理教学策略、改进教学方式，且效果显著。(3)任务驱动成果丰厚。组织者设计了两次团队比赛，用具体的任务来推动研究、达成目标，过程中每个教研组都经历了一次蜕变，激发了团队智慧，形成了丰厚成果。(4)全员参与促进教师成长。研究撬动全区39所学校700余位数学教师共同参与，使得不同层次的教师都能在活动中找到并发挥自己的价值，同时享受团队互助带给自己的成长。(5)恰当使用信息技术，有效促进研究。研究过程中，组织者为最大限度地吸引老师们参与研究，运用信息技术创造性地构建了"线上、线下混合式研培范式"，真实有效地深化了研究。

二、本书为学科教师提供了教学指南

本书为小学数学教师呈现了一条有效开展"结构化教学"的路径，即通过对"课程图谱"的研究来实现"结构化教学"，提高教学质量，促进教师专业能力的提升。其创新之处在于：（1）"我创我图谱"。在区域研究方向的引导下，不同学校教研团队图谱建构的思路与策略、图谱呈现的形式与样态可谓是百花齐放，各具特色。（2）"我用我图谱"。老师们根据教学的实际需要，以"图"为"谱"，并在对图谱的合理选择和组合中实现"结构化教学"，让教学设计与实施有"理"有"据"，最大限度地避免了教学的随意性和盲目性。（3）"我有我图谱"。随着"结构化教学"实施进程的推进，使得在学生头脑中的数学知识不再是一个个散状的点，而是"串成线、连成面、构成体"的图谱，帮助学生在解决问题时能够及时有效地进行知识的抽取和运用。

"结构化教学"的实施过程彰显了数学知识间的丰富联系，以少量的主题实现了多知识点的覆盖。教学中，基于整体视角，抓住核心，建立联系，利用迁移，引导学生感悟数学本质的一致性，让学生学会思考。这样的学习才能帮助学生更长久地保存信息、更深入地理解概念、更有效地解决问题，促进学生举一反三，融会贯通，实现减负、提质、增效，落实核心素养。

从教研团队的"创"，到教师个体的"用"，再到学生个体的"有"，反映了高新区小数团队将核心素养落地的全过程。这些成果具有系统性，为"结构化教学"提供了科学、实用的指导，能够有力地促进教师由"概念认同"走向"行为转变"，由"教学意识"走向"课程意识"，有效促进了学生核心素养的养成。

本书针对的教学问题真实普遍，选取的理论认知框架简明扼要，理性的分析准确详实，并配有大量鲜活的案例，值得借鉴。

专著付梓之际，遵成都高新区教育发展中心李建萍副主任之嘱，是为序。祝成都高新区小学数学团队再接再厉，充分领会新一轮课程改革的新要求，自觉提升专业素养，为培养优秀的社会主义接班人而耕耘不息。

2022 年 9 月 1 日

序二：每一位教师都应该建构自己的图谱

收到成都高新区小学数学团队关于"课程图谱"的书稿，断断续续却还算是十分认真地看完了全部的章节。掩卷、回味，这份书稿是踏踏实实做出来的，符合高新区一贯的研究品质，值得一线教师和小学数学研究者关注或参考。

（一）

教材，是学科专家和学科教育专家精心筛选学科知识内容并加以组织、编排而呈现出来的重要的课程载体。教材本身就已经具有一定的逻辑性、结构性和完整性，其章节体系就可以看成是一张"图谱"。那么，绘制课程图谱的价值和意义何在？这可能是读者直面课程图谱时会追问的问题。对此，书稿中已经作了相关阐述。这里，我想提醒的是，从学生学习的角度看，教材的呈现方式未必契合每一位学生的认知发展规律，而课程图谱的绘制在一定程度上能弥补这一缺憾。

教材的价值、意义及作用不言而喻！不过，其编排却较难避免一种相对侧重演绎逻辑的方式，具体表现在：先学习作为结果状态（结论）的概念，再学习由基础概念衍生出来的运算、性质、规律或定理，最后进行练习巩固。受限于这样一种整体的教材编排逻辑，一个一个的学科知识点最终以"点状"的方式转变为一堂一堂的课，以及各堂课的重点、难点。其实，我们之所以会有"知识点"及单课时教学"重点""难点"这样的概念，恰恰是教材演绎式的编排逻辑、点状的编排方式给我们带来的认知。

在这样一种呈现方式下，就容易造成这样的局面：教师按照教材的节奏，"一堂课一堂课"地去上，最终导致教师忽视知识之间的联系，学生更不容易理解知识之间的内在逻辑。这在教育教学层面的损失是：对学生而言，学科知识失去了其本可以发挥的学科思维价值及学科育人价值；对教师而言，则意味着某种专业的缺陷——重点、难点是手段，不是目的，小学数学教师本应该引领学生将课时知识与生活世界及数学知识的整体世界（意味着一种内在结构）进行沟通。

绘制课程图谱的意义在于，这一行为本身就是对教材权威的"祛魅"〔借用马克思·韦伯（Max Weber）的词语〕，并以一种审辩的、理性思考的方式。教师重新思考和审视教材点状式的知识点与一堂一堂课之间的联系，以发现和凸显知识点之间（课时教学之间）的隐藏逻辑，并以可视化的方式将其呈现出来。教师绘制课程图谱的过程，其实是作为实践者的一线教师主动与教材编写者、研究者对话、沟通、联系、互动的过程；而绘制好的课程图谱，正是上述过程的结晶。显然，这本书稿呈现的作为结果的课程图谱具有指导教学的"工具理性"价值，甚至这一实用价值决定着图书的市场价值。但我们更应看到的是，绘制课程图谱所具有的过程性的意义，所具有的沟通理论与实践的"目的理性"价值。绘制课程图谱是教师创造性工作的一部分，代表教师从"教教材"（教师被教材"牵"着走，再"牵"着学生走）到"用教材教"（将教材作为素材，并创造性地使用）的重要转变，意味着教师作为一个能动的实践者的专业意识的苏醒。

特别有意思的是，如果您将《义务教育数学课程标准（2022年版）》中"课程实施"这一章中的"教学建议"和《义务教育数学课程标准（2011年版）》中的作对比，您就会发现后者的教学建议主要指向教学目标和教学过程，而前者专门论述了要"整体把握教学内容"。——这，正是课程图谱绘制在做的事情！

（二）

本书的上篇，将课程图谱置于种种分析框架中进行阐释，让我们看到了课程图谱的内涵、价值、建构方法、其对"结构化教学"的作用等不同的侧面，形成了对课程图谱的立体认知。本书的下篇，显然是"实践篇"或者说是"案例篇"。但如果您仔细审视的话，不少案例其实给出的也是中观层面的整体思考，也涉及从理论依据到实践策略的完整逻辑和框架建构。所以，如果您是一线教师，自然不会放过一个个具体的案例，尤其是可以直接拿来使用的课程图谱。如果您不是一线教师而是希望了解这一课题的研究者，那么也不要忽略下篇中关于案例的思考和论述。上篇和下篇，既有高新区各研究团队实践后的共识，也有不同团队对课程图谱的多元认识。这样的参差多态，也加深了作为读者的我们认知课程图谱的深度。

需要注意的是，有时候教师探寻教材并以图形、表格等可视化形式而呈现出的图谱未必就比教材编写者在教材中所孕伏的"隐性结构"更加高明。但对教师的意义是，绘制课程图谱，其实就是去深入解读教材、理解学科结构，就是逐步形成从整体的、联系的、结构化的角度去思考课时教学的思维方式。同时,正是在课程图谱的绘制过程中,让教师不得不暴露原有的知识基础、认知结构、思维方式和行动方式,以更好地完成绘制的任务。——这就让自己内在的认知也发生了改变。只有经过这样一个互动过程即由教师自己建构图谱,知识间的逻辑才是被教师个性化地占有并被同化到自己的认知结构中的。对于新手教师而言,有现成的课程图谱可循,的确可以"缩短教师的成长周期,让教学变得有广度、有深度"。但同样,从现成的图谱中感知背后的思考逻辑,再按照自己的理解去绘制自己的课程图谱,将会是新手教师新的开始。

还需要注意的是,教师在某个时段所用的教材常常是唯一的,但课程图谱却是也必须是允许教师进行不断创造的。这种创造主要体现在两个层面:一是绘制方法(过程)的多样化,二是最终形成的课程图谱的多样化。绘制方法上,数学知识的关联、数学思想的关联、学习方法的关联、学习过程的关联,都可以成为图谱绘制的思考路径。正因为不同维度的关联是需要挖掘的,也就让教师有了创造的空间,从而产生了多元的图谱。

对于学生而言,我们惊讶于课程图谱带来的教师看待学生眼光的改变,却也要提醒读者,您如果从书中发现了您觉得特别切中肯綮的图谱,看到了一种很好的知识间的联系结构,千万不要以为学生就应该形成"这一种"标准的、最优的图谱。恰恰相反,教师绘制出多元课程图谱的事实恰恰提醒您要注意,学生最终要形成的,也是自己的知识结构——知识节点间的联系可以是差异化的,但知识间的逻辑如果能自洽在学生心中,那就够了。教师的图谱可以不一样,学生的图谱也可以不一样,教师和学生不需要都一个样。

教师对教材知识、对学生,其实都有自己的认知图谱,只是或藏或隐,或能自我察觉或尚不自知。而课程图谱一旦形成,就具备提取、识别、关联、分析、显示等功能,也就为教师自己重组认知,更为系统地理解自己的学生观、教材观、教学观等底层逻辑提供了可能。

(三)

早在十年前,我就在高新区的芳草小学、泡桐树小学(天府校区)等学校听过不少课。印象很深的是,高新区呈现的课,教师常常是年轻的,课也是顺着教学安排来上的"家常课",但每一次都可圈可点。我不少文章的素材,尤其是教学片断,就来自高新区的课堂,比如,在高新区听年轻教师上"小数乘一位数"而归纳出的计算课"课型",在不久前的研讨中拿出来分享,大家依旧觉得并不过时。以往见到的是时间轴上一个一个星星点点的案例,而今,十年过去,终于可以形成回顾或者说"远观"的视角,看到高新区教研始终坚持的方向和方法。

我听杜琳老师说过课程图谱推动的历程,开始时的迷茫,过程中的坚持,略有小成时的自豪,继续深化时的困难,墙内外开花的喜悦,以及以课程图谱指导作业设计的延续……从教研员或教育行政者的角度来说,一项好的区域研究恰恰应该具备这样的特性:方向非常明确,价值和意义值得追寻,但过程却具有一定的模糊性或不确定性,因为在这个过程中,要允许参与的教师有价值辨析、犹豫取舍的时间和空间。如果一项区域研究从一开始就是一帆风顺的,理论指导和实践跟进在短期内就步调一致且成果显著的,反而要值得警惕与怀疑。也正是对于区域教研复杂性的认识,我能微笑着听杜琳老师、曾亮老师等人讲研究推进中的故事,因为我知道这些故事必然存在且真实、鲜活。

相应地,对于身处一项区域性研究主题的教师个体而言,可能要学习如何成为一名教育变革的行动者。这不是要教师舍弃自己的独立思考,而仅仅去执行相关的专家指导;如果真是那样,那么在一项教育研究或变革中,您依旧没有改变被动的、从属的地位。或许我们可以从高新区课程图谱的推动过程中,以及从银都小学、泡桐树小学(天府校区)、芳草小学等学校个性化且相对成体系的探索中,看到真正的行动者的轮廓:有迷惘,所以有自己的思考;有难度,所以有自己的突破;有指导,但更有自己的独立思考;有模板,但却创生了自己的想法、做法和说法。如果变革的参与者都忠实地去执行一项措施,很有可能会落得一个"过程顺利、成果显著、皆大欢喜"却很快"烟消云散"的结局;而一开始就存在阻力、难度、争论的变革,却更有可能锤炼出理解变革、认同变革、坚持变革的行动者。当然,也要允许部分教师的"躺平"。当高新区有的教师告诉我,"现在教某个内容时,脑袋里自动就会去建构一张图谱,也希望学生脑袋里有谱""我们去参加教学比赛,有了整体视野,有时有'碾压'对手的感觉"……我知道,这样的变革,其影响相对也不容易消退。

已经啰啰唆唆说了很多。其实,每一位教师在日复一日的工作中,也正绘制着自己职业生命的图谱,曲折蜿蜒、千姿百态,各不相同又无人可以替代。

陈洪杰

2022年10月24日晚于上海

目　录

上篇

- 第一章　结构化教学的内涵与价值
  - 第一节　结构化教学的内涵 / 3
  - 第二节　结构化教学的意义与价值 / 9

- 第二章　课程图谱的内涵与价值
  - 第一节　课程图谱的内涵 / 18
  - 第二节　课程图谱的价值 / 27

- 第三章　课程图谱的建构
  - 第一节　课程图谱的建构原则 / 32
  - 第二节　课程图谱的建构依据 / 38
  - 第三节　课程图谱的建构要求 / 47

- 第四章　以图谱为工具实施结构化教学
  - 第一节　运用结构化图谱读懂教材的内容结构 / 56
  - 第二节　运用结构化图谱读懂学生的认知结构 / 65
  - 第三节　运用结构化图谱开展课堂教学 / 69

- 第五章　研究的开展与影响
  - 第一节　以赛促研：从困惑走向内省 / 83
  - 第二节　深度打磨：从区域走向市域 / 88
  - 第三节　建构到运用：撬动结构化教学 / 89

下篇

"数与代数"领域

第六章 多重视角 多元策略 动态协同
第一节 结构化课程图谱的革新与实践 / 99
第二节 如何培养学生的结构化意识和能力 / 105
第三节 以"计算与应用"为例 / 115

第七章 立足原点 返回起点 建立关联
第一节 剖析教材 分析学情 建立结构化关联图谱 / 129
第二节 整体布局 聚焦关联 提炼结构化教学策略 / 136
第三节 以"商不变的规律"为例 / 146

第八章 基于图谱 关联地教 孕育素养
第一节 围绕数学思想与本质构建结构化图谱 / 162
第二节 为结构而教 / 169
第三节 以"谁打电话的时间长"教学为例 / 175

"图形与几何"领域

第九章 图谱筑基 策略助力 素养驻心
第一节 "图形与几何"领域结构化图谱 / 188
第二节 "图形与几何"领域结构化教学策略 / 194
第三节 以"长方形的面积"为例 / 202

第十章 探究关联 融会贯通 整体建构
第一节 "图形与几何"领域结构化图谱 / 218
第二节 立足图谱,探索结构化教学实施策略 / 228
第三节 以"平行四边形的面积"为例 / 234

第十一章　知识化结构　编译图谱　深度学习
　　第一节　"图形与几何"领域结构化图谱 / 246
　　第二节　微观、中观、宏观视角下"图形与几何"知识图谱使用策略 / 252
　　第三节　以"平行四边形的面积"为例 / 259

"统计与概率"领域

第十二章　立体解读　结构教学　图谱助力
　　第一节　立足数据分析意识构建图谱　助力全面立体解读教材 / 271
　　第二节　图谱助力结构化教学　探索基于课型的教学策略 / 278
　　第三节　以"身高的情况"为例 / 286

第十三章　构建谱系　结构思维　助力教学
　　第一节　剖析主题　沟通联系　形成学科知识图谱 / 296
　　第二节　结合图谱　探索教学　构建学生认知结构 / 303
　　第三节　以"平均数"为例 / 309

第十四章　图谱为源　结构为基　素养为本
　　第一节　构建图谱群，助力结构化教学，发展学生数据分析观念 / 321
　　第二节　发展学生数据分析观念的结构化教学策略 / 327
　　第三节　以"平均数"为例 / 328

附录 / 343

后记 / 344

上篇共有如下五个章节：

第一章主要围绕"结构化教学"的内涵、意义与价值展开，主要回答了"什么是结构化教学""结构化教学有怎样的特征""它与单元整体教学之间有什么区别与联系""结构化教学的意义与价值是什么"等具体问题。

第二章聚焦"课程图谱"，在明晰课程图谱具体概念的基础上，进一步阐述其内涵、特点及价值。

第三章具体探讨如何建构课程图谱，主要从课程图谱的建构原则、建构依据、建构要求等方面入手，详细阐述如何使得课程图谱成为结构化教学的有效工具和有力"抓手"，让教学实现"有图可循"。

第四章以单课时教学为例，全面呈现了团队在单课时教学中进行教学设计与实践探索的所思、所做，阐述如何运用结构化图谱来帮助教师读懂教材的内容结构及学生的认知结构，并呈现了小学数学相关领域的部分典型课例。

第五章详细阐述了成都高新区小学数学团队关于"以'结构化教学'为核心的小学数学课程图谱"的区域研究历程。

第一章
结构化教学的内涵与价值

随着课堂教学改革的不断深入，我区成都高新技术产业开发区（以下简称成都高新区）小学课堂中基于情境与问题导向的互动式、启发式、探究式、体验式等教学方式逐步成为课堂主流，教师们也正积极尝试着项目设计、研究性学习等跨学科综合性教学。数学作为一门高度结构化的科学，成都高新区选择了以"结构化教学"为"抓手"来推动区域小学数学课堂变革。本章将紧密围绕结构化教学的内涵与价值作具体探讨。

第一节 结构化教学的内涵

《义务教育数学课程标准（2022年版）》（以下简称"课标2022年版"）在教学建议中明确指出，"教学目标要体现核心素养的主要表现，处理好核心素养与'四基''四能'的关系；注重教学内容的结构化，注重教学内容与核心素养的关联"，这给了我们团队极大的鼓舞，更加坚定了对结构化教学的研究信念。那么，究竟什么是结构化教学？它有怎样的特征？它与单元整体教学之间有什么区别与联系？下面，将针对这些问题作进一步阐释。

一、什么是结构化教学

要了解结构化教学，需要从结构化、结构化教学和结构化思维说起。

（一）结构化

"结构"一词源于拉丁语"structure"，原指统一物的各个部分、各单元及其关系，指构成、建造。结构人类学创始人克劳德·古斯塔夫·列维-斯特劳斯（Claude Gustave Levi-Strauss）认为，"结构"就是由一种符合几项特定要求的模式组成的。

在他看来,"结构"就是理论或模式,是一般原理间的一个逻辑关系系统;事物系统联系的诸多要素按固有的相对稳定的组织方式或联结方式,构成一个统一的整体,其中诸要素之间确定的构成关系,就是结构。[①]而"化"则表示转变成某种性质或状态,即指使某种对象具有某种性质或状态的过程。[②]

华南师范大学心理学系教授莫雷认为,所谓结构化,是指将逐渐积累起来的知识加以归纳和整理,使之条理化、纲领化,做到纲举目张。知识是逐渐积累的,但在头脑中不应该是堆积的。心理学研究已发现,学习优秀生和学习困难生的知识组织之间存在明显差异。学习优秀生头脑中的知识是有组织、有系统的,知识点按层次排列,且知识点之间有其内在联系,具有明显的结构层次性;而学习困难生头脑中的知识则呈水平式排列,是零散、孤立的。而结构化对知识学习具有重要作用,因为当知识以网状结构的方式进行储存时,可以大大提高知识应用时的检索效率。[③]

综上所述,结构化就是作用对象按照其内部各个要素间的逻辑关系进行连接、组合以形成结构的过程,进而使各部分更具条理性,使整体更具系统性。

(二)结构化教学

结构化教学指向教师的教学行为,可以从两个方面来理解:一是以课堂教学为载体,通过有效的教学方式帮助学生进行知识的结构化;二是教师的教学行为具有结构化意识,包括教师对教学内容本身的结构化思考,对学生学情的整体把握,对教与学方式的选择等。

教学中,部分教师对数学整体知识结构的认识较为片面,备课时只备一课;一堂课也往往局限于某个知识点的教学,忽视了知识的整体结构,削弱或偏离了数学学科的课程目标。同时,缺乏对学生学习过程的整体设计,只依据教学参考资料生硬授课。这些都不利于对学生数学思维结构化能力和学习能力的培养。

结构化教学的研究是为了解决当前教学中存在的点状化、狭窄化、机械化教学等现实问题。结构化教学极其强调对教学内容的整合,主张创造性地使用教材,依据教材的编排体系、学生的认知基础和经验背景对教材进行创造性加工和应用。[④]

华东师范大学叶澜教授在"新基础教育"理论中对结构化教学作了详细阐述

---

① 皮亚杰.结构主义[M].倪连生,王琳,译.北京:商务印书馆,1984.
② 辞海编辑委员会.辞海(缩印本)[M].上海:上海辞书出版社,1980.
③ 莫雷.教育心理学[M].北京:教育科学出版社,2007.
④ 王甦,汪安圣.认知心理学[M].北京:北京大学出版社,1996.

和运用,提出了"教结构、学结构、用结构"的结构化教学基本理论。[①] 即:先引导学生对单元知识作整体理解,明确步骤要领(教结构);再指导学生详细学习该结构的基本规律、基本方法(学结构);最后引导学生运用规律,自主学习单元中其他具有相同特征的内容(用结构)。[②]

颜春红认为,小学数学结构化教学是在充分了解学生知识基础和能力经验的基础上,以完善和发展学生原有数学认知结构为目的,站在整体化、系统化的高度组织教学内容、设计教学方案、开展教学活动,促进学生在掌握知识的同时理解知识之间的逻辑关系,能举一反三地真正融通、建构知识,充分感受和把握数学的知识结构和方法结构,并形成比较完善的关于数学认知结构和思维结构的教学。[③]

由此可见,结构化教学是以学科知识为基础,以学生已有知识经验为依托,教师运用系统性、逻辑性的活动帮助学生建立知识结构和思维结构,引导学生对知识进行总结与关联,从而完善学生的认知结构,发展学生思维,提高学生解决问题的能力。

(三)结构化思维

结构化思维主要是指一个人在面对客观问题时,能从多个侧面深入思考问题及其成因,并以此寻求方法;它是把表象复杂的问题变得有结构且有序的思维方式。[④]

数学结构化思维是一种基于数学的思维方式和思维习惯,指在面对数学问题时,能从多个角度深入分析数学问题,利用关联的、结构的、系统的思维找到解决数学问题的方案,进而顺利解决数学问题。

二、结构化教学的特征

在深度学习背景下,剖析有效落实核心素养的路径,是教师的结构化教学转变为学生结构化学习的有效保障。结构化学习有助于实现知识的结构化和认知的结构化,从而实现深度学习,促进高阶思维的养成,最终达成数学核心素养的培养目标。在某种程度上,其中体现了"化教为学"的培养策略,而结构化教学则是

[①] 叶澜,吴亚萍.改革课堂教学与课堂教学评价改革——"新基础教育"课堂教学改革的理论与实践探索之三[J].教育研究,2003(8):42-49.
[②] 范德举.运用单元结构化教学 促进学生自主性学习[J].中国学校体育,2013(10):27-28.
[③] 颜春红.小学数学结构化教学课堂过程评价解析[J].现代中小学教育,2018,34(2):49-53,57.
[④] 刘小宝.结构化思维对小学数学教学的启示与思考[J].小学数学教育,2020(5):11-13.

这条培养链上的原动力。因此,我们把研究目光聚焦到结构化教学中来,剖析教师结构化教学的特征。

(一)以学习者为中心

结构化教学强调学生主动参与学习活动,参与知识理解和构建的全过程。以学定教,在学生已有认知结构与思维水平的基础上组织学习活动,教学内容、教学方法、教学评价等都以学生的已有认知结构和学习经验为依据。

(二)以核心素养为目标导向

以核心素养为目标导向的教学关注学生的学习体验和学习过程,使得学生能积极参与学习活动并亲身经历知识的建构过程,教师则并不是直接将某个知识或观念传递给学生。如此进行学科知识的学习,能帮助学生形成学科思想,培养学科能力,发展核心素养。

(三)以结构化知识为教学内容

在小学数学中,知识结构包括课时知识结构、单元知识结构、跨年级或学段单元知识结构、相关领域知识结构等。在结构化教学中,不仅要求学生理解各个知识与概念的含义,还要求学生明晰不同知识之间或同一知识在不同单元之间的联系,在零散的、碎片化的知识点之间建立联系并形成知识结构,以引导学生建立学科的整体构架,促进学生的知识迁移。

因此在教学时,教师要充分把握整个学科知识体系,在学科整体观的视野下,帮助学生建立起各知识点间的联系。同时,教师应引导学生主动发现知识点之间的联系,使学生的学习由"零散"走向"联系",从而促进学生思维的提升。例如,教师在备课时不仅要把握课时知识,还要将课时知识与单元知识、本册教材的相关知识以及跨年级或学段的相关知识进行系统梳理与整合,进而将整合后的包含多种信息的知识框架呈现给学生。这样,学生就能在这一课时的学习中自主实现深度思考,并自然而然地发现不仅要掌握单个知识点,更要去深入思考这一知识点与其他知识点间的联系与异同。

布鲁纳(Jerome Seymour Bruner)认为,"获得的知识,如果没有完满的结构把它们连在一起,那是一种多半会被遗忘的知识"。有些知识在纵向的逻辑线索中虽没有必然的联系,但因为所蕴含的数学思想方法相同或知识的部分要素及其表达形式相近,因而在客观上存在着一定的横向联系。因此,教师在教学时应遵循关联性原则,有效沟通知识间的联系,把具有同类特征的知识整合到一起以形成"类特征知识",并充分凸显其在教学中的共同思维方式,丰富学生对"类特征知识"的整体认识,让学生能更好地把握知识结构。

（四）以学生已有经验为教学起点

结构化教学重视学生的已有知识经验，唤醒学生头脑中已有的知识是结构化教学的重要起点。因此，在结构化教学中，教师需要对学情有充分的了解。只有建立在充分了解学生已有知识经验基础上的教学，才能更好地引导学生进行学习。

具体来说，教师在教学过程中不仅要关注知识的结构化设计，还要关注学生的认知结构，以促进学生将数学知识结构转化为数学认知结构；注重学生原有的数学基础知识、数学活动经验和数学认知水平，帮助学生及时将新知纳入原有的认知结构中，使其得以丰富和扩展，从而利于数学知识的建构和方法的迁移。

（五）以学生认知结构化为教学目标

数学是一门逻辑性和条理性很强的学科。因此，于学生而言，在数学学习过程中，掌握数学基本方法则显得尤为重要。在学习数学中的解题方法以及彼此之间的联系时，可以发现很多数学问题的解决方法大多是由最基础的方法延伸出来的，当学生学会了基础方法后，就能够实现从解决一道题向解决一类题的思维迁移，从而举一反三。对此，需要教师在教学过程中创造有效的问题情境，让学生体验解决问题的基本过程，同时引导学生总结解决问题的方法。在自主参与问题解决的过程中，学生经历了各种认知活动，体验了各项技能的应用，有利于学生思维能力和思维水平的提升。

数学的学习需要学生将点状式的知识通过自己的主动学习将其连接起来，由点到线，再由线到面直至体。只有当学生将单个知识在头脑中形成与其他知识的相互联系时，才能更好地理解知识背后的含义。

（六）以学生思想方法的结构化为归宿

结构化教学重视学科知识之间的联系及内容的整合。通过重组和整合教学内容，学生能够从整体上把握知识结构，并能更好地进行拓展延伸。除了上述几方面，教学中，教师还应重视引导学生在遇到问题时从多个角度进行深入思考，实现思维由具体到抽象的过渡，从而有利于学生的思维发展。这样，学生不仅掌握了学科知识结构，还学会了结构化的思维方式，明白了知识之间是存在联系的。

总之，结构化教学注重培养学生的思维能力，提高学生的认知水平，让他们在遇到数学问题时能够有逻辑、有条理地思考问题，从而找到解决方案。

三、结构化教学与单元整体教学之间的联系与区别

那么，结构化教学与当下实施的单元整体教学之间又有什么联系和区别呢？从定义上来说，"单元整体教学"是指教师基于课程标准，围绕特定主题，对教材

等教学资源进行深入解读、分析、整合和重组后所搭建起的一个由单元大概念统领、各小概念相互关联、结构清晰的完整教学单元,使教学能够围绕一个完整的主题来设定单元目标,将教材分为单元或知识模块,从整体上把握教学要求,分课时实施的一种教学。[①] 即:教师需要引导学生对各个小概念进行学习和提炼,逐步构建基于该单元主题的大概念。

(一)教学目标上的区别和联系

从教学目标上来说,它们的区别在于:单元整体教学具有较强的目标导向,依托整体性的单元目标以及具体的课时目标展开,即基于一系列具有层次的具体课时目标来有序实现单元整体目标。结构化教学则更加依托结构化的知识体系去实现教学目标,更加突出知识之间的本质联系;它不仅是一种教学方法,也是一种教学理念,教师要有意识地在教学过程中勾连知识之间的联系,而不是孤立、片面地传授知识。

它们之间的联系是:结构化教学与单元整体教学都有别于传统教学中指向知识和技能的目标,都立足于解决学生数学知识学习碎片化、浅表化的问题,帮助学生形成有内在逻辑的学科知识体系,掌握数学思想方法,发展数学核心素养。

(二)教学内容上的区别和联系

从教学内容上来说,它们的区别在于:单元整体教学侧重知识的整体性和层次性,把每课时的教学知识置于整体的知识体系中,把具有相同或相似的一类知识以单元的视角进行关联思考和整体设计。单元整体教学强调要引导学生感受数学知识的整体性,师生通过对教材中相互关联的知识的整体理解,实现知识的整体建构;同时,需要按照一定的逻辑,将教学目标细化为课时目标,并将其有序落实在课堂教学中。结构化教学则更加侧重知识的结构化,相关联的知识可以突破单元和学段而进行结构化整合,打通了知识之间的壁垒,勾连了知识之间的本质联系,有助于学生建立结构化的数学学科知识体系,发展学科核心素养。

它们之间的联系是:结构化教学和单元整体教学都关注知识的整体性和系统性,都需要站在学科系统的高度去理解知识,梳理知识之间的相互联系,把碎片化的数学知识连接成有机的整体,对相关联的数学知识和思想方法进行结构化的认识。进而,以学生已有知识为依托,通过开展系统性、逻辑性的活动帮助学生建立知识结构和思维结构,从而引导学生对知识进行总结与关联,帮助学生完善

---

① 孙莉. 选用"数学现实",践行"单元教学"——以"直线和圆的位置关系"起始课教学为例[J]. 中学数学, 2016(4): 39-41.

认知结构、发展思维、提高解决问题的能力。这两种教学方式都在一定程度上突破了传统教学中的一些局限。

（三）教学方法上的区别和联系

从教学方法上来说，它们的区别在于：单元整体教学通常先考虑整体目标或全局目标，基于最上位的大概念或学科素养开始设计，并按照一定的教学逻辑，逐步使问题具体化，从而有序达成教学目标。单元整体教学通常按照从整体分析到局部设计的逻辑来展开教学，重点在于处理好整体和部分之间的关系。结构化教学一方面可以按照从整体到局部的方式展开，即：在对某个大概念进行教学时，可以聚焦不同的知识点进行深度剖析，勾连知识与知识之间的联系，帮助学生实现知识的结构化和系统化。例如，在教学"十进制"时，可以联系不同计数单位之间的十进关系，还可以联系人民币单位的进率，等等。另一方面，结构化教学还可以按照从局部到整体的方式展开，即：当教学某个知识点时，联系与之相关联的知识，建立知识之间的关联，掌握知识本质，形成对知识整体的结构化认识。例如，在教学分数加减法时，可以联系小数和整数的加减法，发现它们的本质都是计数单位（分数单位）相加减，从而也能更好地帮助学生理解分数加减法中通分的原理其实就是在统一分数单位。

它们之间的联系是：结构化教学和单元整体教学都需要突破单课时视角，站在学科系统性的高度，从不同的层次去理解知识，感悟知识本质（大概念），并由此统整知识、建立知识结构，引导学生超越对知识和技能的学习，达到能力和学科素养的发展。

第二节　结构化教学的意义与价值

由中共中央、国务院印发的《关于深化教育教学改革全面提高义务教育质量的意见》在"强化课堂主阵地作用，切实提高课堂教学质量"部分明确指出，要优化教学方式，探索基于学科的课程综合化教学，开展研究型、项目化、合作式学习。不管是研究型、项目化、合作式学习，还是其他综合化的教学方式，都绕不开"结构化"。我们认为，结构化教学在课程改革、教师发展、学生成长等方面都有着重要的意义与价值。

一、结构化教学是课程改革的需求

目前，高中新教材已完成了以学科大概念为核心的内容重构，向深化课程改革迈出了关键一步。随着"课标2022年版"的颁布,相关的教材修订工作也在紧锣密鼓地进行中。但我们深知,教材的高质量并不意味着教学的高质量,而关系到改革是否成功的重要一环,即高质量的课程实施。通过长期的实践与探索,我们认为,结构化教学有利于将零散的知识整体化、割裂的方法结构化、局限的思维体系化。

(一)有利于将零散的知识整体化

布鲁纳强调:"不论我们教什么学科,务必使学生理解学科的基本结构。"数学学科作为一门具有结构化性质的学科,知识与知识间有很高的关联度。但遗憾的是,长期以来受小学数学教材分课时编排的影响以及每节课40分钟的时间局限,大多数教师习惯于依据教材内容分课时地开展教学活动,即将整体知识分成若干课时进行教学。这样的教学人为割裂了数学知识的内在结构,让数学知识以点状、相互独立的样态存在于学生的头脑中,缺乏"点"与"点"之间的勾连,使得学生无法形成对知识的整体认知。随着时间的推移,一些平时不常用到的散状的"点"就很容易被学生遗忘,不利于知识的迁移、应用,甚至会削弱或偏离知识目标的达成。

为了改变这样的现状,教师需要有意识地将这些散状的"点"进行有机串联,让学生不仅能看见"树",必要时还能看见整片"森林"。

比如,"异分母分数加减法"是教学中的难点之一,许多情况下学生只是记住了运算法则,却未必理解其中的道理。为了能突破这一难点,教师就需要从知识的整体布局上展开思考,从知识本质出发,厘清教学内容结构(图1-1)。

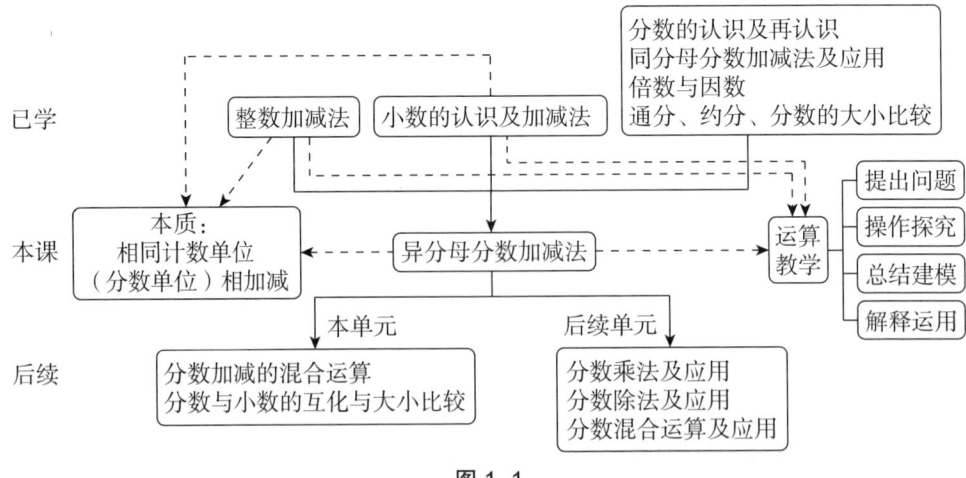

图 1-1

从图 1-1 的结构图中可以看出，"异分母分数加减法"并不是孤立呈现的，而是与其他内容相互支撑的。因此，教学中可以将这一内容置于四则运算的意义及应用这一教学序列中，唤醒学生对运算意义的感知，让学生领悟不管是整数、小数还是分数的加减法，其本质都是相同计数单位（分数单位）相加减。于教师而言，也可以通过对结构图的梳理，进一步加深对运算教学的认识。

（二）有利于将割裂的方法结构化

授之以"鱼"不如授之以"渔"，掌握数学方法历来是数学教学重要的目标之一。并且，学习能力的提升也离不开方法的掌握，拥有良好的方法结构能让学习者自如地将知识迁移运用到当前的学习情境之外，实现知识的拓展与延伸。这种良性的循环，会不断促进学习者方法结构的完善和学习能力的提升。然而，教学中我们往往会看到这样的现象：受评价导向的影响，教师在 40 分钟的课堂上仍不自觉地倾向于实现知识点的突破，对方法的提炼与总结则显得较为草率。并且，即使方法在学生头脑中留下了些许痕迹，这种痕迹也难以形成结构。另一方面，受教材编排方式的影响，有些联系密切的单元在布局上并不连续，导致教师在进行教学设计时缺乏对学生学习过程的整体设计，从而割裂了方法结构，而这些方法一旦被学生遗忘后，则很难通过自我学习再次获得。

比如，我们曾经在未作任何铺垫的前提下，随机对 30 名六年级学生进行了调查，调查问题为"我们在数学学习过程中的什么地方用到了转化策略呢？请你认真回忆并至少举出 4 个例子"。调查结果如下：30 名学生共举例 108 个，其中正确的关于转化的例子共计 104 个，占 96.30%。在这 104 个正确的例子中，图形方面的有 92 个，占 88.46%；计算方面的有 8 个，占 7.69%；解决问题方面的仅有 4 个，占 3.85%。从数据统计中不难发现，学生对"转化"其实是"熟"而"不透"的，没有形成方法上的结构化。进一步分析学生的作答情况，主要表现为以下三点：一是学生个体与个体之间存在较大差异，部分学生对于举出 4 个例子的任务有困难；二是个别学生对于转化策略的理解存在误区，有的甚至与物理学科中的转化相混淆，举出了如"太阳能转化为电能"这样的错误例子；三是大部分学生对于转化策略的认识和理解仅停留在"形"的层面，鲜有涉及"数"的层面，更不用说"数形结合"了。

因此，针对上述现象，教师有必要进行结构化的教学设计。首先，调整前置作业并组织学生完成，明确要求所举例子要尽可能涉及数学各知识领域。然后，在课堂上引导学生以小组合作的形式，围绕"为什么要转化""怎样实现转化""转化时需要注意什么"这三个结构化问题，并结合前置作业展开研究。最后，全班交流,达成共识(图1-2):明确转化的目的是要实现未知到已知、不规则图形到规则图形、复杂问题到简单问题等过程;转化是通过对已知条件进行分析、联想,依据平移、旋转、割补、性质、规律、关系等得以实现的;值得注意的是,在转化过程中要做到"等值"转化。教学后测表明,通过这样的结构化教学,学生对于转化方法形成了结构化认识,并能将其顺利迁移到不同的学习情境之中,起到了较好的学习效果。

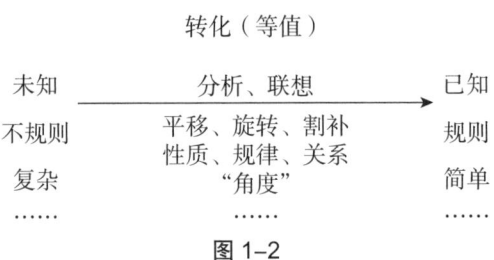

图1-2

(三)有利于将局限的思维体系化

我们常常看到这样几类典型的数学教学样态。

一是"揠苗助长"型。这样的课堂中,数学结论的得出往往极为顺畅,多数学生只得出了结论,而没有经历结论得出的过程,缺乏深度思考,只看到了数学现象而没有看到数学本质。甚至,长期在"揠苗助长"型课堂的影响下,学生会不自觉地养成等待结论的习惯,从而逐渐弱化主动思考和自主探究的能力。

二是"盲人摸象"型。这样的教学往往"只见树木,不见森林"。比如,在数的认识模块,从10以内数的认识、20以内数的认识、百以内数的认识、万以内数的认识,再到认识小数、认识分数……大部分教师只会就单课时的具体内容来进行教学,而忽视了数的发展本就是一个不可分割的整体。这样的教学,甚至会给学生造成分数优于小数、小数优于整数的错误认知。

三是"刻舟求剑"型。比如,部分教师在计算教学中为了提升学生的计算正确率,往往会强化计算法则的机械记忆与应用,看似行之有效的教学背后是对学生思维的固化。如此,导致学生在学习小数乘法时,很难理解为什么用竖式计算整数、小数的加减法时都要求"相同数位对齐",而小数乘法却要"末位对齐"。

结构化教学可以帮助师生走出"揠苗助长""盲人摸象""刻舟求剑"的误区,让教师改变"课时"思维,主动研究如何将课程标准中的核心素养、学段目标分解为单元目标,强化"教—学—评"一致性的系统性思维与实施。在这样的课程实施中,学生所接受到的知识、技能、方法及数学思想便不会再是割裂的、缺失的,从而逐渐让学生局限的思维体系化,并学会深度思考、全局思考、动态思考。

二、结构化教学是教师发展的需求

随着新课程改革的不断深入,以"课时"思维为主导的教学观已不能满足教育教学的需求,取而代之的是更为上位的课程观。教师作为课程实施的主体,其课程领导力在教育教学中发挥着重要作用。相关研究表明,对课程的整体性认识、开展结构化教学已成为教师专业成长的标志。《上海市普通中小学课程方案(试行稿)》中明确指出,"教师要通过对教学内容的'结构化'组织,加强学习领域、科目、模块或主题之间的整合,注意各章节或单元中教学内容之间的互相联系,帮助学生形成良好的认知结构"。

立足已有的研究实践,我们认为,结构化教学是教师专业发展中的重要一环,主要体现在以下几方面。

(一)有利于提升教师对课程的结构化理解

课程解读能力是教师必备的教学素养之一。课程解读是教学实施的前提,有效的结构化教学设计很大程度上取决于教师对教材内容的结构化解读水平,这将直接影响学生的学习体验、认知过程、情感发展与学习成效。过去的课程解读往往只聚焦于教材解读方面,且长期停留在"初期过一遍(专家讲座),备课翻一遍(教学参考资料),用时搜一遍(网上经典案例)"的状态,教师没有形成对课程的整体认识,更没有形成有效的课程解读策略。

为了改变这一现状,我们从"整体性思维"出发,以实现"教—学—评"一致性的思路展开研究,以期促进教师对课程的结构化理解。

1. 聚焦课程目标结构化,让教师关注素养培养的整体性

整体性思维强调从整体到部分,注重整体定位,关注整体内容的完整性以及整体与部分关系的和谐统一。与之相对应,在整体性思维视域下研究课程,需要强调教师从学生核心素养的培育出发,在明晰课程标准、教材体系、学校人才培养目标的基础上,展开对各学段、各领域、各单元的层层分析。

那么,就小学数学学科而言,课程标准作为国家对数学课程教学的基本要求,所提出的关于课程的目标、内容、实施、评价等规定是教师解读教材必须遵循的基本尺度。然而,课程标准是按学段进行编写的,教材是按学期进行编排的,教师是按课时进行授课的,如此,教师对课程的解读就必须沟通课程标准、教材、学段三者之间的关系,就应该回应如何将课程标准逐层细化到各年级、各学期。2020年,我区组织小学数学团队核心力量编制了《成都高新区小学数学课程纲要

（1~12册）》（以下简称《纲要》）。《纲要》作为课程标准和课时教学设计之间的纽带，回答并呈现了数学课程某学期的目标、内容、实施与评价等四个基本问题，旨在引导区内数学教师从整体上准确把握课程的内容与要求，思考如何从"一节课"走向"一门课程"。在《纲要》目标编写中，立足于总体目标、学段目标和课时目标，并将"教—学—评"、明线与暗线、理论与实践相结合，确保目标编制的科学性、统一性、全面性和操作性，目标结构图如图1-3所示。

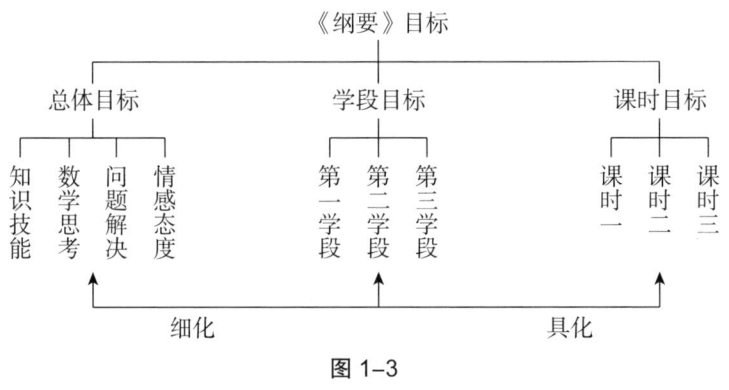

图1-3

教师在对课程标准、《纲要》以及教材进行学习和解读的基础上，结合本班学生学情，进一步将区域《纲要》经过"提高、降低、增加、删减、整合、细化"等科学处理后，得到与本班学生相匹配的"个性化纲要"，再由学校教研组审定并予以执行。"一班一纲要"的施行提升了教师的课程结构化解读能力，确保了国家课程校本化实施的适切性与有效性。在《纲要》的指导下，教师进一步形成单元整体设计下的课时教学目标、活动序列和评价体系。在这一机制的影响下，逐渐建立课时、单元、模块、学段之间各目标与内容的内在体系、层级关联和协同机制，确保教师教学的系统性和有效性。

2. 聚焦课程内容结构化，让教师关注知识体系的整体性

教材是开展教学活动最基本的载体，是专家团队依据数学学科知识内在逻辑和学生认知规律而进行科学编制的，并经国家教材审核委员会审核通过。教师对教材的解读是实施结构化教学的重要前提，并对教师提出了较高的要求，即要求教师在教学前能有统领教材整体的意识，把握数学知识本质，追根溯源，有效整合教材知识，挖掘知识间的横纵联系，同时关注数学知识、数学方法、数学思想的内在结构。

我们以北师大版小学数学教材为解读整体，形成了"北师大版教材整套读—

教师用书辅助读—国内教材对比读—国外教材补充读—优质资源借鉴读"的教材解读过程路径，建构了以"课程图谱"为主的教材解读结果外显路径。

3. 聚焦课程实施结构化，提升教师的结构化设计能力与实施能力

结构化的课程实施要着眼于数学核心内容，需要充分体现学科的属性特征和学习者的特征。教师要全面分析学习内容，深入挖掘教材，灵活整合教材，使学习内容具有"弹性化"和"框架式"特征，将孤立的知识要素有效联结，并引导学生将其以整合的、情境化的方式存储于记忆中，让学生深入思考学习内容中所蕴含的数学思想，提升数学学习的关键能力。关于这方面的具体内容将在本书第四章作详细阐述。

（二）有利于教师对学生的认知进行结构化分析

随着课程改革的逐步推进，广大一线教师逐步树立了"学为中心""以学定教"的理念，也越来越深刻地认识到精准分析学情对教学的指导意义。但是，大部分教师对学情的分析仅停留在知识层面，而对学生学习的发生机制、不同年龄阶段孩子的心理特征则研究尚少。

皮亚杰（Jean Piaget）的认知结构理论认为，"个人在感知及理解客观现实的基础上，在头脑里形成的一种心理结构，它由个人过去的知识经验组成。在认识过程中，新的感知同已形成的认知结构发生相互作用，从而影响对当前事物的认识。这一认识过程存在着图式、同化、顺应和平衡几种形态"。北京师范大学冯忠良教授在教育心理学理论的基础上，进一步提出"结构化教学应首先确立以构建学生的心理结构为中心"的观点。

基于以上认识，我们认为，教师首先要清晰地把握学生在小学数学学习中的心理发生机制。根据皮亚杰的理论，在学生的数学学习心理结构中，图式是学生对小学数学知识认知系统的起点和核心；同化是对新的数学知识进行筛选或改造并将其纳入已有的数学知识心理图式的过程；顺应是对原有数学知识心理图式加以修改或重建以适应外部环境的过程；平衡则是对同化与顺应的协调与均衡。同化产生旧知识心理图式的量的变化，顺应产生新知识心理图式的质的变化，而平衡则是调节同化与顺应之间的关系，从而使数学知识结构不断发展、完善。同化、顺应、平衡共同完成对数学知识图式的建构、优化与发展，而这样的学习要求知识本身存在结构。

明确了学生数学学习心理的发生机制后，就应科学地采集和梳理机制中所涉及的相关内容。比如，教师需要了解学生已有的图式，明确学生学习新知之前已经学习和掌握了哪些知识，这些知识本身的内在结构又是怎样的。再如，教师需

要合理分析新知在学生原有图式中的"生长点"在哪里,明确如何在原有图式的基础上实现新知的"生长"。最后,教师还需科学设计练习,以检验学生的新图式是否成功建构。

需要特别指出的是,理论是对现实的抽象与概括。角度不同、框架不同,所抽象出的理论体系也就不同,但理论体系的内部一定是自洽的,且有着科学的实验基础。而皮亚杰的认知结构理论有着深厚的实验基础,并获得了广泛认可,因此我们认为,这一经典理论契合我们的实践,可以作为我们所作研究的实践指导工具和理论基础之一。

(三)有利于教师对课堂教学的结构化组织

课堂教学的结构化组织是实施结构化教学的关键环节。如何在课堂教学中引发学生深度参与、促进学生深度思考、共同实现单课时目标与单元整体目标是我们设计教学的关键。在实际操作中,我们追求这样的结构化教学组织:围绕核心内容确定探究主题;创设学生有效参与的问题情境,提出引发学生深度思考的关键问题,设计具有挑战性的学习任务(静态的预设);以板块化的学习任务来推动课堂教学(教学逻辑);在师生的有机互动中(形式),推动学生深度学习的发生、数学思想方法的渗透及核心素养的发展(目标)。

三、结构化教学是学生成长的需求

(一)结构化教学是学生认知发展的需求

我们常常会听到学生这样的反馈:"老师,我认真学了,可这些知识点怎么还是记不住!""老师,课上的知识我都听明白了,但做题的时候就不会做了!"……这样的现象时有发生,究其原因,与学生的认知结构大有关联,表明这部分学生的学习在记忆、理解、迁移应用等方面存在困难。因此,进行结构化教学符合学生有效学习的需要。

知识结构化有利于学生更好地理解知识,并对知识有一个整体上的把握;有利于学生学习的迁移与应用;也有利于缩小高位知识与低位知识在认知上的差距。

(二)结构化教学是学生核心素养养成的需求

国际学生评估项目(Program for International Student Assessment,简称PISA)对数学素养的界定是:"当前或未来的生活中为满足个人成为一个会关心、会思考的市民的需要而具备的认识,并理解数学在自然、社会生活中的地位和能力,作出数学判断的能力,以及参与数学活动的能力。"《中国学生发展核心素养》的颁布,标志着数学教育需要从原先关注传统数学核心知识转向数学核心素养,而数学核心素养是适应学生终身发展和社会发展所需要的必备数学品格和关键数学能力。由此可见，我国"数学核心素养"的概念与 PISA 对"数学素养"的界定具有高度一致性。

数学是一门高度结构化的科学，数学核心素养的养成是学生从"学会"到"会学"的过程，是需要经历深度学习的过程。而学生的深度理解恰恰需要结构化来实现，这也是数学化的表现之一。这种结构化的过程着眼于学生对所学内容的整体理解，从而促进学生的知识建构和方法迁移，并有助于学生高阶思维的养成，让学生在解决问题的过程中发展核心素养。

（三）结构化思维是学生适应未来社会的需求

目前，我们正处于一个高速发展的大数据时代，知识不断密集，信息不断迭代。面对日趋复杂和不确定的未来，结构化思维可以帮助学生在未来面对工作任务或者难题时能够更加从容，让他们能紧密联系多个侧面进行思考，全面分析问题现状，洞察问题缘由，充分利用一切资源搭建解决问题的结构逻辑系统，详细制定行动方案，采取恰当的、结构化的而不是单一的手段使工作得以高效展开，并取得更为理想的工作效果。因此，结构化思维是学生适应未来社会的需求。

综上所述，结构化教学已成为我们在新课程教学改革中的必然选择。那么，如何实现结构化教学呢？我们从学科教学工具入手，进行了深入的研究与探索，并以课程图谱的建构为"抓手"，以期为教师们搭建"脚手架"。具体做法将在后续章节中作详细阐述。

第二章
课程图谱的内涵与价值

课程图谱是以学生为出发点，以育人目标为指引，通过课程元素之间的纵向连贯与横向联结，形成具有系统性、层次性、完整性的课程系统，并以图文融合的形式呈现课程系统的结构与实施路径的一种可视化工具。知识点以及知识点之间的相互关系，构成了整个结构化的教学知识体系，也就是所谓的课程图谱；而结构化教学的第一步，就是将教师所教、学生所学的知识进行结构化。从这个视角来看，课程图谱以直观、清晰明了的结构化知识体系为主线来有效促进结构化教学的实施。因此，课程图谱是结构化教学中至关重要的一步。本章将重点讨论课程图谱的内涵及其价值。

第一节 课程图谱的内涵

课程图谱直观呈现了一门学科的知识体系和知识间的结构化关系，是有效实施结构化教学的关键所在。对课程图谱的理解和认识构成了课程图谱建构的底层逻辑，直接影响着课程图谱的建构。因此，本节主要厘清课程图谱的内涵、特征及其组织形态，以期为课程图谱的建构奠定理论基础。

一、课程图谱的内蕴阐释

课程图谱的本质是一种特定领域的知识图谱，即聚焦于教学内容的知识图谱。知识图谱是近些年兴起的关于结构化知识归纳、表达的术语，但知识图谱的理念却源远流长。早在古希腊时期提出的本体论（ontology）哲学理论，就尝试将人类的知识进行形式化的归纳与总结。随着人工智能潮流的兴起，本体论与形式语言学、模态逻辑、图论、范畴论、自然语言处理等领域相互融合，由此产生了新的名为"知识图谱"的工具，用于归纳与表达结构化知识。

可见，课程图谱是以学科知识为研究对象，利用可视化方法显示知识内容及其活动规律，进而描述科学知识结构关系和发展进程的一种图形。[①]课程图谱将一门学科的知识体系以可视化、知识间关系结构化的形式呈现给学习者，实现课程知识框架的构建。课程图谱有利于学习者发现自己对学习方法的适应性和对知识的掌握程度，并及时作出调整和查缺补漏，以此提高学习效率。[②]

小学数学课程图谱是基于小学数学课程体系，以数学学科知识为载体，为了体现和描述知识之间的横纵关系而建构的课程图谱。它可以让原本散落在不同单元、不同学段的知识相互关联，并结构化地将其呈现出来，帮助教师系统、直观地了解知识之间的关系及知识产生的来龙去脉，从而能更精准地把握教学，提升备课效率和教学效果。本书中的课程图谱是指以图、表、符号等外在形式对特定范围内的教学内容进行分类、抽象，以凸显知识之间内部结构的一种表现形式，其内涵主要包含以下两方面。

（一）以"知识点"为单位形成"结点"

"结点"是对概念的抽象，对应于形而上学中的"理念"（idea）。在课程图谱中，"结点"可以简单理解为一个知识概念。例如，"数与代数"领域中的"整数""小数""分数"，"图形与几何"领域中的"圆""正方形""长方形"，等等。它们都是相对独立的概念，具有各自的独特属性，因此都是课程图谱中的"结点"。

数学是一门高度抽象的学科。例如，整数概念，它是由人的思维所精确定义并加以描述的概念，而并不真实存在。在教学中，常常借助实物来启发、引导学生认识这样的概念，如用小棒代表整数。课程图谱中的"结点"也是如此，它是抽象的，依赖于人的总结与思维而存在。

（二）以"结点"为单位构成"关系"

"结点"之间构成关系，课程图谱恰好可以直观呈现知识之间的关系。数学知识之间的主要关系有上下位关系、整体—部分关系、依赖关系、因果关系等。"结点"及其之间的"关系"可以自上而下地构成类似树状图的"结点树"，加之"结点树"上"结点"自身的属性以及"结点"之间的其他关系，它们所共同构成的整个图结构就

[①] 陈悦，刘则渊.悄然兴起的科学知识图谱[J].科学学研究，2005，23（2）：149-154.

[②] 蒋菲.21世纪中国课程与教学论的知识图谱研究[M].武汉：华中师范大学出版社，2015.

是知识图谱。而课程知识图谱是针对某门学科在某个教学时间段的特定领域的知识图谱,因此课程图谱没有固定的模板和形式,它的内涵也随着时间的推进而不断得到修正和完善。

二、课程图谱的特征

(一)可视化

课程图谱可以直观呈现课程知识结构和知识体系,活化了传统的课程方案和课程内容,有助于教师和其他人员能够清晰地了解课程内容及其各要素间的关系,使得知识之间的关系和知识的发展进程可视化。课程图谱可以把碎片化的知识点组织起来,以知识图谱的方式呈现课程的相关学习内容,帮助教师形成系统的知识结构,把握知识本质。

例如,成都高新区实验小学的教师在教学北师大版《数学》二年级下册第六单元"认识图形"时,基于结构化教学的理念,对整个单元在学科领域下与之相关联的前后知识进行了梳理,并形成了单元知识前后关联图(图2-1)。

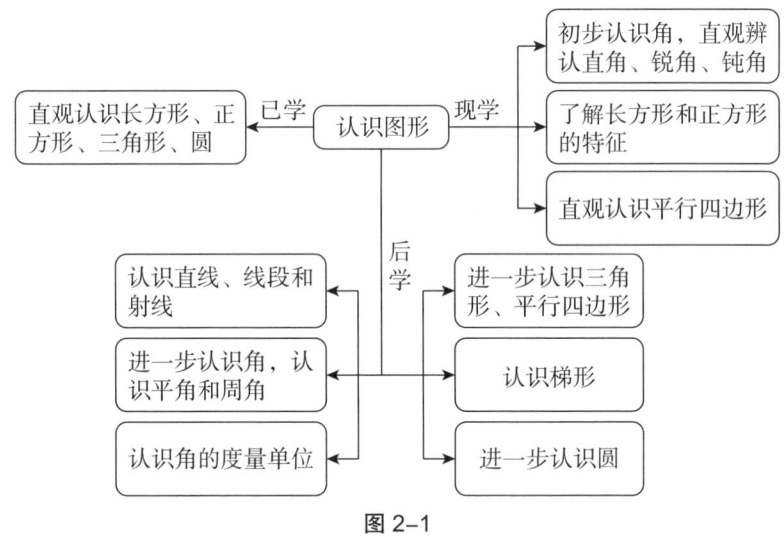

图 2-1

通过对单元相关知识的梳理并形成可视化的图谱,我们明晰了学科知识体系,建构了知识间的逻辑关系,明确了学生在该领域的学习基本路线,有助于学生能够更好地感知数学知识之间的联系,把握知识的整体性,形成全局化的数学知识体系。

(二)结构化和可操作性

课程图谱可以为教师提供有效的课程学习方案和实践指导,帮助教师更好地了解知识结构和知识间的承接关系,把握知识本质,提高课堂教学效率。在当前的新课程背景下,教师不仅要关注学生知识目标的实现,还要关注学生结构化知识的获得以及他们的学习过程和学习体验。教学中,教师要对知识本身有整体建构,不局限于课时的教学,而是对知识作整体思考和结构化设计,从而促进学生形成结构化的知识体系,实现知识的正迁移。

例如,成都高新区实验小学的教师在执教"角的度量"时,教师从关注知识本质、关注学生实际、寻找问题共性出发,及时组织、引导学生对已学的解题策略进行归纳,寻找内在规律,并让学生经历解题方法的整理过程,从而建立模型,实现方法体系的结构化。他们认为,从度量的本质出发,度量其实就是将事物在某一方面的属性进行量化,并赋予其具体数值。

进行度量概念的教学时,要让学生经历从活动操作到对活动经验的提取、感知并形成表象的过程。因此,度量概念的学习与数学活动有着密切关系。在小学阶段,度量包括长度度量、面积度量、体积度量和角度度量等,教学过程中都需要经历提出任务、质疑、验证、关联等多元化的感知过程,由此而构建的图谱(图2-2)则具有较强的操作性。

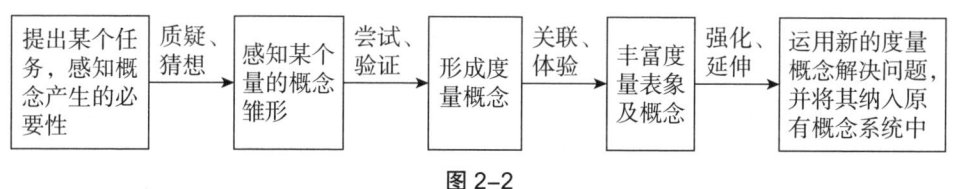

图 2-2

(三)可检视性

课程图谱能帮助师生明晰并掌握学科知识的纵向关联与横向联结。于教师而言,课程图谱可以帮助教师不断审视自己的教学过程,检视实际课程效果与目标之间的差距,及时调整课程实施方案,并持续改善课程实施,使课程目标有效落实,促进和保证学校与教师能以系统的、有组织的方式按照已制定的方案进行教学。于学生而言,课程图谱有利于学习者了解自己对学习方法的适应性和对知识的掌握程度,并及时进行调整、查漏补缺,以此提高学习效率。[①]

例如,成都高新区益州小学的教师在执教"年、月、日"时,课始就将学生的疑问记录在结构图上,如图 2-3 所示。通过一节课的学习,课末对照结构图

---

① 蒋菲. 21世纪中国课程与教学论的知识图谱研究[M]. 武汉:华中师范大学出版社,2015.

进行总结反思，发现课始以及课中所提出的疑问都解决了，问号也逐渐被擦去了。进一步地，学生将新旧知识结合又产生了新的问题，新的问题再次引发新的思考、新的探究……学生的学习就在这样不断联结与建构的过程中碰撞出思维的火花。

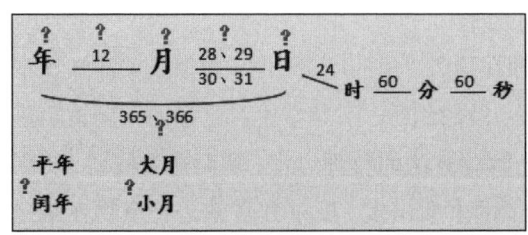
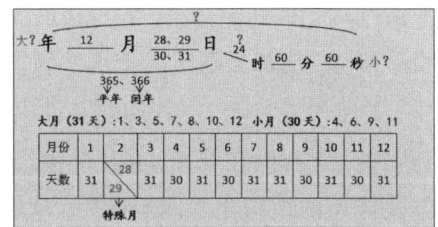

图 2-3

（四）多样性

即便是同一学科、同一年级，不同地域的教育水平、不同学校的教学理念、不同教师的教学风格、不同学生的领悟能力等均会有一定程度的差异，这些"变量"均构成了课程图谱的多样性。多样性是无须回避且不可或缺的，试想，在不同教育水平、教学理念、教学风格下，若领悟能力不同的学生都使用同一套一成不变的课程图谱，其教学效果必然是不理想的。而正是基于课程图谱的多样性，可以让每位教师、每位学生发挥出自己最大的潜能。

例如，同样教学乘法，成都高新区新光小学以"电影院"为背景，教学按照"提出问题—探索算法—理解算理—归纳法则—内化算法"的过程（图 2-4）展开。这种结构更多地关注过程性技能的形成，从起始内容的教学开始，就在不断的探索、提炼、比较等过程中，引导学生主动迁移，并在自主学习的过程中将其内化为实用、有效的学习策略。

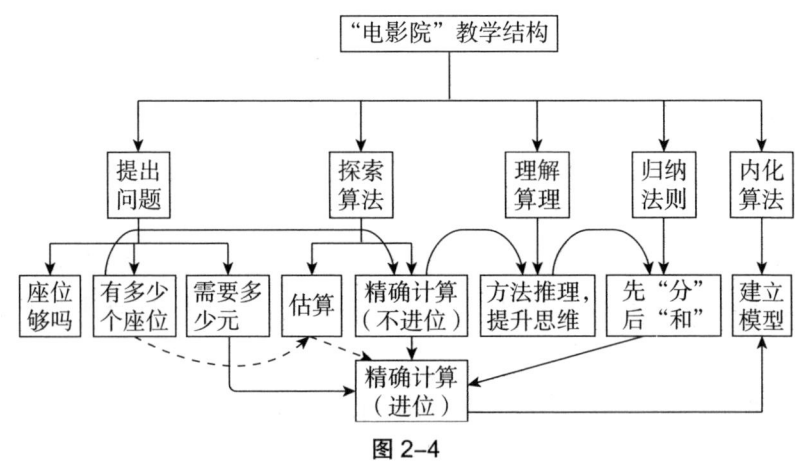

图 2-4

而成都高新区行知小学的教师通过分类、画图等方式,将知识、方法与思想进行化归,把新问题分解为几个简单的、可以利用旧知解决的问题(图2-5)。引导学生将新旧知识进行整理、迁移,画出结构图,沟通"数与代数"领域中整数乘法的联系,发现解决问题的方法与规律,从而实现解题方法的迁移运用。

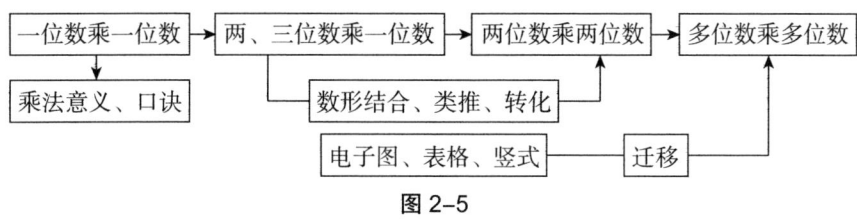

图 2-5

三、课程图谱的组织形态

课程图谱将课程知识从无序到有序、从零碎到整合、从点到面作系统关联。课程图谱的构建,既要遵循课程知识内容本身的要素和逻辑,又要体现出全域性、全程性和全局性特征。

(一)全域性

课程图谱的建构应专注于特定课程,以课程内容为基准全方位构建课程图谱,使课程图谱能覆盖该学科所有知识领域。例如,现行教材中按知识领域为标准,把小学数学知识分为"数与代数""图形与几何""统计与概率""综合与实践"四大领域,我们的课程图谱建构则力图实现所有领域的覆盖。

课程图谱要站在知识领域的高度去建构,这样既能系统呈现学科知识全景,又能准确反映出每个领域的课程内容及对应的每个板块内知识之间的关系。课程图谱实现了学科知识的结构化表达,真正做到了使学科知识逻辑清晰,使知识之间的关系直观、明确。

例如,依托课程图谱来建构"分数的认识",我们首先从"整数的认识→小数的认识→分数的认识"三个不同数域的数的认识入手,结合现行教材和学生认知水平及认知规律,将其具化为"三年级分数的初步认识(以'量'为背景)→五年级分数的再认识(以'率'为背景)"这样的两次学习。这样建构的"认识分数"课程图谱(图2-6)能较好地反映出分数认识螺旋式上升的过程,体现出其知识结构,可以让教师更好地聚焦、细化每一课时的学习内容,把散落的知识点串联起来,也更有利于学生形成完整的知识结构。

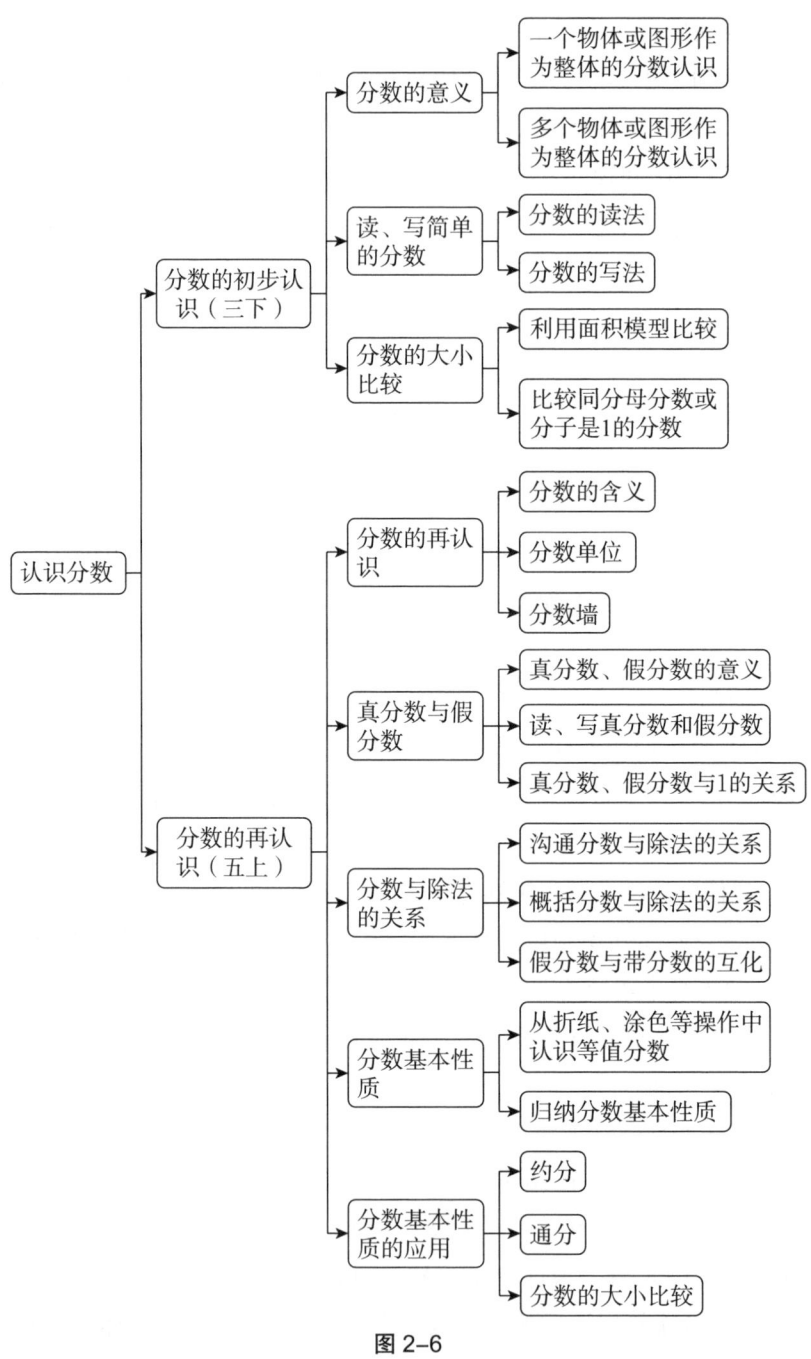

图 2-6

两次学习涉及的知识内容具体如下。

三年级：分数的初步认识

① 分数源于平均分；

② 分数反映的是一个整体被平均分后的一部分；

③ 分数的各部分名称及意义；

④ 分数的大小比较（分母为 10 以内数的同分母/同分子分数）；

⑤ 分数加减法（分母为 10 以内数的同分母分数）。

五年级：分数的再认识

① 分数反映的是一个整体被平均分后的一部分或两者之间的关系；

② 分数单位的意义及分数组成；

③ 真分数和假分数；

④ 分数与除法之间的关系及解决"一个数是另一个数的几分之几"的问题；

⑤ 分数的基本性质和约分、通分；

⑥ 分数的大小比较（分子和分母均不同的分数）。

（二）全程性

课程图谱既要体现知识的生长过程，又要展现知识产生和发展的动态过程。在课程图谱建构过程中，不仅要呈现静态的知识内容和不同知识之间的关系，还应该重点梳理并呈现同一知识的发展脉络。并且，无论是在哪个领域、哪个板块，都要体现出每个知识点发生、发展、演变、丰富的客观生长过程。这样的课程图谱不仅符合学生的认知发展规律，还体现了学习者的视角，凸显了学生本位，更加有利于学科核心素养的落地。

比如，我们在绘制"图形与几何"领域中"测量"板块的"平面图形面积"课程图谱（图 2-7）时，从全程的视角来梳理"平面图形面积"这一内容的发生、发展过程。从三年级测量长方形面积开始，发现以长方形面积为基点，可以类推求出正方形面积公式，得到"正方形面积 = 边长 × 边长"，既培养了学生的推理意识，同时关联了正方形是特殊的长方形这一本质属性；再以长方形为基础，梳理五年级时通过"出入相补"和转化的方法推导出的"平行四边形面积 = 底 × 高"；进一步通过类比推导，得出"三角形面积 = 底 × 高 ÷ 2""梯形面积 =（上底 + 下底）× 高 ÷ 2"；最后梳理六年级时通过"化曲为直"和"转化"的方法推导出的"圆的面积 = π × 半径 × 半径"，由此完成小学阶段平面图形面积知识的梳理。

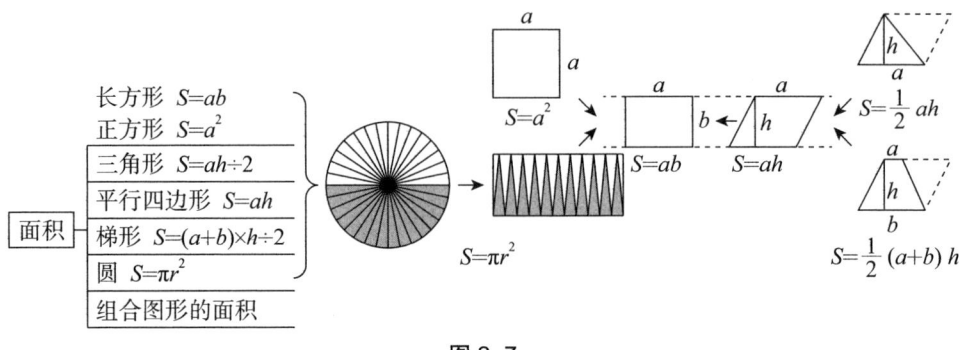

图 2-7

教师建构课程图谱的过程也是他们审视知识生长与发展的过程,能进一步帮助教师理解知识本身的发展规律及变化规律,了解平面图形面积知识的全貌及发展过程,熟知平面图形面积知识由少到多、由易到难的演变过程。通过构建课程图谱,真正实现平面图形面积知识的全域覆盖。

(三)全局性

课程图谱既能前后联系、整体建构,又能上下贯通、勾连本质。在建构课程图谱时用全局视角来审视每个领域中具体数学知识之间的客观联系,就是引导教师面对琐碎的知识点时要有整体观念、全局意识,要做到系统思维、主动勾连。课程图谱的构建要有意识、有意图、有意义地将知识点串成线、将知识线变成面、将知识面形成体、将知识体构成群,使课程图谱建构真正成为教师专业成长、提升专业能力的有益工具。

例如,通过建构"分数乘法"课程图谱,从乘法运算的整体角度分析,不难发现乘法运算的核心与加法运算的核心相同,都是计数单位累加的过程。进一步构建"分数除法"课程图谱,发现四则运算的本质都是计数单位(分数单位)的细分和累加,由此提炼得出数运算本质的一致性。最后,将两者进行归并,得到"分数的乘与除"课程图谱,如图 2-8 所示。

这种从一到多的解读方法,从一个到一类的课程图谱建构方式,可以让师生不仅实现对知识的前后联系、上下贯通,还能做到异中求同、揭示本质;不仅契合数学体系"结构化"的特点,放大数学要素"关联性"的实质,重视数学"逻辑性"的进程,更重要的是能促使教师脱离具体教学情境,跳出课时内容,以全局性的视角俯瞰教材。如此,不仅能提高教师和学生的结构化意识和能力,还能提升教师在知识结构化方面的教学素养和水平。

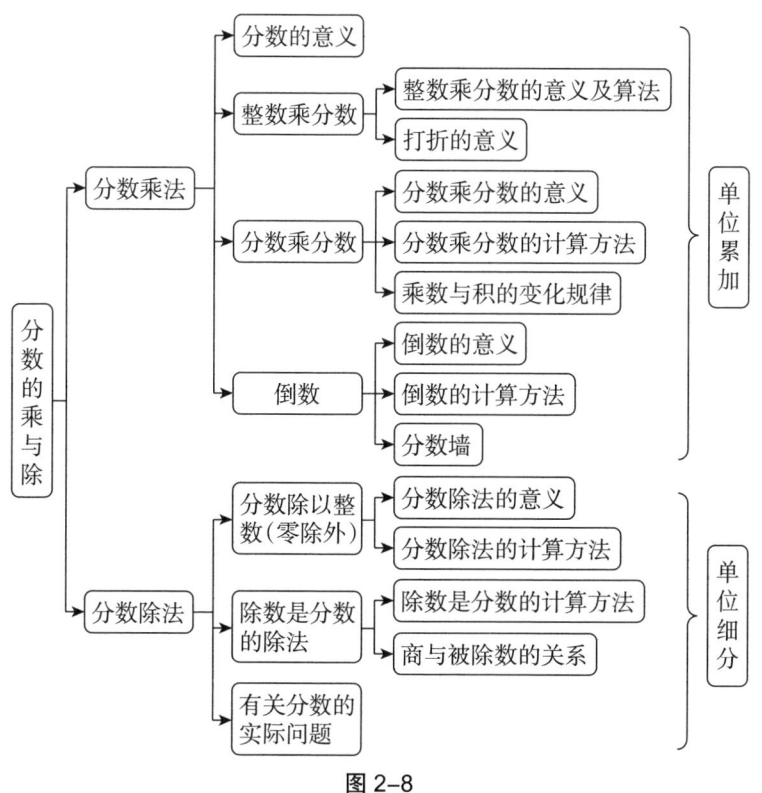

图 2-8

第二节　课程图谱的价值

课程图谱作为教师把握课程体系的"抓手",其"普适性"有其内在价值,其"特适性"具有工具价值。[①]

一、课程图谱的内在价值

课程图谱通过展现课程知识内部结构和各要素之间的关系,使整个课程体系和课程实践过程变得更加通透、易懂。课程图谱的产生和发展具有其自身的内在价值。

（一）有利于课程目标的落实

课程图谱能够有效促进教学计划与课程目标之间以及学业评价与学生学习目

---

① 田友谊,石蕾.课程图谱:教师课程领导力提升的新路径[J].教育理论与实践,2022,42（16）：51-56.

标之间达成一致。作为一种可视化的工具，课程图谱能够检视实际课程与目标之间的差距，持续改善课程实施中产生的问题，使课程目标能有效落实，促进学生获得有益经验。课程图谱以实现课程变革、促进学生发展为目标导向，有助于课程目标和课程实施的有机结合。

（二）有助于提升教师的课程领导力

从课程图谱的绘制到课程资源的整合再到课程的实施，都需要教师的全程参与。一方面，课程图谱是教师对学科课程理解的个性化表达；另一方面，教师作为实践中的主体之一，需要根据自身对课程的理解，对课程决策、设计、评价、反思等课程活动作出主动判断。课程图谱赋予教师在课程变革中更大的积极性和创造性，提升了教师的课程领导力，促进了教师从课程参与者到课程引领者的角色转变。

二、课程图谱的工具价值

课程图谱作为一种可视化的工具，让教师在教学中"有图可循"，帮助教师更加有效地落实课程计划与课程目标。课程图谱对基础知识、基本技能、基本思想方法和基本活动经验的落实具有指导意义。特别地，于新手教师而言，"有图可循"大大缩短了教师的成长周期，让教学变得更有广度、更有深度，使结构化教学成为可能。课程图谱一旦确立，就具备提取、识别、关联、分析、显示等显性功能，助力学习者结构化地重组零散的知识，更为系统地理解知识，更为精准地实现对知识的检索、定位、推理和运用。[①] 课程图谱作为教学的有益工具，需贯穿教学始终。

（一）课程图谱有利于教学的整体设计

课程图谱有助于教师确定知识要点，明确知识间的联系，明确知识系统的构成框架、关联及其发展脉络。因此，面对教材中零散分布的知识点，以及课堂上分课时呈现的实际现象，如若按部就班地根据教材教学，则无法实现知识的结构化。当下，根据知识的数学化结构进行单元整体教学设计、模块结构教学设计、领域结构教学设计，已成为教学改革的可能选择。

课前，教师应明确自己的教学内容，清楚知识内容的大致范围；通过查询课程图谱，了解预授知识在该领域中处于什么位置，并在脑海里形成清晰的知识结构图。如此，才能在课堂中游刃有余地帮助学生在知识点和知识点之间尽可能多

---

① 何捷.知识图谱：精准定位教学的"GPS"[J].教育研究与评论（小学教育教学），2021（1）：25-31.

地建立联系，通过各知识点间的关联性尽可能地发散学生思维，让学生系统主动地建立知识结构，促进知识的迁移，而不是将学生的思维固化在某一堂课的某个固定知识点中。

例如，成都霍森斯小学的教师在设计"整数、分数和小数的加减法"大单元复习时，使用了如图2-9所示的图谱。

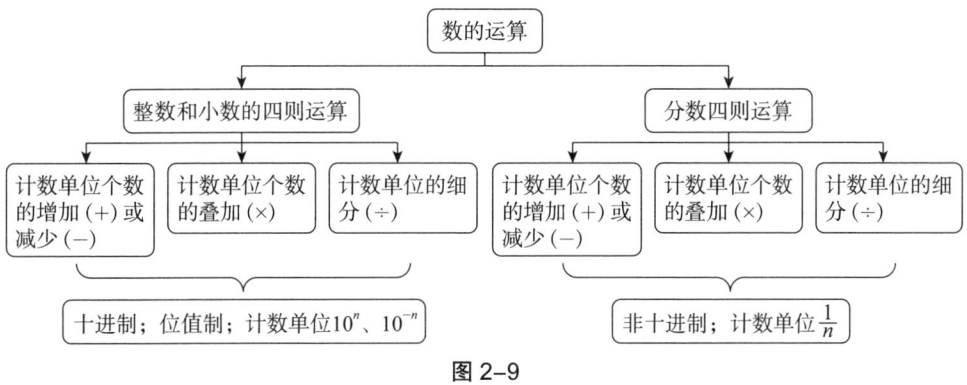

图 2-9

当教师借助图谱对这一内容有了全面认识后，那么在课堂中帮助学生实现关于整数、分数、小数加减法的意义和算法的结构化思考就变得水到渠成了。通过课堂生成，进一步形成如图2-10所示的知识结构。

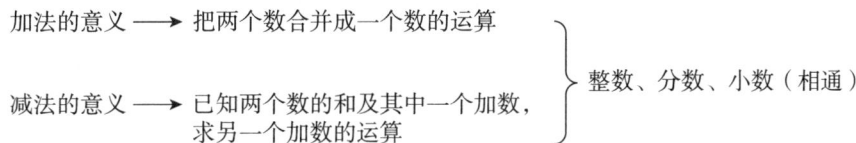

图 2-10

（二）课程图谱助力学生认知结构的形成

课堂中，教师可以利用知识图谱系统进行知识点的检索和展示，让学生对当堂课中所学的知识点与其具有前后联系的知识点有一个系统的结构化认识；通过图谱强化知识之间的联系，指导学生在已有的基础上通过自主分析、推断、综合联系等方式实现知识的再建构，对原有的认知结构进行补充和完善，有利于学生数学思维的培养，形成良好的数学素养。

例如，成都高新区尚阳小学的教师在执教"加法交换律和乘法交换律"时，就设计了思路式图谱以供检索（图2-11）。

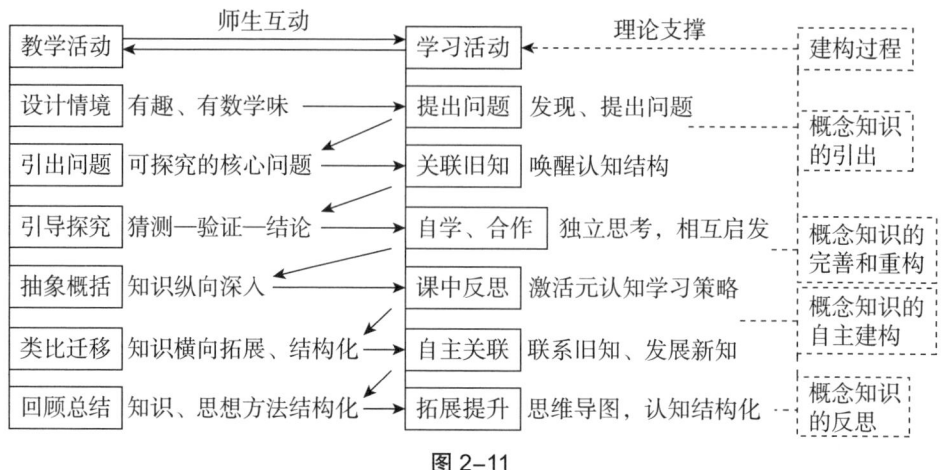

图 2-11

反观我们的课堂教学，是否能以师生活动为明线，以建构主义学习理论为暗线，明暗呼应，实现交换律从按部就班地自觉运用到算理本质的数学化理解？是否能通过引导学生对交换律纵向的深刻认识以及横向的关联，让学生形成知识、技能和思想方法的完整数学认知结构？而这些，都可以借助图谱进行思考与实践。

（三）课程图谱有助于教师反思教学过程

课后，教师可以让学生画出脑海里的知识结构图或者识别所学知识在图谱中的具体位置，利用图谱提供的识别、关联等功能，知晓已获得的知识与形成的能力在整个知识链中处于什么位置，看清所学知识点"过去有什么""现在应做些什么""未来可能发生什么"[①]。这样做，一方面是让学生通过将认知结构外化的方式来巩固所学内容；另一方面，通过将不同学生外化的认知结构和课程图谱相对照，便于教师及时了解学生的学习状态，查漏补缺，及时调整后续教学方案。

例如，成都高新区行知小学的教师在教学北师大版《数学》三年级下册"两位数乘两位数"时，组织学生将点子图、表格、竖式等直观模型进行相互关联，理解算理。过程中，学生自主发现，通过迁移、转化的方法可以解决整数中多位数乘多位数的问题，从而实现方法的结构化（图 2-12）。其间，教师有意识地引导学生画出整数乘法的结构图，帮助学生获得学习方法，并使得方法结构化，助推学生运算能力的发展。

---

① 何捷.知识图谱：精准定位教学的"GPS"[J].教育研究与评论（小学教育教学），2021（1）：25-31.

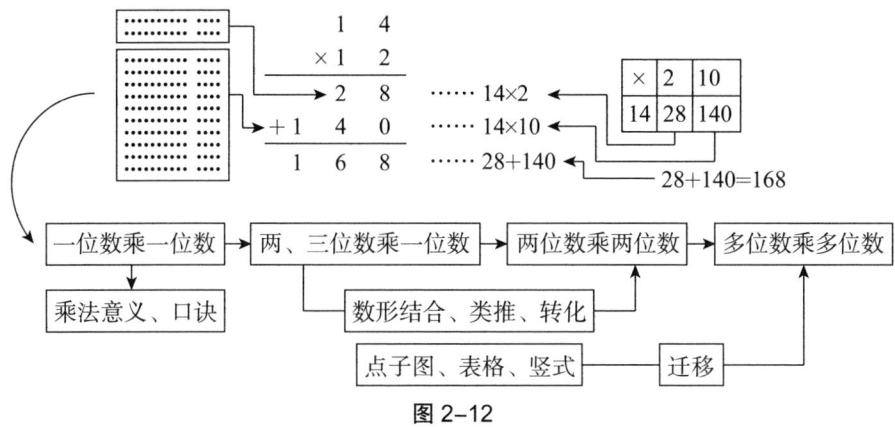

图 2-12

课程图谱作为一种可视化、结构化的表征知识的学习工具，以呈现知识点之间的关系为目的，清晰展现整体与部分之间的关系；通过精练的数学语言和缜密的逻辑思维对零碎的知识进行梳理，直观地对各知识点之间的关系进行形象表征。课程图谱可以让教师在教学前更全面、系统地建立起完整的知识结构，帮助教师梳理知识间的逻辑关系，做到心中有数；进而，能够在课堂中将零散、单一的知识点有序进行剖析、比较、聚合。在此过程中，师生将动态调整自己头脑中的已有知识图谱，再次实现知识图谱的结构化。通过这样的结构化教学方式来完成课堂教学任务，不仅可以提高课堂教学质量，提升教师专业素养，还能帮助学生形成结构化的知识，完成新知的系统建构，提高学生结构化学习的意识和能力，落实核心素养。

第三章
课程图谱的建构

结构化教学指向教师的教学行为,可以有效助力教师的教学。课程图谱作为结构化教学的有效工具和"抓手",可以让教学"有图可循"。那么,如何建构课程图谱?本章将对其作具体探讨。

第一节 课程图谱的建构原则

一、整体性原则

这是由数学学科的本质和特点决定的。众所周知,数学是研究空间形式和数量关系的科学,数学知识是系统化后的产物,因此数学学习的内容本身就具有一定的系统性和整体性。那么,教师在解读教材、剖析内容、寻找关联、绘制图谱时,就应该既关注数学内容又聚焦数学思想,在全局视野下,从整体入手,开展研究工作。

(一)在数学内容上体现整体性

整体性原则首先体现在对数学学科具体内容的解读上,以及对现行数学教材体系的梳理上。课程图谱要呈现出知识与知识之间的内在逻辑关系,以及知识生长脉络螺旋上升、循序渐进的一般发展规律。借助知识图谱中的图、表、点、线、谱等可以彰显出知识的层次化、序列化、结构化特点,而不是简单地将众多知识点随意平铺、简单罗列。知识罗列只是起点,重点在于知识之间的关系梳理、内容统整、本质联系,以此呈现出知识该有的合理结构。

比如,梳理"四则运算的意义"这部分内容时,并不是罗列出整数四则运算、小数四则运算、分数四则运算的意义这三个孤立的知识内容即可,而是通过情境对比、表格表征、勾连图谱,把以上三类数的四则运算意义统一成一种意义,归纳成具有内在逻辑的统一表述:加法可以表述为把两个数合并成一个数的运算;减法可以表述为已知两个加数的和与其中一个加数,求另一个加数的运算;乘法可以表述为求几个相同加数的和的简便运算,或者求一个数的几分之几是多少;除法可以表述为已知两个因数的积与其中一个因数,求另一个因数的运算。在形式上,也可以把这三类数的四则运算意义纳入同一表格或同一图谱中,如表3-1所示。深入理解四则运算意义的一致性和整体性,可以有效促进教师在教学中强化学生对四则运算意义的结构化认知,有力促进学生的知识迁移和类比,实现整数四则运算意义的推广运用,帮助学生实现结构化学习,达成这部分知识的结构化目标。

表3-1 四则运算意义对照表

	整数	小数	分数
加法	把两个数合并成一个数的运算	与整数加法的意义相同	与整数加法的意义相同
减法	已知两个加数的和与其中一个加数,求另一个加数的运算	与整数减法的意义相同	与整数减法的意义相同
乘法	求几个相同加数的和的简便运算	一个数与小数相乘,可以看作求这个数的十分之几、百分之几等是多少	一个数与分数相乘,可以看作求这个数的几分之几是多少
除法	已知两个因数的积与其中一个因数,求另一个因数的运算	与整数除法的意义相同	与整数除法的意义相同

(二)在数学思想上体现整体性

整体性原则还体现在数学内容所承载的数学思想上。数学思想是数学学科发生、发展的根本,也是数学学科演变、丰富的源泉。《义务教育数学课程标准(2011年版)》(以下简称"课标2011年版")把数学的"基本思想"列为"四基"之一;"课标2022年版"把培养学生的核心素养定为课程目标,让学生通过数学学习,会用数学的眼光观察现实世界,会用数学的思维思考现实世界,会用数学的语言表达现实世界。通过抽象,在现实中得到数学概念和运算法则;通过推理,进一步得到大量结论，促进数学发展；通过建模，沟通数学与外部客观世界之间的联系。

我们在绘制知识图谱时，不仅要找到显性的知识联系，还要找到隐性的思想关联。比如，在梳理分数加减法时，可以很容易地从加减法中的数量视角出发，在分数加减法算理与整数、小数加减法算理之间寻找共性，进行关联。并且，也可以与看似毫无关联的多边形面积进行深度联系。即：基于转化这一隐性数学思想，进行异中求同、深度关联，发现分数加减法中的异分母分数加减法，其实质是通过通分使之转化成同分母分数加减法；而在多边形面积中，转化思想的利用就更加常见了，如将平行四边形转化成长方形，将三角形转化成平行四边形，将梯形转化成平行四边形或三角形，将圆转化成长方形，等等（图3-1）。

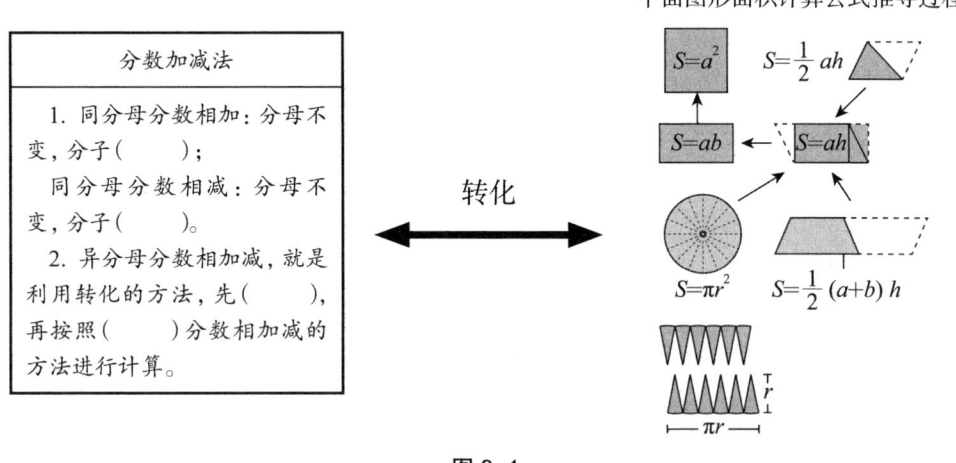

图3-1

这样的教学，充分利用学生的认知规律，顺应学生的学习经验，实现学生数学知识的不断更新，数学方法的不断迭代，数学思维的不断提升。如此，才能站在系统的高度、整体的角度、结构的维度将数学知识结构化，从而能更清晰地帮助师生认识到知识间的"缝隙"，板块间的"沟壑"，并通过知识图谱的绘制，有意去"填平"这些"缝隙"，"联通"这些"沟壑"。通过知识图谱中的图、表、符号来反映知识间的强关系（显性的知识本质），同时通过人为的构建与自定义来反映知识间的弱关系（隐性的数学思想），从而厘清数学知识的内外关联，把分散、碎片化的知识点通过数学思想连成线、结成网、筑成块，形成一个整体，进而完善知识结构，形成课程图谱。

二、关联性原则

数学本身就是研究空间形式和数量关系的学科,"关系"自然就成为数学学科研究的一个重点。"关系"指人和人、事和事之间的联系,也指事物之间相互作用、相互影响的状态,这种联系和状态就是关联性的外显表现形式。整体审视,就会发现数学的关联性就体现在数学学科中相连(联)的数学知识,相似(识)的学习过程,相通(同)的学习方法,相融(容)的数学思想等方面。课程图谱的绘制就要冲破数学教学的狭隘视角,站在数学教育的全局高度,从上述几方面来建立数学学科内部的关联。

(一)从客观的数学知识、数学思想方面体现关联性

数学知识一般指数学各个分支的具体内容,包括相应的概念、性质、法则、公式、定理等。粗略来说,小学阶段就是"数与代数""图形与几何""统计与概率""综合与实践"这四大领域,每个领域又可以继续细分为若干个板块,每个板块也可以继续分类细化,直至细化为教材中每个课时的具体数学知识点。这其实就是一个循序渐进、不断细化,从大到小、从粗到细,剥笋见心、直达本质的过程。

比如,我们在梳理五年级"分数除法"时发现,"除法"内容已历经了四年多的教学。以北师大版教材为例,二、三、四年级教学整数除法(除法的意义、表内除法、多位数除法),五年级上册教学小数除法(小数除法的意义、除数是整数的小数除法、除数是小数的小数除法),五年级下册教学分数除法,而其实质都是二年级的"除法的意义"。由此,基于"分数除法"知识脉络,描绘出"除法"的发展路径和知识关联图(图 3-2)。

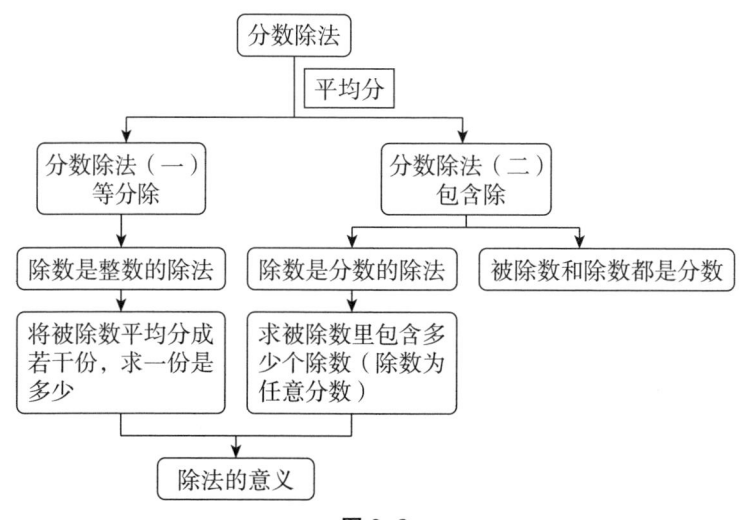

图 3-2

数学思想在认知活动中被反复运用，带有普遍的指导意义，是建立数学和运用数学解决问题的指导思想。当下我们讨论的"数学思想"即课程标准中的"基本思想"。在"课标2022年版"中明确指出：学生通过数学课程的学习，掌握适应现代生活及进一步学习必备的基础知识和基本技能、基本思想和基本活动经验。

而关于数学思想或者数学基本思想的说法则是众说纷纭，没有定论。有一线教师认为，数学思想就是"课标2022年版"中的11个核心词，即数感、符号意识、量感、空间观念、几何直观、数据意识、运算能力、推理意识、模型意识、应用意识和创新意识；有专家认为，数学思想指数学运算、逻辑推理、直观想象、数学建模、数据分析、数学抽象，其出处就是《高中数学核心素养》中的六大素养；也有专家把数学思想归结为用数学眼光看，用数学思维想，用数学语言说，并进一步将其提炼为抽象、推理、模型。

由于数学思想并未统一说法，从而给了一线教师可以结合自身教学实践与教学经验进行自我解读的空间。并且，一线教师对数学思想的个性化解读及实践也能成为数学思想不断丰富和完善的重要助推力量。无论是以上哪种关于数学思想的观点，都可以看出数学思想在数学学习活动中居于重要地位且客观存在。

仍以"分数除法"为例，有一线教师从分数的意义、分数除法运算、分数除法应用三方面入手，发现了这三个知识内容分别或强或弱地对应着抽象、推理、模型等数学思想（图3-3）。

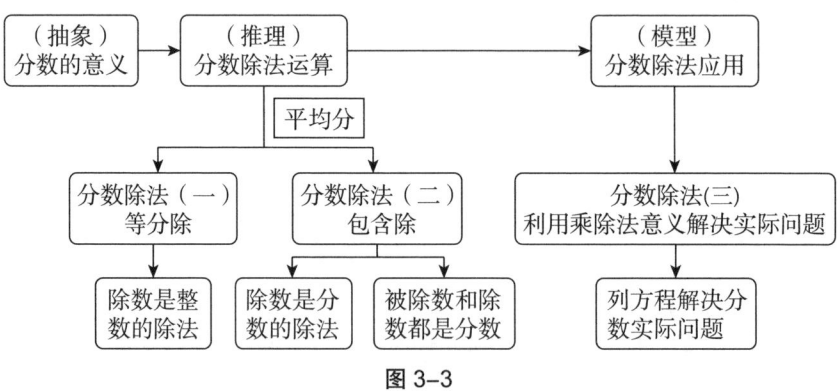

图 3-3

也有教师从数感、符号意识、应用意识、几何直观、运算能力等维度，试图体现数学知识与数学思想之间的客观关联性（图3-4）。

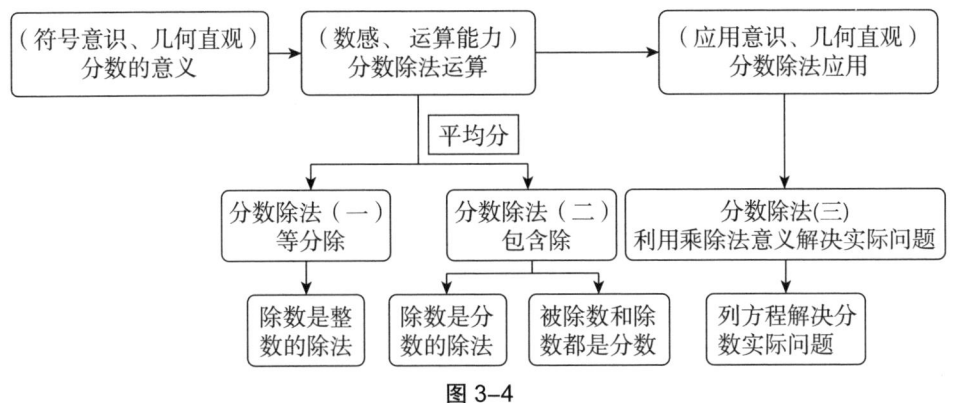

图 3-4

（二）从主观的学习方法、学习过程方面体现关联性

在小学数学教学中，我们不仅要从客观存在的知识及思想的视角出发，以全程及全局的眼光来审视知识生长、演变、升华的过程及其背后蕴含的数学本质、数学规律、数学原理，还要站在学生的角度，回归学生学习发生的起点，遵循学生对知识的认知规律，遵循知识本身的发生、发展规律，充分激活学生的学习经验，并利用学生的学习经历来体现知识的关联性。

学习方法是指在发现问题、提出问题、分析问题、解决问题的过程中，所采用的各种方式、手段、途径等，常用的学习方法有归纳、演绎、类比、假设、递推、画图、列表、列方程、替换、操作、枚举、符号化、数形结合等。学习过程是指课堂学习的一般流程，即知识的展开过程及对应的学习行为动作。

以"常见的量"的学习过程为例。在认识质量时，我们一般会提供食物、台秤、天平等材料，让学生通过掂、抱、抬等活动，积累对 1 千克的经验感知；接着，通过数学的推理、想象、换算和综合运用，揭示"1 吨 = 1000 千克"，丰富学生对 1 吨的认识（图 3-5）。我们认为，有关量的学习，可以通过"感知材料→揭示内涵→感知体验→形成表象→进行换算→综合运用"等学习过程来展开，让学生在相似的学习过程中感受量的学习的关联性，以期实现学生量感的培养。

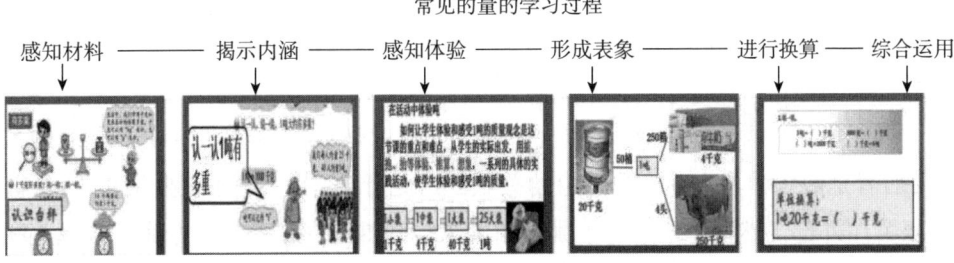

图 3-5

教师不仅要从数学知识体系的结构化特点这一角度去体现关联性,还要从遵循儿童认知规律、放大学习方法作用的角度出发,帮助学生积累数学学习经验,促进学生主动学习。

第二节　课程图谱的建构依据

课程图谱的建构就是对客观存在的数学知识精分细缕,对客观存在的数学思想精推细敲,追踪知识的内在关联和逻辑本质,将零散的知识系统化,反映知识背后的结构关系及隐含的思想,并以图、表、谱等方式描绘出具体的数学知识点和相应数学思想之间的关联。这种关联就是课程图谱建构的依据和准绳,也是课程图谱的建构标准,需要教师去梳理、去挖掘、去提炼、去总结。

一、标准重要——体现标准制定的必要性

建构课程图谱的过程其实就是寻找数学知识之间相互联系的过程,而我们认定的相互联系的"标准"本身也需要对其作出梳理和界定,需要对这种"标准"进行仔细研究和推敲,需要对"标准"的内涵进行整体性建构和结构化思考。一言以蔽之,就是"标准"也需要"标准"。

例如,在建构六年级"比的基本性质"课程图谱时,我们发现它和四年级的"商不变的规律"、五年级的"分数基本性质"之间存在极强的关联,具体表现为这三者的内在知识本质是相通的,只是名称和说法发生了改变,具体如表3-2所示。同时,"比的基本性质"和其他运算律的学习过程也具有相似性,都要经历"观察→比较→归纳→发现→表达→应用"等规律学习的一般流程,即外在学习形式相同。

表3-2　比的基本性质、商不变性质、分数基本性质的对照

比（一种关系）	除法（一种运算）	分数（一种数）
比的基本性质	商不变的规律	分数基本性质
在比中,前项和后项同时乘或除以同一个不为0的数,比值不变	在除法中,被除数和除数同时乘或除以同一个不为0的数,商不变	在分数中,分子和分母同时乘或除以同一个不为0的数,分数的值不变

以上所说的两种关联其实质大不相同:前者是数学内容在内在本质上的关联,后者是数学学习在外在形式上的关联。由此可见,找关联不仅要聚焦于内部,还要关注外部。然而,无论基于哪种角度来构建课程图谱,都要先确定寻找关联的统一标准,这样才能保证构建的一致性。

二、标准统一——体现学科知识的本质性

纵观全区课程图谱，发现教师们在构建课程图谱时都不约而同地从内部和外部两个视角去建立图谱构建的标准，力求体现出每个知识的内在本质与内在结构。下面，试举几例。

成都高新区菁蓉小学重在从内部视角去建立课程图谱的标准，找寻领域间、板块间、知识点之间的关联。他们从数学知识内部客观存在的横向与纵向的联系去找寻课程图谱的关联，从数学内容蕴含着的数学思想、数学方法维度去找寻联系。该校在绘制"图形与几何"领域"计算物体体积"的课程图谱（图3-6）时，就从计算规则物体和不规则物体的体积两个角度进行梳理。其中，计算规则物体体积时以长方体体积为起点，分别关联正方体体积和圆柱体体积及圆锥体积，充分体现了数学知识本身的发展脉络。在梳理计算不规则物体体积时，以常见的两种转化方法"排水法"和"溢水法"作为此处关联的标准，有意把数学中的转化方法这根暗线显现在知识面上。

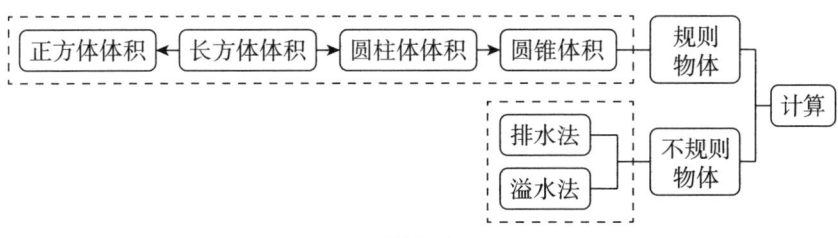

图3-6

并且，在"图形与几何"整个领域的课程图谱构建中，始终围绕"转化、极限、分类、符号化"（图3-7）这些数学核心内容，坚持在把教材编排中的明线做实的基础上，把暗线变明。

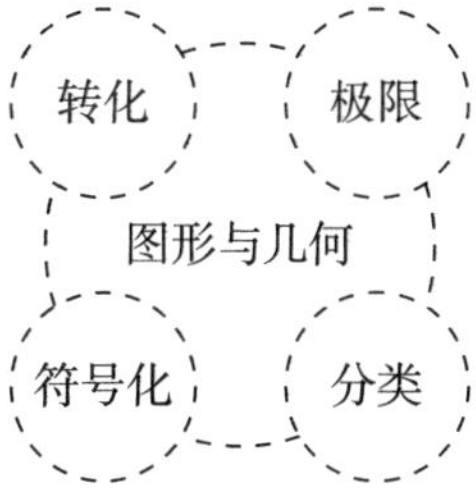

图3-7

成都高新顺江学校在构建"统计与概率"领域的课程图谱时，重在从外部视角去找寻课程图谱的构建标准，聚焦在具体知识以外的学生学习过程、学习行为、学习动作等方面，把"统计与概率"学习中收集、整理和分析数据的主要过程和对应的重要方法作为课程图谱的构建标准。

该校按照"数据分类→记录与调查数据→收集、整理和分析数据→用统计图有效表示数据→进一步用复杂统计图有效表示数据→数据的处理"等6个关键外显动作来建构该领域的课程图谱，并将对应年级的对应内容、对应目标进行细分，形成较为细致、完备的"统计与概率"课程图谱（图3-8）。

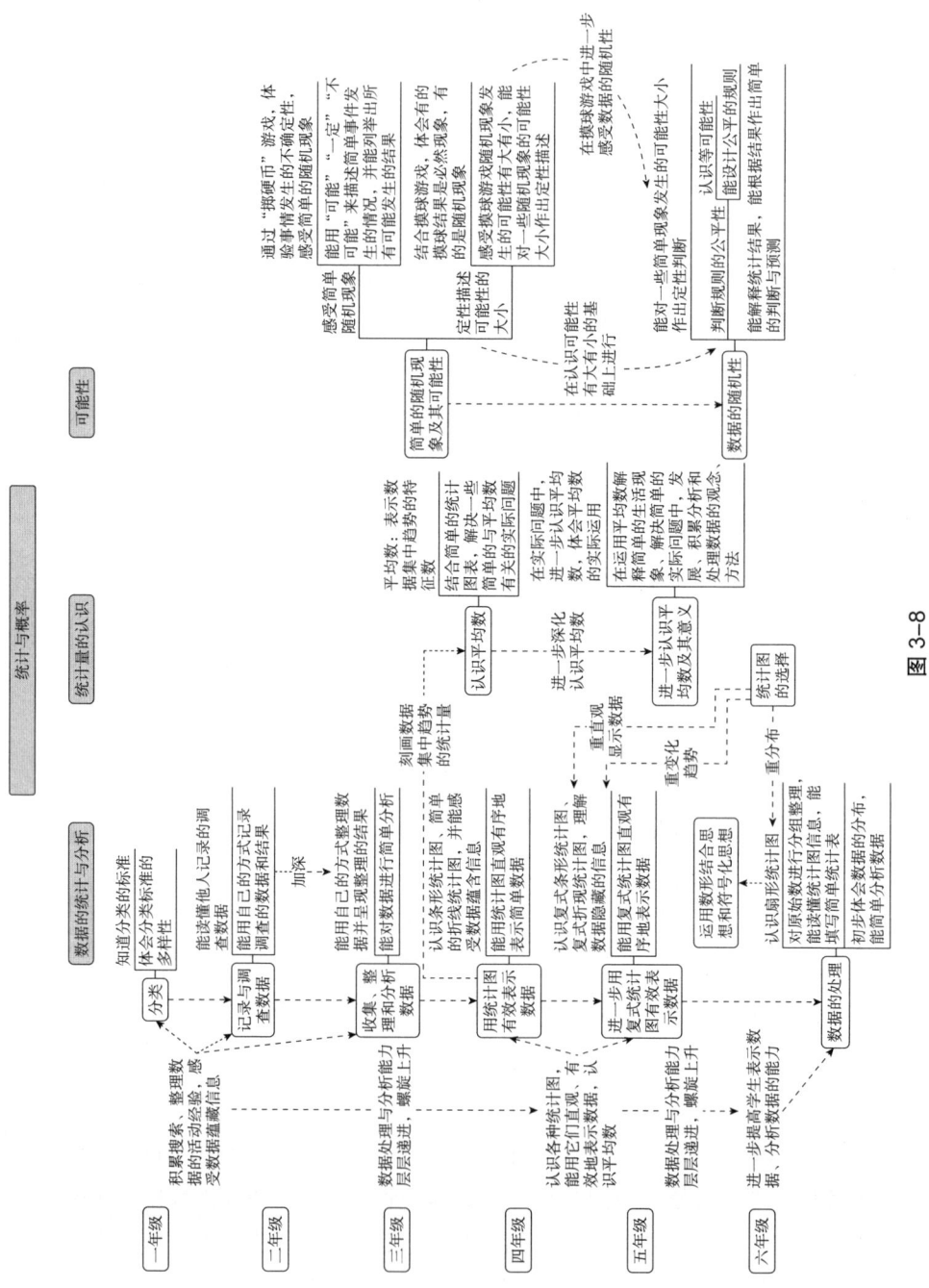

图 3-8

而成都玉林中学附属小学则旗帜鲜明地提出要从内部和外部两个角度去寻找构建课程图谱的标准,具体来说就是从数学知识、数学思想、学习过程、学习方法这四个方面去构建课程图谱。并且,进一步提出数学知识和数学思想指向数学内在本质的关联,学习过程和学习方法指向学习外显形式的关联,以此建构了具有学校特色的"小学数学课程图谱关联标准图"(图 3-9),用以指导该校的课程图谱构建工作,践行高新区区域层面的"我有我图谱,我建我图谱,我用我图谱"的工作方针。

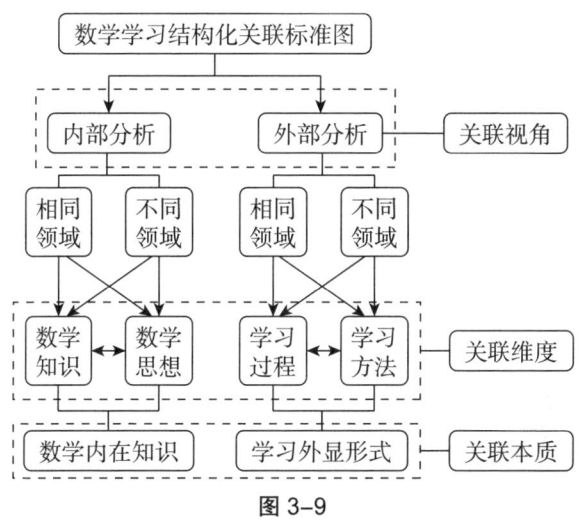

图 3-9

成都市石室天府中学附属小学在构建"统计与概率"领域的课程图谱时,重点考虑了数学内容、数学思想、数学方法这三个维度,并在课程图谱中体现了"内容相互联系、思想相互渗透、方法相互运用"的学校主张(图 3-10)。

确定课程图谱建构标准的过程就是教师在结构化教学的视角下,总结知识在产生、演变、应用等过程中的内在发展规律,研究学生认知特点和认知发展规律。同时,也是提高自身知识的整体性水平、关联度水平、结构化水平,转变结构化教学意识,提高结构化教学能力的过程。只有站在全局的高度、全域的角度来完成课程图谱的建构,才能跳出自身局限,看到数学是一门知识相连、过程相似、方法相通、思想相融的学科(图 3-11)。

图 3-11

以"结构化教学"为核心的小学数学课程图谱

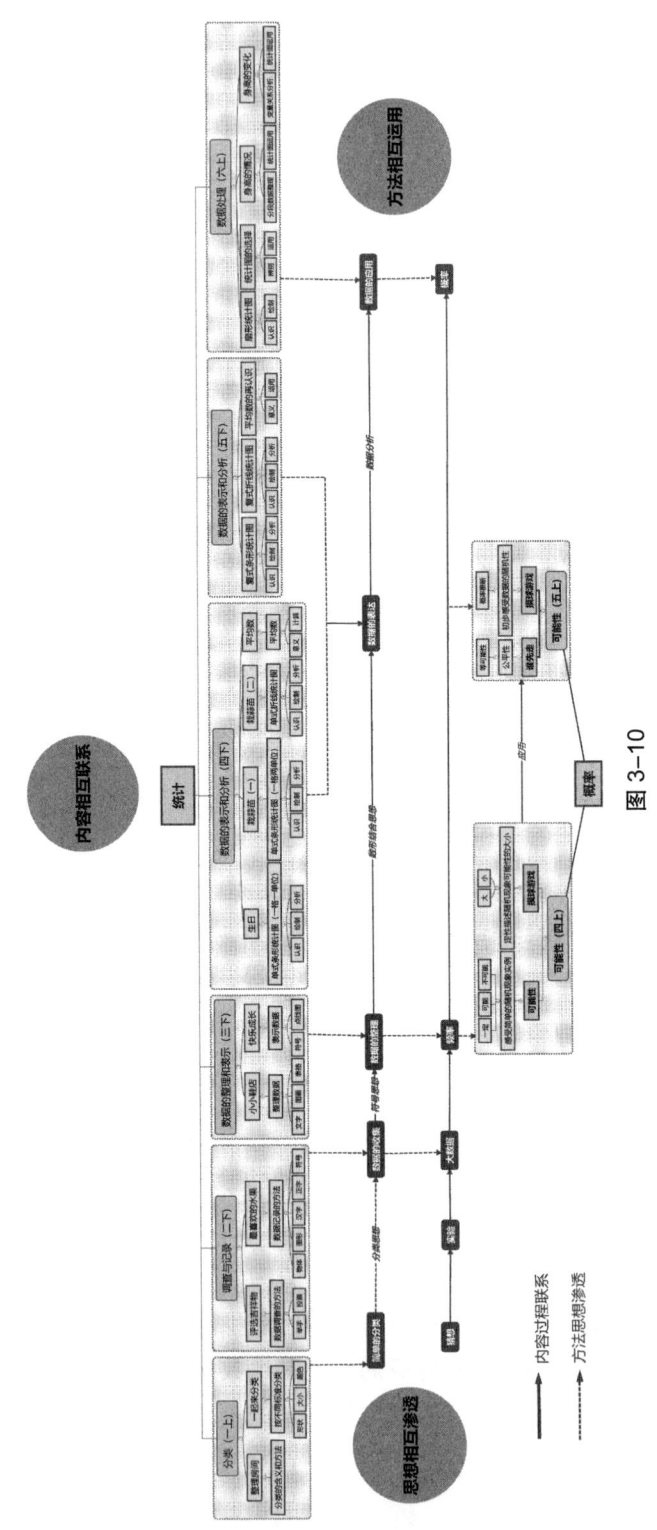

图 3-10

三、标准多元——体现课程图谱的丰富性

各校在课程图谱构建中,确定的标准既有共性又有个性,全区呈现出了丰富多元的课程图谱,进一步彰显着"我有我图谱,我建我图谱,我用我图谱"的课程图谱建构区域工作方针和特点。

(一)个性化的图谱标准

课程图谱的构建标准只要能自成一体,合乎逻辑,体现整体性、结构性,就是合理的、自洽的。这种源于各校自身的对数学知识的梳理,对知识的定位和价值判断,对知识之间关系的理解,无不彰显出每所学校个性化的图谱标准。

成都师范银都小学就明确提出"课程图谱要从数学知识本体性、教学过程类同结构、学生学习方法展开、思想方法渗透"等多重视角,来构建自己的结构化课程图谱;成都高新区尚阳小学亮出了"点点关联 课课渗透 网网成效"的课程图谱建构主张;成都美视国际学校提炼得到"外显化、结构化、系统化"的课程图谱建构观点;成都蒙彼利埃小学萌生了"以数学思想为纽带联结数学领域各内容,以数学本质为纽扣压实数学知识点之间的前后联系,沿着教材中数学知识的展开序列为线索"的理念来构建小数数学各领域的课程图谱;成都高新区西芯小学的课程图谱则彰显了"结点成网,上挂下联"的课程图谱构建原则;成都高新区益州小学引导教师充分感受和把握数学的知识结构和方法结构,体验数学知识发生、发展的过程,让教师在"见树木,更见森林"的情境中探索并建构各领域、各板块的课程图谱……这种个性化的既统一方向又特色张扬的课程图谱构建标准,便于不同学校用自己熟悉的方式和话语体系来展开研究,便于不同教师进行个性化的结构化教学。

(二)多样化的绘制方法

无论是哪种图谱构建标准,都可以看出"课程图谱≠数学学科知识≠某版本的教材≠数学教材内容",也都可以看出同一内容的课程图谱由于学校的个性化图谱构建标准而呈现出多样化的理解,也就产生了多样化的课程图谱绘制方法。

成都高新区尚阳小学和成都师范银都小学就从"宏观、中观、微观"等多重视角,紧紧围绕"知识本体结构、教学过程结构、学习方法结构、思想方法结构"的建构体系,并以此为目标来综合绘制课程图谱。成都玉林中学附属小学和成都霍森斯小学沿着"数学知识→数学思想→数学素养"这条主线,将知识点串成线、将知识线变成面、将知识面形成体、将知识体构成群,从显到隐,从明到暗,循序渐进,螺旋上升,有层次、有层级地绘制课程图谱,落实素养发展。成都七中初中附属小学和成都高新区芳草小学"立足教材结构、立足学生认知、立足结构关联",有意识、

有意图、有意义地关注学习中的主观和客观关联，从结构化视角绘制课程图谱。

（三）多元化的课程图谱

课程图谱的外在形式是多元的，并体现出一定的差异性和创造性。区域各校课程图谱构建标准的指向相似而又不雷同，这种统一而又不固定的多元化课程图谱标准催生出了多样的、丰富的课程图谱。比如，既有像成都高新新城学校那样按照一个标准"一图到底"的单幅课程图谱（图3-12）；也有像成都市教科院附属学校那样将知识库与知识图紧密结合、相互支撑的"图谱+"形式，便于教师分门别类、按图索骥（图3-13）。

需要特别介绍的是，成都玉林中学附属小学采用了"2库1图"的方式来构建"图谱+"的课程图谱范式。通过建构4大领域知识库（数与代数、图形与几何、统计与概率、综合与实践）、4个维度关联库（数学知识关联库、数学思想关联库、学习方法关联库、学习过程关联库）和1幅课程图谱，来充实、细化、具化本校的课程图谱。其中，4个维度关联库都由3个部分组成，即关联点描述、明显关联点举例、隐秘关联点举例。以"对应思想"关联库为例（表3-3），借此洞察该校是如何通过暗含思想方法的脉络来梳理知识板块之间的联系以及如何来建构关联库的。

表3-3 "对应思想"关联库

	关联点描述	明显关联点举例	隐秘关联点举例
对应思想	数的运算中的对应	1. 一步与多步分数乘法的运用（求一个数的几分之几或比一个数多几分之几） 2. 一步与多步分数除法的运用（已知一个数的几分之几是多少，或者已知比一个数多几分之几是多少，求"1"）	1. 分数乘法与分数除法的运用 2. 分数与比（份、倍）的运用 3. 正比例图像中根据一个量估测另一个量 4. 按比例分配
	数的认识中的对应	1. 数的认识——数数、数轴上的点和所对应的数 2. 数对的认识	整数大小比较

例如，一步分数乘法与多步分数乘法——求一个数的几分之几是多少与求比一个数多几分之几是多少，只是运算步数上的增加，乘法意义、思考方式、数学思想都没有变化，其背后的实质都是对应思想，即"'1'的量 × 对应分率 = 对应量"。但是，其中的有些关联却很隐秘。如按比例分配，无论是求部分还是求总数，都是先归一求出每份量，再通过"每份量 × 对应份数 = 对应量"求解，其实背后的实质也是对应思想。

第三章 课程图谱的建构

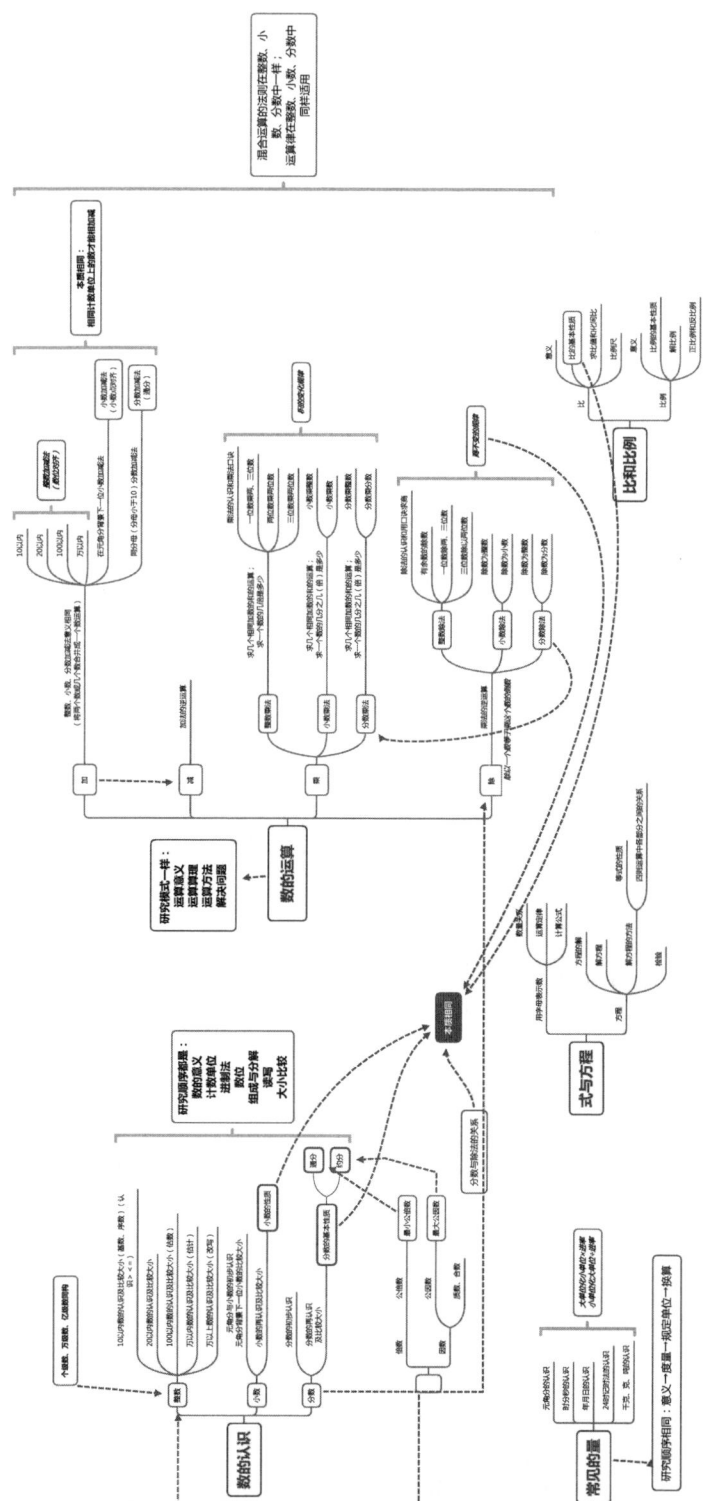

图 3-12

以"结构化教学"为核心的小学数学课程图谱

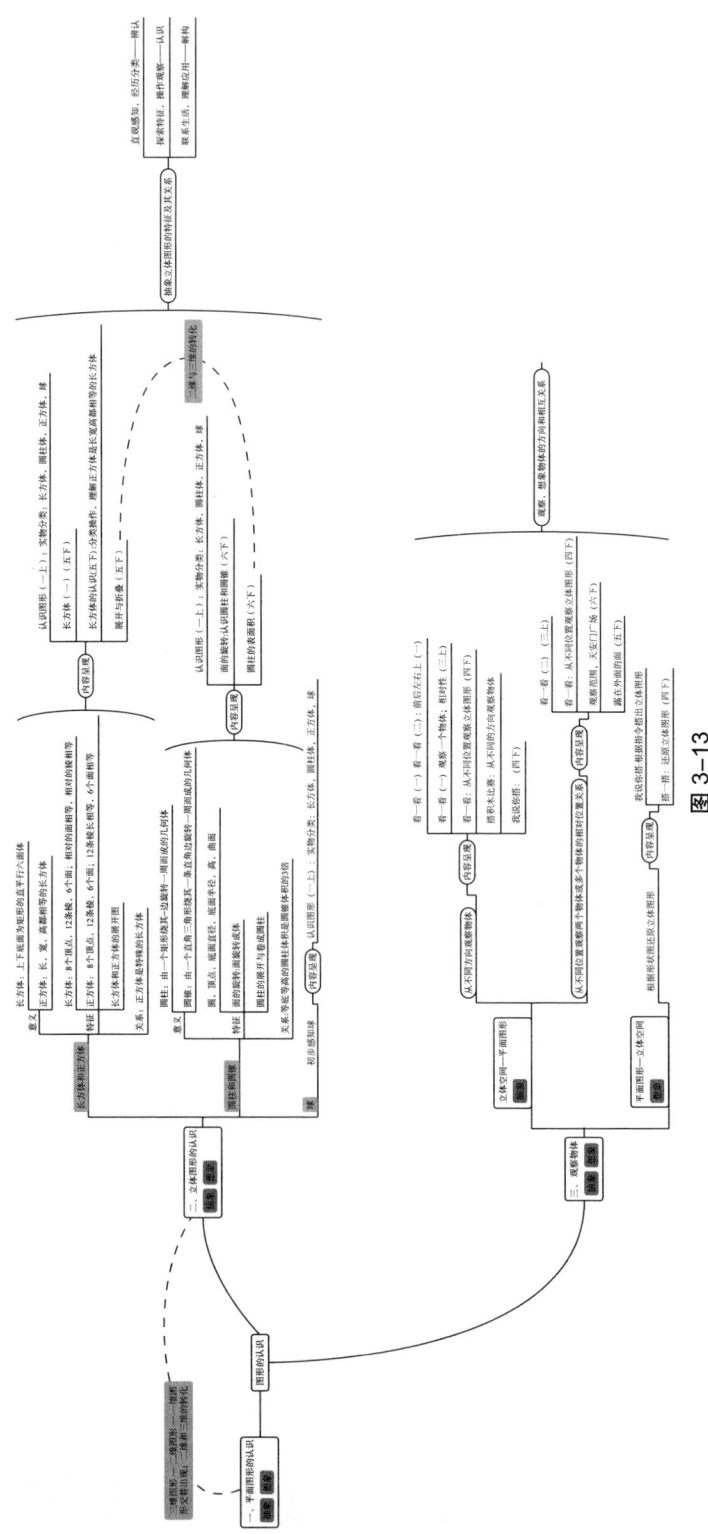

图 3-13

因此，我们在寻找关联时不仅要注重明显关联，还要有意识地去找寻本领域中的隐秘关联，甚至是跨领域的隐秘关联。前者是浅层关联，后者则是深度关联，需要进一步挖掘；而这些深度关联往往是数学中的暗线，是跨领域的数学方法和数学思想。对这些数学思想和数学方法的挖掘不应是教学时的"附属品"，应成为课堂教学和教材分析中的常态化目标，因为这些关联往往更有价值、更有深意。

第三节　课程图谱的建构要求

数学课程图谱首先是数学学科自身逻辑的反映，同时也是人们对数学认识从简单到复杂这一客观规律的反映。数学课程图谱的建构过程，是一个对现有数学知识体系进行再认识、再整理、再解读的过程。由此，建构的课程图谱既要能够反映"教材自成结构"，即展现出教材中的内在编排结构，还要能反映"自主再造结构"，即再现教师介入后的个人思考、个人认知。

由此可见，课程图谱的建构不仅是一个脑力活动，同时也是一个技术活动。因为课程图谱建构是一个结构上从明到暗、由浅到深，形式上从分到合、由少到多，内容上从粗到精、由表到里，绘制上从厚到薄、由体到点的过程。

一、结构上从明到暗、由浅到深

皮亚杰认为，"全部的数学知识都可以从结构的建构来考虑，而且这种建构始终是完全开放的……这种结构或正在形成'更强的'结构，或再由'更强的'结构来予以结构化"。小学数学知识结构可以理解为小学数学各知识点通过一定的方式，按照一定的原理组织在一起而形成的关系或结果，这个关系或结果对数学教学意义深远，对教师专业成长影响重大。课程图谱建构的目标就是要追求呈现这一关系或结果，建构的过程就是将以往单一的文本式阅读理解变为丰富的知识本质解读，在课程图谱中将显性知识和数学本质条理化，将隐性知识和数学思维显性化，使课程图谱结构有明有暗、从明到暗、由浅入深。

结构化教学观认为，小数数学教学中存在着五个结构，分别是教师教的结构、学生学的结构、数学本体知识结构、学生认知结构和学生的思维结构。任何版本的教材在编写过程中都已充分考虑了教师教的结构、学生的思维结构、学生学的结构和学生的认知结构。与北师大版教材配套的《教师教学用书》中就介绍了该版本教材的显著特点就是体现"四个过程一致"：课程内容的展开过程与学生的学习过程、教师的教学过程和课程目标的达成过程一致。作为依托北师大版教材进行建构的数学课程图谱，自然要充分利用其本身具有的显性结构化特点，还要注意挖掘和搭建隐匿在探究情境中的思维结构和认知结构。也就是说，结构性应包含以下两个方面。

（一）教材自成结构

无论哪个版本的教材，在编排上都会自始至终包含两条主线：一是关于"数学知识内容"的明线，二是关于"数学思想方法"的暗线。现行的北师大版教材也是采用螺旋式的编排方式，将整体的数学知识分解成不同单元，又将单元整体知识划分成一个个知识点，在"课"的时间单位下进行知识"点"的编排。这种以"点"为单位的教材编排方式，容易使教师只围绕和关注这个"点"来思考，而忽视了知识形成和发展过程中的逻辑关系，使得教师在教学中不易处理好知识整体与课时局部之间的关系，难以帮助学生把握知识之间的内在关联，不利于学生对数学知识的整体把握和综合应用。然而，纵观北师大版1～6年级数学教材，从数学学科知识本质出发，以一个个具体的数学知识为主线进行梳理，又不难发现这些看似散落在各学段、各年级、各单元的知识点，其实已经连成线、组成面，相当一部分数学内容已经搭梁建柱、具有结构、自成体系。

比如，北师大版教材关于"数的认识"内容就分布在1～6年级的9个学期中，以"整数的认识→小数的认识→分数（百分数）的认识"这三部分为主线进行编排，符合知识本身的发生、发展、演绎过程。通过进一步的梳理，发现整数的认识编排在1～4年级中的4个学期、7个单元中；小数的认识和分数（百分数）的认识都分成了"初步认识"和"再认识"两个阶段，且都编排在2个年级的2个单元中。由此可以看出，编写者既充分考虑了知识的本体结构，同时又考虑了学生的学情和学习效果，让"数的认识"分布在不同年级甚至不同学段，有意拉长学生关于数认识的学习时间；并通过划分出"初步认识"和"再认识"两个阶段，让学生有多次学习、多次理解的机会。

继续剖析"数的认识"，不难发现在四年级学完整数的认识后，教材编排了认识负数，可见编写者对小学阶段认识负数的定位仅仅是认识负整数。在五年级学完小数的认识后，编排了认识倍数、因数、质数、合数等内容，也可看出编写者对小学阶段认识倍数、因数的定位是"倍数和因数"是一种反映两数之间关系的"关系数"。在六年级学完认识分数后，编排了认识百分数，力求体现百分数的本质，即表示两个量之间的关系。"数的认识"在1～6年级的具体分布如表3-4所示。

表 3-4 "数的认识"脉络表

一上	一下	二下	三上	三下	四上	四下	五上	六上
10以内数的认识；20以内数的认识	100以内数的认识	万以内数的认识	小数的初步认识	分数的初步认识	万以上数的认识；负数的认识	小数的再认识	分数的再认识；倍数、因数、质数、合数	百分数的认识
整数的认识			小数的认识	分数（百分数）的认识	整数的认识	小数的认识	分数（百分数）的认识、整数的认识	分数（百分数）的认识

观察表 3-4 可知，教材中对"数的认识"的编排浑然一体、自成结构；采用分类编排的方式，分别罗列、突出主线、减少交叉；且有意反复，适当混编，体现从易到难、逐次丰富、螺旋上升、循序渐进的特点，力求搭建序列化、网格化的教材结构。

若对每一类知识作深入解析，则会发现小学数学教材都是按照知识之间的内在层级和内隐逻辑来展开的，教材中各个概念之间存在着极其紧密的相互联系。因此，建构课程图谱的目的之一就是将教材中含而不露的知识内隐逻辑变为清晰可辨、明眼可见的显性教材结构，从而让教师明白这些相互联系的概念的次序排列及层级进阶。

（二）自主再造结构

教师在构建课程图谱时，不仅要将教材结构解析清楚，找到内在逻辑，通过梳理教材以形成相关板块的知识清单；同时，还要弄清楚这些知识清单中蕴含着哪些关联，且哪些是强关联，哪些是弱关联。接着，按照梳理出的关联，并遵照一定的标准，自主对这些知识进行自定义解读和个性化构建，形成新的再造结构。此时呈现的再造结构，是属于每位教师自己的课程图谱，有了它，教师才有能力去俯瞰整个小学数学知识的全貌，才有底气去实现"上挂下联""左顾右盼""瞻前顾后"的结构化教学。

比如，我们依托教材、相关工具书和个人教学经验，梳理出百分数内容的教材结构,并罗列出相关知识点,如表 3-5 所示。

表 3-5 百分数内容的教材结构及相关知识点

六年级上册第四单元	六年级上册第七单元
百分数	百分数的应用
1. 百分数的意义 2. 百分数与分数、小数的互化 3. 求一个数是另一个数的百分之几是多少 4. 已知一个数,求这个数的百分之几是多少 5. 已知一个数的百分之几是多少,求这个数是多少	1. 求一个数比另一个数多(少)百分之几的数是多少 2. 已知一个数,求比这个数多(少)百分之几的数是多少 3. 已知比一个数多(少)百分之几的数是多少,求这个数是多少 4. 利息问题

从表 3-5 中可以看出,六年级第四单元的后 3 个知识点与第七单元的前 3 个知识点具有明显的进阶。此外,还需要教师作进一步的自我解读和个性化理解,以获得更多的关联。

特别地,我们可以把"利息问题"纳入百分数应用的前 3 个知识点中进行统整:由于"利息 = 本金 × 利率 × 时间",从这个关系式中不难看出,求利率、利息、本金,其实分别对应第七单元的前 3 个知识点,因此可将"利息问题"融入其中;且这 3 个知识点又可以与第四单元的后 3 个知识点发生深度关联,前者是后者的进阶,因此第七单元的内容又完全可以兼容到第四单元中。而第四单元的后 3 个知识点,其本质可追溯到六年级上册第二单元"分数混合运算";继续溯源,可发现实质上是对五年级下册第三单元"分数乘法"和第五单元"分数除法"的进一步演绎;甚至可寻根于五年级上册第五单元"分数的意义",自此形成"百分数外显知识结构图"(图 3-14)。

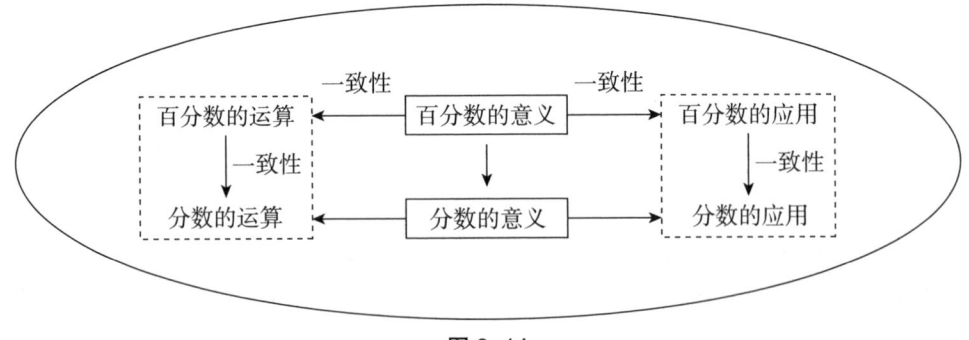

图 3-14

我们还可以从以下维度去解读：百分数实质是源于统计需要而产生的一个关系数，这种关系数的特质就是分数意义中不仅能表示"量"还能表示"率"的具体体现。刻画两种事物之间的关系的特征才是百分数的本质含义，而具有关系特征的数学概率不止百分数一个，五年级学习的倒数概念和倍数、因数概念，以及四年级学习的平行、垂直概念，它们都具有反映两种事物之间关系的特质。进一步挖掘，还可以发现方程概念也和百分数一样，具有刻画事物关系（相等）的本质属性；百分数的运算（互化）也能聚焦互化方法，放大转化思想；百分数的应用也能立足学生的思考方法，放大方程思想。

因此，百分数知识图谱的绘制不仅要从数认识的维度——"百分数的意义、百分数的计数单位、百分数的分解、百分数的组成、百分数的运算（互化）"去罗列，还要从深层次的角度——"百分数的产生、百分数的作用、百分数的本质"去解读，从而形成"百分数内隐思想方法结构图"（图3-15）。教学中，我们都应像这样，从更大视角、更宽领域去对一类知识进行自定义解读和个性化建构，形成自主再造结构。

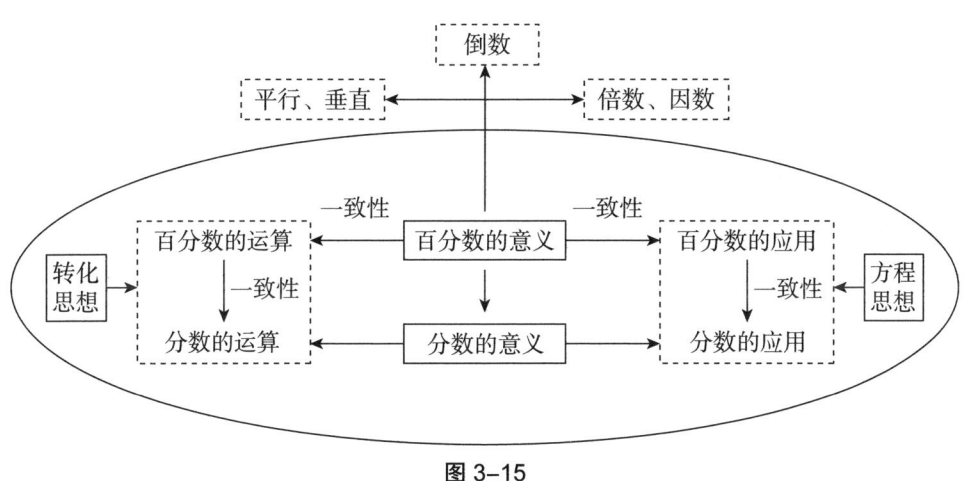

图 3-15

由此可以看出，将百分数的知识点平铺罗列只是起点，更重要的是教师要对这些知识点进行个性化的解读，梳理出它们之间的层级关系，挖掘其背后更深层次的数学本质联系，这样才能实现内容的统整、素材的重组，从而在教材自成结构的基础上完成教师的自我解读，实现个性化的人为重构，并通过合适的表征形式、表征技巧、表征符号，体现出教材自成结构的编排路径和教师的自主再造结构。

二、形式上从分到合、由少到多

建构课程图谱时因素众多,线索庞杂,联系广泛,关系纷繁。我们发现,每个领域中的每个板块、每个知识本身,其内部都有诸多关联,且板块之间也有关联。如果将这些全部在同一张图上进行展示,难免会显得杂乱。因此,我们采用先分后合、由少到多的方式来呈现。

比如,在整理小学阶段图形测量中的平面图形面积内容时,若采用如图3-16所示的课程图谱构建方式来呈现这六部分平面图形面积内容的相互关系及其发展脉络,就会显得知识内容过于宽泛、不具化,既看不到明线的数学知识,也看不到暗线的数学思想,因此这种建构方式并不可取。

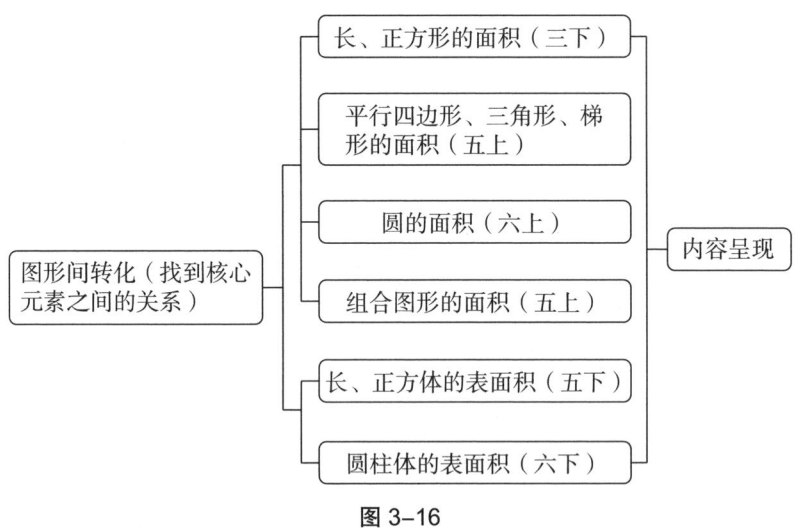

图 3-16

课程图谱的建构需要从数学学科知识本质出发,使学生厘清各知识间的内外关联,连点成线,并把这些知识要素组成模块化的知识网。

那么,对于上述平面图形面积的课程图谱,可以作出如下改进:仍以长方形作为"基点",根据几何图形的特征,分别通过"割""补""移"等方法推导出三角形、平行四边形、正方形、梯形、圆等图形面积计算公式。同时,梳理得到该知识的具体呈现内容及呈现时间点,使知识先分后合、由少到多,不断丰富;接着,对知识内容作进一步的关联,使之不断深化。这样的课程图谱建构,既能使观者一目了然、把握全局,又能将知识具化、深入细微;不仅有自成结构的知识脉络,还有彰显个性特征的自主再造结构。由此,绘制出相对完善的改进版平面图形面积课程图谱(图3-17)。

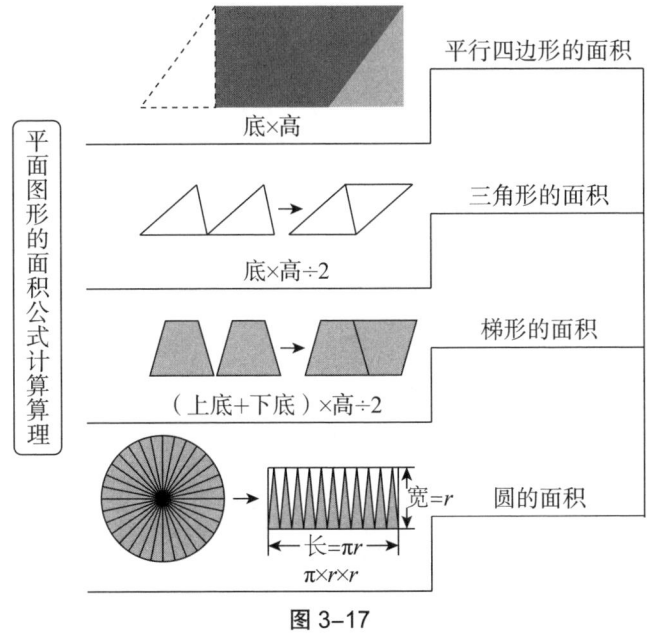

图 3-17

三、内容上从粗到精、由表到里

在建构课程图谱时，要考虑单个知识内容及其"粗细"。如果知识内容越"细"、表达越精准，那么知识点的提取难度也越大，较难对知识内容作进一步的细化，失去了课程图谱通过图示表征知识点及其相互关系的意义，从而大大降低了课程图谱的作用和功能，且不易看见知识全貌。如果知识内容越"粗"、表达越模糊，也会导致看不清知识本质，较难将知识的划分落到实处。因此，构建课程图谱时要在内容上从粗到精逐步细化，由表及里逐步深化。这也就要求我们在构建课程图谱时，要考虑由单个知识内容串起来的知识发展链是否合情，知识逻辑链是否合理，知识成长链是否合适。

基于此，进一步构建平面图形面积课程图谱。从表层的公式推导入手，去寻找面积测量背后的度量本质，得到完整版的平面图形面积课程图谱（图 3-18）。

一个图形的面积就是看这个图形中包含多少个单位面积，而要找到单位面积的个数，主要有两种方法，一种是依次数，另一种是直接算，前者是通法，后者是优法。而长方形的长和宽则分别决定了每排单位面积的个数和排数，从算理上解决了长方形面积公式背后的道理。同时，从本单元对学生操作、体验等活动的意图入手展开分析，这些活动的目的都是凸显面积度量的核心——转化，即把不规则图形转化为规则图形、把未知图形转化为已知图形。因此，课程图谱中要体现对面积知识内涵的深度勾连，凸显面积知识背后的数学思想和数学方法，强化转化这一重要数学思想。

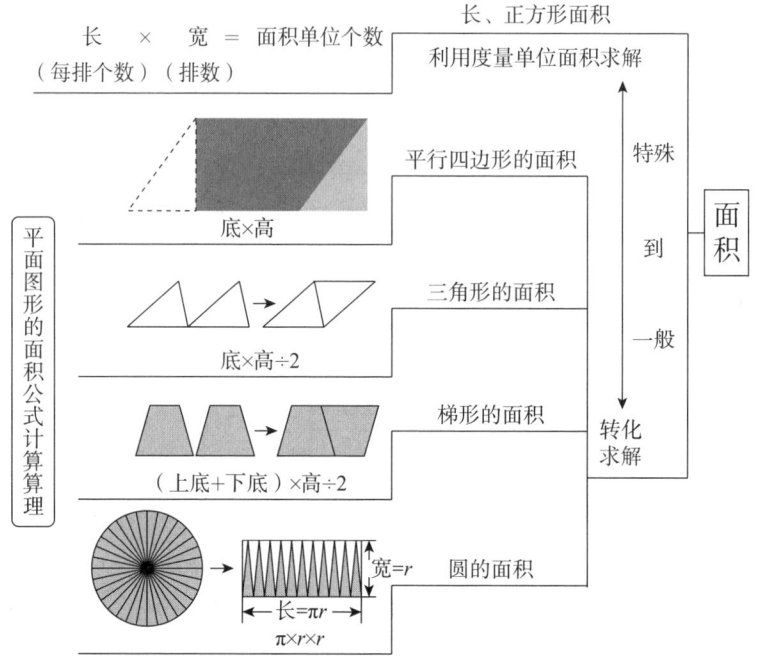

图 3-18

四、绘制上从厚到薄、由体到点

按照课程图谱呈现的内容，可以看出既有课程标准四大领域内的具体数学知识，也有"三会"核心素养下的数学思想。无论绘制哪种课程图谱，都要经历从厚到薄、由体到点的过程。

绘制具体数学知识的课程图谱，就是要把教材由厚变薄，经历知识提炼、概括的过程，把数学教材中丰富立体的课时内容提炼成课程图谱中的"标题"，并浓缩成一个个知识点，按照知识点的发展脉络进行有序排列，呈现出知识间的层级关系。进而，按照知识内外部关系进行勾连，利用图形、表格、线条、符号等进行联结，从而体现出每个具体知识内容的内在本质和应然结构。

在绘制关于数学思想或数学方法的课程图谱时，要以一个核心词为基点，纵观教材，从众多知识素材中抽取并淬炼出最能呼应该核心词的知识点，从而建构出一个不同于教材编排结构的自成结构。

比如,"符号意识培养"的课程图谱建构。符号意识不同于具体的显性知识,它是数学思想这条暗线上的重要内容,暗含于四大领域内的具体知识中。我们通过建立"符号表达—符号建模—符号运用"等层级性目标,将分类统计、分扣子、字母表示数、比例等内容纳入同一个课程图谱中,从而形成"符号意识培养"课程图谱(图3-19)。

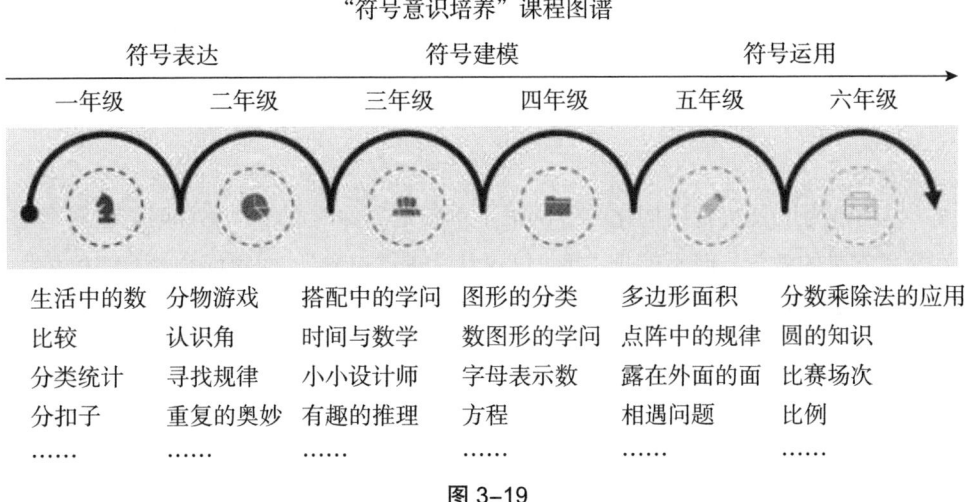

图 3-19

数学是结构化、系统化的一门学科,课程图谱构建过程的实质就是教师对知识的结构化解读过程,就是体现数学学科整体性、结构性、关联性的过程。在此过程中,可以促进教师形成高屋建瓴的数学视野,养成全面思考的数学习惯,具备整体分析的思维方式,提升系统构建的策略能力。一张完美的数学课程图谱不仅是一个整体框架,也是一张数学蓝图;不仅有粗线条框架来反映知识脉络结构,还有细化的具体数学知识。这样的课程图谱大力彰显了教师的个性化解读,促进教师形成数学知识的自主再造结构。

第四章
以图谱为工具实施结构化教学

以图谱为工具实施结构化教学的最小单位是单课时教学。单课时教学顾名思义指一节课的教学,但不能把"单"仅仅认为是"单独",而更应该指向"单位",即根据此课时所处的位置展开教学设计与思考,使其发挥"承接前续、铺垫后续"的功效。本章将重点阐述如何运用好结构化图谱来展开单课时教学,以期培养教师的结构化教学能力。

我们将提供"高新小数团队"研究的多个范例,以更全面地呈现团队在单课时教学上是如何开展教学设计与实践探索的,且范例涵盖小学数学各领域的部分典型课型。"课型"中的"型",于教师而言,就是知识结构、方法结构、过程结构,以及整体综合的思维方式;于学生而言,就是结构化的认知,以及在潜移默化中所形成的结构化思维方式,学生的学习也因为有了结构的支撑而更加主动。[1]

第一节 运用结构化图谱读懂教材的内容结构

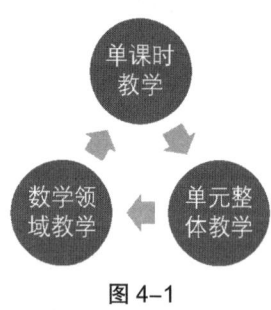

图 4-1

我们梳理得到单课时教学研究的整体思维体系,如图 4-1 所示。

由此,结构化视角下的单课时教学可以从三个视角深度解读教材,即领域视角、单元视角和课时视角,并以此为依据展开教学设计。具体解读时,"高新小数团队"呈现出两种路径:"课时→单元→领域"和"领域→单元→课时"。我们并未发现哪种路径更为优化,但在

---

[1] 蒋玉琴.小学数学课型及其分析[J].小学数学教师,2015(2):47-52.

进行课例分析时,教师们更多地选择"领域→单元→课时"这一方式,以更好地衔接教学设计。为充分展示如何基于上述三个视角展开教材解读,本节采用成都市泡桐树小学(天府校区)关于"分数除法(二)"的案例进行阐述。

一、领域视角:明确单元的地位与作用

深度解读教材,将单元置于数学知识领域中来审视,不仅能更好地理解单元的地位与作用,还有利于培养教师专业化的思维方式,即不再局限于某一课的具体知识,而是养成能"在森林中研究一棵树"的专业眼光。

从领域视角解读北师大版《数学》五年级下册"分数除法(二)"(一个数除以分数)所在单元,团队从"运算与概念的关联、运算内部的关联、领域意义的关联"三个维度展开分析。

(一)"分数除法"单元在分数内部的关联

"分数除法"单元在分数内部的联动关系如图 4-2 所示。从图中可以清晰地看出分数概念在教材中的编排体系,即"数的认识→数的运算→数的应用";也能看到"分数除法"的前后内容,从而明确"分数除法"在小学阶段分数领域中的地位。

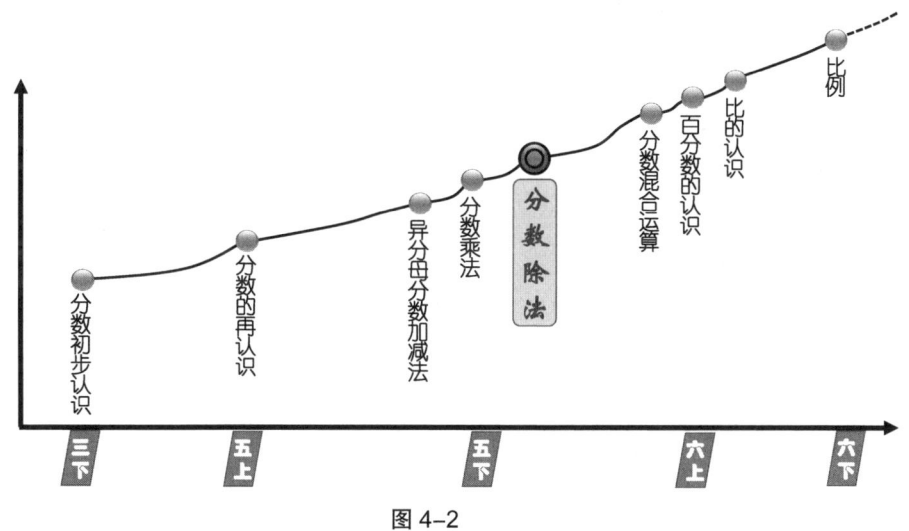

图 4-2

(二)"分数除法"单元在运算内部的关联

"分数除法"单元在运算内部的关联如图 4-3 所示。从图中可以看出,整数运算在四上结束教学,小数运算在五上结束教学,之后则都是与分数相关的运算(含整数、小数、分数混合运算)。可见,分数的相关运算是高段运算教学中的重要任务,"分数除法"单元的地位随之凸显。

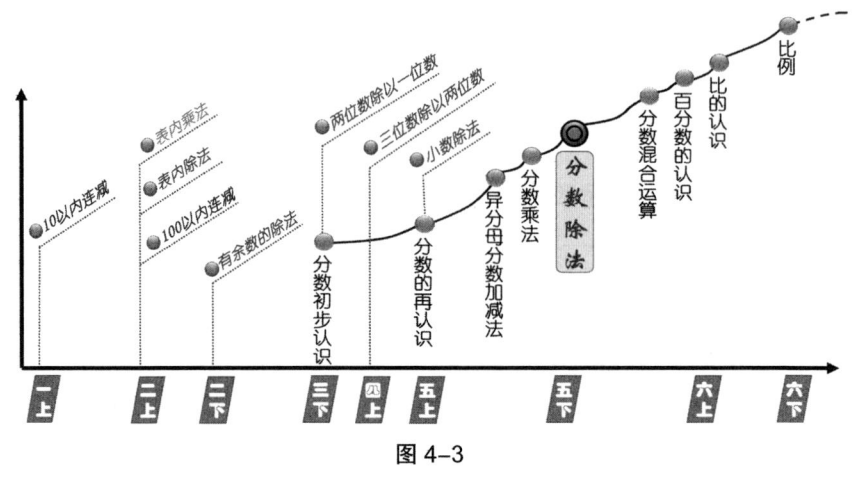

图 4-3

（三）"分数除法"单元在运算意义内部的关联

除法的意义一般分为两种，即等分除和包含除。研讨过程中，团队通过对"6÷2=3"这一算式意义的调查，发现25名学生中只有6人写出了"包含除"。有教师认为，这是由于教材"重等分、轻包含"造成的。为了验证这一想法的正确与否，团队进一步梳理得到各年级关于除法意义的结构图（图4-4）。

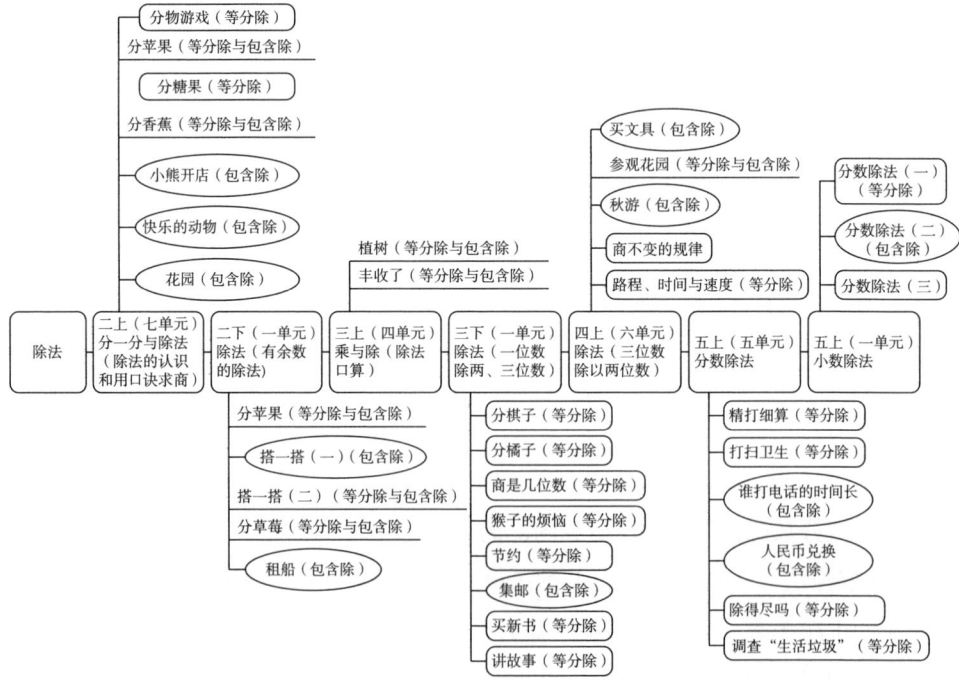

图 4-4

从图4-4中可以发现,关于除法的运算共计34课时,其中只涉及等分除的共计15课时,只涉及包含除的共计11课时,两者皆涉及的有8课时。在进行整数、小数、分数的教学时,均是先教学等分除,再教学包含除,之后两者融合学习。可见,教材力求平衡等分除与包含除这两种意义,使其不断循环出现,以促进学生认知的螺旋式上升,从而建立除法意义的完整认知结构。

史宁中教授在《基本概念与运算法则:小学数学教学中的核心问题》一书中提到:小学数学的教学中,除数是分数时的除法运算是难点之一,在许多情况下,学生只是记住了运算的法则,却很难理解其中的道理[①]。为进一步帮助学生理解运算的意义,团队进一步研究了分数除法意义在四则运算中的位置结构,如图4-5所示。从结构图中可以看出,"分数除法意义不是孤立发展的,它受到了其他专题的支持"[②]。对于小学生而言,认识分数除法的意义至关重要。

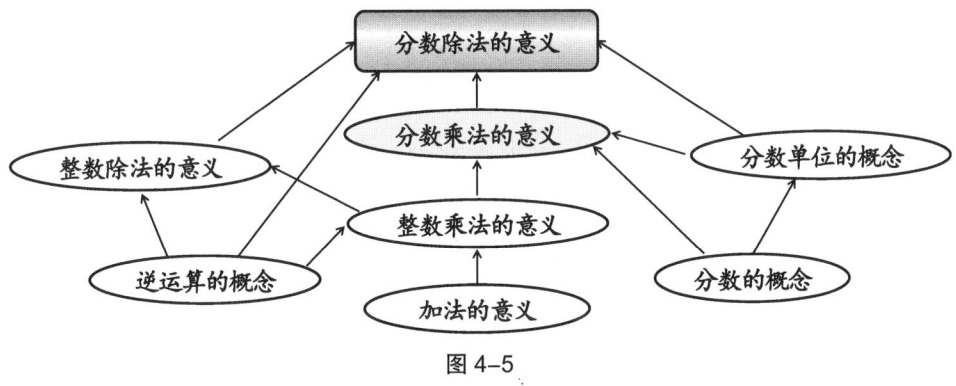

图4-5

二、单元视角:找到教材的编排策略

从单元视角解读教材,一般是先整体梳理本单元教材内容的编排结构,再梳理每个课时的编排结构,最后对比各个版本的单元结构,理清单元编排的脉络。

(一)"分数除法"单元的编排结构图

北师大版教材"分数除法"单元的编排结构如图4-6所示。从图中可以清晰地看到,分数除法的教学是从分数的意义出发,基于对平均分的理解,运用推理的数学方法来理解分数除法的算理,最后在应用中进一步建立模型。

---

① 史宁中.基本概念与运算法则:小学数学教学中的核心问题[M].北京:高等教育出版社,2013.

② 许卫兵.结构化学习:回归"本原"的课堂实践[J].小学数学教师,2018(7/8):64-70.

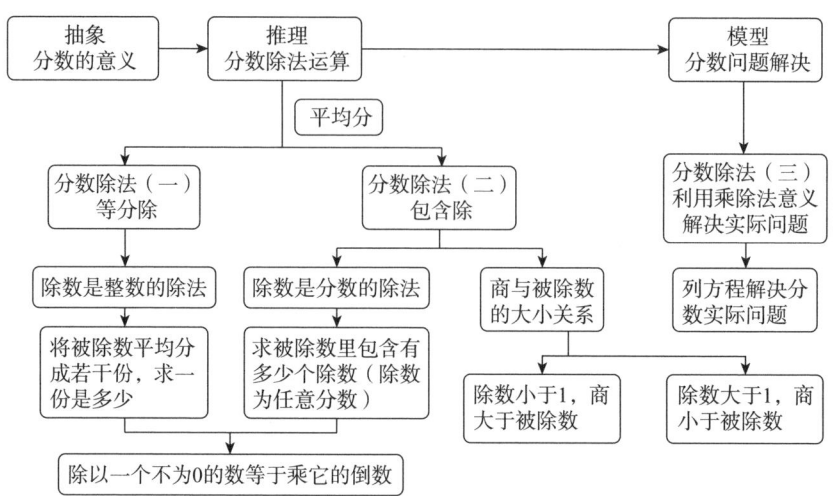

图 4-6

（二）课时编排特点梳理

团队采用相同的结构，针对除数是整数的分数除法、除数是分数的分数除法、列方程解决简单的分数实际问题，分别从知识点、知识点生长过程、运算意义、算法（步骤）等维度对每一课时进行梳理，结果分别如图 4-7、图 4-8、图 4-9 所示。

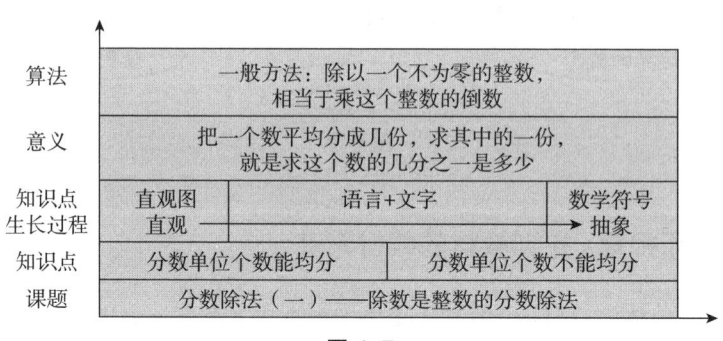

图 4-7

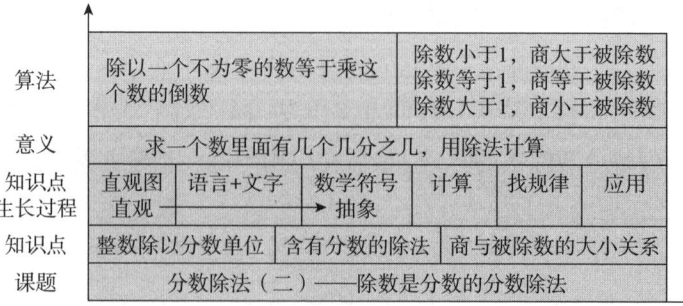

图 4-8

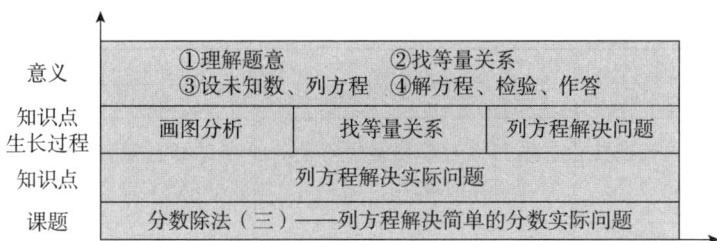

图 4-9

通过课时结构图的对比,提炼得出三者的单元编排思路与编排规律(图 4-10),即在编排规律上基本同构,均是"画图分析—归纳方法—模型应用"。

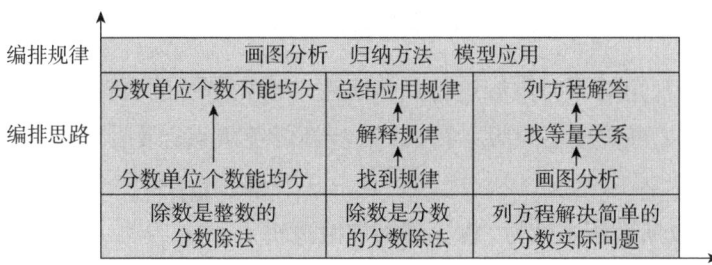

图 4-10

(三)重构单元结构

上述分析可以帮助教师以单元视角重新规划单元教学结构。对于"分数除法"单元,团队在保留教材原编排结构的基础上,增加了单元起始课和单元整理课,以帮助学生建构知识、方法等结构,发展学生的结构化能力。"分数除法"单元教学结构框架具体如表 4-1 所示。

表 4-1 "分数除法"单元教学结构框架

内容	目标简述	核心问题
单元起始课	初建单元知识结构	你希望"分数除法"单元学习些什么?先思考,再阅读教材,并形成简单结构图
分数除以整数〔分数除法(一)〕	借助等分除,探索并理解分数除以整数的意义和算法	怎样计算分数除以整数的问题
除数是分数的分数除法〔分数除法(二)〕	借助包含除,探索并理解除数是分数的分数除法意义与算理、算法	怎样计算除数是分数的分数除法问题

(续表)

内容	目标简述	核心问题
列方程解决简单的分数实际问题	能用方程思维解决简单的分数实际问题	怎样列方程解决简单的分数实际问题
单元整理课	单元内容结构整理	这个单元学习了哪些内容？和我们以前学习的哪些内容有关联？请用自己喜欢的方式来构建结构图

三、课时视角：理清知识点的形成过程

聚焦课时视角对课时内容进行具体解读。首先是解读所教版本教材的编排，理清逻辑结构；再对比不同版本教材，寻找新的突破点；最后形成本课的教学设计初稿。

（一）解读所教版本教材，深入理解课时逻辑

我们使用的是北师大版教材，教材对"分数除法（二）"的内容设置如图4-11所示。我们将从以下四个方面对教材展开解读，即解读"小绿点"、解读对话框、解读直观图、解读习题。

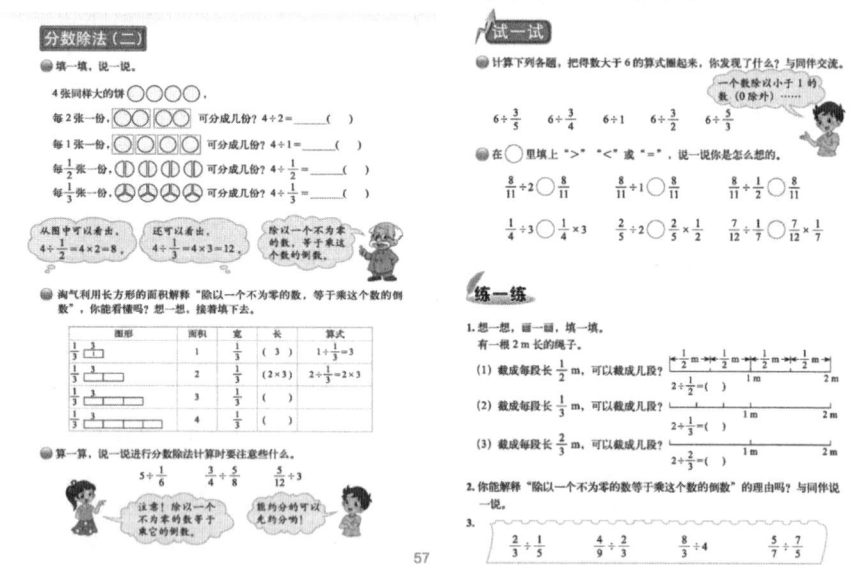

图 4-11

解读"小绿点",要找准每个"小绿点"所对应的知识点,以及知识点之间的联系。解读对话框,要找准每个对话框所呈现的方法,以及方法之间的联系。解读直观图,要找准每幅图所描述的知识点及暗含的思路,厘清其与文字或算式之间的呼应关系。解读习题,要厘清每道习题所对应的知识点及其变式。

"分数除法(二)"包括两课时内容,下面重点阐述对第一课时的教材解读。

教材呈现了三个"小绿点"(图 4-11 左侧部分)。绿点 1 的内容是在圆片的操作活动中体会除数是分数的分数除法意义。教材从除数是整数的除法开始,逐步过渡到除数是分数的除法,并辅以圆片分一分,很好地呈现了整数除法迁移到分数除法的过程。在此基础上,借助"智慧老人"之口,概括出除数是分数的分数除法的一般方法。绿点 2 更换了情境,借助长方形面积模型,让学生直观解释一般分数除法的算理,从而继续沟通式和形之间的联系,让学生进一步领悟算法。绿点 3 直接请学生进行计算,包括整数除以分数、分数除以分数、分数除以整数,进一步打通"分数除法(一)"与"分数除法(二)"之间的关系,梳理总结分数除法的一般算法及计算中的注意事项,如注意运算法则、能约分的先约分等。

作业设计应看作教学设计的一部分,从而实现基于单元整体的一体化设计。因此在解读例题时,要连同所对应的习题一起进行解读。此处,教材提供了与例题完全匹配的三道练习题(即图 4-11 中的"练一练")。第一题借助线段模型让学生进一步理解分数除法的意义与算法;第二题以更加开放的方式,请学生对算理作出解释;第三题旨在强化运算能力,提高计算正确性。

(二)对比其他版本教材,寻找新的突破点

在解读这一课时内容时,有教师提出:绿点 1 与绿点 2 都有让学生填一填,且得出的结论相同,显得沉闷且缺少探究意味。可否将"练一练"中的第二题置于课堂上研究,并在学生得出绿点 1 中的结论后将其呈现,供学生探究?

其他教师也认为,教材这样的编排有两点局限:一是除以几分之一,依旧是实例验证型的研究,没有从数学内部的逻辑出发来推理证明"为什么除以几分之一等于乘以几";二是类推到除以几分之几,是强行的类推。

当在教学设计过程中出现疑问时,可以借鉴其他版本的教材,拓展思路,这是教材解读中很好的策略。下面,分别呈现北京版、青岛版、浙教版(新思维)教材对于此内容的部分编排。

北京版教材(图 4-12)呈现了两种思路:思路一是将被除数和除数转化成同分母分数,再将分子相除;思路二是先求出一个单位分数是多少,再求几个单位分数是多少。

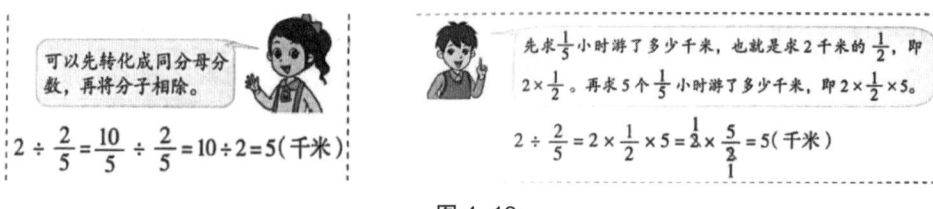

图 4-12

青岛版教材(图 4-13)从解决实际问题入手,体现出数学与实际生活之间的联系,且问题与北师大版教材"练一练"中的第一题类似。用算式表达,即 $2 \div \frac{1}{5} = 2 \times 1 \div \frac{1}{5} = 2 \times (1 \div \frac{1}{5}) = 2 \times 5 = 10$(个)。

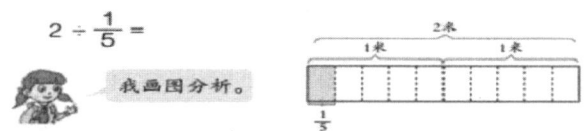

图 4-13

浙教版(新思维)教材(图 4-14)展示了两种思维路径:思路一是分数单位相同,将分子相除(异分母则转化成同分母);思路二是运用商不变性质,使除数变为 1 后再计算。

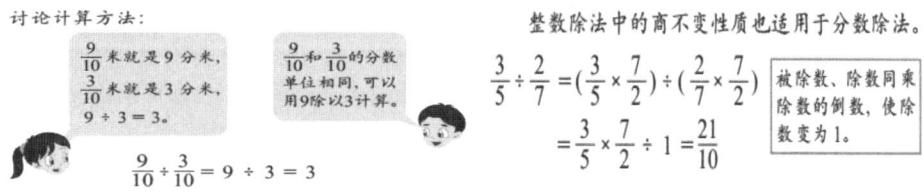

图 4-14

基于对北师大版教材的分析,并对比其他版本教材,再结合教师们的教学经验,课时设计初稿中尽量保留了教材的课时编排结构,将教材"练一练"中的第二题替换为绿点 2,以更开放的形式调动学生的已有经验,以期突破学生"只是记住了运算法则,却很难理解其中的道理"这一瓶颈。

总而言之,从领域视角、单元视角、课时视角解读教材,有助于教师在高观点下更好地理解知识的内容结构,并将课时内容置于单元和数学知识领域中进行关联,从而更好地把握教材逻辑,为精准施教做准备。

第二节 运用结构化图谱读懂学生的认知结构

读懂教材,能使教师明晰当前的学习起点与终点;读懂学生,能帮助教师解决以下三个问题:儿童当前处于何种发展水平?儿童已有的观念在日常生活中表现出怎样的特征?儿童已有的观念可能与哪些新问题产生认知冲突?[①]

下面两个案例分别基于度量意识和符号意识,从制定前测卷、收集学生作答情况、进行定量与定性分析三个方面来获得学生的认知结构,从而为后续教学设计提供学情指导。

【案例1】 对学生度量意识的学情了解——以"认识厘米"为例

成都市泡桐树小学(天府校区)的教师在教学"认识厘米"一课前,为了解学生的度量意识水平,选择二年级10班43名学生进行了前测,前测内容如下。

前测单

1. 你知道哪些长度单位?请写一写。
2. 你知道哪些测量工具?
3. 生活中哪些物体的长度大约是1厘米,你能举例吗?
4. 按要求填一填。

估一估,这块橡皮的长度大约是(　　)厘米。

量一量,这支铅笔的长度大约是(　　)厘米。

从前测单中可以看出,第一题指向学生对长度单位的了解情况,第二题指向学生对测量工具的了解情况,第三题指向对单位长度1厘米的认识,第四题旨在了解学生对测量方法的认识以及估测能力,四道题均是对学生度量意识的了解。

根据学生的作答情况,进行分类统计,结果如表4-2和表4-3所示。

表4-2 第一至第三题前测情况

	第一题(长度单位)			第二题(测量工具)			第三题(1厘米实物)		
	写出多个	写出一个	无作答	写出多种	写出一种	无作答	正确举例	举例有误差	无作答
人数/人	8	12	23	5	36	2	8	5	30
占比	18.6%	27.9%	53.5%	11.6%	83.7%	4.7%	18.6%	11.6%	69.8%

[①] 王志江,宋亚男.玩游戏,学数学(四年级上册)[M].桂林:漓江出版社,2021.

表4-3 第四题前测情况

	估测			测量		
	正确估测	有较大误差	无作答	能正确测量	有较大误差	无作答
人数/人	11	28	4	20	16	7
占比	25.6%	65.1%	9.3%	46.5%	37.2%	16.3%

综合分析学生的作答情况，可以发现测量对该班学生来说并不陌生，大部分学生知道测量所用的工具，但对长度单位的认识基础较弱；绝大部分学生对厘米的实际意义并不了解，相关生活经验并不丰富；对于较小物体长度的估测有一定的经验，但缺乏对单位长度的感知，不能准确估测；在测量时能选用正确的工具，具备一定的测量能力。因此，教师需要在教学中提供丰富的素材和多层次的操作活动，帮助学生理解厘米的实际意义。

【案例2】 对学生符号意识的学情分析——以"字母表示数"为例

四年级学生已有一定的分析能力和解决问题的能力，抽象能力也得到了一定的发展，但"字母表示数"的内容对四年级学生来说还是较为抽象的。为了寻找学生的"最近发展区"，成都市教科院附属学校（西区）团队针对性地设计了如下前测卷。

"字母表示数"前测卷

1. 你能用字母表示以下运算律吗？请你试一试。

运算定律	用字母表示
加法交换律	
加法结合律	
乘法交换律	
乘法结合律	
乘法分配律	

2. 只列式，不计算。

（1）小明有5元零花钱，小红的零花钱是他的3倍。小红有多少钱？

（2）果园里种有桃树 308 棵，梨树的棵数是桃树的 3 倍。梨树有多少棵？

（3）一支铅笔的价格是 1.5 元，一支钢笔的价格是一支铅笔价格的 3 倍。一支钢笔多少元？

观察上面各道题目，你发现了什么共同之处？用你喜欢的方式表达出来。

3. 你见过用字母表示的情况吗？请举例说明。

其中，第一题用字母表示运算律，唤醒学生已有的符号意识；第二题调查学生是否具备正确分析数量关系并用字母表示数量关系的能力；第三题旨在让学生思考生活中的字母与数学中的字母之间有什么区别。

收集学生前测卷，并进行分类统计，结果如图 4-15 所示。从图中可以看出，第一题有 90% 的学生能正确用字母表示运算律。第二题有 52.5% 的学生仅仅能从算式表象上发现三个问题的共同点，即都是乘法计算或都是乘 3；42.5% 的学生能够发现共有的数量关系，并能用文字表述它们都是解决倍数关系的问题；仅有 5% 的学生能用字母表示这一数量关系。第三题有 95% 的学生能写出生活中常见字母的特定含义，或用字母表示运算律、单位等，但大部分学生的字母表示内容与数学无关。

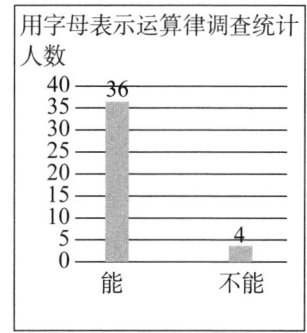
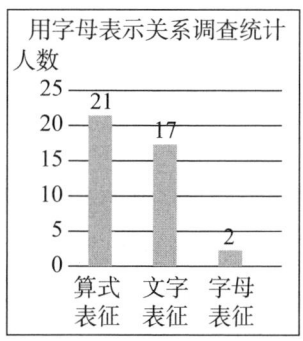
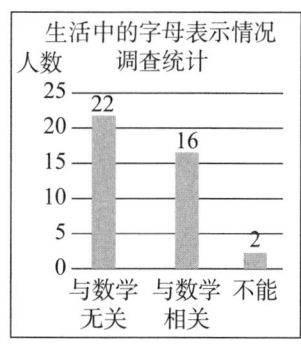

图 4-15

收集学生典型作品，如图 4-16 所示。

运算律	用字母表示
加法交换律	$a+b=b+a$
加法结合律	$a+b+c=a+(b+c)$
乘法交换律	$a\times b=b\times a$
乘法结合律	$a\times b\times c=a\times(b\times c)$
乘法分配律	$a\times b+a\times c=a\times(b+c)$

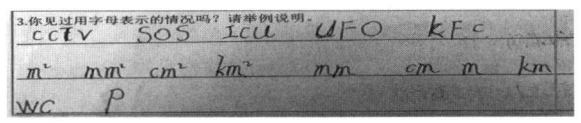

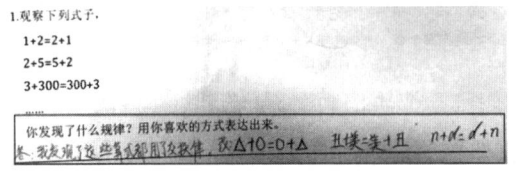

图 4-16

第一题的测试结果表明，大部分学生都具备了用字母表示运算律的能力。为了进一步获得学生的"最近发展区"，我们对此题做了微调，即让学生观察算式特征，发现加法交换律，并用文字或字母表示。结果显示，改动后的题对学生来说难度增加了，55% 的学生能发现规律，但只能用文字表达；40% 的学生可以正确用字母表示规律；还有 2% 的学生不能正确或完整表述。学生的典型作品如图 4-17 所示。

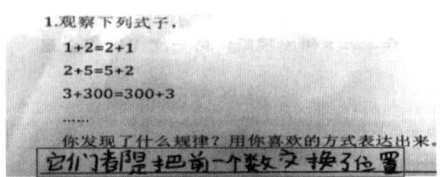

图 4-17

综合分析学生的作答情况，可以得出如下结论：用字母表示运算律对学生而言较为简单，正确率较高；用字母表示规律对学生来说则比较困难，且他们习惯用文字表示；学生对用字母表示的认识大多停留在表示具有某种意义的记号、标识上，即与数学无关的字母表示。

团队教师对于学生认知结构的获取和解读，不仅建立在教师的经验基础之上，更是建立在实证调查上。通过对课程图谱的解读，精心设计前测题目；并通过统计学生的作答情况、分析学生的典型作品等方式获得有效结论，从而为后续教学的设计与实施提供强有力的支撑。

第三节　运用结构化图谱开展课堂教学

明确了教材内容结构和学生认知结构的起点,那么该如何进行课堂实施呢?结构化理念下的教学实施与一般的教学实施相比,又有哪些不同?

我们综合几位共同参与研究的教师观点,概括为以下四点:第一,关注学生的体验与建构过程,提供学生充分的时间和空间以保证建构的发生;任务前置,了解学生的真实起点,确定施教策略。第二,采用"大问题引领+板块化任务"的推动方式,改变常规的细碎问题和"小步走"方式,使学生的结构建立更加完整。第三,注重多元表征,注重新旧概念之间、新旧知识之间和新旧方法之间的联结,即关注学生认知结构的发展走向,且以学生的差异为教学资源。第四,注重及时的评价反馈,包括对学生的问题意识表现、合作意识表现和表达意识表现进行即时评价,特别是对学生作品背后的思维逻辑进行精准点评,让学生思维走向深处。

下面,分别从计算课、解决问题课、探索规律课、图形与几何课四种课型入手,谈一谈如何运用课程图谱实施结构化教学。

一、计算课:算理融通

计算课承载着培养学生数感、提升学生数学运算能力的重要任务。下面,以成都墨池书院小学数学团队"两、三位数乘一位数的笔算乘法"教学研究为例,谈谈在计算教学中如何实施结构化教学。

就知识内在关系而言,表内乘法是两位数乘一位数的计算工具,两位数加一位数的口算是有进位的两位数乘一位数的基础。同样,整数乘法是小数乘法、分数乘法的基础。并且,在学习乘法的过程中,亦不可将其与作为逆运算的除法割裂开来。由此,我们绘制得到单元知识相关元素关联结构图(图4-18)。

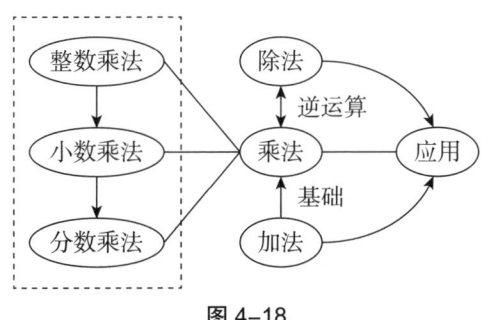

图4-18

突破策略

① 审辨：读懂多元方法之间的联系，厘清方法，实现算理的融通。
② 建构：知识运用，强化运算技巧和运算能力。

教学片断

① 三次追问，厘清算理。

同桌分享 12×4 的计算方法，教师组织全班交流汇报。

师：（出示学生作品，如图 4-19 所示）他是怎么想的？

图 4-19

生：他把点子图圈成两部分，一个圈是 4 行 10 列，4×10＝40，另一个圈是 4 行 2 列，4×2＝8，两部分加起来就是 40＋8＝48。

生：把 12 分成 10 和 2，分别乘 4，得到 40 和 8，相加得 48。

师：这是先分后合。（板书：先分后合）

师：为什么要进行拆分呢？

生：拆了就能通过乘法口诀直接算出来，很简单！

师：不错，大家把遇到的新问题转化成了用我们学过的旧知识就能解决的问题。（板书：转化）

师：你还有不一样的方法吗？（教师出示图 4-20）

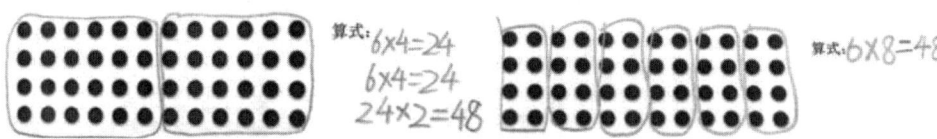

图 4-20

师：你能试着用综合算式表达这些计算过程吗？

生：(10＋2)×4＝10×4＋2×4；6×4×2＝48；6×8＝48。

② 方法对比，融通算理。

师：除了借助点子图，我们还可以用什么方法计算出结果呢？

小组交流后组织全班汇报，反馈得到列表、竖式等方法。对比联系点子图、表格、竖式，理解竖式每一步的具体含义。

师:(手指竖式第一条横线下方的"4")为什么4写在十位上?表示什么?

生:$4 \times 10 = 40$,这里的"4"表示4个十,所以写在十位上。

教师示范竖式的简写形式,规范书写和表达(图4-21)。

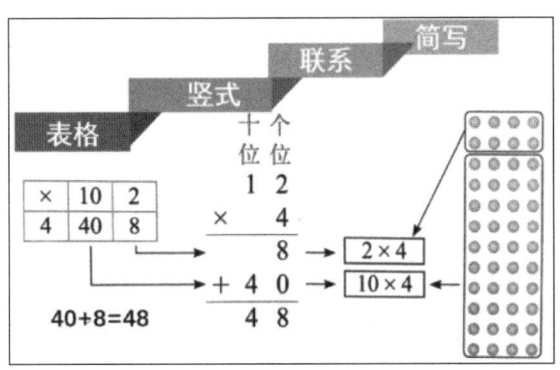

图 4-21

③ 瞻前顾后,反思建构。

师:在这节课的学习中,用到了哪些以前学过的知识和方法?

生:加法和乘法口诀。

生:拆分法、表格法。

板书设计

板书设计如图 4-22 所示。

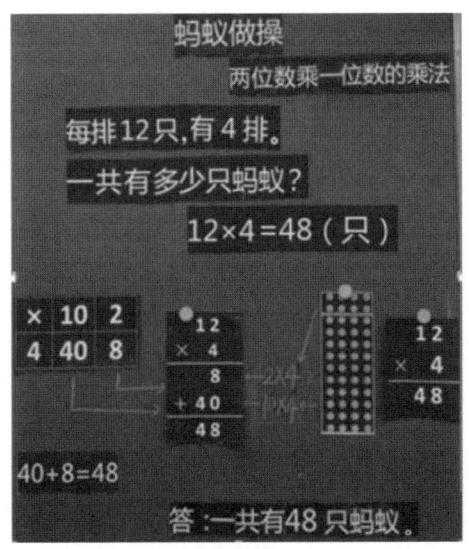

图 4-22

【说明】课尾呈现完整板书,帮助学生系统梳理本节课的知识结构,完善对"乘法竖式"的认知结构,进而为学生的思维结构发展提供可视化依据。多样方法的关联,乘法意义本质在算理上的融通,都在板书上得到了呈现,便于学生理解算理,助力数学运算能力的培养。

二、解决问题课:方法融通

数学来源于生活,又回归于生活,所以解决生活中的实际问题也是数学课的功能之一。成都高新区芳草小学数学团队对解决问题课型做了一定的探索,认为可以利用"题型结构—解题方法—数学思想相同"的模式来挖掘知识本质内涵,实现举一反三,让教师有结构地教,促进学生有结构地关联,并最终指向学生迁移能力的发展,学会结构化地思考问题,培养初步的建模意识与能力。

下面,以北师大版《数学》五年级下册"相遇问题"为例,具体谈谈解决问题课堂的结构化实施过程。

"相遇问题"安排在五年级下册第七单元"用方程解决问题",包含两个内容:一是列方程解决问题,二是行程问题。教材主题图呈现淘气和笑笑两人同时出发的情境,已知两人的速度,求相遇时间。主要有两种思路:一是"部分+部分=总量"这一等量关系(分开计算),其中蕴含了"速度×时间=路程"这一数量关系;二是直接利用"速度×时间=路程"这一数量关系。教学"相遇问题"时,采用第二种思路显然比较好。

突破策略

① 情境演示,直观理解。

教学时,让学生实际演示两人相遇的情景,帮助学生建立相遇的多种情况(图4-23)。

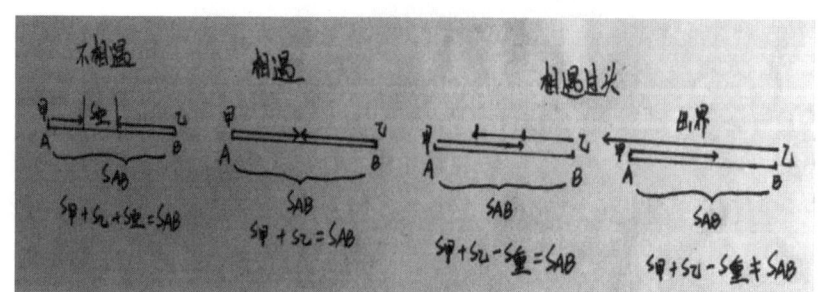

图 4-23

② 举一反三。

当解决一个问题后,举一反三是实现结构化教学的较好方法。通过改变某个元素,而本质不变,让学生巩固知识,并完善认知结构。

③ 构建模型。

借助一个数量关系,实现知识的触类旁通,从而解决不同情境中的相遇问题;让学生掌握知识本质,构建数学模型,提高解决问题的能力。

教学片断

① 列方程解决问题。

出示情境:淘气和笑笑两家相距840米,淘气每分钟走70米,笑笑每分钟走50米,两人同时从家里出发相向而行,经过多长时间两人相遇?

教师组织学生先独立解决,再小组合作,最后全班共同解决。

展示:列方程解决,学生分析得到"$(v_1+v_2)t=s$"这一数量关系。设经过x分钟两人相遇,得到$(70+50)x=840$。

教师表扬学生的其他解题方法,并规范列方程解决问题的格式。

② 变式练习。

出示变式:淘气和笑笑两家相距840米,淘气每分钟走70米,笑笑每分钟走50米,两人同时从家里出发相向而行,经过多长时间两人相距240米?(两种情况)

教师组织学生先独立解决,再小组合作,最后全班共同解决。

展示:设经过x分钟两人相距240米。当两人未相遇而相距240米时,得到$(70+50)x=840-240$;当两人相遇后而相距240米时,得到$(70+50)x=840+240$。

教师引导学生发现,变式练习和原来的题的数量关系一致,都是"$(v_1+v_2) \cdot t=s$"。虽然路程改变了,但数量关系是相同的。

③ 抽象模型。

出示问题:只列方程,不解答。

问题一:修路队修一条114千米的路,甲队已经修了6千米,现在乙队从路的另一边开始修。甲队每天修5千米,乙队每天修4千米,多少天后能修完?

问题二:师徒两人共同加工74个零件。徒弟先做了2小时,每小时加工7个,然后和师傅一起加工,师傅每小时加工13个。还需要多少小时才能加工完这批零件?

教师组织学生先独立解决,再小组合作,最后全班共同解决。

展示：问题一，设 x 天后能修完，得到 $(4+5)x=114-6$。问题二，设还需要 x 小时才能加工完这批零件，得到 $(7+13)x=74-2\times 7$。

学生完成后，引导学生发现所列方程的共同点。即：都可以与关系式"$(v_1+v_2)t=s$"建立联系，只是情境不同而已，从而发展学生抽象建模的意识。

最后，利用方程 $(12+18)x=250$，让学生自己创编问题，理解方程含义。

另外，百分数的应用，比的应用，长方体、圆柱表面积和体积的计算等内容，也都适合采用模块化教学策略，以促进学生结构化思维的发展。

板书设计

板书如图 4-24 所示，从相遇问题开始，并逐步拓展到未相遇、"相遇过头"、修路问题、工程问题等实际问题，聚焦同一模型，让学生对这类问题产生结构化的认知，从而提升解决问题的能力。

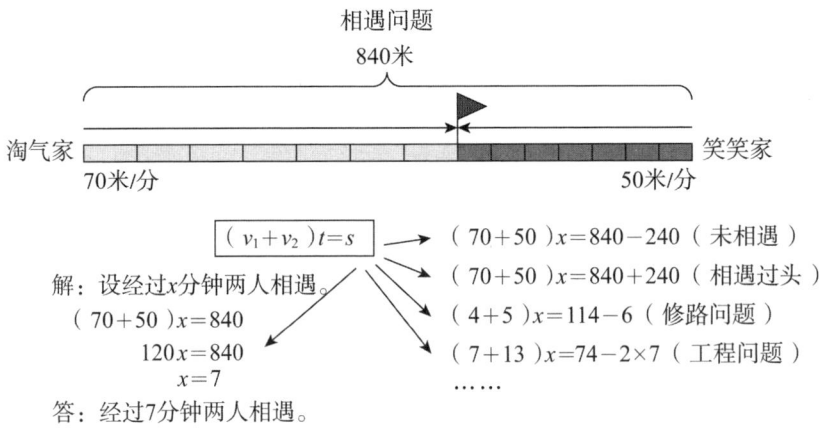

图 4-24

【说明】解决问题的教学，重点在于让学生在遇到新问题时，能主动寻找联结点，思考这一问题属于哪一类知识，又与哪一类知识有联系，可以运用哪些相关方法来解决。因此，可以从以下三个方面进行教学设计。

第一，结构化设计，模块化实施。要以知识本质联系为基础，以学生核心素养发展为目标。教师在进行模块化教学设计时，应思考如何能让学生全面掌握一类知识，知识之间又是如何关联的。在此基础上，有结构地设计能促进学生知识关联的学习活动。接着，在具体课堂实施中，分板块展开，突出主题，让学生掌握知识全貌。

第二，举一反三，提升认识。教学中可根据实际情况，让学生循序渐进地掌握知识的不同方面；并多次进行举一反三，使得学生在相互交流中，发现知识本质，建构认知结构，为迁移知识积累经验。

第三，立足核心素养，使教学模式化。即：帮助学生实现从"学会"到"会学"，促进学生核心素养的形成。并且，基于"数学是关于模式的学科"的理念，促进学生自己建立结构化思维，主动实现知识间的联结。

三、探索规律课：思想融通

"探索规律"是渗透函数思想的重要内容，要求学生能够探索简单情境下的变化规律，认识到每一种规律都是一种模式，经历发现规律、表征规律、运用规律的过程，学会猜测、验证、推理[①]。下面，以成都玉林中学附属小学"重复的奥秘"一课的教学实践为例，谈谈如何实施此类课堂的结构化教学。

突破策略

① 建立模型：引导学生在活动中积累经验，感悟"重复现象"的数学模型。
② 多元符号：呈现多元符号，感受符号化的数学思想方法。
③ 现实关联：感受规律与现实生活之间的联系，感受生活中的数学美，体会数学学习的乐趣，培养良好的数学学习情感。

教学片断

① 说规律，深化理解重复规律。

师：蒙古族有一个传统节日叫"那达慕大会"，是蒙古族人民为了庆祝丰收而举行的娱乐大会。我们一起来看看他们的庆祝现场吧！（播放课件）

师：仔细观察，你发现了什么秘密？和你的同桌说一说你的发现。（同桌交流）

师：谁来分享一下？

生：我发现灯笼大小、大小……重复出现。

生：我发现小朋友女男、女男……重复出现。

……

② 画规律，树立符号意识。

师：发现了这么多规律，你能动手记录下灯笼的规律吗？要求让人一眼就能

---

① 高丽君. 小学低年级"探索规律"教材分析及教学策略探究[J]. 小学教学参考, 2021(8)：4-6.

看明白。（学生自主思考并画出规律）

师：大家都很有创造力，老师收集了几个小朋友的作品，（出示图 4-25）请这幅作品的作者来介绍一下你是用什么方法表示规律的。

生：我是直接把灯笼画出来的。

师：（出示图 4-26）比较这两幅作品，谁的更容易让人看明白？

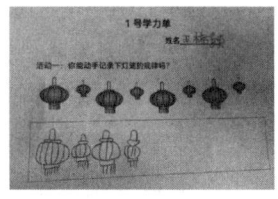

图 4-25　　　　　图 4-26

生：一个圈了、一个没有圈，圈了的更容易让人看明白。

师：完善你的规律，没圈的同学请在你的作品上圈一圈。

师：（出示图 4-27）请作者介绍一下你的方法。

生：我用"大"表示大灯笼，用"小"表示小灯笼。

师：实物表征和文字表征，你更喜欢哪一种？为什么？

生：我更喜欢用文字表征的，因为它更简洁。

师：（出示图 4-28）这幅作品也是用文字来表征的，和之前那幅用文字表征的作品相比，谁的更能让人一眼就看明白？

生：圈了的这幅作品更能让人一眼就看明白。

师：他把一大一小圈为一组，像这样一组又一组出现，就是"重复"。

师：（出示图 4-29）这幅作品是用图形来表征的，请作者介绍一下你的方法。

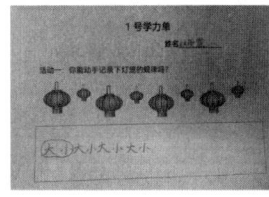 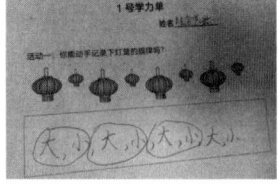 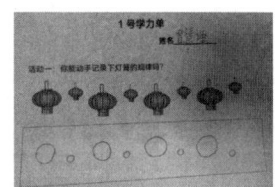

图 4-27　　　　　　图 4-28　　　　　　图 4-29

生：我用大圆表示大灯笼，用小圆表示小灯笼，规律是以一个大圆、一个小圆为一组，重复出现。

师：除了圆，还能用什么图形？

生：三角形。

生：正方形。

生：心形。

师：图形表征和文字表征，你更喜欢哪一种？

生：我更喜欢图形表征，因为不用写字。

师：老师也用自己喜欢的方法表示了灯笼的规律，想推荐给你们。（展示数字表征）你能看懂吗？

生：这是用1表示大灯笼，用2表示小灯笼。

师：数字表征和图形表征，哪一种更简洁？

生：数字表征更简洁，写起来更快。

生：我认为一样快，都可以。

师：如果你是英语老师，你会用什么方法来表征呢？

生：用字母A、B、C……

师：老师还想给你们推荐一种方法。（展示"√""×"的符号表征）你能看懂吗？

生：老师是用"√"表示大灯笼，用"×"表示小灯笼。

师：为什么你们的方法都不一样，但都是对的呢？

生：因为都表示一大一小重复出现的规律。

师：同一种规律可以用不同的方法来表征。给你一分钟，完善你的作品，让规律看起来更简洁。

③ 再次表征规律，提高学生的符号意识与能力。

任务：请任选一组物体，用简洁的方式表示出规律。

板书设计

通过板书（图4-30），再现了学生的思维过程，从实物、文字、图形、数字、字母等多元符号的表征上，既培养了学生符号化的意识和能力，又丰富了学生对规律的探索与感知，建立了"重复现象"的数学模型，形成了结构化的方法。

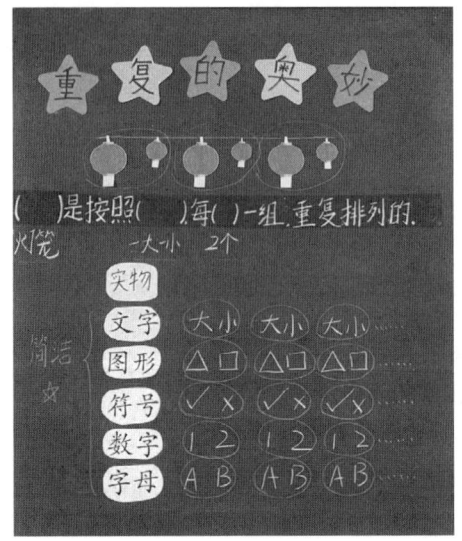

图 4-30

四、图形与几何课：关联上融通

如图 4-31，学生空间观念的发展需要经历三个层次：空间知觉、空间表象、空间想象。成都玉林中学附属小学数学团队以北师大版《数学》三年级下册"长方形的面积"一课为例，进行了关于图形与几何课的结构化探究教学。

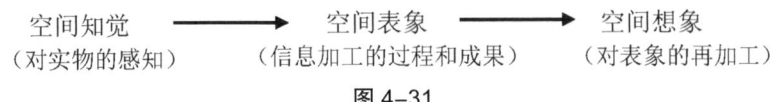

图 4-31

面积的学习需要丰富的直观素材和操作活动，以为学生打好"空间知觉"基础，让学生在看、描、摸、量等活动中，调动各种感官的参与，以更好地建立空间表象。团队从数学知识结构化、数学思考结构化、学习过程结构化、学习方法结构化四个维度来设计教学，让学生经历数学化的认知过程和思维过程，建构数学知识的完整样态，并形成自己的认知结构，进而促进知识的迁移，真正实现数学学习深度发生以及数学核心素养的结构化生长。

突破策略

① 动手操作：给学生提供充分的操作空间和时间，建立和深化面积意识。

② 想象推测：在直观操作的基础上，借助想象对直观操作进行再次丰满，培

养空间观念。

③ 类比应用：提升利用想象解决问题的能力，内化操作活动，加深对单位面积的认识；同时展现学生的思维状态，推动学生思维的发展，深化理解面积计算方法。

教学片断

① 直接度量。

师：(拿出①号长方形卡纸)要测量它的面积，可以怎么办？

生：用小方块一个一个地铺，看需要几个小方块才能铺满。

师：你认为多大的小方块比较合适呢？

生：边长为1厘米的小正方形最合适。

师：大家同意吗？请完成以下任务。

出示学习任务1：独立探索①号长方形的面积是多少；用1平方厘米的正方形摆一摆；小组内交流方法；全班分享，汇报展示。

生：我一共摆了6个小正方形，所以它的面积是6平方厘米。

生：我每排摆3个，正好摆2排，所以面积是 $3\times 2=6$（平方厘米）。

生：你们是全铺法，我的是半铺法，不用都摆完。我先横着摆一排，刚好3个，再竖着摆一列，刚好2个，所以面积是 $3\times 2=6$（平方厘米）。这种方法不用全摆满，通过想象就能知道全部摆满共有多少个单位面积。

师：为什么不同的摆法都得到了同样的结果？

通过讨论、引导，得出都用了同样的单位面积去度量，单位面积的个数相同，所以面积大小相同。

② 间接度量。

师：对比全铺法和半铺法，发现半铺法真是简单又快速！但它是不是适用于任何一个长方形面积的计算呢？比如，教室地面的面积、足球场场地的面积……

生：不行，摆起来太麻烦了！

师：看来，要研究长方形的面积，没有那么简单，还得弄清楚它与什么有关！请同学们大胆猜测，长方形面积会和什么有关系呢？

学生猜测：和长有关；和宽有关；和长、宽都有关；和周长有关。

师：你们的猜测是否正确呢？让我们一起进入第二段研究之旅吧。

出示学习任务2：小组合作，摆一摆，得出②号和③号长方形面积分别是多少；根据摆小正方形的过程，思考长和宽分别是多少，并填写表格；仔细观察，说说你的发现；全班分享交流，尝试用比较规范的数学语言表达发现的规律。

生：①号长方形的长是3厘米，宽是2厘米，面积是6平方厘米；②号长方形的长是5厘米，宽是2厘米，面积是10平方厘米；③号长方形的长是4厘米，宽是3厘米，面积是12平方厘米。我们发现，长方形的面积等于长乘宽。

师：你能结合摆一摆的过程再给大家讲解一下吗？

生：如③号长方形，长是4厘米，横着就能摆4个边长是1厘米的小正方形，宽是3厘米，竖着就能摆3个小正方形，$3 \times 4 = 12$（个），所以面积是12平方厘米。

师：你的意思是说，长有几厘米，横着就能摆几个小正方形，宽有几厘米，竖着就能摆几个小正方形，长乘宽就能算出一共有多少个1平方厘米的小正方形，也就是有多少个单位面积。

师：如果长方形的长是20厘米，宽是8厘米，它的面积是多少？你能结合摆一摆的过程给大家讲一讲吗？

生：长20厘米，说明一行能摆20个边长是1厘米的小正方形；宽8厘米，说明一共能摆8行。所以一共有160个小正方形，也就是160平方厘米。算式是$20 \times 8 = 160$（平方厘米）。

师：研究到现在，你知道量出长和宽后该怎样求长方形的面积了吗？

生：长方形的面积 = 长 × 宽。(师板书)

师：(指算式)长是几厘米，就知道一行能摆几个单位面积；宽是几厘米，就知道能摆这样的几行。所以，长的厘米数乘宽的厘米数就等于长方形面积的平方厘米数。

③ 类比应用，关联融通。

师：我们刚才借助动手操作和观察，准确找到了长方形面积的计算公式。那么，怎样计算正方形的面积呢？

出示学习任务3：独立思考并寻找解决问题的方法；同桌之间讨论交流，如果需要动手操作，可以借助学具摆一摆，并验证自己的想法；全班汇报交流。

生：我一行摆了3个，可以摆3行，所以面积是$3 \times 3 = 9$（平方厘米）。

生：因为已经知道图形是正方形，所以可以只摆一行，也就是摆3个，然后就能直接算出面积一共是9平方厘米了。

生：正方形是特殊的长方形，直接用公式"长 × 宽"，也就是"边长 × 边长"，就可以算出正方形的面积了。

教师配合学生分享，用课件辅助演示长方形变成正方形的动态图，帮助学生理解。(板书：正方形的面积 = 边长 × 边长)

【说明】让学生经历求面积的研究过程，不仅提升了学生利用想象解决问题的能力，内化了操作活动，加深了对求几个单位面积的认识；还展现了学生的思维状态，推进了学生思维的发展，使得学生深化了对面积计算方法的理解。

板书设计

板书设计如图 4-32 所示。

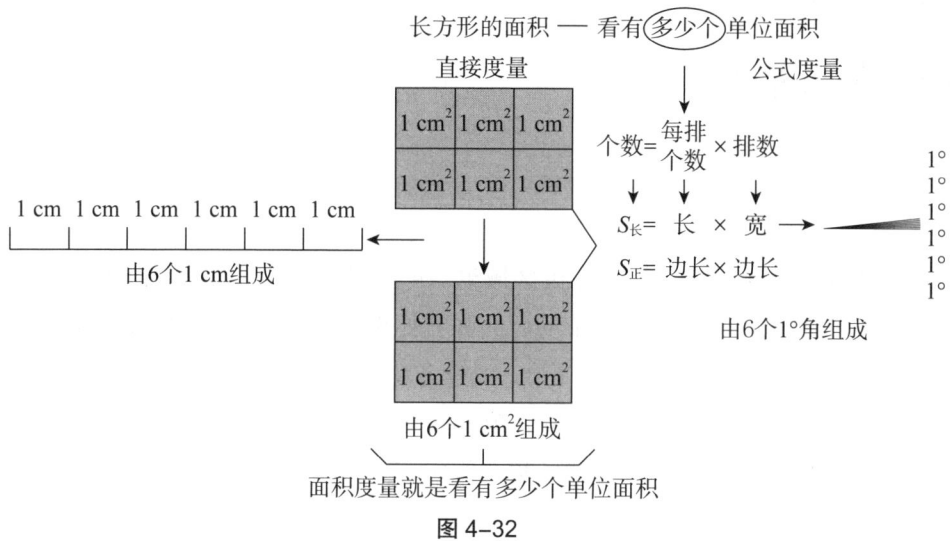

图 4-32

借助板书，回顾课堂。学生经历"解决长方形卡纸面积问题—直接度量—不断改进度量方法—发现规律（间接度量）—形成方法（总结求长方形面积的一般方法）"的研究过程，发现求长方形的面积就是求有几个单位面积，和以前度量线段长度的方法一致，即要求线段有多长，数一数一共有几个 1 厘米长的线段，就是几厘米长。同样的方法，在以后的学习中还会遇到，如角的度量。

【说明】本节课从学习过程和数学知识两个角度让学生经历知识的结构化过程并进行策略的迁移，使得学生在后续学习中也能应用先前积累的经验，即经历"发现问题—提出猜想—验证猜想—归纳结论—应用结论"的探究过程，从而实现研究方法的结构化。

通过上述丰厚的思考与课堂中学生的深度参与，希望能以此呈现"高新小数团队"的部分研究成果。在培养学生结构化能力的道路上，该团队也形成了自己的共识：结构化教学，首要需要教师有结构化的意识，看清知识的来龙去脉，认清知识的"结"，摸清学情，由此才能在课堂上有的放矢地将这些"结"一个个"打开"，让学生拔"结"生长；同时，注意给予学生合适的"脚手架"，让知识建"构"生成。这样，学生才会有结构化的意识，才能慢慢形成结构化的能力，最终落实培养全面发展的人这一学科育人目标。

第五章
研究的开展与影响

本书中的研究成果，均是在由区域组织的主题比赛过程中不断磨砺而形成的。为什么要以比赛的形式来推动研究呢？如果从区级教研员的视角来回答这个问题，可总结归纳为三个驱动：第一是任务驱动。旨在落实国家"双减政策"，并践行我区在2019年10月颁布的《成都高新区关于推动教育高质量发展的实施意见》，切实提升教师专业技能，提高教学质量。第二是问题驱动。在教学视导过程中我们发现，不少教师的教学局限在单课时思维，较少从单元整体视角进行结构化的设计并实施教学。教师们很少通读教材，对于一个学习领域内的内容到底是按照什么样的逻辑分布在各册教材中的，知之者甚少。第三是困境驱动。各校数学教研组年龄结构差异明显，有的学校职龄较长的教师居多，他们往往凭经验教学、按部就班且不太愿意接受改变；有的学校年轻教师占大多数，他们思维活跃、渴望学习，但面对海量的学习资源又不知从何处入手。同时，过去单向输入式的教研活动已不能触及教研组的真实困境，已不能对教师的实践给予有效的指导与启发。

基于以上分析，我们组织了面向全区的"绘制课程图谱　实现结构化教学"主题团队技能赛。比赛持续两个学期，分两次完成。第一次聚焦"数与代数"领域，第二次将全区小学一分为二，分别聚焦"图形与几何""统计与概率"两个领域展开。

之所以选择"绘制课程图谱　实现结构化教学"作为研究主题，一是基于对"课程图谱"与"结构化教学"概念的理性认识：我们确信建构"课程图谱"是实现"结构化教学"的重要基础，它不单单只是工具，且更能体现学习过程中的深度思考。二是因为已有研究者通过类似的方法取得了教学改革实践的突出效果，如马芯兰教学法。马老师分析了当时的小学数学教材，根据数学知识的内在联系和儿童智力发展的规律,从"纵"和"横"两个方面对教材中的应用题结构进行了重新组合,将具有纵横联系的内容串联在一起,使之形成一个有纲有目、纲目清晰的新的知识网络结构。[①]三是因为我市小学数学教研员张碧荣老师近年来一直带领各区市县开展以"结构化"为主题的教学实践研究,教师们对"结构化"的理念已有初步的认知基础。

考虑到"数与代数"领域在小学数学课程内容中占比最大,所以在征求教研员、骨干教师、青年教师代表等多位教师的意见后,大家一致认同先对该领域内容进行研究。在比赛形式上,我们以"团队"的方式组织参赛,目的就是要尽可能吸引更多教师参与其中,发挥不同职龄层教师的不同优势,重新点燃教师们的研究热情,相互支持,以期为团队而战的信念能让每个教研组都有机会提升协作创生能力。

全区所有学校的教研组都自愿参与了比赛。各教研组在经历了"困惑—顿悟—内省"的过程后,都获得了破茧成蝶的成功,实现了以团队赛激活教研组研究能力的目标,有效提升了我区小学数学教师团队整体的研究水平和结构化教学水平。

第一节　以赛促研:从困惑走向内省

当比赛相关文件第一次发放到各校时,很多教研组都对新颖的比赛内容及其形式充满好奇和疑问。由于我区各校历来都非常重视区域性的比赛,期望在比赛中提升团队综合能力、助力自己专业成长,因此很多学校按照自己的理解先组织了校内比赛,再推荐优胜者参加区级比赛。据问卷反馈,参加比赛的教师中,新教师占11.18%,青年教师占54.12%,骨干教师占25.88%,专家型教师占8.82%,这一数据与学校教研组教师的分布基本吻合。除了各职龄教师的积极参与以外,更为可贵的是教师们逐渐体会到比赛的意义,多样的作品、各种逻辑自洽的表达方式均呈现出了团队精彩纷呈的思考。下面,将对比赛历程和教师们在这期间的专业成长作简要介绍。

一、第一次比赛:从"0"到"1"的突破

第一次比赛的主题是:如何在小学数学"数与代数"领域中增强学生知识结

[①] 温寒江,陈立华,魏淑娟.小学数学两种思维结合学习论——马芯兰教学法的研究与实践[M].北京:教育科学出版社,2016.

构化的意识与能力？比赛内容包括四个方面：第一，梳理1~12册教材（北师大版）中所有"数与代数"领域的知识内容，并进行分类、细化；第二，以图谱的方式呈现知识之间的结构联系；第三，提炼总结该领域知识结构化的培养策略；第四，呈现课例，结合课例分析说明团队的思考。

教师们最先遇到的困难在于图谱的绘制，担忧自己计算机绘图能力有限，不能充分表达出自己的思考。这一难点的突破是在第一次比赛提交作品后的相互观摩、相互学习中实现的。

当各教研组通过各种方式完成参赛内容，并将作品分享在互联网上供大家相互学习后，教师们开始自觉突破技术阻碍，关注图谱本身的内涵，并自发进行反思。其实，这样的反思早在各教研组协同完成比赛的过程中就已悄然发生了，只是比赛的激烈感冲淡了教师们对这一变化的感知。问卷反馈中关于"参与本次技能比赛，你们最大的收获是什么"这一问题，教师们的回答如图5-1所示。

从教师们的反馈中不难发现，实际上教师们更加关注的仍然是如何更好地进行学科教学的研究以及团队协作，并非绘图技术。

为了加强反思的力度与深度，第一次比赛之后，紧接着组织了"突围赛"，并将四项比赛内容整合为三项：一是以图谱的形式梳理1~12册教材（北师大版）中"数与代数"领域的知识点、知识结构及其联系；二是提炼总结"数与代数"领域知识结构化的培养策略；三是结合课例分析，说明团队培养策略的具体实施。每一项内容均由完成度较高的几所学校来分别进行展示，成绩领先的团队即"突围"成功。

为了给全区教师提供学习机会，让他们能进一步通过作品向获胜团队学习，并聚焦作品背后的来自各团队的所思、所想、所做，寻找自身差距，促进自我反思与建构，我们以"线上"的方式举行"突围赛"，全区所有学校的教研组纷纷集中观摩。在评委构成方面，除了专家评审，还邀请教研组长参与评价。每一项举措的制定，都力求带动更多教师的思考，听到更多教师的声音，见到更多教师的成长，始终秉持着"一个都不能少"的信念，让教研员、教研组长、教师手牵手，同行在教学研究的路上。

序号	提交答卷时间	答案文本
1	4月13日 13:18	对知识结构有了更深入的认识
2	4月13日 13:19	提升教材解读能力
3	4月13日 13:25	梳理了全册的知识，对教材更加熟悉了
4	4月13日 13:25	知识点结构化清楚明了
5	4月13日 13:30	对整个小学阶段数与代数部分有了比以前更深一步的理解
6	4月13日 13:31	对教材脉络及结构性有了一定的认识
7	4月13日 13:33	对板块知识重新学习、再加工，形成新的认知。
8	4月13日 13:33	对数与代数板块的知识体系和发展有了总体把握和认识
9	4月13日 13:34	主题任务驱动，全员式参与，促使老师结构化思考，促进教师专业化成长
10	4月13日 13:35	解读了结构化，强化了结构化意识，增加了整体性认识教学的理论角度
11	4月13日 13:35	课本知识的重构和整合
12	4月13日 13:42	对培养学生"数与代数"方面的能力有了一些策略，在梳理的过程中加深了对这部分知识的理解。
13	4月13日 13:42	站在更高的视角深度审视教材、对以后的教学、教研都提供了方向
14	4月13日 13:44	对小学一至六年级的教材内容有了更系统的认识；对结构化教学的认识更加深入
15	4月13日 13:46	反思数与代数的教学
16	4月13日 13:48	集体的力量成就智慧
17	4月13日 13:56	深入认识结构化
18	4月13日 14:00	带动青年教师熟悉对教材的把握
19	4月13日 14:09	全面系统理清知识脉络，深层次思考知识关联，阅读相关文献，以任务驱动促进教学研究
20	4月13日 14:09	了解了结构化的主要策略

图 5-1

"突围赛"果真给教师们带来了不小的震动，特别是让一度在第一次比赛中摸不着头绪的团队找到了方向，帮助他们走出"迷思"。这样的收获不仅表现在"突围赛"的互动交流中，更多的信息反馈则是来自问卷调查中（图 5-2）。

从图 5-2 的部分反馈中不难看出，我区数学教师喜欢学习，更喜欢在做中学；不仅善于从他人的作品中吸取精华，也有精进自我的能力。经历了第一次比赛及"突围赛"这两场比赛，教师们对比赛意义和价值的思考越来越深入，并自觉开始研究教学内容、改进教学。实际上，"以赛促研"就是想努力达成以下两方面的目标:教学研究方面,努力引导全区小学数学教师更加聚焦学科核心知识,用关联的思路、结构化的眼光理解教学内容,从而改进教学行为,提升区域教学水平;教研组织方面,希望吸引尽可能多的教师参与研究,发挥集体智慧,因校制宜地探索学校教研活动的基本开展模式,促进每个教研组在组长的专业引领下得到教研能力的整体提升。

图 5-2

虽然图谱绘制对教师来说难度不小,但这一形式较为新颖,具有强烈的吸引力;且图谱具备形象化、结构化、易解读等特点,能有效激发教师的创造潜能。教师们在这样一个具有挑战性的任务中,经历了解决问题的过程,不断突破,实现了团队的深度合作,增强了团队凝聚力,也为教研组的组织建设积累了丰富经验,且这些经验在后续的比赛和研究中得以迁移应用。

二、第二次比赛:精彩纷呈的智慧绽放

自区域第一次成功开展团队技能赛后,不少教研组研究兴致高涨,自发对其他学校教研组的图谱进行深入分析和学习,并不断改进和完善自己的图谱。有教研组长兴奋地说道:"图谱的绘制与使用带给教师们极大的冲击,大家都发现自己看待教材、看待教学的眼光发生了变化。大家都迫不及待地想把其他领域的图谱绘制出来,让小学数学的全部知识内容图谱化。"我们时不时也会收到学校教研组发来的信息,向我们询问他们新绘制的图谱还有哪些不足,可以如何改进等。受教师们主动研究的强烈意愿所鼓舞,作为教研员的我们产生了继续比赛的念头,以期为那些获得灵感的教师创造"再比一次"的机会;为那些在第一次比赛中未能参赛的教师提供一次"我也可以"的机会;为那些第一次并未想到通过组织校级比赛来锤炼团队的教研组长提供一次"提升组长领导力"的

机会；为那些"差一点"就能获胜的团队提供"再拼一次"的机会；也为那些已取得成效的团队提供一次"超越自我"的机会。

事实上，一次比赛是远远不够的。首先，除了"数与代数"领域，还有另外三个领域，特别是"图形与几何""统计与概率"领域，如果不对其作相应的研究，那么我们对整个小学数学课程内容的研究是残缺的、不完整的。其次，教师们对课程图谱的认知尚处起步阶段，且已产生了较浓的研究兴趣，此时正是迁移应用"数与代数"领域所积累的经验而对其他领域作进一步建构和研究的好时机，也是助力全区小学数学教师专业成长的关键时机。再者，通过团队技能赛，教师们第一次深切体会到团队的力量以及自身在团队中的作用，若戛然而止，则可能会错过促进每个教研组进一步发展的良机。由此，我们组织了第二次团队技能赛，完成了覆盖小学数学三个领域课程内容的图谱化绘制及教学策略研究，并形成了丰富的教学案例。

第二次团队技能赛的最大特点是针对"图形与几何"和"统计与概率"两个领域的内容同时开展，可谓"双箭齐发"。在组织方面，我们根据第一次比赛所反映出的各个教研组的特点，将全区32所小学分为两组，一组的参赛主题是"如何在小学数学'图形与几何'领域中增强学生知识结构化的意识与能力"，另一组的参赛主题是"如何在小学数学'统计与概率'领域中增强学生知识结构化的意识与能力"。两个主题均涉及以下内容：梳理1~12册教材(北师大版)中该领域内的知识内容，并进行分类、细化，再以图谱的方式呈现知识之间及暗含的数学思想方法之间的结构联系；选取一个课例，进行基于"结构化"的教学，并按照"课例—单元—知识领域"的结构进行解读；提炼总结该领域知识结构化的培养策略；结合课例，就如何具体开展教学阐述团队的思考与分析。

第一次比赛两轮角逐的经历，为第二次的团队技能赛提供了更加明确的方向和参照性资料，有利于各教研组明确目标、聚焦思考、深入研究，更好地解决教育教学中的实际问题。

事实上，第二次比赛所呈现的作品确实是一次质的飞跃，教师们从第一次的完全不知"课程图谱"为何物到形成"'课程图谱'是一系列具有内在联系的逻辑框架结构图的组合"的共识；从第一次对结构化教学的无从入手到利用课程图谱主动关联并建构"课程—领域—单元—课时"的系统化思维以及实现教学的结构化。教师们思绪飞扬，每套作品都传递出团队在完成过程中的真情实感。面对难分伯仲的参赛作品，评审工作变得异常艰难。如果第一次的比赛作品是以"完成"来传达想法的落地，那么第二次的比赛作品则是用"完美"来诠释思维的迭代进阶。

对第二次的比赛作简要梳理，具体有以下几方面的亮点。

首先，表现为教研组长领导力的提升。调查发现，几乎所有学校都组建了全新的参赛队伍来参加第二次的比赛。进一步了解得知，在教研组长组织本校数学教师观摩并学习第一次比赛的相关内容后，更多的教师表现出对参与比赛与研究的浓厚兴趣，在此鼓舞之下，教研组长积极组织校内选拔赛，将第一次的参赛选手作为指导教师，并重组队伍参加第二次的比赛，从而让全组教师都能获得均衡发展。

其次，与第一次的比赛相比，教师的最大变化在于不仅能主动思考图谱的绘制方法以及基于图谱的教学开展方式，还能通过有效的实践探索得出如何能让图谱更好地助力教学。正是这样逐步走向内省的过程提升了研究的品质，拓宽了研究的深度与广度，让图谱有了"行走"的生命力。

最后，与第一次相比，第二次呈现的参赛作品更注重理论的建构。由于第二次的参赛作品大多经历了教学实践的几番论证，是在教研组经过多次磋商、调整后所形成的较为成熟的案例，因此整体水平显著提升。

我们认为，这两次的比赛经历具有两层重要意义。一是体现出"团队"在我区每个小学数学教师心中有着不可忽视的分量，"我有我团队"成为每个人内心最踏实的信念；二是表现为图谱已逐渐成为每个"高新小数人"心中的"数学课程地图"，它让教学有了更多的章法，让研究的开展有了更坚实的基础，也让学生的数学学习更有意义。

第二节 深度打磨：从区域走向市域

此次开展的区域性"比赛式"研究活动直击小学数学教学的痛点、难点，有效带动了不同层级教师的全面卷入，共同形成了教研团队发展的合力，收效颇丰。市教研员对此充分肯定，并为我们搭建市域分享展示平台，希望我们面向全市小学数学教师作分享与展示，以启发并带动更多区域、学校教研组、教师的发展。

为了更具针对性，我们分别从"区域联动的认识性研究成果"和"区域联动的实践性操作效果"两个方面面向全市进行了分享交流。

一、区域联动的认识性研究成果

首先，我们以"问题背景—策略概述—行动案例"为路径，探讨青年教师在教学中可能遇到的问题。例如，容易陷入被动式的教材解读，对课程内容的理解大多浮于表面且难以转化为有效的教学行为；面对每个独立的课时，青年教师难以准确把握教材设计的意图，更难从单元整体、知识脉络等角度全面分析并解读教材。针对以上问题，联系我们的教研成果，分享了区域团队技能赛的相关做法。

其次，关注学科内容与知识本质。例如，每个领域中分别有哪些板块？每个板块的知识内容是如何分布的？如何透过知识内容，进一步深挖其知识本质？如何通过暗含的思想方法脉络来梳理知识板块间的联系？如何绘制并呈现整个领域的图谱？基于这些问题，我们分享了方法策略的形成过程，并结合具体案例简要说明如何操作。

二、区域联动的实践性操作效果

此部分，我们从"教研组"和"教师"两个主体视角，就"如何利用图谱来实现结构化教学"这一问题分别进行分享。其中，对教研组的分享交流从更宏观的视角出发，即针对一个领域的典型特征并基于图谱，总结得出具体的教学方法与策略；而对教师的分享交流则从微观的视角出发，即如何基于图谱展开一个课时中每个学习活动的教学，以期实现学生对数学知识体系的整体掌握。

在进行市域层面的分享交流时，恰逢新冠疫情暴发。因此，我们以"云教研"的方式，面向全市20多个区市县、上百所小学、上千名数学教师分享了我们的研究历程和初步取得的成果。分享结束后，不少区市县教研员、骨干教师纷纷与我们取得联系，希望获得更多的过程性资料和文本材料。大家一致认为，这么做有意义！

致广大而尽精微。要想在真正意义上推动区域学科整体教学水平的提升，必须让每个教师都沉浸在教学研究中，在经历中获得思维的历练。我们认为，这种以"图谱"为抓手的团队比赛不失为一种有效方法。

第三节 建构到运用：撬动结构化教学

一、从建构走向运用：来自教师的自发

经历了围绕课程图谱而开展的一系列比赛与分享展示后，每个教研组创造出了具有自身特色的课程图谱，并基于图谱总结提炼出了相关教学策略和典型案例。从无到有，从粗到细，从文本到实践再到文本，整个过程的价值远远大于最终的结果。

过程中，全区小学数学教师对课程内容体系有了全新的认识，且对不同层次的教师来说，有着不同的意义。于新教师而言，课程图谱为他们打造了一种有效的教学工具，辅助他们从"问题串—课时—单元"的整体性视角来理解教材，把握教学内容，规范做好教学设计，让他们在面对每天的具体教学内容时能够更加自

信、从容。于成熟教师而言,课程图谱为他们提供了全新的教学视角,即"课时—单元—课程"的视角,变以往只针对某个知识点的教学为结构化的教学。于骨干教师和教研组长而言,课程图谱帮助他们实现了教研组织方式的变革,让所有人都能自愿参与研究并共同总结、分享教研成果。

全区教师自发的深入研究与自觉运用,激发了我们的进一步研究。再次反思:课程图谱的绘制其实并不是真正的目的,有效撬动教学改进才是最终目标。教师们在绘制课程图谱的过程中,教育观念已经有了变化的萌芽,但这仅仅是开始,如果不能为这些可贵的萌芽提供充足的土壤和养分,所有的努力都将白费。那么,什么是"土壤"和"养分"?不言而喻,自然是真实的课堂教学。只有通过实实在在的课堂教学,才能让小小的萌芽茁壮成长。

于是,我们以每学期、每个年级教师都要求参加的教材解读活动为契机,借助课程图谱,示范如何从单元整体视角推进结构化教学。

二、工具进阶:匹配课程图谱编写《成都高新区小学数学课程纲要》

为了匹配绘制的课程图谱,我们应教师需求编写了《纲要》,实现了课程标准、教学用书与教材之间的有效链接,有利于师生共同明晰在新的学习旅程中所要达成的目标、如何达成以及如何检验目标达成度。相较于课程图谱,《纲要》具体指向每册教材的具体单元,并能进一步落实教学的改进。

下面,具体阐述《纲要》的四个典型特征。

(一)整体思维:从碎片式的课时思维向整体式的单元思维聚焦

借助课题图谱,将教材中分散的同一领域的知识内容集中起来,使得《纲要》勾勒出每册教材的整体布局,并凸显出该册教材各领域的重点知识内容,引领师生在学习之初就能对全册教材建立整体的初步认知,做到心中有数。接着,进一步借助课程图谱,将每课时的问题串从单元视角进行再次归纳,梳理得到基于单元的问题串,有助于师生突破课时局限来领悟单元学习的目标,并聚焦整体化思维方式,助推结构化思维的形成。

(二)完整思维:从教的设计向"教—学—评"一致性的设计延展

"教—学—评"一致性的设计是《纲要》的亮点,极大程度改善了教学与评价之间的失衡。课程图谱清晰反映了知识间的内在联系和发展脉络,有利于对"评价"作进一步设计。我区设计的《纲要》中将评价分为两类,一类是指向单元的评价;另一类则是从课程实施的时间维度出发,分为过程性评价与结果性评价;且根据学段的不同,两者在比重上有所差异。

（三）课程思维：从课程实施者向课程研究者迈进

《纲要》在课程图谱的支撑下，力求呈现数学课程的全貌，包括背景、目标、内容、实施、评价、附件（评价样题）等，有利于教师能更加精准地把握课程标准，并立足于现实背景展开校本课程的研究。并且，使得教师从过去局限于课程实施者的身份中剥离出来，进行课程的再研究、再设计，逐渐向课程研究者迈进。

（四）全育思维：从学科教学向学科育人升华

《纲要》高度浓缩了一册教材中的重点内容，精心设计每个知识领域的目标，并匹配相应的评价方法和评价活动，有利于师生将数学本身的抽象性与其在现实生活中的广泛应用性充分联系起来，进而体会数学思想方法在推动人类进步中所发挥的重要作用。

编写完《纲要》后，继而又录制了相应的讲座视频，并将文本和视频上传到"高新区智慧教育"云平台，随时随地可供全区数学教师学习，不再受时空的局限。

三、两类工具合力：开启单元视角下"连续课"教学探索

从课程图谱的建构和使用，到《纲要》的编制和自主学习，使得全区每位教师基于单元视角对本册教材的教学内容建立了整体认知，"关联""单元""结构化""'教—学—评'一致性"等成为教师们日常教研表达的高频词汇，单元视角下的教学探索势在必行。实际上，部分教研组已自主开启了新的探索，但从整个区域层面来看，更多的教师还需要通过课堂实例的示范来帮助他们找到可行性方案。

于是，我们在每学期一次的教材解读活动中，开始聚焦"单元视角下'连续课'教学"的示范。具体做法是：不同年级选择当册教材中的某一个单元，先借助课程图谱和《纲要》就如何对此单元开展教学进行详尽、深入的解读，再选择其中两个课时对同一个班进行连续性教学，所选取的两个课时要求具有较强的联系，且能共同凸显本单元核心知识。

例如，北师大版教材五年级上册"倍数与因数"单元"2，5的倍数的特征"与"3的倍数的特征"都凸显了两个统一：一是都借助了"百数表"这个统一的研究工具；二是都经历了"圈数找数—发现特征—归纳特征—应用特征"的同一学习路径，力图引领学生在相似的学习过程中建构学习模型，发展分析、比较、猜测、验证的推理能力。但作为单元"连续课"的教学，这两个"统一"还不能完全实现结构化的目标，因为学生心中的疑问未解决，即：2，5的倍数的特征和3的倍数的特征在判断方法上为什么不同？这样的不同是什么原因造成的？不同的表面是否暗含着某种一致性？如果有，其一致性又是什么？由此，我们设计了"激问—

释义—探究"三个学习活动序列(图5-3至图5-5),试图帮助学生释疑。

为什么2、5的倍数只看个位,现在3的倍数却必须看各数位之和呢?

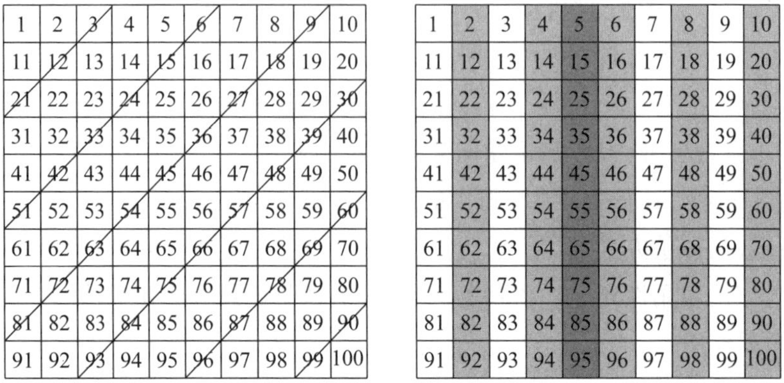

1	2	3	4	5	6	7	8	9	10
11	12	13	14	15	16	17	18	19	20
21	22	23	24	25	26	27	28	29	30
31	32	33	34	35	36	37	38	39	40
41	42	43	44	45	46	47	48	49	50
51	52	53	54	55	56	57	58	59	60
61	62	63	64	65	66	67	68	69	70
71	72	73	74	75	76	77	78	79	80
81	82	83	84	85	86	87	88	89	90
91	92	93	94	95	96	97	98	99	100

对比中发现:2、5的倍数只看个位是因为十位上的数和百位上的数都是2、5的倍数,被分完了没有剩余,而10除以3,除不尽,会余下1。

图5-3

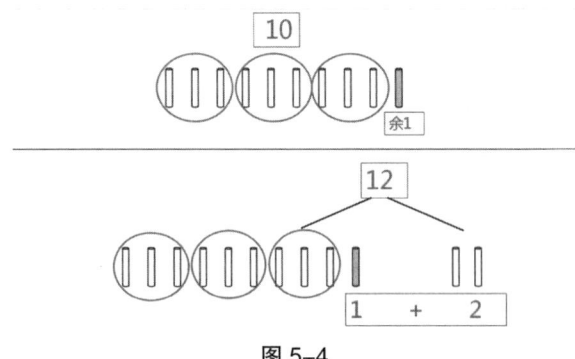

图5-4

探究活动:

要判断42是否是3的倍数,根据3的倍数特征,我们会用4+2的和来判断,这里4表示什么?2表示什么?为什么3的倍数特征不是看个位,而是看各个数位上的数字之和?试着在下图中圈一圈,你有什么发现?

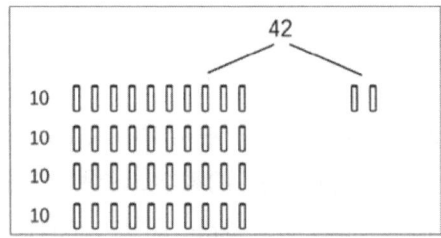

图5-5

待学生的疑问得以解开后，可进一步通过板书（图5-6），再次将两节课的学习内容统整为一体，最终完成这两个内容的教学。

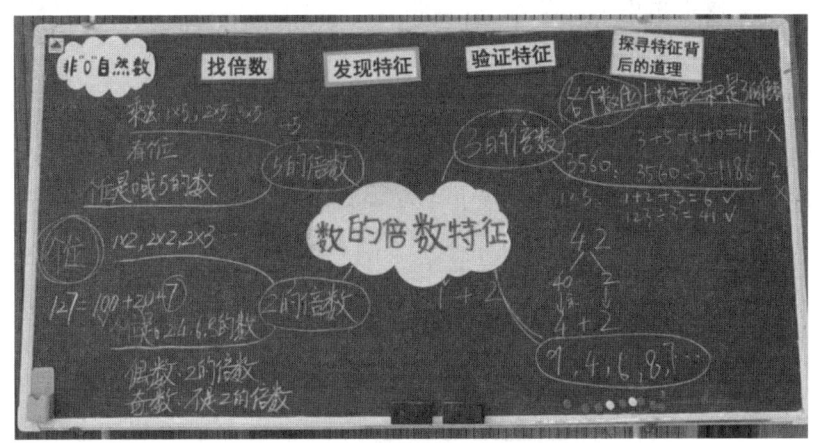

图5-6

教师们对于这样的教材解读培训的满意度较高，有教师表示：在这样的课上真正看到了单元课时之间的生长路径，有深度，值得学习和探索。也有教师感叹：以前觉得结构化教学离我们很远，教了十多年也从来没有想过要这样教学，参加完培训后我们也尝试了这样的教学方式，学生的错误率果然大大降低了，让我们也认识到了原来结构化教学就是要打通知识之间表层的壁垒，暴露核心关联，从而帮助学生自主建构。

通过几个学期持续地呈现各年级的单元"连续课"，全区数学教师的观念和行为都发生了不同程度的变化，"单元视角""结构化""核心概念"等从高频词汇逐渐转化为外显的具体行为。在这样的研究基础上，我区设计的精品课例"数数 数的组成"通过层层选拔，入选2021年"教育部基础教育精品课"（全市仅两节入选）。

四、深度延展：在课程图谱引领下提升教师作业设计能力

自2021年9月，全国范围内开始实施"双减"政策，其本质指向提质、增效。而我们前期"基于课程图谱实施结构化教学"的价值取向正是要减轻学生过重的学习负担，提升课堂质量，因此于我区小学数学教师来说，落实"双减"无须"另起炉灶"。

在绘制课程图谱、运用课程图谱实施结构化教学的探索历程中，教师们实现了意识的转变。因此，当我们进一步聚焦作业的解读、设计、实施、评价等关键环

节来进行攻坚研究时,教师们自然而然地想到将课程图谱及其绘制、使用过程中的思路和方法迁移运用到作业研究中。全区不约而同地将关注的焦点锁定在单元整体视角上,逐步走出了一条将"作业设计"与"教学活动""学习评价"进行系统规划与实施的研究道路。

仿照"绘制图谱实施结构化教学团队技能赛",教研员设计并组织了"作业设计专项技能比赛""作业设计微项目班""单元整体视角下作业设计展评"等系列主题研究活动,在较短时间内显著提升了全区数学教师的作业设计能力。活动中,形成了一批典型的"单元作业设计"案例,这些案例丰富多样、不拘一格,且都充分运用了课程图谱绘制中的相关元素,综合运用文字、数据、图表等方式呈现出教师深度思考和小心求证的过程。如图5-7所示,为我区某校教师所绘的作业设计框架图。

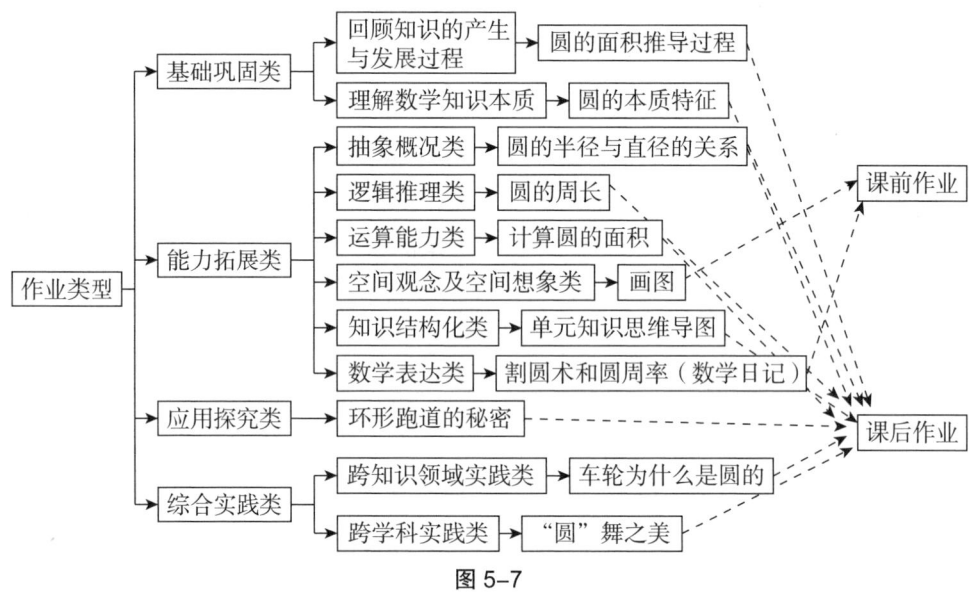

图 5-7

作业设计主要表现出如下特点:一是立足课程标准和教材确定单元目标,对作业进行系统规划;二是重视真实学情调研与分析;三是基于单元内容的差异设计作业类型;四是较为严谨地运用评估工具对作业进行评估;五是根据学生差异对作业内容及其容量进行分层和调整。

基于此而展开的作业设计取得了显著成效:我区"小学数学学科整体提升教师作业设计能力的有效举措"受邀在本市教育科学研究院主办的"'双减'成都在行动"专题活动中进行分享交流,并获得一致好评;我区通过多轮作业设计比赛选拔的三名选手组队参加本市"小学数学教师作业设计能力比赛",并荣获一等奖；我区选送的两份单元作业案例分别获得本市、本省"作业设计与实施比赛活动"一等奖，其中一份案例为《整体提升小学数学教师作业设计能力的区域探索》。

在课程图谱的引领下，全区教师信心十足地抓住作业研究的突破口，有条不紊地践行"双减"政策，整体促进了全区教师专业能力的提升。

无论是单元整体视角下的结构化教学还是作业设计，都充分体现出我们对课程图谱有效运用，以及通过绘制课程图谱来实施结构化教学的意义。近期，我区又在此基础上力图将单元整体视角下的教学与作业进行一致性的设计与实施，而课程图谱则毋庸置疑地成为推进每一项教学研究的坚实基础。特别地，在本书撰写的最终阶段，"课标2022年版"正式发布，"结构化""一致性"等词汇的反复出现给予了我们莫大的鼓舞与信心，证明近两三年来团队选择的研究方向符合我国教育整体发展趋势，能够为广大教师践行"课标2022年版"理念提供正确的、坚实的基础。

上篇的叙述已近尾声，当初设计、组织、评价、展示比赛的过程仍历历在目，并感谢能有这样的机会以文字的方式与更多小学数学同仁们分享、交流。回顾课程图谱绘制从无到有、从有到全、从全到精的完善过程，回顾以课程图谱为基础完成、创编《纲要》的过程，回顾运用课程图谱从单元整体视角实现结构化教学的过程，以及运用课程图谱指导作业设计的过程，无不彰显出数学知识结构本身的独特魅力。相信课程图谱能在未来更长的时间内继续发挥作用，为教师助力，为学生的学习服务。

从表面上看，我们确实因为开启这项研究取得了显著的成绩，也获得了同行及专家的高度认可，但更让我们欣喜的是看到了区域内小学数学教师的变化及小学数学教研组的变化。教研组走向了更具"主题性"的研究，教师们不知不觉实现了从"课时"到"单元"的意识转变，开始有意识地践行"结构化地教"，从而实现了学生的"有结构地学"。依托这些基础，相信我们能在"课标2022年版"的指引下，进一步落实学生核心素养的培养目标。

下篇，我们将呈现参赛作品中的典型案例，并对其作了进一步完善。我们将分别从"数与代数""图形与几何""统计与概率"三个领域分享不同学校数学教研组的思与行，以期向读者们展现形态各异的课程图谱，以及教师们在建构并运用课程图谱、实施结构化教学过程中的智慧与收获。

下篇，将以北师大版小学数学教材为例，通过9篇区级比赛一等奖案例来全面呈现我们依托课程图谱进行结构化教学的具体思考和实践。

本篇共9个章节，其中"数与代数""图形与几何""统计与概率"各3章，每章均从结构化知识图谱、结构化教学策略、结构化教学课例这3个方面作详细阐述。9份结构化知识图谱虽基于同一版本教材，却形式各异，包括网状图、卷轴图、关联库等。"一校一图"的风格充分彰显了我们基于实际、差异共存、协同发展的追求，多角度的思考也更能唤起教师们的共鸣。9种结构化教学策略各有侧重，但殊途同归，均是基于学生的素养发展，从不同角度分享了如何实现教师"有结构地教"以及学生"有结构地学"，给教师们提供更多可能的选择。9个课例从图谱出发，基于单元整体建构的视角，以具体的一堂课为依托，向教师们呈现如何在课堂中实现教学的结构化。

以本篇第二部分"图形与几何"的第一章为例，该章第一节通过5张图（目标结构图、认知结构图、知识结构图、内在逻辑关联图及教学实施图）将整个领域的内容串联起来，站在宏观视角，基于教师的教和学生的学对其进行全面梳理、整体构建，形成了网状、立体的课程图谱，并给出了详细的图谱解读，供教师们借鉴。第二节从目标结构、知识结构、过程与方法结构的构建策略出发，站在中观视角，以期让教师们了解利用图谱进行结构化教学的一般路径。第三节以北师大版《数学》三年级下册"长方形的面积"一课为例，站在微观视角，借助"三读懂"（读懂教材，把握知识结构；读懂学生，了解认知起点；读懂课堂，实施结构化教学）的课例研究方法，向教师们系统呈现一堂好课的产生过程。

"数与代数"领域

第六章
多重视角　多元策略　动态协同

成都师范银都小学

结构化教学作为一种新型的教学方式，它是基于对结构化相关概念的解读和分析，以及对结构视角的宏观把握、知识结构的中观分析和课堂实践的微观探究。同时，通过运用结构化课程图谱这一教学互动介质，满足师生教与学的实际需求。教师可以从知识本体结构、教学过程结构、学习方法结构、思想方法结构等多角度实现结构的动态构建。在教学策略实施中，帮助学生实现知识结构和思维结构的可视化，以构建良好的认知结构；并有效激发学生的学习兴趣，以提高学习效率，发展数学思维。

第一节　结构化课程图谱的革新与实践

结构化课程图谱具有整体性、关联性和可视化的特点，以呈现知识点之间的关联为目的，展现整体与部分之间的关系。清晰的知识结构图谱是通过精练的数学语言和缜密的逻辑思维对零碎的知识所作出的梳理，能够直观地对各知识点之间的关系进行形象表征。

基于对结构化与结构化课程图谱的解读，本节以需求分析为导向，围绕知识本体结构、教学过程结构、学习方法结构和思想方法结构的建构，综合构建小学数学"数与代数"领域结构图谱。

一、需求分析——结构化课程图谱绘制的黄金法则

需求分析，是结构化课程图谱绘制的黄金法则。西蒙·斯涅克（Simon Sinek）在他的《从"为什么"开始》一书中提出了"黄金圈法则"概念。之所以

将"需求分析"称为黄金法则,是因为我们希望激励广大教师自主来完成这件事情,并对"为什么要做这件事情""怎么做""做得怎么样"这一系列问题作出深入思考。

首先回答"为什么要构建结构化课程图谱"的问题。

对于教师而言,结构化课程图谱是能体现知识间语义关联的形式表征,常作为知识导航、知识关联、语义查询、教育教学等工具使用。它可以减轻教师备课时的工作量,使得教师不必重复进行资料收集、知识点分析等工作,将精力、重点放在教学过程中;也可以使教师更加精准、快速地了解学生对知识的掌握情况。同时,学生自主建构的知识图谱能将他们的认知结构可视化,便于教师基于学生的反馈重新梳理知识的逻辑结构,动态调整教师自己绘制的图谱中知识点的分布情况。如此,知识图谱逐渐成为教学中对教师来说有需求的工具。

对于学生而言,通过结构化课程图谱这一可视化的图表形式来整理、呈现和讲解知识,可以让看不见的思维过程变得可见,让静态零碎的数学知识生动完整。这既有助于减少学生的学习障碍,让学生充分了解知识点间的联系,构建良好的认知结构;也有助于激发学生的学习兴趣,提高学习效率。

二、多类型结构——基于多视角的结构化课程图谱构建

接下来,思考"怎么构建结构化课程图谱"的问题。

(一)知识本体结构

教师所具备的学科知识是衡量教师专业水平的一个重要指标。根据对教材编排的分析,结合特定的学科知识,教师应构建相应的知识结构图谱来满足教学实际需求。

例如,"年、月、日"内容知识点繁杂,其中记忆性、经验性的知识点偏多。由于学生的生活经验和理解能力存在差异,导致学习相关知识的效果差异较大。在低段,问题集中表现为作业错误率高,学生普遍感到这一部分知识的学习难度较大;在高段,学生往往在综合问题的灵活解决上存在困难,缺乏灵活运用知识的能力。针对上述现象,教师基于教材编排结构以及数学知识本体性结构,重新梳理这一内容,绘制得到"计时单位"结构化课程图谱(图6-1),并在新授或系统复习巩固阶段作为学习材料发放给学生,以补充、完善学生的认知。

第六章 多重视角 多元策略 动态协同

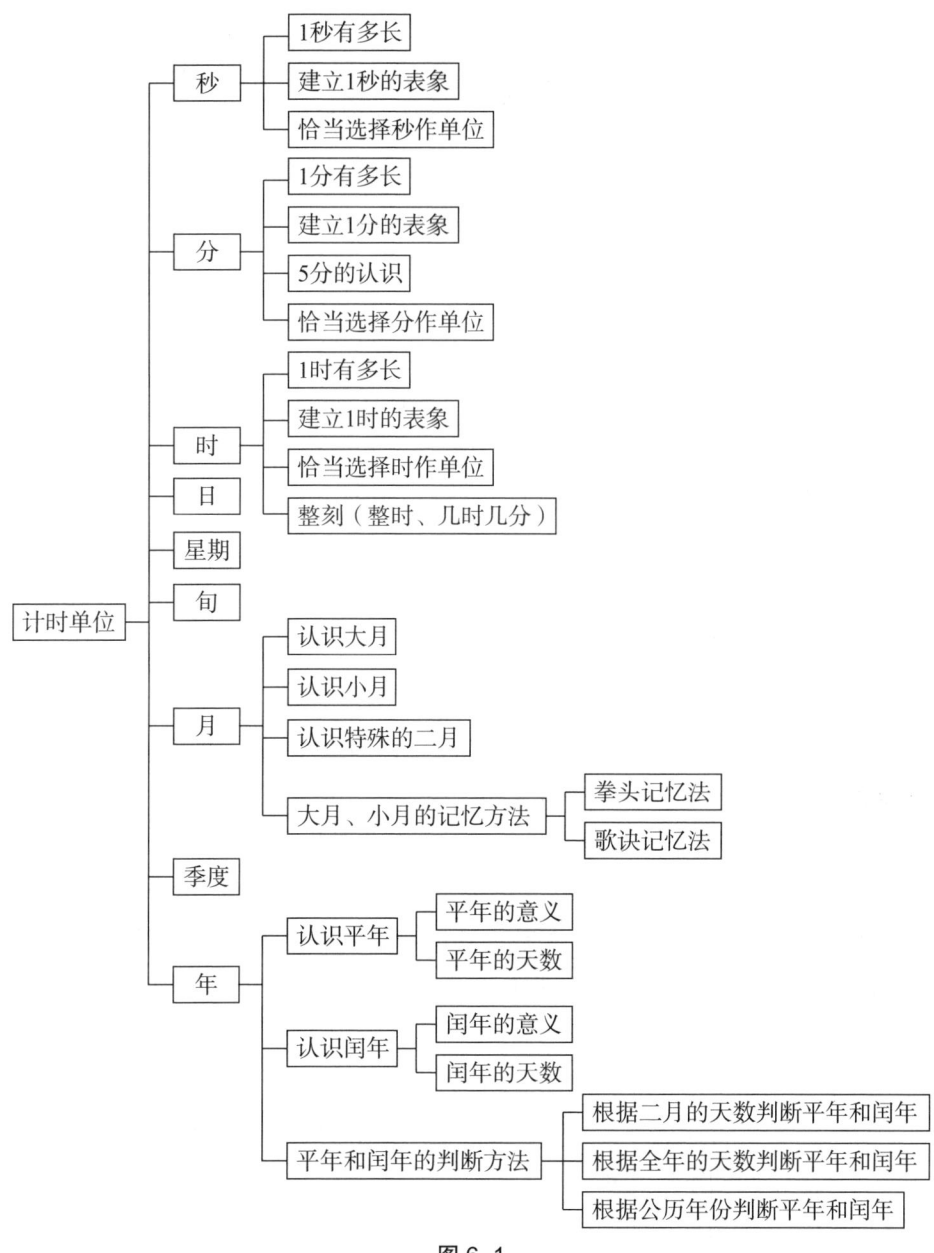

图 6-1

（二）教学过程结构

莱因哈特（Leinhardt）和史密斯（Smith）认为，教师知识有两大核心领域：课堂结构知识和学科知识。对骨干教师和新教师的对比研究表明，骨干教师的课堂教学目标清晰、结构紧凑，概念解释清晰连贯，能通过多种方法引导学生从旧知走向新知的学习，并逐渐引出整个主题；而新教师则缺乏完整的课堂建构，以致教学目标含糊，课堂结构零碎，概念之间彼此孤立，前后解释缺乏紧密联系，导致学生从一个不熟悉的问题走向另一个不熟悉的问题。希尔伯特（Hibert）将"清晰的课堂教学结构"置于优质课堂教学的10项特征之首[①]，可见结构化教学的重要性。而借助图谱来表征教学过程结构，则有助于教师在相应的教学任务下及时组织、引导学生明晰知识发生、发展过程，在知识运用中寻找其内在规律，从而提高学生认知结构的整体性、关联性和结构性水平，以及将所学知识和方法进行系统化、结构化的能力。

例如，梳理"常见的量"板块。教师在量的教学中有着大致相同的教学过程结构，如在认识克、千克、吨的教学中，都是按照"认识单位—符号表示—单位量的建立—单位选择"的教学过程进行的。为了探讨、理解新概念，通常呈现具有现实背景的、丰富的学习材料，并通过观察、实验、归纳、演绎等方法引导学生学习。因此，教师有必要让学生系统性地回顾质量单位的教学过程，在质量单位知识图谱（图6-2）的绘制过程中，进一步使学生的认知结构得以丰富和完善。

（三）学习方法结构

奥苏伯尔（David Pawl Ausubel）认为，结构即认知结构，他界定的认知结构就是指学生现有的知识数量、清晰度和组织结构，由学生眼下能回想出的事实、概念、命题、理论等构成。有意义学习就是新知与学生认知结构中已有观念发生相互作用时才得以发生的，这种交互作用导致了新旧知识之间有意义的同化。因此，在梳理"数与代数"领域每个板块的知识图谱时，要注重对类同的学习方法结构的梳理，提供全面的问题类型，以便学生在获取数学知识的过程中实现学习方法的迁移。

比如，在"比的应用"问题解决教学中，需要认真分析数量关系，由"比"联想到"部部关系""部总关系""总部关系"等，进而实现方法的同化；并关联分数、除法、比三者之间的本质关系，灵活选择方法进行解答。最后，以图谱的形式呈现这些知识潜在的结构特征（图6-3）。

---

① 杨玉琴，倪娟. 课堂教学过程结构之"起、承、转、合"[J]. 化学教育，2015，36（13）：4-8.

第六章 多重视角 多元策略 动态协同

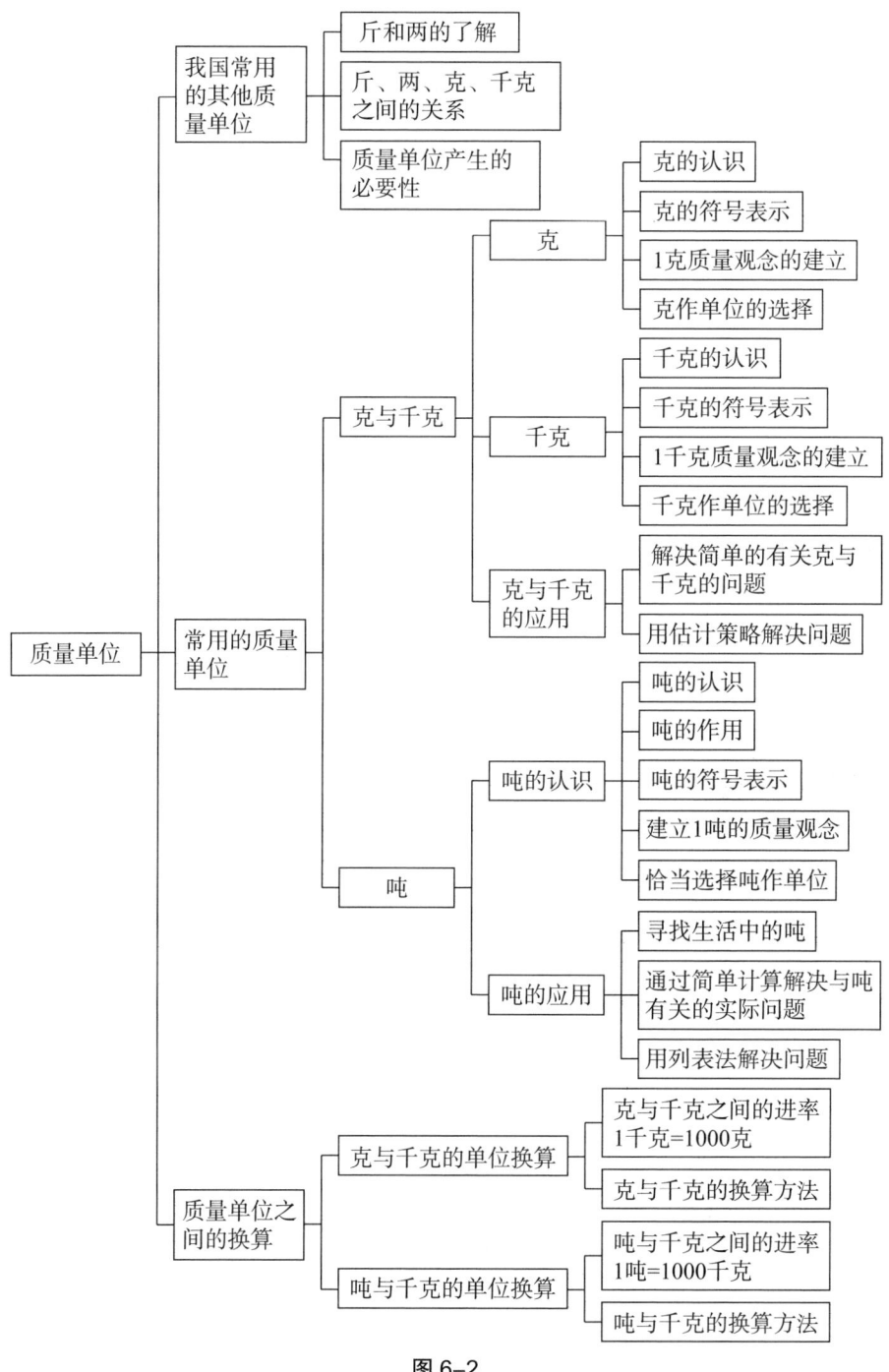

图 6-2

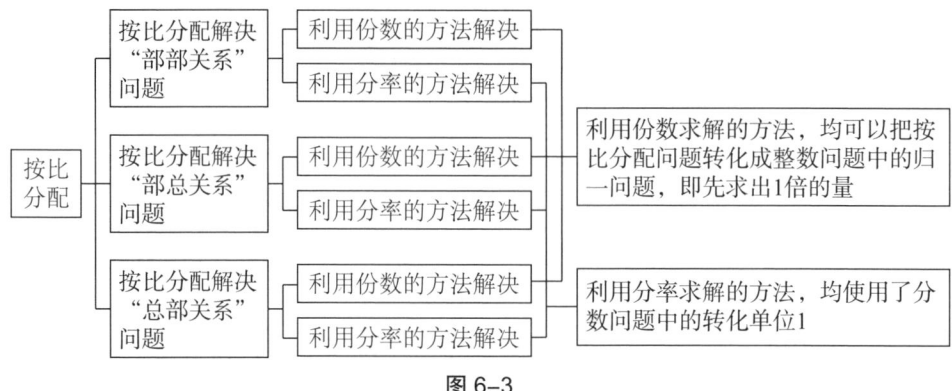

图 6-3

（四）思想方法结构

数学思想方法是以数学知识为载体，总结出更上位的数学思想和更具普适性的数学方法，以此来促进学生对数学知识的深入理解，实现学生数学素养的培育和综合能力的发展。数学思想方法是串联起零碎数学知识的暗线，有利于教师和学生构建知识结构。

例如，根据对教材编排体系的解读及内容整合，我们在构建整数、小数、分数运算的知识图谱时，紧紧抓住数学思想方法这一暗线展开。从算理上说，计算意义都是用数形结合的思想方法统领的：整数乘法的意义是通过点子图进行直观呈现的；小数和分数乘法的意义可以借助面积模型来厘清。从算法上说，小数、分数的运算都是在整数运算的基础上，借助转化的思想方法实现"未知"向"已知"的转化，把复杂的问题转化为简单的问题，从而找到新旧知识间的联系。其中，"小数的运算"知识图谱如图 6-4 所示。

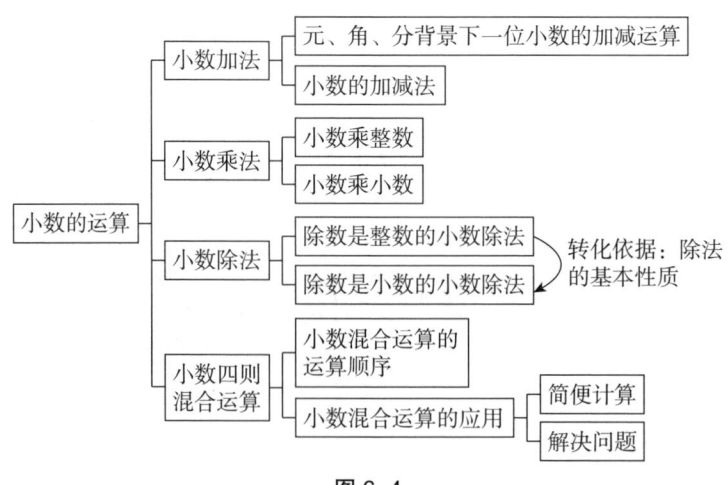

图 6-4

三、综合态——结构化课程图谱的全景呈现

最后,要回答"做得怎么样"的问题,从结构化课程图谱的全景呈现上可见一斑。结构化课程图谱包含知识点间的关联、数学知识的本质内涵、学生学习的展开路径等内容,帮助教师洞悉知识脉络,便于将分散的知识点连成线,利于学生形成并优化知识网络以及对知识的灵活提取和应用。事实上,每一类图谱的结构并不是割裂的,往往是综合、并行地建构;并且在具体实施过程中,教师可以根据教学情况及时对结构进行解构、再构。

本节主要以小学数学"数与代数"领域为例,提出构建结构化课程图谱的相关建议。当然,图谱的可用度、功能(关联)度、结构化程度等,还需要在实践中作进一步的考证与改进。

第二节　如何培养学生的结构化意识和能力

本节继续从"数与代数"领域切入,分别从宏观、中观和微观三个层面提出结构化培养策略。宏观角度:从教材内容解读、阶段课程整合教学、认知结构分析和思想方法这几个维度提出相关策略;中观角度:结合结构化图谱的动态建构,分别呈现了数的认识、数的运算、数量关系方面知识结构的解构与再构策略;微观角度:提出一些课堂上可实施的具体策略。

一、宏观视角——结构化培养策略

结构化教学建立在数学知识系统性和学生认知结构性的基础之上。本节以核心素养为导向、阶段整合为"抓手"、动态建构为核心、思想方法为统领,提出培养学生的知识结构化意识和能力的相关建议。

(一)教材内容解读策略

"课标2022年版"明确提出:为实现核心素养导向的教学目标,不仅要整体把握教学内容之间的关联,还要把握教学内容主线与相应核心素养发展之间的关联[1]。基于"课标2022年版"研究教材的编排意图及其结构化特征,找准学生的认知起点,并充分运用数学知识的结构化特点,在不同的教与学的方式中帮助学生动态建构知识结构体系,培养他们的结构化意识和能力。

---

[1] 中华人民共和国教育部.义务教育数学课程标准(2022年版)[S].北京:北京师范大学出版社,2022.

1. 编排的逻辑探寻

无论是整数、小数还是分数的学习，教材都是按照"数的意义—数的计算与运用—估算—运算律"来编排的。在认数教学中，也有相同的逻辑展开顺序：数的意义—计数单位—数位—数的组成—数的读写—数的大小比较。教师需要充分领会教材编排意图，将这一知识结构潜移默化地教授给学生并使他们将其内化为个体的认知结构，帮助其整体上把握数学知识和方法，增强学生数学学习的整体意识，提高学习效率。

2. 类同的过程结构

同一类知识有着类似的教学过程。例如，教学"运算律"时，一般按照"猜想—验证—归纳"的过程进行；教学"常见的量"时，一般按照"出示情境—感知—体验—建立表象—单位换算"的过程进行。这些都是相关知识的教学过程结构。认识到这种过程性教学结构的存在，教师就可以从起始内容开始，努力引导学生了解和把握方法间的联系，完成自主迁移。[①]教学在类同的过程结构中循序渐进地展开，为学生的自主性学习和创造性学习建立有效路径，让他们积极主动地投入学习，成为知识、能力和方法的主动建构者和自主创造者。

3. 结构化图谱的建构

图谱将学生认知结构中分散、静态的知识点以动态、可视的方式进行有效联结，便于学生深入了解知识本质，揭示知识之间的联系和发展规律，基于学科整体性建立旧知与新知的关联，这是培育学生学科核心素养、增强知识结构化学习的意识和能力的有效手段。

(二) 阶段课程整合教学策略

教师需要在深入解读教材、明晰学生认知起点、把握学生认知规律的前提下，科学地制定结构化的课程教学目标，从整体上把握教材知识，基于单元、学段甚至领域来进行知识的整合。

1. 单元知识整合

聚焦单元主题，对教材进行全面解读或再次开发，把一个单元作为一个系统，进行结构化整合教学。

例如，在"运算律"教学中，适当改变教材编排结构，重新整合并架构单元内容，让学生先能熟练运算，再归纳概括运算律。如图6-5，我们建构得到"运算律"单元展开结构图。其中，单元起始课是"四则混合运算"，即是对四则运算的回顾与

---

① 徐微. 小学数学结构化教学的实践与思考[J]. 江苏教育, 2016 (5): 35-37.

强化以及对运算顺序的巩固；作为单元"种子课"的加法运算律的教学，学生经历规律探索的不完全归纳过程，即"观察、猜想—举例验证—概括归纳—总结延伸"，并从两个数相加到同级的三个数相加的运算中，经历运算顺序的变化；"迁移课"乘法运算律的教学，则在加法运算律的基础上通过"类比猜测—验证—归纳"，借助加法运算律的研究结构展开探索，实现教学方法的迁移；"生长课"教学乘法分配律，通过情境的多元创设，以多元表征为载体，经历"感悟、发现运算律—利用运算的意义和算理说理验证—归纳—应用"这一结构化过程；进而展开运算律的应用教学，包括乘法分配律的应用和运算律的综合应用。整个过程循序渐进、逐步迁移。

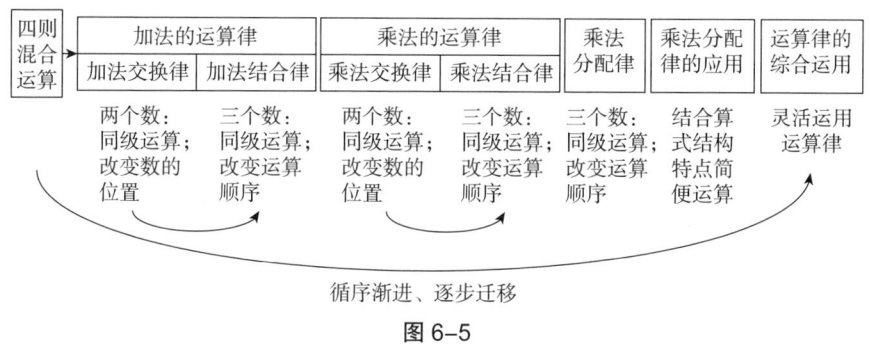

图 6-5

2. 学段知识整合

"课标 2022 年版"在课程结构的改革方面，无论是对学段之间的衔接与过渡，还是在课程核心目标的设计以及核心素养的落实上，都对教师提出了更高的要求。如何按照新的课程标准要求、教材结构特点、学生个性特点有效设计数学课堂教学，进而实现各学段数学的顺利衔接，是当下非常重要的课题。例如，在数的认识教学中，教师应注重将小学阶段甚至初中阶段关于数的认识板块的知识进行勾连，关注学生薄弱点，注意数的梳理与分类，并利用数轴落实数形结合思想，培养数感，发展核心素养。

3. 领域知识整合

关于领域知识的整合，我们将在下文"中观视角——知识结构的建构策略"一节作详细阐述。

这样，通过以点连线、以线构面、以面成体的形式进行结构化的关联，形成多维、立体、交叉的体系，让学生的认知结构不断发展和完善，从而实现结构化意识和能力的提升。

（三）先行组织者教学策略

奥苏伯尔认为，先行组织者是先于学习任务本身而呈现的一种引导性材料，目的是为新知识的学习提供观念上的固着点或认知框架，促进学习迁移。[①] 所以，通过呈现先行组织者，如课前作业、课前讨论探究、教学资源等，我们形成了"提供任务材料—独立自学—发现问题—讨论探究—合作学习—解决问题—应用拓展"的学习活动序列。通过学生主观能动性的发挥、教学资源和课堂教学的共同作用，能够增加学生的知识结构化意识和学习经验，使学习材料的逻辑顺序充分外显，从而呈现出学生的知识结构。同时，教师也能借此找到学生的认知起点，准确把握学生原有知识经验，进而实现学生认知结构的扩充与完善。

（四）思想方法统领策略

"课标2022年版"指出，"以问题解决为导向，整合数学与其他学科的知识和思想方法，让学生从数学的角度观察与分析、思考与表达、解决与阐释社会生活以及科学技术中遇到的现实问题。"[②] 学生在小学阶段接触到的数学思想较多，如分类思想、转化思想、数形结合思想、类比思想、归纳思想、方程思想等，教师应精心选择具有较强迁移性和丰富内涵的问题引导学生展开探索，丰富学生的数学思想，促进学生知识结构的构建和生长。

例如，在六年级下册"数的运算"复习课中，学生对四则混合运算感到困难，教师可通过转化思想对这部分内容进行统领，抓住"计数单位（分数单位）"这一知识本质，化复杂问题为简单问题，化特殊为一般，化新知为旧知，从而串联起小学阶段运算的算理与算法，帮助学生将脑海中的运算内容作系统化、结构化的梳理。

二、中观视角——知识结构的建构策略

从知识结构角度出发，由于教材知识的科学性包括对学生认知规律的把握，因此教师需要了解数学知识的发生、发展过程，结合数学思想与方法，将知识作横向拓宽和纵向延伸，帮助学生整体建构知识。

那么，在"数与代数"领域如何进行知识结构的建构，对知识进行沟通联系，让碎片知识系统化、逻辑化、结构化呢？我们认为，可以从以下几方面入手。

（一）数的认识——抽象化策略

抽象化策略需要抓住数数的标准和计数单位，进而抽象出数的概念。根据数的起源与发展过程可知，数概念的形成是一个多次向外扩张的过程。

[①] 朱俊华，吴玉国．小学数学概念的结构化建构——以苏教版《数学》五年级下册"圆的认识"一课为例[J]．教学与管理，2019（17）：36-38．

[②] 中华人民共和国教育部．义务教育数学课程标准（2022年版）[S]．北京：北京师范大学出版社，2022．

教材注重从现实情境中抽象出数，关注运用数来表示日常生活中事物的数量。数是对数量的抽象，进而抽象出数量关系，即从数量的多少到数的大小比较。教师需结合具体内容设计相关数学活动，分解抽象的思维活动，分阶段、分层次地培养学生的抽象思维能力，让学生逐步体会数的含义，建立正确的数概念。史宁中教授提出，抽象化策略是指通过抽象，把研究对象以及对象之间的关系形成概念。概念的引入分为两种：一种是针对一个知识模块中首次学习的知识，这样的概念需要借助现实生活情境和几何直观来引入；另一种是能与已学过的知识相关联的概念，可以进行新旧知识的关联和类比，有利于把新知转化为旧知，促进新知的学习和理解。[①]

"1"是学生建立数的认知结构的开端。教材中，是从一个太阳、一个萝卜、一筐萝卜的实物中抛开事物的物理属性，概括出数字"1"，让学生在实物计数中感悟数量抽象成数的过程。数数活动是学生形成数概念的基础，数数的标准也是对"1"的认知结构的同化，从一次数1个到一次数2个、一次数10个……从而实现"1"的内涵与功能的拓展，进而产生计数单位，让学生经历抽象化的学习过程。数数的标准不同，抽象出的计数单位也就不同。随着数的次数的累加，逐渐发展成"按群计数"，丰富了学生对自然数的认识。实际上，从自然数到整数再到分数，需要通过顺应来重建数的认知结构。教材创设"分苹果"的具体情境，在对苹果个数不断细分的过程中，抽象出用"$\frac{1}{2}$"这个符号来表示一个苹果的一半，也就是$\frac{1}{2}$个苹果，并基于$\frac{1}{2}$这个分数的认知结构，通过同化认识其他分数。对于小数的认识，是从"人民币模型"中抽象出来的，以此加强了小数与十进分数之间的关联，让学生感悟小数其实是对整数十进制计数法的拓展。由此，我们建立得到"数的认识"板块知识框架图（图6-6）。

自然数、小数和分数虽然表征形式不同，但本质都是计数单位（分数单位）的累加。抽象化策略贯穿整个"数的认识"与"常见的量"的教学中，借助模型联系生活实际，从而建立计量单位的具体表象。比如，一桶食用油重5千克，对"5千克"的理解应是：把1千克油的质量作为标准去度量一桶油，正好数出5个1千克。

无论哪一类数概念的形成，都是采用抽象化策略，让学生从生活情境中抽象出"数"和"数量"的概念，并进行知识的同化和顺应，从而抽象构建出"数的认识"知识结构。

[①] 王永春.小学数学核心素养教学论［M］.上海：华东师范大学出版社，2019.

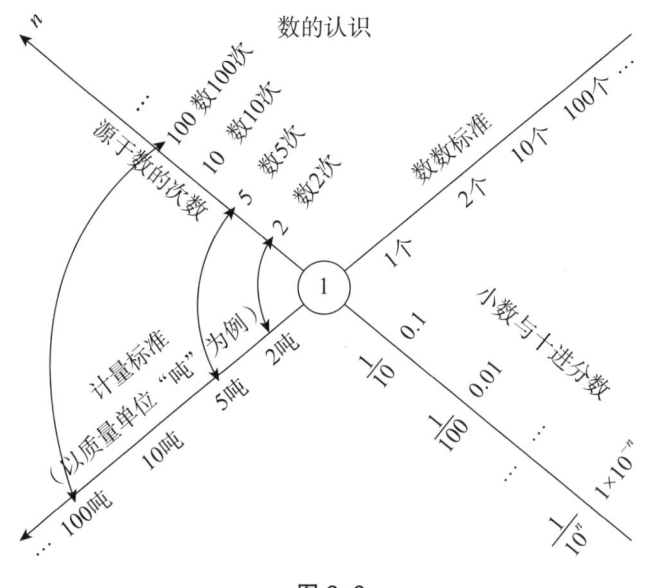

图 6-6

(二) 数的计算——情境化策略

情境化策略是教师需要以数学知识的产生为背景，在目标引导下，通过联系、分析、理解、归纳等，为学生创设开展数学学习活动的环境。所谓数学情境，主要包括三种形式：文字语言表述（语义丰富）；符号语言表述（抽象简洁）；图形语言表述（形象直观）。[①]情境化策略，即从情境与学习实践中生根意义、直观算理、抽象算法，在不断学习中逐渐生长出相互联结的知识结构。

例如，加、减、乘、除的本质其实就是对计数单位的累加或细化。教材大量借助现实情境来帮助学生抽象出相关运算，进而理解意义、掌握算法、明晰算理。算理是计算的依据，算法是依据算理提炼出来的方法和规则，只有将算理和算法有机融合，才能更好地促进计算内容的教学。

计算整数加减法时，创设摆小棒的操作活动情境，以帮助学生理解竖式计算中相同数位要对齐；计算小数加减法时，借助人民币情境理解小数点要对齐；分数加减法时，通过折纸情境理解异分母分数加减法要先通分再计算。通过对教材的分析、学情的把握以及教法的理解，不难发现在算理理解方面，可以利用直观模型或借助规律、性质等方式来实现，而这些在一定程度上都需要借助具体情

---

① 吕传汉, 汪秉彝. 再论中小学"数学情境与提出问题"的数学学习[J]. 数学教育学报, 2002, 11（4）: 72-76.

境。在算理理解的基础上，进行类比或对比，从而串联起知识间的联系。例如，在理解分数乘法意义时，创设"3桶 12 升的水有多少，到 1 桶 12 升的水有多少，再到 $\frac{1}{2}$ 桶 12 升的水有多少"这一情境（图 6-7），理解 12×3、12×1 和 12×$\frac{1}{2}$ 的意义，让学生在对比中自然明白整数乘法与分数乘法之间的关系。

图 6-7

（三）数量关系——关系优化策略

关系优化策略是基于学生认知起点将教材知识进行解构、再构，创造性地整合课程内容，并抓住"比较标准不变"来优化关系。

"课标 2022 年版"在"数与代数"领域特别提出"数量关系"一项，如此，引导学生沟通知识之间的关系，并利用关系来构建知识结构则变得尤为重要。小学阶段的数量关系主要是"总分关系"和"对应关系"。总分关系指的是从总体中分出部分，若分出的部分每份不都相等，由此就有了加法和减法这一对互逆关系；若分出的部分每份同样多，即平均分，由此就有了乘法和除法这一对互逆关系。而对应关系在"数与代数"领域的分布较为分散，且可以分为"相差关系""等量关系"和"倍比关系"。由此建构得到"数量关系"结构图（图 6-8）。

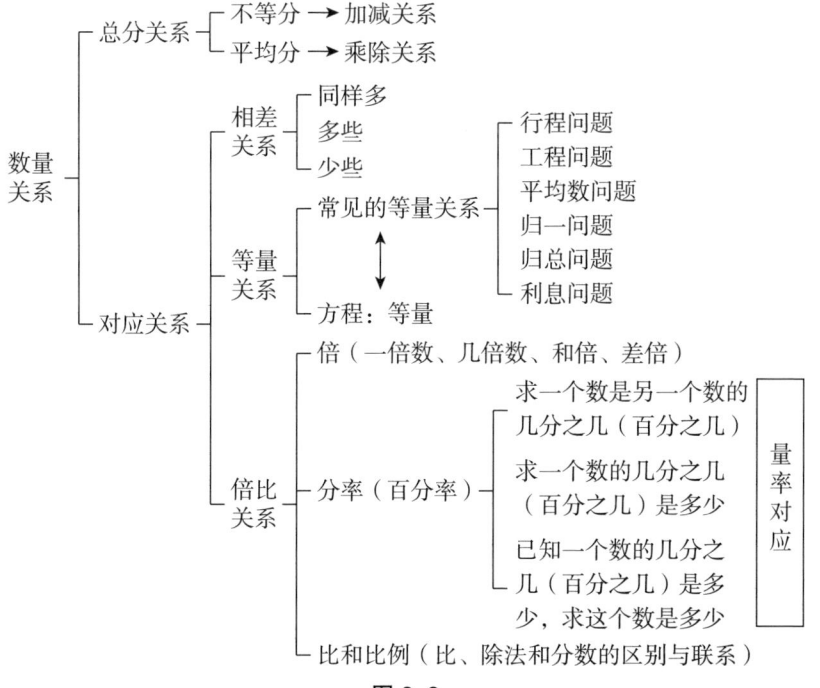

图 6-8

小学第一学段的数量关系中，以相差关系和倍比关系为主。学生在后续学习分数过程中，当遇到两个量的比较标准发生变化时易出现混淆，即对"谁是谁的几分之几""谁比谁多（少）几分之几"等问题的认识较为混乱，反映出对比较标准的混淆。因此，在第一学段学习相差关系和倍比关系时，可引导学生系统整理在该学段学习的"同样多""比谁多""比谁少""是谁的几倍"等内容，从"比较标准不变"的视角来厘清这两种关系之间的联系，使得对运算意义的理解更加深刻。通过操作（动作表征）、画图（形象表征）、列式（符号表征）等不同方式，引导学生感知"一一对应"的关系（表6-1），并用"一一对应"的方法确定两组物体多与少的关系或倍比关系，进一步理解数与数之间的大小关系，沟通知识之间的联系，凸显知识本质。①

表6-1 对应关系

	类型	符号表征	比较标准	顺向思考	逆向思考	倍比关系	运算
对应关系	同样多	●●● ▲▲▲	圆圈数量不变	"1对1"→相等，等量，方程，函数……		1∶1	解方程
	比……多	●●● ▲▲▲▲▲		超过"1对1"	去掉多的就是"1对1"	数量比	求大数用加法；求小数用减法；求相差用减法
	比……少	●●● ▲▲		不够"1对1"	添上少的正好"1对1"		
	几倍	●●● ●●●		几次"1对1"	等分几次，其中的1份正好"1对1"	2∶1	求几倍用除法；求一倍数用除法；求几倍数用乘法

---

① 教育科学论坛编辑部.洋溢着数学智慧的符号化陈述课——特级教师郑大明《○与□玩数学》教学实录与评析[J].教育科学论坛，2011（6）：32-38，4.

（续表）

	类型	符号表征	比较标准	顺向思考	逆向思考	倍比关系	运算	
对应关系	几分之几	●●● ▲▲▲▲▲	圆圈数量不变	"1对1"的次数不是整数次	▲是●的$\frac{5}{3}$； 总体是●的$\frac{3+5}{3}$	▲∶●=5∶3； 总体∶●=8∶3	除法； 分数乘法； 分数除法	量率对应
对应关系	多几分之几	●●● ▲▲▲▲▲	圆圈数量不变	"1对1"的次数不是整数次	▲比●多$\frac{2}{3}$	▲∶● =$(1+\frac{2}{3})$∶1 =5∶3	分数四则运算	量率对应
对应关系	少几分之几	●●● ▲▲	圆圈数量不变	"1对1"的次数不是整数次	▲比●少$\frac{1}{3}$	▲∶● =$(1-\frac{1}{3})$∶1 =2∶3	分数四则运算	量率对应

通过对第一学段相关知识的再构，能够帮助学生在第二学段学习分数、比和比例等知识时，实现方法的迁移，并丰富倍比关系结构。在符号化思想、对应思想、数形结合思想的相互渗透下，引导学生积极思考、分析并判断，尝试从不同角度寻找解决问题的方法，不断优化关系，真正实现深层次地建构数学概念和数学模型，形成知识结构。

三、微观视角——课堂中的结构化策略

课堂是落实学科核心素养的主阵地。要想让学生形成自己的数学知识结构和数学认知结构，需要在课堂中有效实施结构化教学。那么，如何实现结构化教学"教"与"学"的统一？我们对此给出一些具体的结构化策略。

（一）任务驱动策略

建构主义学习理论强调：学生的学习活动必须与任务或问题相结合，以探索问题来引导和维持学习者的学习兴趣和动机，创建真实的教学环境，让学生带着真实的任务学习，以使学生拥有学习的主动权。[1] 教师可以以"任务驱动"的方式

---

[1] 白怡.浅谈任务驱动教学法在小学信息技术课中的应用[J].才智，2012（7）：104.

引导学生自主梳理知识,深化知识理解,构建知识网络,激发其内在的学习动机。

(二)工具梳理策略

运用思维导图、"知识树"、逻辑图、表格等工具对知识进行梳理,可以很好地提高学生的结构化意识与能力。在小学低段课堂教学中,教师可以借助以上工具来示范知识的梳理过程,培养学生知识结构化的意识;在中、高段时,学生已经有了一定的归纳总结能力,教师可引导学生自主设计并描绘知识结构的相关图表,进一步增强学生的结构化意识和能力。

比如,在学习小数除法时,学生通过绘制知识图谱(图6-9)将小数除法的意义、算法与四则运算联系了起来,让算法、算理更清晰;在学习长、正方体表面积时,学生个性化地构建出了关于长方体的思维导图(图6-10);在学习比的认识时,以表格的形式梳理得到比和除法、分数之间的关系(表6-2),进一步理解比的含义,形成结构化能力。

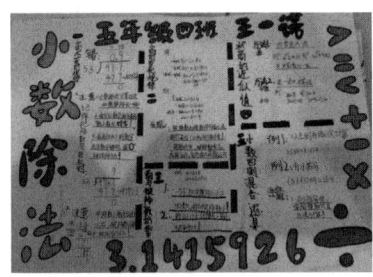

图6-9　　　　　　　　　图6-10

表6-2　比、除法、分数的区别与联系

	联系				区别
比	前项	:(比号)	后项	比值	一种关系
除法	被除数	÷(除号)	除数	商	一种运算
分数	分子	—(分数线)	分母	分数值	一个数

(三)迁移应用策略

知识的迁移可以简单理解为一种学习对另一种学习的影响,其中正迁移能对学习起积极作用。正迁移分为水平迁移和垂直迁移,水平迁移是指把知识学习中所积累的经验推广应用到与之难度类似的情境中,垂直迁移则是不同难度之间的推广与应用。

例如,学习表内乘法时,利用水平迁移编出乘法口诀;教学乘法分配律时,利用乘法意义的相关知识进行垂直迁移来帮助理解，这是一个从易到难的过程。小学阶段的整数乘法学习就是一个从易到难的过程，从表内乘法到多位数乘多位数运算，利用知识的垂直迁移，逐步掌握复杂的乘法计算。

（四）思想渗透策略

数学思想方法可以帮助学生完善认知结构，通过知识结构理清数学知识本质。教师需要创设出合适的教学情境，让学生在情境中理解数学概念和运算法则，感悟问题本原和数学表达的意义。例如，在计算 $\frac{1}{2}+\frac{1}{4}+\frac{1}{8}+\frac{1}{16}+\frac{1}{32}$ 时，可以基于学生已有的知识结构，运用转化思想和数形结合思想进行简便运算（图 6-11），从而实现学生思维的进阶。

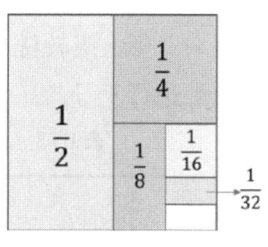

图 6-11

（五）评价反思策略

教学中，教师可以从多个维度开展多元评价，引导学生从结构完整性、知识点之间的关系是否理清等维度进行自我评价，优化学生知识结构。例如，在认识分数时，学生用思维导图对分数知识进行梳理后，就对自己梳理出的结构进行了自我评价（图 6-12）。

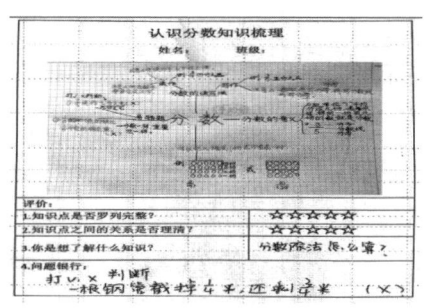

图 6-12

第三节　以"计算与应用"为例

自新课改实施以来，教师越来越重视对算法与算理的融合，讲清本质化"算理"，还原形式化"算法"的本质。那么，在具体运算教学中，又该如何解决"怎么算"以及"为什么这样算"这两个问题呢？如何融通算理与算法，使两者的交互综合体现在具体的计算学习过程中？对这些问题的思考不清，教学定位不准，教学方式不活，往往使得计算教学仍停滞于具体计算的"技能形成"层面，无法触及或较少涉及基于算理解读的算法提炼与应用。[1]

对知识结构的梳理利于教与学的展开，相应的思考与策略也基于有效的课堂实施而产生。在具体的研究和实施过程中，我们将整体的思考逻辑总结如下：理解结构化（理论支撑）—梳理图谱（宏观、中观）—从图谱中选择一个节点（微观

---

[1] 赵丽.浅谈计算教学中的算理教学[J].新课程研究，2021（18）：131-132.

即课例）—基于课例的思考—完善策略。现以"计算与应用"为例，对结构化下的"教"与"学"进行一番思考与探索。

一、教材解读：结构化视角下梳理知识、联结意义

（一）以整体视角看教材变化，分领域、分专题展开复习

对北师大版教材"数与代数"领域知识内容作结构化整理（表6-3），分领域、分专题进行复习。

表6-3　北师大版教材"数与代数"领域专题复习及课时建议表

领域	专题及课时建议		
数与代数	数的认识	（一）数的认识（1课时）	4课时
		（二）整数（2课时）	
		（三）小数、分数、百分数（1课时）	
	数的运算	（一）运算的意义（1课时）	6课时
		（二）计算与应用（3课时）	
		（三）估算（1课时）	
		（四）运算律（1课时）	
数与代数	式与方程	2课时	6课时
	正比例与反比例	2课时	
	常见的量	1课时	
	探索规律	1课时	

六年级下册"数的运算"专题复习分为"运算的意义""计算与应用""估算""运算律"四大部分，新版教材将"计算与应用"调整到"估算"之前，包括整数运算、小数运算和分数运算。

查看"数的运算"知识图谱（图6-13）可知，两位数乘两位数在小学阶段"数与代数"领域具有承上启下的重要作用，沟通了两位数乘一位数与两位数乘整十数等之间的联系，并为后面学习三位数乘两位数甚至多位数乘法奠定基础，同时也是学习除数是两位数的除法以及混合运算的重要基础。

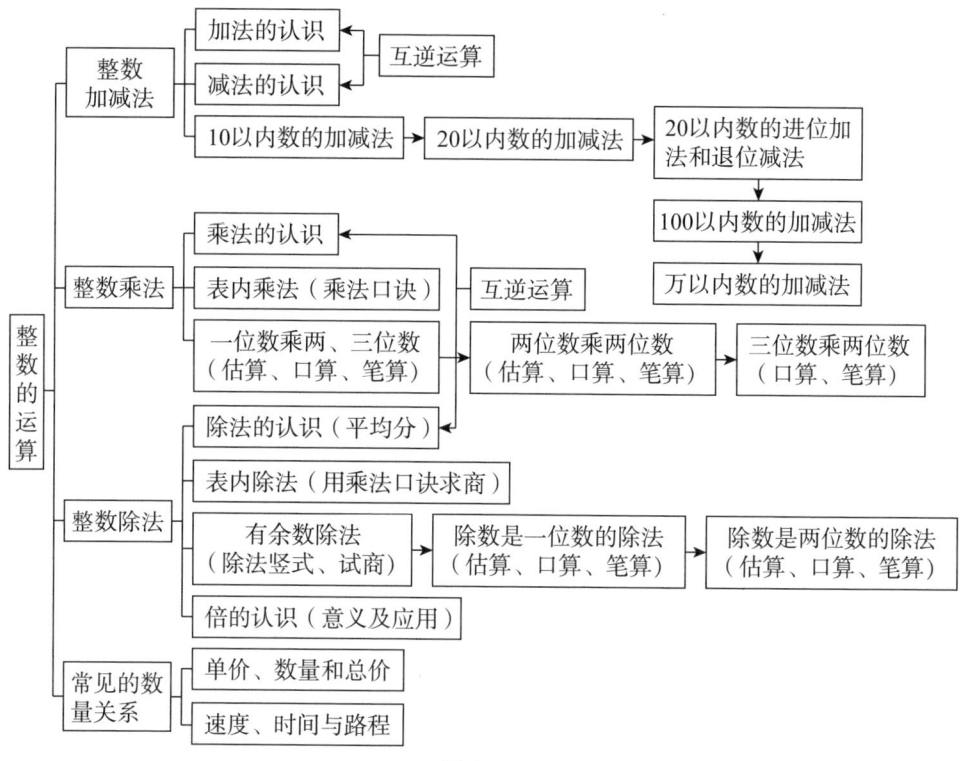

图 6-13

对于这一部分知识的回顾,能让学生在认识乘法意义的基础上,借助对位值制原理的理解,感悟整数乘法算理与算法的互通性,回忆"相同计数单位相加减"和"满十进一"等算理。我们认为,教材将"计算与应用"编排在"运算的意义"之后,且在"估算"与"运算律"之前,是便于对知识作整体性的关联建构。

将教材内容纳入宏观的知识链中进行整体把握,从中观的知识结构中找准切入点,以"怎么算以及为什么这样算"为驱动,让学生经历数学认知的完整过程,并以此确立结构化教学目标。

(二)以问题情境为驱动,联结意义、类比联系

认知迁移理论代表人物罗耶(I. M. Royer)认为,迁移的广度与深度主要受个体基于"记忆搜寻"所得的信息与指向情境关联度的影响。[1] 教材设置问题情境引导学生思考,主要起到了任务驱动的效果,以此促进学生的结构化学习。问题与情境紧密联结,驱动学生自主梳理知识、深化知识理解、构建知识网络。

---

[1] 张佳. 基于结构化教学的小学数学教学设计研究——以《整理和复习》为例[D]. 重庆:西南大学,2020.

如图 6-14 所示，教材第 1 题中的问题（1）驱动学生回忆两位数乘两位数"15×13"的算法和算理，并以此开启"计算与应用"复习课的教学，不仅激活了学生的已有知识和经验，帮助学生回顾计算法则，还沟通了相关知识以及不同算法之间的联系。问题（2）安排加、减、乘、除四个算式，驱动学生类比关联，并与解决"15×13"的算法进行对比，进一步感知算法的通性，积累活动经验，促进学生初步建立运算知识结构。

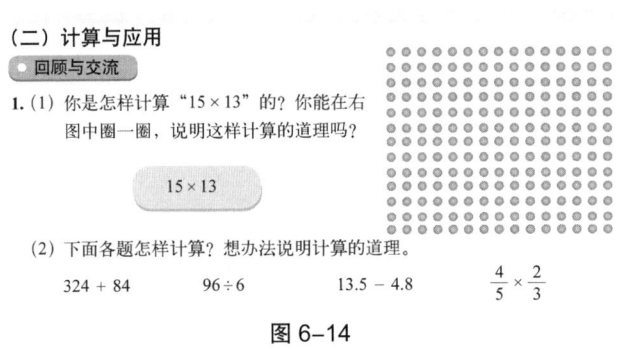

图 6-14

第 2 题（图 6-15），教材给出 4 道加减竖式计算以及 4 道分数加减法，提问"整数、小数和分数加减法的计算方法有什么共同点"。竖式能让学生更加清晰、直观地感知到数位和计数单位在计算中的重要性，学生也能从"找共同点"的任务中容易梳理得出"相同数位相加减"，进一步理解位值制。进行到此处，学生在探索中已形成关于加减乘除的运算知识结构。

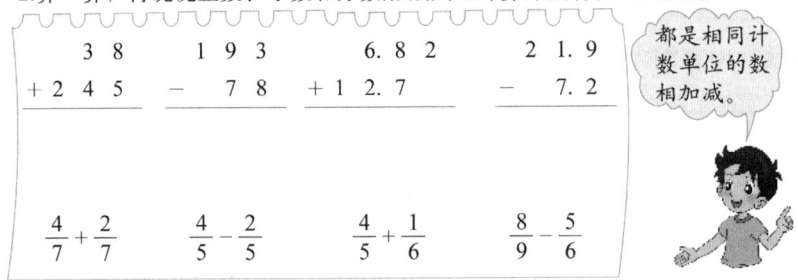

图 6-15

第 3 题（图 6-16），通过寻找小数乘除法与整数乘除法计算方法之间的联系，以强化学生的转化思想。学生在利用这些数学思想方法将知识逐渐串联起来的过程中，其知识结构也在不断优化。

3. 算一算，再说说小数乘除法与整数乘除法的计算方法有什么联系。

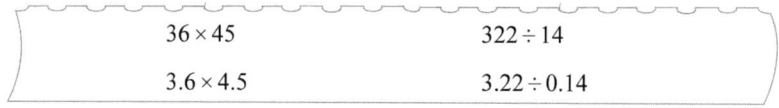

图 6-16

第 1 题至第 3 题，从两位数乘法切入，由总到分，整体感知加减乘除四则运算的算理，并从加减法竖式中强化算理，从小数与整数的乘除法关联中强化算法。在问题情境的驱动下，学生的认知结构经历了"建立—形成—优化"的过程，最终实现了结构化意识和能力的提升。

二、学情分析：读懂学生、找准认知起点

在未作任何引导、铺垫的前提下，随机对六年级 60 名学生进行了课前调查。为了能更好地发现学生的真问题，我们进行了两次前测。

第一次前测，要求学生绘制相应的思维导图。学生绘制的思维导图大多是对算法和法则的简单罗列，没有算理的呈现，更不用说算理之间的沟通与联系。学生主要存在"不会画、画不完整"等问题，可见此时学生的结构化能力薄弱。

为了更好地唤醒学生的记忆，第二次前测以"怎么算""为什么这样算"为驱动任务，并提供点子图让学生对算理、算法进行说明。具体前测单如下。

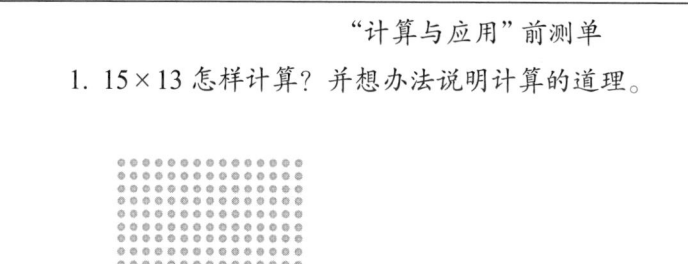

调查结果表明，第 1 题有 46 人想到利用数形结合的方法，有 20 人列竖式解决，有 26 人想到了转化，且部分学生采取了多种方法解决。第 2 题有 13 人只写出了算法，并没有说明算理；特别是在分数乘法中，有 41 人做对，但仅有 5 人用

直观图进行了算理的解释,1人描述了分数乘法的意义。

从数据统计中我们不难发现,学生对计算是"熟"而"不透"的,主要表现为以下几点:一是学生个体与个体之间存在较大差异,虽然大部分学生都能正确计算,但能准确说明算理的人并不多。以分数乘法为例,学生反馈情况如图6-17所示,可见学生对算理的理解较弱,基本只有算法的阐述,有的甚至出现了计算错误。二是个别学生对算理的理解还存在误区,以小数减法为例(图6-18),学生大都能得到正确结果,但算理解释有误。三是大部分学生对数的计算的认识和理解还停留在具体题目的运算上,对加减乘除之间的关系和计算结构没有清晰的认识,表现出对算法和算理的理解还不够深刻。

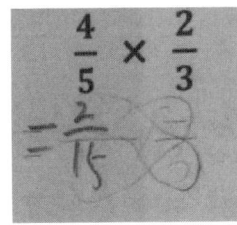 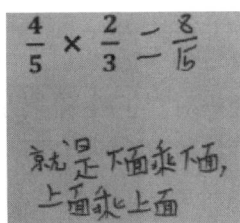 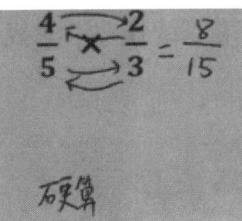 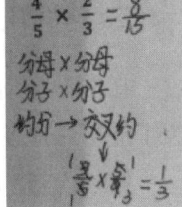

图 6-17

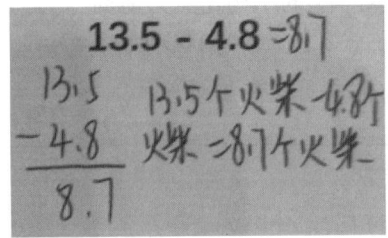 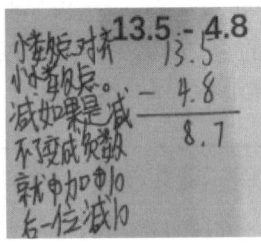 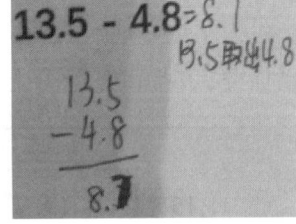

图 6-18

三、课堂实施:策略引领,实施结构化教学

为便于结构化教学的开展,我们创设了"计算与应用"结构化教学流程图(图6-19)。

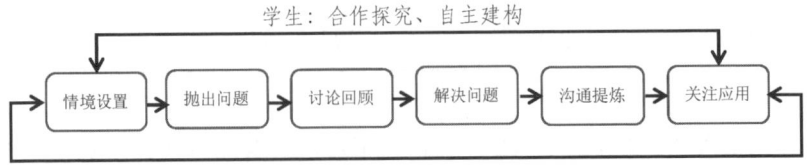

图 6-19

计算复习课既要梳理知识点，完成相应的计算任务，还要避免重复计算给学生带来枯燥乏味之感。因此，教学时需要找准切入点，采用任务驱动策略。根据奥苏伯尔先行组织者策略，教师应给予学生充分进行独立思考的空间，借助前置作业找到学生认知结构的起点。通过设置问题情境，调动学生的探究兴趣，激发其内在学习动机，并借助学生已有的知识经验进一步建构知识体系。具体的教学过程如下。

情境呈现，抛出问题

出示算式 15×13 及教材第 72 页第 1 题中的问题（1）。

师：课前，同学们已经思考了如何计算 15×13 及其计算的道理。现在，请同学们在小组内结合前置作业，交流"怎样算"以及"为什么这样算"。

分享梳理，回顾算法、算理

① 计算 15×13，回顾交流算法与算理。

师：谁能将你的算法与全班分享一下？

呈现学生作品，组织全班汇报。

生：计算 15×13 时，我是根据乘法的意义将点子图分成 13 行，每行 15 个，转化成 13 个 15 相加来计算出结果，也可以表示为 15 个 13 相加。（图 6-20）

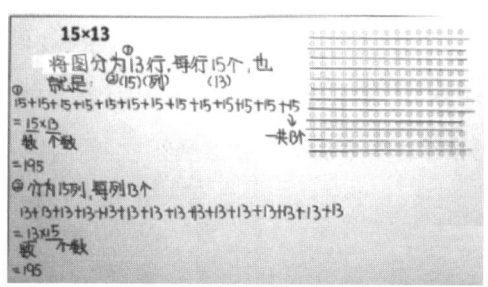

图 6-20

师：基于乘法的意义理解算式，大家同意吗？

生：我和他的方法一样，只不过我嫌这样书写太麻烦，就在算式中用了省略号。（图 6-21）

生：我同意他们的方法，不过我是用竖式计算的。可以把 15×13 看成 13 个 15 相加，其实就是 10 个 15 的和加上 3 个 15 的和。竖式计算的好处是方便记录每次计算的过程。（图 6-22）

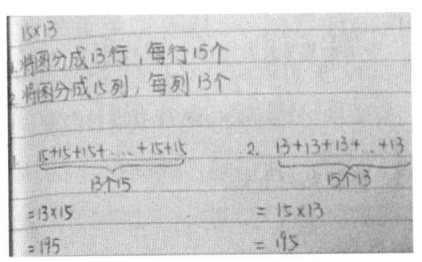
图 6-21

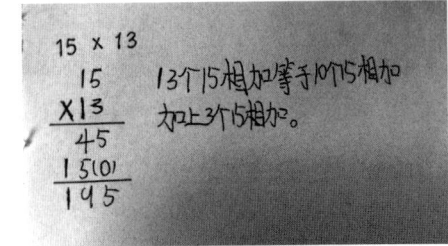
图 6-22

师：3 个 15 的计算结果在哪里？（45）这里的 15 是指什么？（150，表示 10 个 15）按照竖式计算的顺序，先从低位算起，也就是先算 3 个 15，再算 10 个 15。还有其他方法吗？

生：我用乘法分配律来计算。（图 6-23）

生：我用乘法结合律来计算，把两位数乘法转化为两位数乘一位数。（图 6-24）

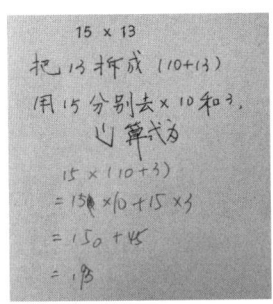
图 6-23

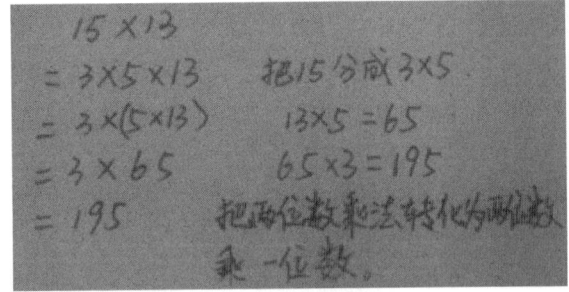
图 6-24

师：老师在巡视过程中，看到了这两位孩子的记录。（呈现图 6-25 的数形结合法和图 6-26 的表格法）这些方法你们熟悉吗？

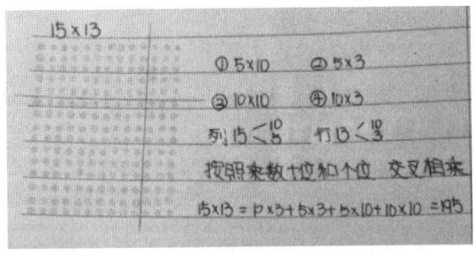
图 6-25

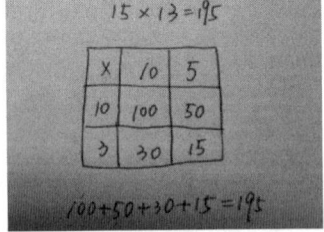
图 6-26

生：他们分别借助了点子图和表格来表示交叉相乘，对乘数进行了分拆，先分别相乘，再相加。这些方法其实和竖式的方法一样，都是转化成了两位数乘一位数和两位数乘整十数来得出结果。

【说明】实现结构化的数学学习往往是将已知的知识进行回顾、延伸、拓展和深化。梳理学生的表征情况,在文字、图形、表格或文字与图表结合等不同方式中逐步渗透数形结合的数学思想方法,让学生基于乘法意义,深入理解位值概念,体会虽然算法不同,但算理相通,都是"相同计数单位相加减""满十进一"。

② 沟通提炼。

师:刚才同学们在交流 15×13 的计算方法时,尽管方法多样,但大家体会一下,这些方法有没有相通的地方?

生:方法之间形式不同,但乘法运算的本质没有变,都是求几个相同加数的和。

生:很多方法都运用了转化的数学思想。

③ 板书。

教师板书如图 6-27 所示。

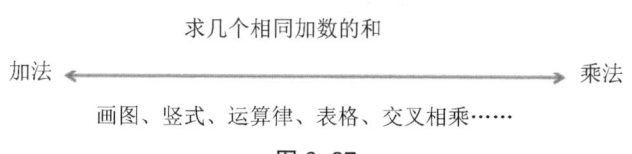

图 6-27

【说明】问题产生于情境,问题情境是知识如何在其中得以存在和应用所围绕的一种环境背景或活动背景。学生通过对算理、算法的回顾和迁移运用,使得对算理的理解更深刻了,对算法的掌握也更牢固了。同时,反映出教师聚焦整体结构,重视学生的操作体验与分析比较。

建构关系,明晰算法、算理

① 教师出示教材第 72 页第 1 题中的问题(2),即前测单。

② 呈现学生作品,并提炼总结。

计算 324+84,学生作品如图 6-28 所示。

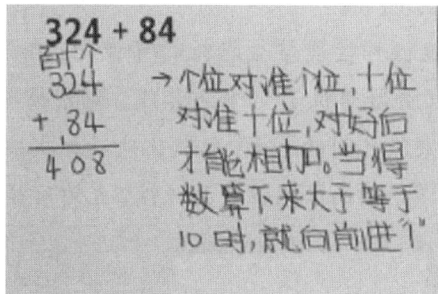 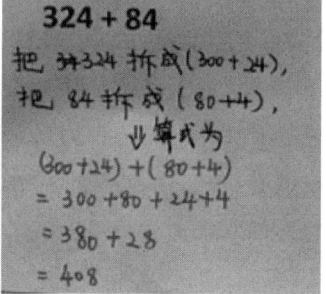

图 6-28

计算 13.5 - 4.8，学生作品如图 6-29 所示。

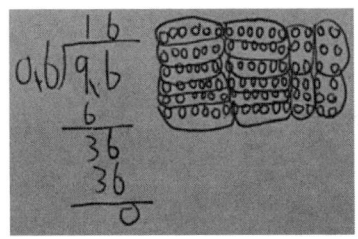
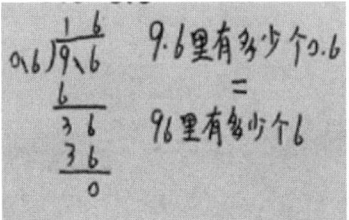

图 6-29

提炼小结：在加减法计算中，只要数位对齐即可，即相同计数单位相加减。

计算 9.6 ÷ 0.6，学生作品如图 6-30 所示。

图 6-30

提炼小结：求 9.6 里有多少个 0.6，通过商不变的规律、人民币模型、长度模型等不同方式，将其转化为求 96 里有多少个 6，从而将小数除法转化为整数除法。

计算 $\frac{4}{5} \times \frac{2}{3}$，学生作品如图 6-31 所示。

提炼小结：（课件动态呈现计算过程）明白"先分再取"的意义，$\frac{4}{5} \times \frac{2}{3}$ 其实就是求 $\frac{4}{5}$ 个 $\frac{2}{3}$ 或 $\frac{2}{3}$ 个 $\frac{4}{5}$ 是多少。计算时用分母乘分母，其实是把分数单位进行了统一，即把单位"1"平均分成 15 份，分子乘分子表示取其中的 8 份。

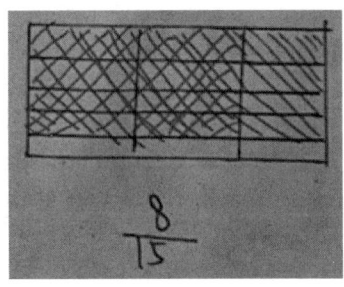

图 6-31

【说明】全班分享交流，通过直观操作实现学生思维的可视化，在"数"与"形"的融通中，获得"统一计数单位（分数单位）"的实质算理。利用画图、人民币模型等多种方式，进一步沟通加减乘除之间的关系，结构化地对加减乘除的算法和算理进行梳理，从而提升学生数学思维的深刻性和系统性，也为后续学习打下良好的思维基础。

沟通关系，使知识结构化

① 呈现教材第72页第2题，学生完成后，组织全班汇报计算方法和结果，并讲清计算时要注意什么。

② 呈现教材第72页第3题。

师：仔细观察，说一说小数乘除法与整数乘除法的计算方法有什么联系。

生：计算小数乘法时可以依据积的变化规律，把小数乘法转化为整数乘法；计算小数除法时可以根据商不变的规律，把小数除法转化为整数除法。

根据学生回答，教师课件同步展示（图6-32）。

$$3.6\times4.5\text{（小数乘法）}\xrightarrow[\text{（依据：积的变化规律）}]{\text{转化}}36\times45\text{（整数乘法）}$$

$$3.22\div0.14\text{（小数除法）}\xrightarrow[\text{（依据：商不变的规律）}]{\text{转化}}322\div14\text{（整数除法）}$$

图 6-32

③ 板书。

教师板书如图6-33所示。

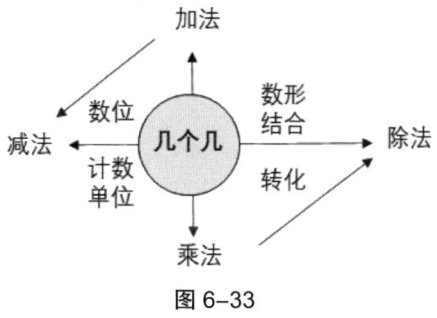

图 6-33

反思提炼，总结提升

师：现在我们再增加一些难度，再来一项练习，有信心吗？

出示练习，学生完成后汇报交流。（略）

958 + 75 =   2.28 × 1.5 =   8 ÷ 1000 =   4.8 ÷ 0.75 =

9.58 + 7.5 = $\dfrac{5}{8}\div\dfrac{2}{7}=$ 10 − 1.7 = $\dfrac{1}{2}-\dfrac{1}{7}=$

【说明】课堂不仅需要收获知识技能，展现思维的活跃性，还需要反思质疑、总结提升，这样才能以问题为主线培养学生敢于面对问题、学会合作探究。

关注应用，基于模型视角实现"再创造"

① 快速计算 $1+3+5+7+9+11+13$。

教师借助学生的作品（图 6-34），出示点子图（图 6-35）帮助学生回顾相关内容。

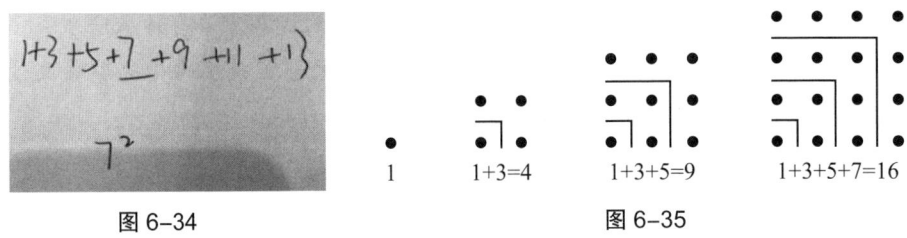

图 6-34   图 6-35

② 快速计算 $\frac{1}{2}+\frac{1}{4}+\frac{1}{8}+\frac{1}{16}+\frac{1}{32}$。

教师介绍算法，包括通分、观察数据特点、画图（图 6-11）等；并进一步优化方法，即 $1-\frac{1}{32}$。

【说明】在问题与情境的交互中，学生逐步形成关于计算的知识结构。为了增强学生的知识结构化意识和能力，进一步出示两道有思维性和挑战性的计算题，引领学生从更高的视角对知识进行垂直迁移，让学生在模型建构中体会计算的灵活性，从而培养学生思维的敏捷性。

课后作业，拓展延伸

① 出示课后作业单。

课后作业单

1. 解答下面的问题：这些问题适合口算、笔算、估算，还是用计算器计算？先想一想，再解答。

（1）阶梯教室有 15 排座位，每排 20 个，一共有多少个座位？

（2）电影院一层有 689 个座位，二层有 219 个座位。这个电影院能同时容纳 1 000 人看电影吗？

（3）在一个能容纳 5 万人的体育馆里，一场足球赛的上座率大约是 75%。大约有多少人观看了这场足球赛？

（4）据第六次人口普查统计，上海市常住人口约 23 012 万人，其中 65 岁及以上的占 10.12%。65 岁及以上的约有多少人？

2. 完成一份"数的计算与应用"的思维导图。

② 学生作业反馈。

收集并呈现学生思维导图，如图 6-36 所示。

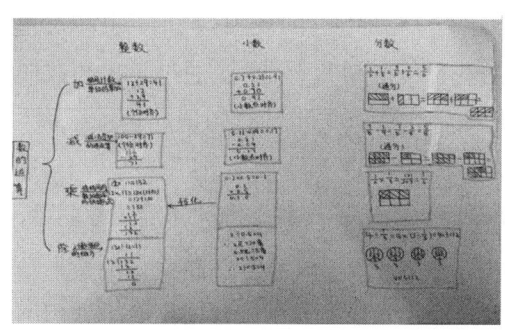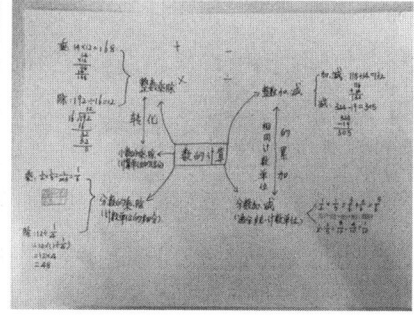

图 6-36

【说明】从数学情境转向生活情境，以此检验学生的知识运用情况，也为下一课时的学习作铺垫。从学生的思维导图中可以清楚地看到他们对知识意义的理解及其思考路径，帮助教师更好地把握学情，便于对教学作出及时调整。

四、课后思考：回顾、反思结构化教学

（一）厘清脉络，筑牢结构化教学的根基

结构化教学不是简单的解构、再构，更重要的是厘清脉络，包括厘清数学本体性知识脉络、教材的生长脉络、数学思想方法的发展脉络、教法与学法的呈现脉络等，进而确定结构化教学的目标，并对单元内容作整体梳理与深度解读。只有全面了解单元内所包含的各项知识内容，领悟其所蕴含的数学思想方法，基于

联系的视角有效把握教材知识,才能实现教学效果的最大化。整合的意义在于对教材意图的真实把握,是为目标而服务的。因此,本课例对教材中的4个任务驱动进行了意义关联和知识整合,对其总体结构并未大作改动。同时,注重学生生成资源的挖掘,并在师生互动与生生互动中为学生创设一个积极思考、自由交流的空间。

(二) 任务驱动,让结构化教学枝繁叶茂

教师创设问题情境,引导学生积极主动地参与结构化的探索,而教师则在其间"穿针引线",并作相应的补充和提炼。解决 15×13 时,组织学生小组讨论,并进行全班交流反馈;探究加减乘除计算共通点时,组织学生先同桌交流,再全班汇报。过程中,教师始终基于课前充分的准备和大量的预设为学生进一步创设问题情境,拓展学生的交流空间,实现学生学习过程的结构化,让结构化教学走向枝繁叶茂的深度学习中。

(三) 迁移应用,让结构化教学实现硕果累累

本课例第2题的加减竖式计算包含水平迁移,即归纳得到整数、小数、分数的加减法都遵循"相同计数单位(分数单位)相加减"的规则;同时,也涉及垂直迁移。例如,总结得出所有的计算都是基于位值制和十进制;通过转化和数形结合方法的渗透,实现了算理的融通,帮助学生促进关于计算知识的垂直迁移,增强知识的结构化意识和能力。

进一步地,练习不局限于基础计算,而是给出了具有思维性和挑战性的练习:快速计算 $1+3+5+7+9+11+13$ 和 $\frac{1}{2}+\frac{1}{4}+\frac{1}{8}+\frac{1}{16}+\frac{1}{32}$。再次借助数形结合的方法帮助思考,使学生获得学习方法的强化。在解答问题和绘制思维导图的课后练习中,让学生巩固知识的同时,也为后续的估算、运算律复习作铺垫。学生在对整个小学阶段的计算作出系统梳理之后,有了知识和方法上的结构,如此就能灵活应对各类问题,站在一定的高度上思考并解决问题,从而实现学习成果的硕果累累。

总之,数学教学需要从数学知识体系的结构化出发,在对教材作深入解读的基础上系统梳理知识内容,找准学生的认知起点,并根据学生的认知结构对教学内容进行调整、解构与重组,以实现学生问题解决能力的提升和结构化思维能力的持续发展。

第七章
立足原点　返回起点　建立关联

成都玉林中学附属小学

数学教学需要从数学知识体系高度结构化的特点和学生认知结构的形成和发展规律出发，从碎片化的知识原点中找出其中的相互关联，对教学内容的表层结构和深层结构进行适当提炼与重组。于学生而言，需要有意识地返回学习起点，从习以为常的学习过程中回顾、反思数学学习发生与数学知识推进的过程，总结、梳理数学学习行为的一般模式和基本流程。于教师而言，需要帮助学生认识到数学学科的实质是一个相互联系的综合体，是一门知识相连、过程相似、方法相通、思想相融的学科，进而帮助学生树立自省、自动的结构化意识，培养具有一定高度的结构化能力。

如何基于数学知识原点、学生学习起点来建立数学学习的关联？以什么作为寻找关联的标准？怎样建立各知识板块的课程图谱？基于结构化教学的策略有哪些？下面，我们将以北师大版小学数学"数与代数"领域为例，对这些问题作简要探讨。

第一节　剖析教材　分析学情　建立结构化关联图谱

在小学数学教学中，教师要契合数学体系的结构化特点，放大数学要素的关联性实质，重视数学教学的逻辑性进程，切实增强学生知识结构化的学习意识和能力，提高教师知识结构化的教学素养和水平，有意识、有意图、有意义地将知识点串成线、线变成面、面形成体、体构成群。

一、剖析教材：立足数学知识原点，建设知识图库

我们参照"课标2022年版"，结合北师大版1~12册小学数学教材，对"数与

代数"领域的所有知识点作全面梳理,一共细分为以下6个板块:数的认识、数的运算、常见的量、式与方程、正反比例、探索规律,并遵循知识点的生长过程形成"'数与代数'领域数学知识结构图(四级目录收缩图)"(图7-1)和"'数与代数'领域数学知识全景展开图"。

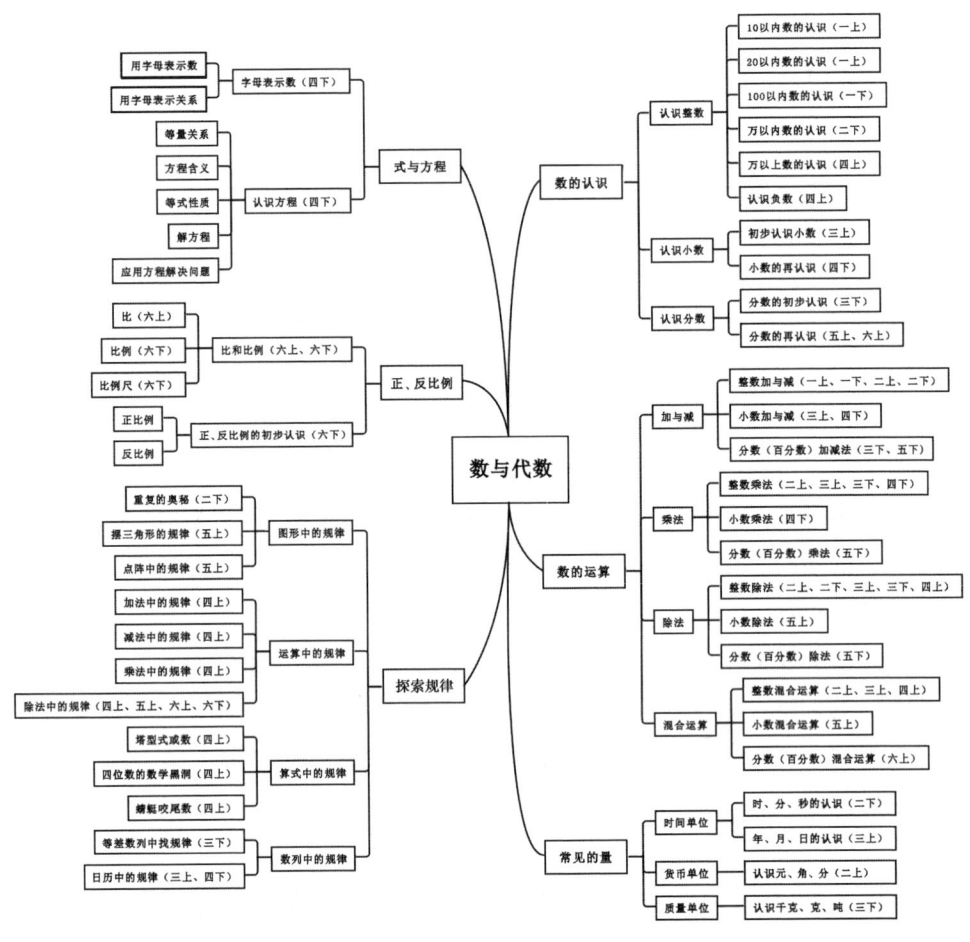

图 7-1

二、分析学情:返回学生学习起点,建构学习流程

在小学数学教学中,我们不仅要从知识的视角、以全程的眼光来审视知识生长、演变、发展的过程,还要站在学生的角度,返回学生学习起点。我们在遵循学生认知规律,以及遵循知识本身变化规律的基础上,统一建构"数与代数"6个板块的学习流程(表7-1)。

表 7-1 "数与代数"6 个板块的学习流程

数的认识	意义—计数单位—进制—数位—组成—分类—读写—大小比较—运用
数的运算	意义—算理—算法—运用
常见的量	感知材料—揭示内涵—体验—形成表象—换算—综合运用
式与方程	意义—计算—运用
正、反比例	意义—图像—性质—特点—运用
探索规律	观察—比较—归纳—发现—表达—运用

三、解析结构：梳理数学关联标准，建构关联图谱

（一）梳理关联库

结合图谱，本研究立足数学知识原点、返回学生学习起点，从数学知识、数学思想、学习方法、学习过程四个维度寻找数学学习的关联，并以表格的形式梳理得到"'数与代数'领域学习关联库"，包括数学知识关联库、数学思想关联库、学习方法关联库、学习过程关联库。各维度下的部分关联库分别如表 7-2 至表 7-5 所示。

表 7-2 数学知识关联库（部分）

	关联点描述	明显关联点举例	隐秘关联点举例
数的认识	意义	小数与分数的意义	
	计数单位	整数与小数的计数单位	小数与分数的计数单位
	进制	整数与小数的进制及数位顺序表	小数与分数的进制
	数的组成	整数与小数的组成	整数、小数、分数的组成
	数的大小	整数与小数的大小比较方法	整数、小数、分数的大小比较方法
	读写	整数与小数的读写方法	
	改写	整数与小数的改写	小数改写；小数基本性质、分数基本性质
	四舍五入	整数与小数的四舍五入	计算中的四舍五入
	数的产生	小数与（百）分数基于生活需要和运算需要而产生	小数、（百）分数和负数基于运算需要而产生

(续表)

	关联点描述	明显关联点举例	隐秘关联点举例
数的认识	数的相互关系	倍数和因数的相互关系；一个数与其倒数的相互关系	百分数也是一种关系数
数的运算	四则运算基本意义	整数四则运算基本意义；小数、（百）分数四则运算基本意义	

表 7-3 数学思想关联库（部分）

	关联点描述	明显关联点举例	隐秘关联点举例
抽象	符号化	数表示物体数量的多少；用字母表示数、表示关系	数的认识与数的意义
抽象	极限	自然数、偶数、奇数等数列	循环小数的意义
推理	归纳	运算律	四则运算的算理
推理	演绎	同分母分数大小比较；同分母分数加减法计算	异分母分数大小比较；异分母分数加减法计算
模型	函数思想	正比例与反比例	积的变化规律；商不变的规律
模型	度量单位的累加	分数大小比较；分数加减法	整数、小数大小比较；整数、小数加减法算理
对应	方程思想	用方程解决问题	鸡兔同笼；图形中的规律
对应	数的运算中的对应	一步与多步分数乘法运用；一步与多步分数除法运用	分数乘法与分数除法运用；分数与比（份、倍）的运用；正比例图像中根据一个量估测另一个量

表 7-4 学习方法关联库（部分）

关联点描述	明显关联点举例	隐秘关联点举例
归纳	运算律；分数除法的计算方法：被除数乘除数的倒数	四则运算的算法；整数除法的计算方法与分数除法的计算方法

（续表）

关联点描述	明显关联点举例	隐秘关联点举例
演绎	同分母分数大小比较； 同分母分数加减法计算	异分母分数大小比较； 异分母分数加减法计算
类比	低年级看图写一个加法（乘法）算式和两个减法（除法）算式的学习； 分数的组成与分解	中年级加减乘除四则运算关系式； 高年级从反比例推出正比例的学习； 整数、小数的组成与分解
假设	鸡兔同笼问题	用分数解决问题中的设数法
递推	图形中、点阵中、算式中的规律	

表 7-5 学习过程关联库（部分）

	明显关联点举例	隐秘关联点举例
数的认识	整数中一位数与多位数的认识过程	整数与小数、分数的认识过程
数的运算	整数中表内与表外的加减乘除运算学习过程	整数与小数、分数加减乘除运算的学习过程
常见的量	货币单位与质量单位的认识过程	货币单位、质量单位的学习过程； 时间单位的认识过程
式与方程	式与方程的学习过程	方程及用方程解决问题的学习过程
正、反比例	正比例与反比例的学习过程	正、反比例与比例、比例尺的学习过程
探索规律	加减乘除运算中的规律的学习过程	运算中的规律与图形、算式、数列中的规律的学习过程

（二）绘制关联图

我们按照数的认识，数的运算，常见的量，式与方程，正、反比例，探索规律 6 个板块，绘制得到 1~12 册"数与代数"领域内部关联图。以"数的认识"为例，展示内部关联图的大致结构（图 7-2）。

我们发现，不仅在 6 个板块内部之间有着较多关联，且板块与板块之间也有关联。于是，绘制得到基于各板块的外部关联图（图 7-3）。外部关联图的绘制遵循如下标准：从数学知识和数学思想的角度寻找数学内在本质，从学习过程和学习方法的角度寻找学习的外在形式，并依托这两种不同的视角来构建知识结构图。

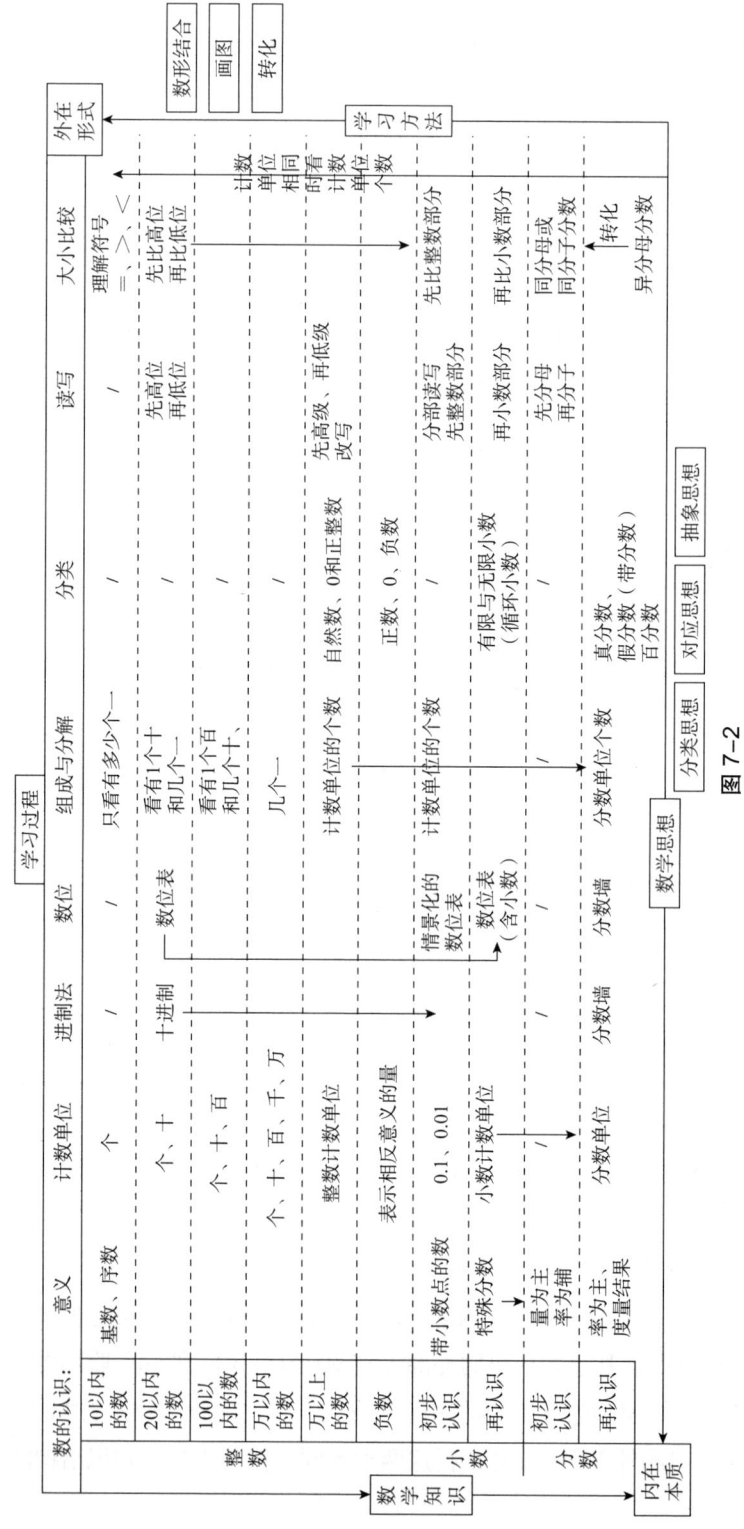

图 7-2

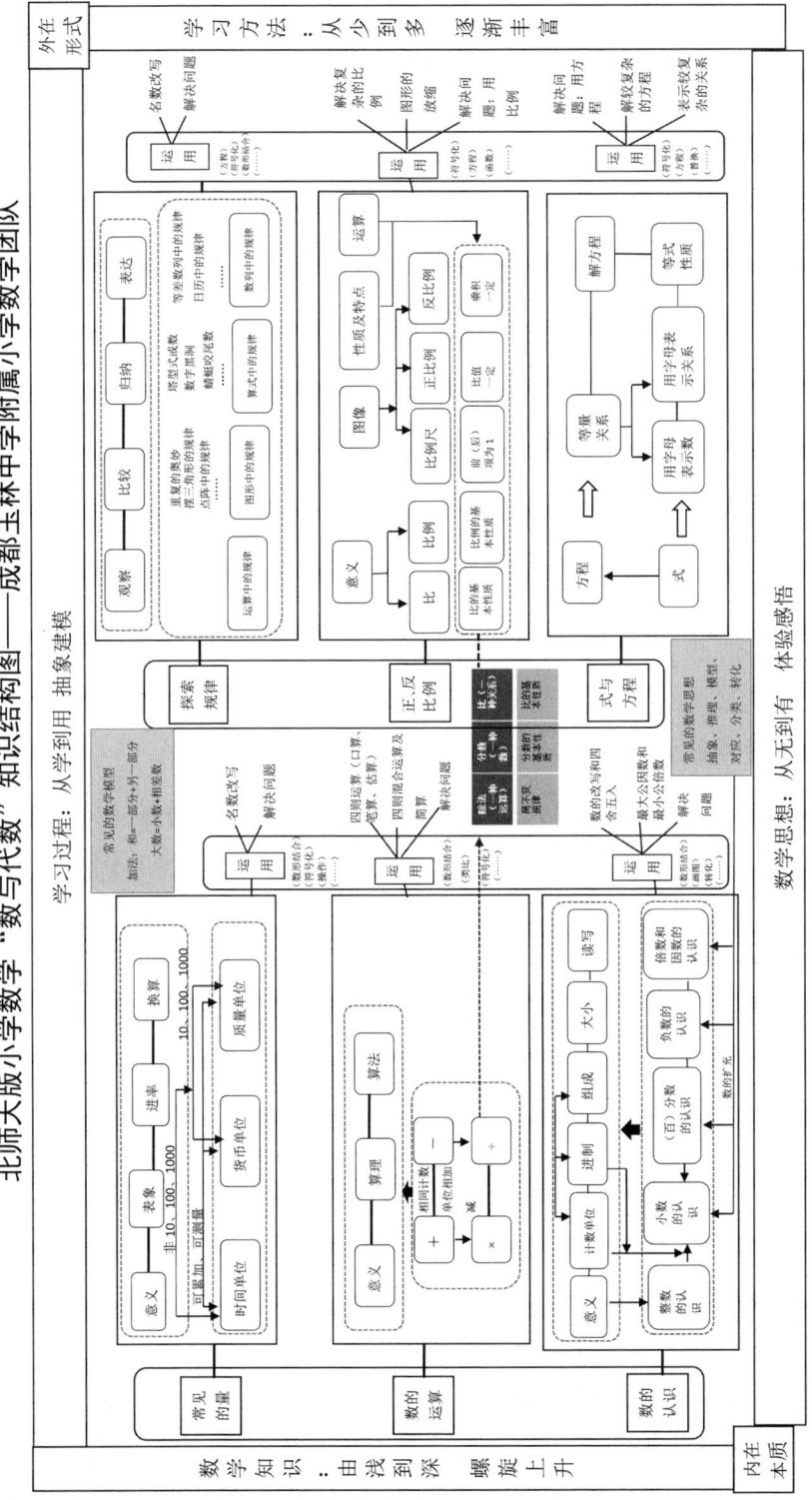

图 7-3

总的来说，我们立足数学知识原点，返回学生学习起点，从而建构数学知识之间的关联。并且，以期通过知识结构图的绘制及运用，带领学生经历数学知识从浅到深、学习过程从学到用、学习方法从少到多、数学思想从无到有的过程，进而培养学生的结构化意识，提升结构化能力。

第二节　整体布局　聚焦关联　提炼结构化教学策略

如何在小学数学"数与代数"领域中增强学生知识结构化的意识和能力？首先，由于数学学习的内容本身具有一定的系统性和整体性，因此教师在解读教材时应着眼整体，在整体视域下开展教学。其次，数学是研究数量关系和空间形式的科学，因此有必要让学生关注知识本质、深入知识内核、领悟数学思想，既关注数学知识与数学思想这些数学本质内容，又能从学习方法与学习过程这些外在形式中寻找关联，增强学生的结构化意识和能力。最后，以单元先行课、知识新授课、阶段整理课、期末复习课等多样化的课型为载体，让学生在关联中实现知识的结构化。

一、教材解读全局化

为了帮助学生整体建构知识，教师应在解读教材时做到对数学知识的整体建构，厘清数学知识之间的层级关系，并通过建立系统化的教学目标引领教学，从而实现全局化地解读教材。

（一）数学知识立体化

于教师而言，首先应厘清小学阶段数学知识体系和整体框架，将离散、零碎、断裂的知识作梳理和归纳，呈现知识的整体结构；其次将每个知识点置于整个知识结构网中进行考量，了解其前后的结构关系，形成数学的立体化思维。为此，我们对"数与代数"领域所有知识作梳理和归纳后，建构了知识结构图、全景展开图、学习关联库和内外部关联图，做到了整体建构数学知识，明晰了数学知识之间的层级关系。

以"数的认识"为例，总体上是按照整数的认识、小数的认识、分数的认识三个部分展开学习的，并整理得到"数的认识"大纲目录（图7-4）。

对这一知识脉络作整体梳理，发现所有数的认识学习主要都是从数的意义、数的表示（认、读、写）、数的大小比较等几方面展开的。无论是哪种数的认识，教材在整体编排上都是遵循由简到繁的路径，呈螺旋上升趋势，符合学生由易到难的循序渐进的认知规律。以"整数的认识"知识图谱（图 7-5）为例，从中我们便可以清晰地看到这一逻辑结构。

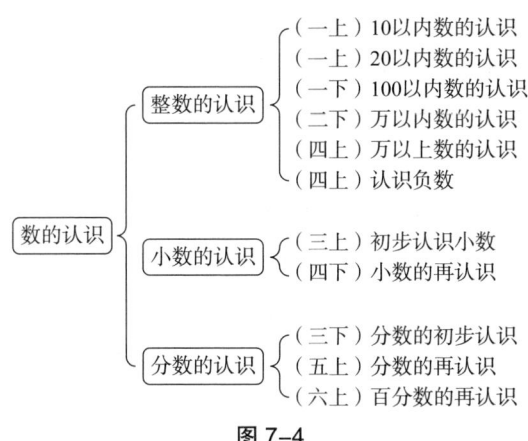

图 7-4

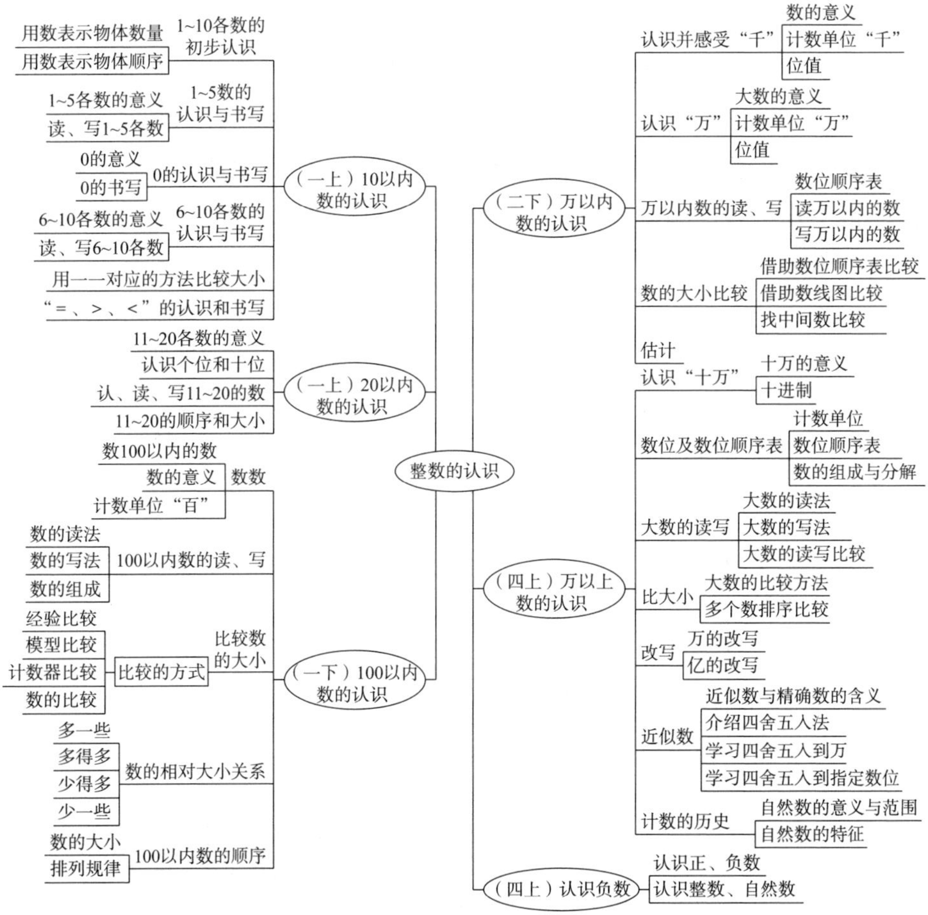

图 7-5

（二）教学目标系统化

教师除了要厘清每个学段知识间的层级关系，做到心中有知识框架外，还要聚焦学习目标的系统化，以教学目标引领教学，并思考以下问题：每个单元应该设置哪些教学目标？本课时内容与后续课时之间有哪些关联？哪些知识应提前铺垫？如果出现超过教师预设的学生行为，应如何应对？由此，才能实现教学目标的系统化。

以北师大版教材"小数的认识"为例，该内容的学习主要分为两次。我们首先通过对教材的全面梳理，得到"小数的认识"知识框架图（图7-6）；进而制定相应的教学目标。其中，三上"初步认识小数"的教学目标为：以元、角、分和常用的长度单位为背景，初步理解小数的意义；学会认、读、写简单的小数，能结合情境比较两个一位小数的大小，会计算简单的小数加减法；能用小数的知识解决简单的实际问题。四下"小数的再认识"的教学目标为：通过更丰富的现实生活中的模型，进一步认识小数的意义、计数单位和数位，能进行十进分数与小数的互化；能借助直观模型、数线图和数位顺序表比较小数的大小；结合小数的意义，经历探索小数加减法计算方法的过程，能正确进行小数的加减运算及其混合运算，并能结合具体情境对计算结果进行估计，积累数学活动经验，发展数感；能运用小数加减运算的知识解决生活中的实际问题，体会小数与日常生活的紧密联系。

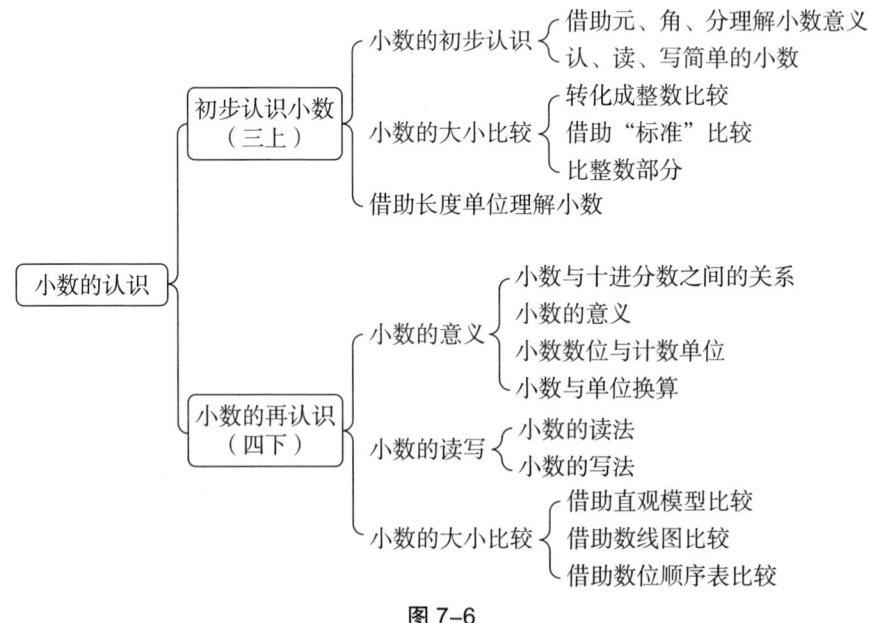

图7-6

可见，前后两次小数的认识在教学目标上有着显著的差异，第二次教学目标的要求明显提升。例如，第一次的小数认识只需学生在元、角、分及长度单位等直观、具体的模型下展开学习，第二次则是逐渐脱离具体模型并掌握运算法则；第一次对小数的认、读、写只限于小数部分不超过两位的小数，小数的加减法运算也只限于一位小数，而第二次分别提高了要求。只有教师系统化地了解教学目标，才能让学生的学习更有层次性和结构性。

二、深入内部找关联

（一）关联数学知识，促进学生深度学习

全局化解读教材，主要是在整体视角下建构知识框架。但是，仅仅看到这种线性的、单向的逻辑结构显然是不够的，教师应注意突破这种由教学的先后次序而形成的逻辑线索的束缚，并从更为广泛的角度解释概念之间的内在联系，从而真正建立起整体性的概念体系。[1] 也就是说，教师要通过教学让学生关注到知识本质，并通过知识本质关联不同知识，让单向的知识框架变成知识网状图。

以度量为例，其核心要素是度量对象、度量单位和度量值。"数与代数"领域的度量是数学抽象度量，"图形与几何"领域的度量属于工具度量。[2] 学习整数、分数、小数等的认识时，必定会联系计数单位，而计数单位则都是度量单位。因此，整数、分数、小数等的运算本质就是计数单位即度量单位的迭代（图7-7）。其中，整数和小数的加减运算都强调数位对齐，其实是要求计数单位相同；异分母分数加减法要先通分再加减，其本质也是为了让两个分数的分数单位相同。

通过关联看似不同却又有着密切联系的数学知识，让学生深入到知识本质，梳理知识发展的"序"与"结"，有利于学生主动探索，促进学生深度学习。

（二）关联数学思想，落实数学学科素养

"课标2022年版"明确指出：课程目标以学生发展为本，以核心素养为导向，进一步强调使学生获得数学基础知识、基本技能、基本思想和基本活动经验（简称"四基"）的发展。[3] 通过关联不同知识背后所蕴含的相同数学思想，有利于让学生感悟并获得相应的数学思想。

---

[1] 郑毓信.新数学教育哲学[M].上海：华东师范大学出版社，2015.
[2] 娜仁格日乐,史宁中.度量单位的本质及小学数学教学[J].数学教育学报，2018,27(6):13-16.
[3] 中华人民共和国教育部.义务教育数学课程标准（2022年版）[S].北京：北京师范大学出版社，2022.

以"结构化教学"为核心的小学数学课程图谱

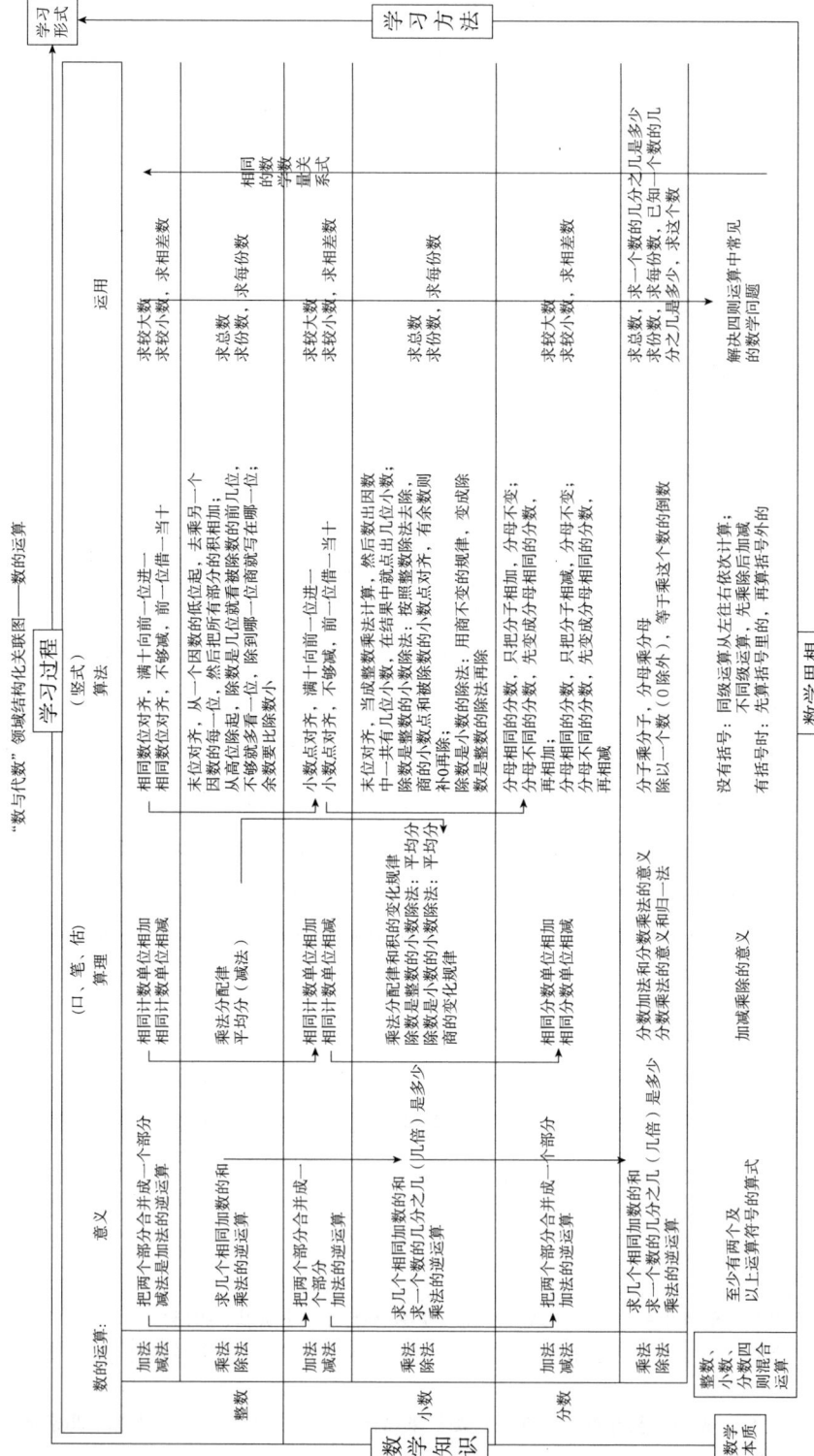

图 7-7

例如，模型思想是数学学习中重要的基本思想，指有意识地用数学的概念、原理和方法来理解、描述和解决现实世界中的问题[①]。"数与代数"领域也蕴含着模型思想，如可以以题组的方式让学生总结得到"单价 × 数量 = 总价""速度 × 时间 = 路程""工作效率 × 时间 = 工作总量"这三个数量关系，并利用这三个关系解决生活中的相关问题。进一步归纳得出统一的模型"每份数 × 份数 = 总数"，让学生感悟知识本质，体会将多道题变成一类题的过程，从而培养学生总结、归纳、关联的习惯，学会异中求同、举三反一，充分认识到结构化的重要性。

（三）关联学习方法，帮助学生学会思维

学生在获取一类数学知识时通常会采用相同的学习方法和学习策略。因此，教师要引导学生及时对学习方法和学习策略进行归纳总结，并进行有效关联、类比、迁移，帮助学生在掌握知识结构的同时形成灵活有效的方法结构，让学生学会数学化地思考。小学数学中常见的学习方法或学习策略主要有归纳、假设、递推、倒推、归一、列表、画图、枚举等。

例如，第二学段的"租车问题"，第三学段的"鸡兔同笼""包装中的学问""按比例分配"等问题，都可以借助列表的方法促进学生有序全面地思考问题。在初次利用列表法时，教师应组织学生进行归纳总结，加深学生对列表法的感知；第二次遇到可采用列表法来解决的问题时，教师则可以引导学生对这两次的列表经验进行关联，让列表法再次在学生头脑中留痕。那么，当学生今后再次遇到此类问题时，就能自主实现方法的类比迁移。

（四）关联学习过程，增强自主学习能力

小学数学学习中，同类知识的学习过程往往都有所关联。例如，整数、分数、小数的认识通常都要经历"认识数的意义—认识数的计数单位—认识数的读写方法—数的大小比较—数的运算"这一过程；学习时间、货币、质量这三类常见的量，甚至是"图形与几何"领域中的长度、面积、体积、容积等图形度量内容时，也都是按照"量的意义理解—量感的建立—量的换算—量的运用"的过程来推进学习的。

既然这些内容的学习过程大致相同，那么教师可不必在每一课时都花同样的精力来重复这一过程，而只需对每个内容的几节关键课程作精雕细琢，而这通常是一个知识板块的起始课，与起始课相关的其他课程内容，可在此基础上进行生长、延伸，鼓励学生自主实现知识和学习方法的迁移，增强自主学习能力。

---

① 史宁中.数学基本思想18讲[M].北京：北京师范大学出版社，2016.

三、课型设计多样化

（一）单元先行课

对学生而言，在学习每单元的新知以前，应先对整个单元知识有所了解，知道该单元有哪些学习内容。例如，在学习北师大版《数学》四年级上册"乘法"单元前，教师可专门开设一节单元先行课，让学生对整个单元内容作梳理，了解该单元的每一课时分别学习些什么，使得学生对这一单元能有初步的整体认识。如此，学生就能发现每一课时的学习内容看似独立，其实关系密切。

（二）知识新授课

知识新授课也是促进学生整体构建知识的重要课型。以北师大版《数学》六年级上册"比赛场次"一课为例，我们沿着"学知识—促方法—渗思想—强结构"的主线进行教学设计（图7-8）。

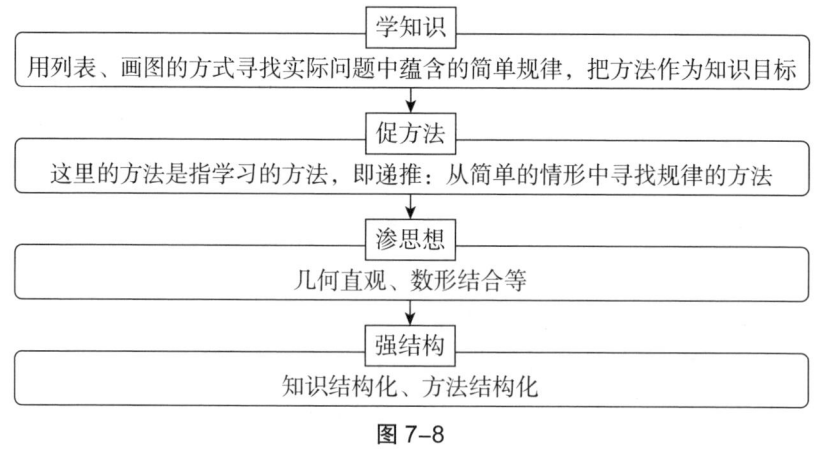

图7-8

其中，"强结构"主要指要做好展开结构化教学的准备工作，具体可以从以下四方面做起。

1. 深入解读教材，精细梳理展开结构化教学的相关元素

"比赛场次"一课的结构化教学关联点主要体现在两个方面：一是知识结构化，即以知识点为线索，梳理用排列、组合等数学知识来解决的问题；二是方法结构化，即以方法为线索，梳理用列表、画图、递推等解题策略来解决的问题。

2. 准确把握学情，精准定位结构化教学目标

结构化教学的开展同样需要对学情作准确把握，找到学生的"最近发展区"，由此才能对结构化教学目标作出精准定位。为此，我们设计了前测学习单，对我校六（3）班40名学生进行了前测。

前测学习单

问题：在足球比赛中，中国队、日本队、韩国队、澳大利亚队，每2支球队之间要进行一场比赛，一共要比赛多少场？

（1）把你想到的方法都写下来，并且让人一看就明白！

（2）你能写写这些方法之间有什么区别和联系吗？

（3）如果有10支球队，一共需要比赛多少场？你会怎么解决这个问题呢？

分析学生作答情况，得到如下反馈：① 近80%的学生能至少用2种方法解决问题，因此小组交流将聚集不同方法的分享；② 从所使用的方法上来看，学生能够用连线、列表、计算等方法来解决4支球队的比赛场次问题，说明学生已具备初步的结构化能力，因此我们把培养学生的结构化意识和能力作为显性目标，在目标中明确提出"递推策略"，且特意加了一条关于"结构化"的目标，即"让学生不断经历比较与反思的过程，形成结构化学习的意识和能力"；③ 进一步分析学生所使用的方法，发现用连线法解决问题的占43%，采用列表法的最少，说明学生缺乏递推策略的前期经验，因此我们将在具体教学中让学生返回学习起点，从简单问题入手，让学生找到解决问题的有效方法；④ 采用连线法的学生中，有6名学生在数有多少条线段时出现了错误，从中可以发现学生的简化意识较为薄弱，还是习惯于全部连完再数数，因此需培养学生化繁为简的意识，将分析问题、归纳规律作为学习目标[①]。

3. 紧扣教学目标，精巧设计结构化教学环节

（1）多次递进，不断反思，培养学生的递推意识

本课中共创设了5次培养学生递推意识的情境。

情境1：在我们所学过的策略中，有一条重要的递推策略，它可以帮助我们解

---

① 凌乾川，周波，周婷. 建造"关联性"图谱 实施"结构化"教学——以小学数学"数与代数"结构化教学为例[J]. 四川教育，2020（7/8）：42-46.

决一些复杂的问题。

情境 2：有 100 个人参加比赛，要求每 2 人之间进行一场比赛，问一共要进行多少场比赛。先求 10 个人参加时一共需要进行的比赛场次数量，再用递推的方法解决 100 个人参赛时的情况。

情境 3：计算 111111×111111。

情境 4：出示微视频，回顾图形中的相关规律。

情境 5：计算 $\frac{1}{2}+\frac{1}{4}+\frac{1}{8}+\frac{1}{1024}$。

（2）分层推进，不断精进，发展学生的递推能力

本课中设计了 3 次发展学生递推能力的情境，分别是上述情境 2、情境 3 和情境 4。以情境 2 为例，先解决 10 人参赛时一共要进行的比赛场次问题。有的学生采取连线的方法，且学生作品中有比较复杂的连线，也有比较简单的连线；对比中，学生感悟不仅数要简，图也要简。接着出示列表的方法，得到：2 人参赛，比赛场次为 1 场；3 人参赛，比赛场次为 1+2=3（场）；4 人参赛，比赛场次为 1+2+3=6（场）……学生发现，随着参赛人数的增加，增加的场次数比参赛总人数少 1，求一共的场次数就是从 1 开始，连续加到比参赛人数少 1 的数。最后，在连线法和列表法的对比中，突出数简、图简、式简都是为了思维的简。进而，再用递推的方法解决 100 个人的参赛问题。

4. 善于运用评价，精心放大结构化教学效应

本课中共设计了以下 3 个情境来放大递推效应。

情境 6：回忆举例，自行命题。（帮助学生实现知识的前后关联）

情境 7：计算 2222222222×4。（让学生有破有立，打破思维定势，促进素养落地）

情境 8：课始即抛出 10 多道题，问学生是否能在这节课中全部解决；课尾再次询问这些题的解决情况。（让学生明白"题海无涯"，掌握学习方法和学习策略才是本质）

对这些内容的教学，我们力求从起始课开始就引导学生主动迁移，开展学习研究，获得独立学习的有效路径，让学生成为知识、能力的主动建构者，成为方法、策略的主动创造者。

（三）期末复习课

阶段整理课主要是以教师为主导，立足知识的本质关联，在学完一类知识后帮助学生巩固正确认知，同时补充认知短板、纠正认知错误、矫正认知偏差。

期末复习课不同于阶段整理课,主要任务是对本学期所学内容的全面归类和整理。学习方式主要以学生的自主学习和自主建构为主,利用思维导图、"知识树"、知识大纲等方式,以单元为单位进行梳理,将知识串珠成线、连线成面。如图 7-9 所示,是学生对六年级下册"比例"单元的整理。

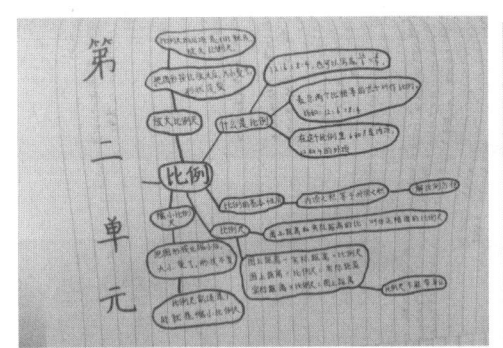
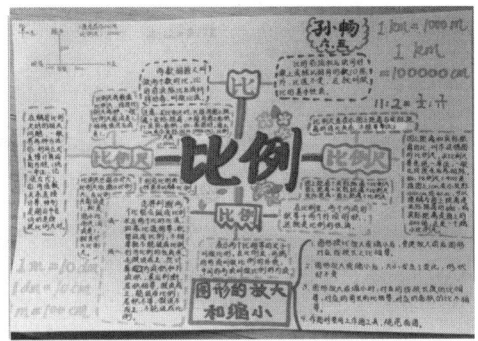

图 7-9

进而,从"单元"拓展到以"类"为单位的梳理,将知识卷面成体,帮助学生形成清晰的知识脉络结构。如图 7-10、图 7-11 所示,是学生在二年级第二学期期末时对除法知识的一次系统整理;如图 7-12 所示,是学生在六年级第一学期期末时,对"百分数"单元和"百分数的应用"单元的归纳与整理。

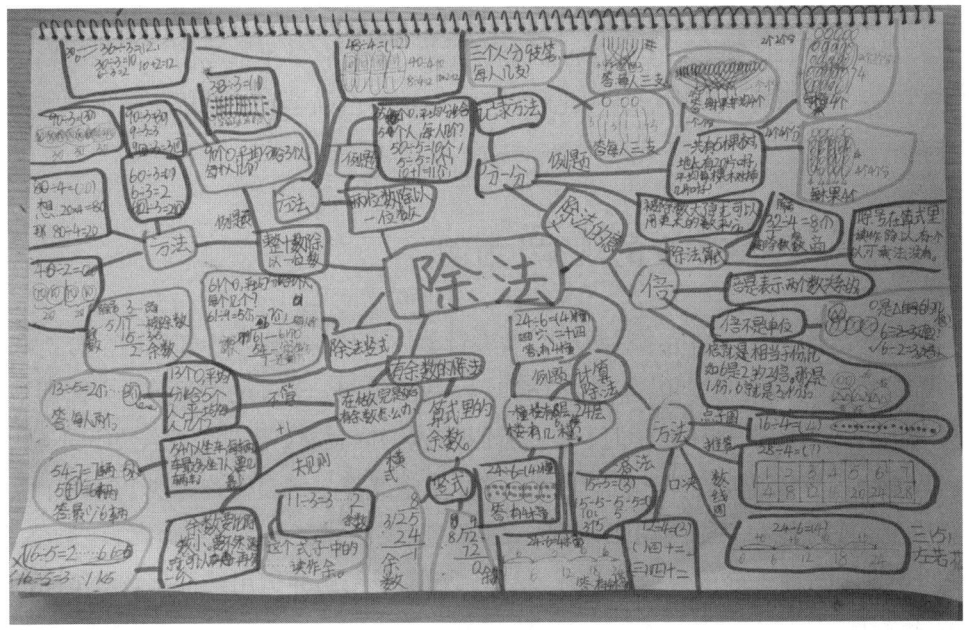

图 7-10

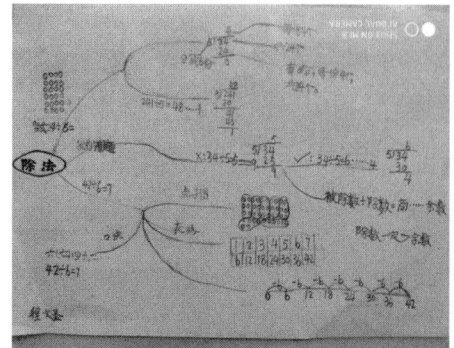 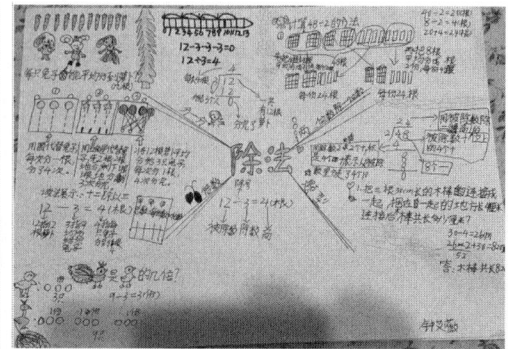

图 7-11

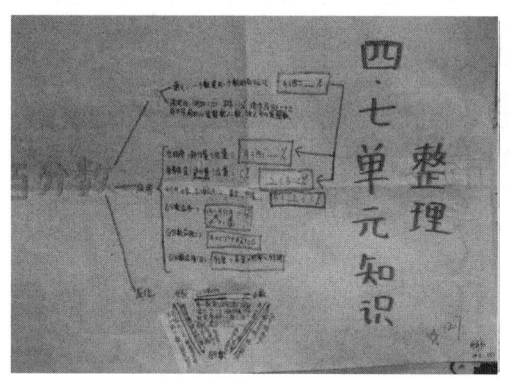 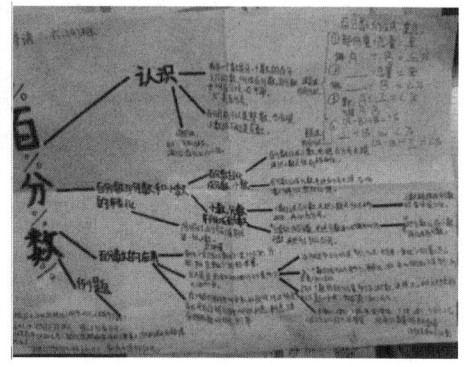

图 7-12

诚然,并不是所有学生的作品都会很完美,但所有学生都经历了知识的归纳与整理过程,即对知识进行结构化的过程,而这对增强学生的结构化意识和能力具有重要意义。

第三节 以"商不变的规律"为例

进行结构化教学研究,对数学教学进行整体构建,需要基于知识内部分析和外部分析这两个关联视角,聚焦数学知识、数学思想、学习过程和学习方法四个关联维度。教师在具体教学时,需要着眼整体解读教材,让学生关注知识本质、深入知识内核、领悟数学思想。当然,并非每堂课都一定会完整体现上述四个关联维度,或可能在一个或两个维度上表现较为突出。下面,以北师大版《数学》四年级上册"商不变的规律"为例,具体阐释基于图谱并运用结构化教学策略的教学设计。

一、解读教材：整体把握，多维分析

"商不变的规律"一课在数学知识和学习过程两个维度上与其他知识关联紧密。

（一）从数学知识维度梳理"商不变的规律"

从数学内在知识维度分析，"商不变的规律"属于"数与代数"领域中"数与运算"部分。在此之前，学生已经在二年级学习了表内除法、有余数的除法，三年级学习了两、三位数除以一位数，又在本单元的前几课时学习了几十、几百几十除以整十数的口算以及两、三位数除以两位数的笔算。可见，学生对除法的性质以及整数除法的相关运算已经有了一定的基础。

"商不变的规律"具有较强的承上启下作用。"承上"表现为它是进行除法简便计算的依据；"启下"表现为是五年级学习小数除法运算的基础，更与五年级"分数基本性质"和六年级"比的基本性质"具有相同本质，关系图如图7-13所示。

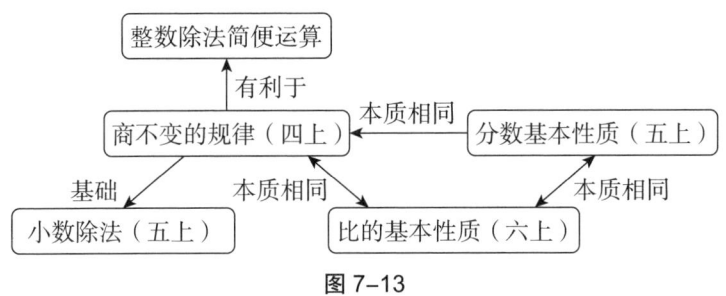

图 7-13

（二）从学习过程维度解析"商不变的规律"

从学习外在形式维度分析，"商不变的规律"属于规律的探究。小学阶段的规律探究主要分为图形中的规律、运算中的规律、算式中的规律和数列中的规律，"探索规律"知识图谱如图7-14所示。

图7-15展现了"探索规律"的知识内部关系，其中"商不变的规律"属于除法运算中的规律，它与其他规律的学习过程一样，都要经历"观察—比较—归纳—表达—运用"等过程，学习经历相似，学习经验相通。教学时，可以充分借助以往规律探究的学习经验，让学生自主探究，主动经历"观察算式—猜想规律—归纳总结—举例验证—应用规律"的模型建立与应用过程，并为后期探究其他规律奠定基础。

以"结构化教学"为核心的小学数学课程图谱

探索规律
- 图形中的规律
  - 重复的奥秘（二下）
  - 摆三角形的规律（五上）
  - 点阵中的规律（五上）
- 运算中的规律
  - 加法中的规律（四上）
    - 加法交换律
    - 加法结合律
    - 和的变化规律
  - 减法中的规律（四上）
    - 减法性质
    - 差的变化规律
  - 乘法中的规律（四上）
    - 乘法交换律
    - 乘法结合律
    - 乘法分配律
    - 积的变化规律
  - 除法中的规律（四上、五上、六上、六下）
    - 除法性质
    - 商的变化规律
    - 分数基本性质
    - 比的基本性质
- 算式中的规律
  - 塔型式或数（四上）
  - 四位数的数学黑洞（四上）
  - 蜻蜓咬尾数（四上）
- 数列中的规律
  - 等差数列中找规律（三下）
  - 日历中的规律（三上、四下）

图 7-14

第七章 立足原点 返回起点 建立关联

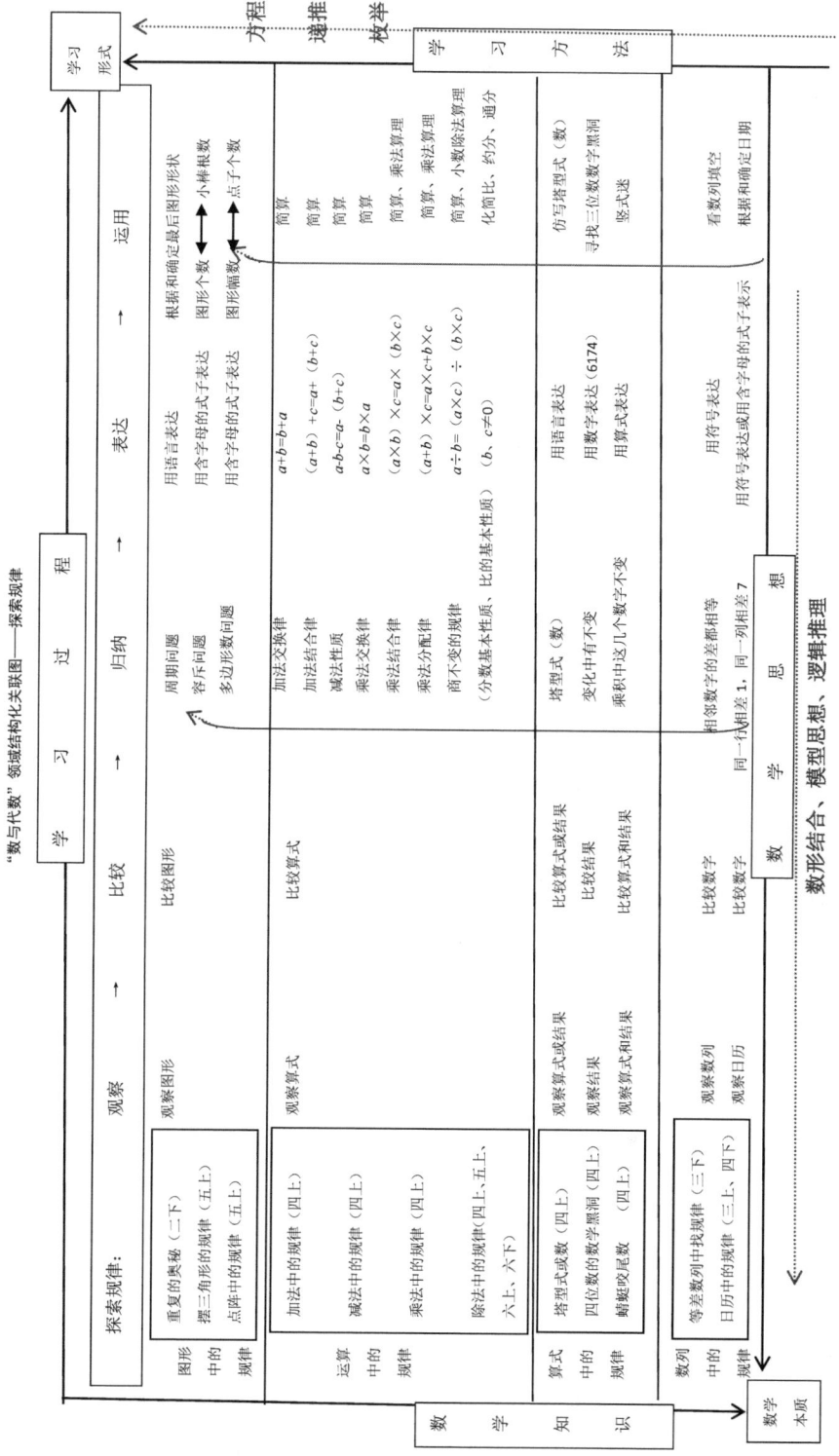

图 7-15

(三)对比不同版本教材,丰富结构化教学内涵

"商不变的规律"是北师大版《数学》四年级上册"除法"单元的内容,教材内容如图 7-16 所示。"商不变的规律"的教材编排与运算律单元(图 7-17)类似,都是直接从问题入手,按照"发现规律—总结规律—应用规律"的顺序展开教学。即:先给出两组算式,引导学生观察被除数、除数和商的变化情况,再自己尝试照样子写一组;接着,用自己的语言概括规律,并分享交流、总结规律;最后应用规律,体会商不变的规律可以使一些除法运算更合理、更简便。

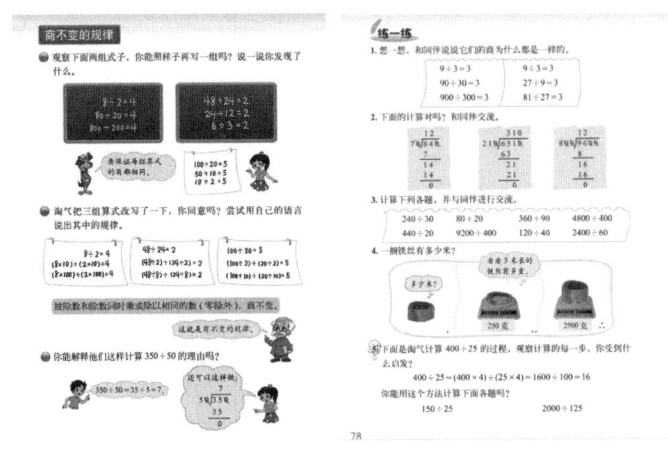

图 7-16

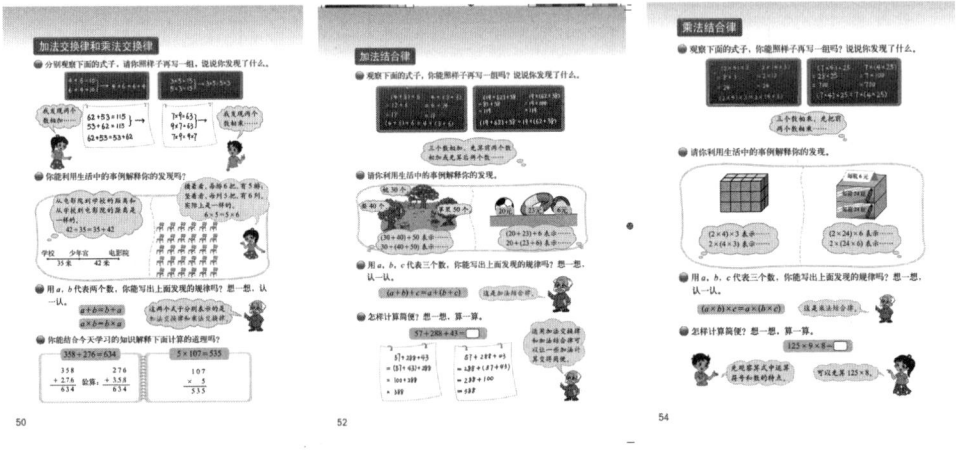

图 7-17

与北师大版教材不同,人教版教材(图 7-18)不仅探究了商不变的规律,还探究了被除数或除数不变时商的规律。具体设计上,先探究除数不变时被除数和商的变化规律,以及被除数不变时除数和商的变化规律,再探究商不变的规

律。同时,在探究商不变的规律时,分别从"乘"和"除"两个角度展开分析。苏教版教材(图7-19)和人教版教材一样,也是把规律分为"乘"和"除"两个部分进行探究,但归纳规律的过程有所不同,即从特定数字的规律推导出一般规律。

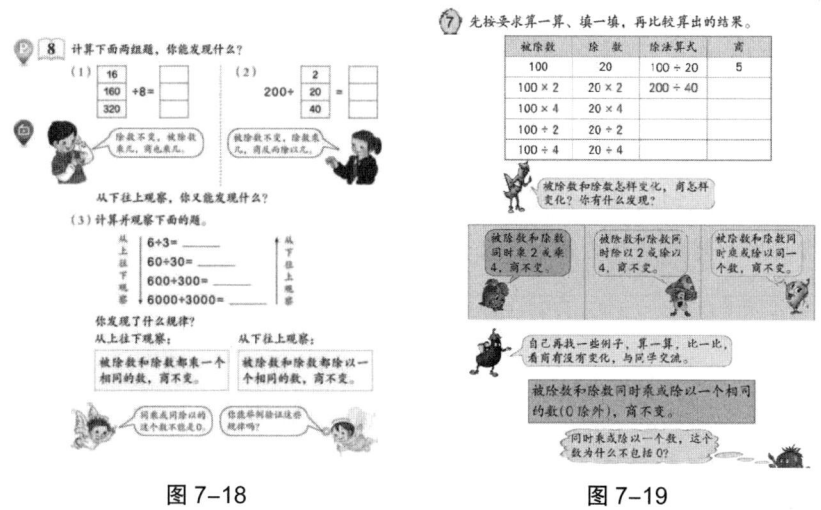

图 7-18　　　　　　　　　　图 7-19

对比三个版本的教材,我们认为北师大版教材聚焦商不变的规律,从大问题出发,让学生完整经历找规律、用规律的建模过程,更有利于学生建立学习过程的结构化。而在具体探究过程上,可以借鉴人教版和苏教版的编排方式,让学生从"乘"和"除"两个方面进行探究,增强思维的缜密性。

二、分析学情:探寻原点,找到起点

结构化学习是一种回归:一是回归学科本质,准确把握数学本身的逻辑结构,包括知识形成与演化的过程;二是回归教育规律,洞悉学生身心发展的基本规律,促进认知结构的生长和完善。[①]因此,数学的结构应实现与学生认知起点的有效对接,从而让学习深度发生。为了进一步读懂学生,探寻学生知识原点,我们进行了关于"商不变的规律"的学情调查,调查对象为我校四年级(5)班40名学生,调查内容具体如下。

[①] 许卫兵.结构化学习:回归"本原"的课堂实践[J].小学数学教师,2018(7/8):64-70.

"商不变的规律"学情调查表

1. 计算下列各题

560 ÷ 70 =   550 ÷ 22 =   177 ÷ 36 =

624 ÷ 13 =   9200 ÷ 400 =   400 ÷ 25 =

2. 还记得我们是怎么探究运算律的吗？

请你以一种运算律为例，说说我们当时是怎样探究的。

3. 算一算，想一想，你有什么发现？

24 ÷ 4 =   360 ÷ 9 =
48 ÷ 8 =   36 ÷ 9 =
120 ÷ 20 =   12 ÷ 3 =

我发现：

想一想，你的发现可以帮助我们解决哪些问题呢？

（一）回顾与衔接，探寻数学知识原点

第 1 题是除数是多位数的除法计算，其中第 1 道为除数是整十数的口算除法；后面 3 道依次是除数是两位数的笔算除法，且需要试商、调商；最后 2 道既可以用除法竖式计算，也可以利用商不变的规律简便运算。此题绝大部分学生都能利用竖式正确计算，全部正确的学生有 33 人，占 82.5%，且解答过程也较为类似，在此呈现 1 名学生的正确作答（图 7-20）。

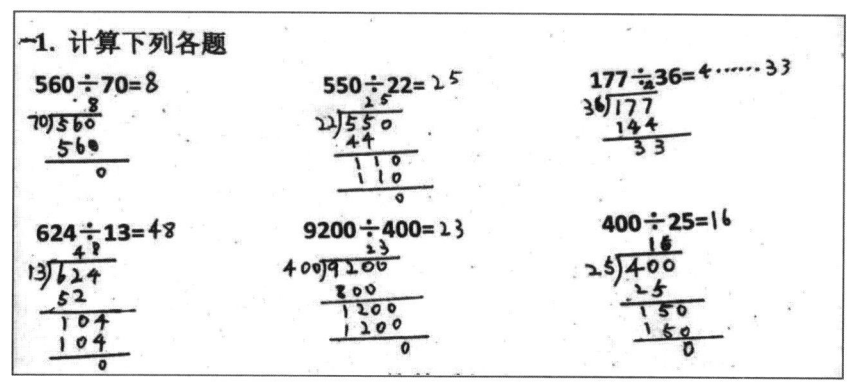

图 7-20

另外,在出现错误的学生中,第 1 道至第 6 道的错误人数分别为 1 人、3 人、2 人、1 人、2 人、4 人。相比之下,第 6 道算式的错误率较高,4 名学生的错误情况如图 7-21 所示。而此题正好可以利用商不变的规律进行简便运算,因此可以将其作为教学中的素材使用。

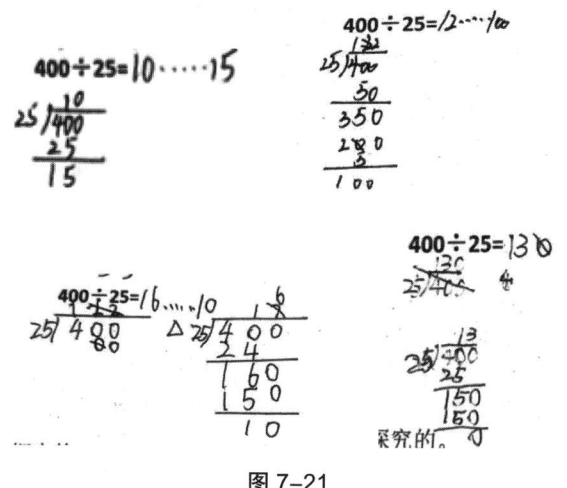

图 7-21

(二) 尝试与探究,找到学习过程起点

第 2 题主要让学生回顾探究规律的一般过程,以便学生进行类比迁移。以运算律这个具体知识为载体,回忆学习过程,促进学习过程的结构化,初步建立解决问题的方法体系。此题的反馈情况为:5 名学生只是以字母或文字的形式给出了某种运算律的结论(图 7-22);17 名学生只用了 1 道算式及其图示来解释运算律(图 7-23);另有 17 名学生既有结论,又结合多组例子来验证(图 7-24);只有 1 名学生能呈现"观察算式—提出猜想—举例验证—得出结论"的完整探究过程(图 7-25)。

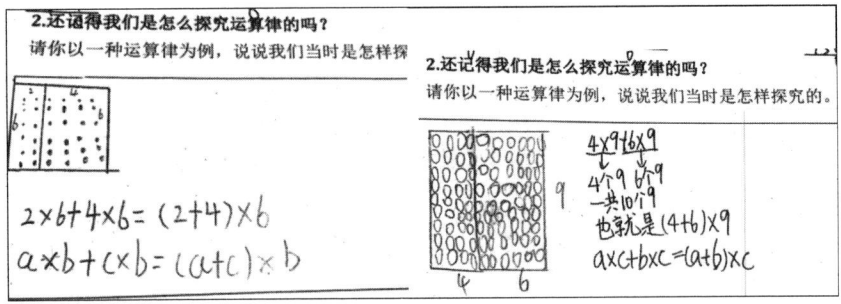

图 7-22

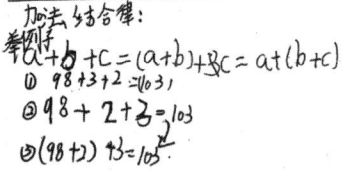
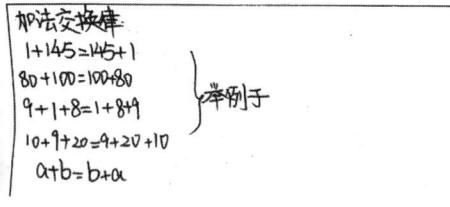

图 7-23

图 7-24

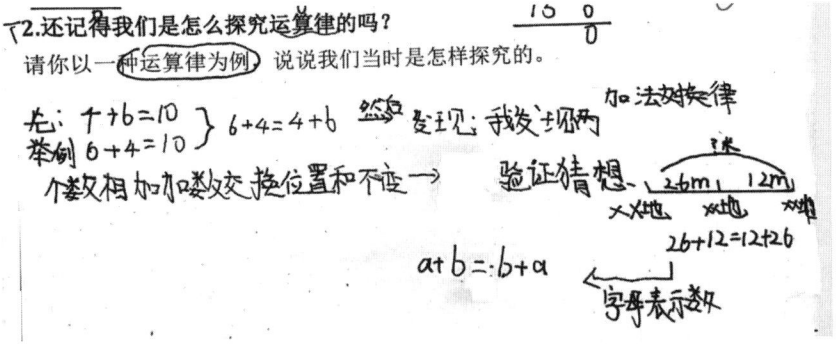

图 7-25

由此可见，学生对探究规律的学习过程并不十分清晰，只有约一半的学生知道猜想之后需要通过举例来验证，且仅有 1 名学生能清晰描述整个学习过程，说明学生尚未形成探究规律学习过程的结构化,需要在课堂上进一步强化。

第3题包含两小问。第1问是直接抛出新知,让学生自主探究,尝试发现商不变的规律;第2问是一个开放性问题,以期获得学生对规律的应用情况。第1问的反馈情况如下:8名学生只能发现这6道算式的答案相同(图7-26);7名学生从加减的角度分析被除数或除数的变化(图7-27);5名学生能正确求出结果,但并未发现规律(图7-28);6名学生只能从乘或除其中一种维度,发现被除数和除数同乘或同除以时的规律(图7-29);14名学生能从乘和除两种维度发现规律,且表述正确(图7-30)。由此可见,课堂中需要进一步强化学生对商不变的规律的概括。

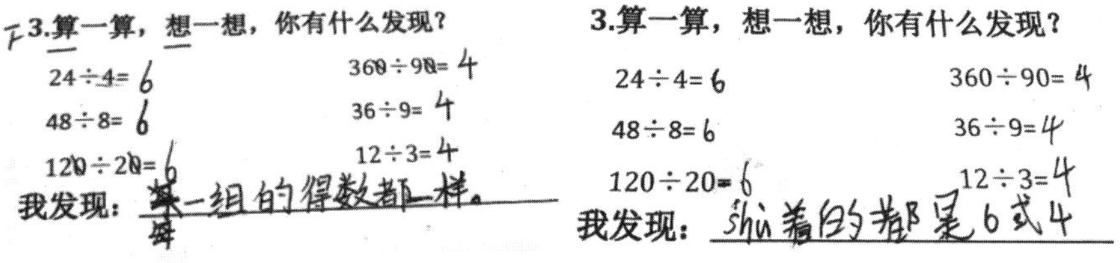

3.算一算,想一想,你有什么发现?
24÷4=6   360÷90=4
48÷8=6   36÷9=4
120÷20=6   12÷3=4
我发现:每一组的得数都一样。

3.算一算,想一想,你有什么发现?
24÷4=6   360÷90=4
48÷8=6   36÷9=4
120÷20=6   12÷3=4
我发现:算着的都是6或4

图7-26

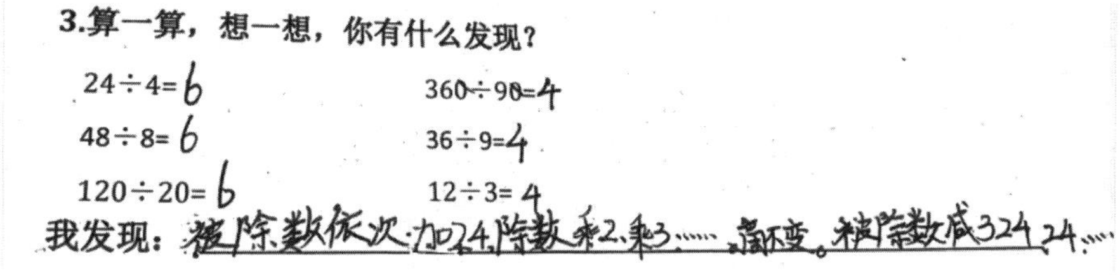

3.算一算,想一想,你有什么发现?
24÷4=6   360÷90=4
48÷8=6   36÷9=4
120÷20=6   12÷3=4
我发现:被除数依次加24,除数乘2乘3……商不变,被除数变成324,24

图7-27

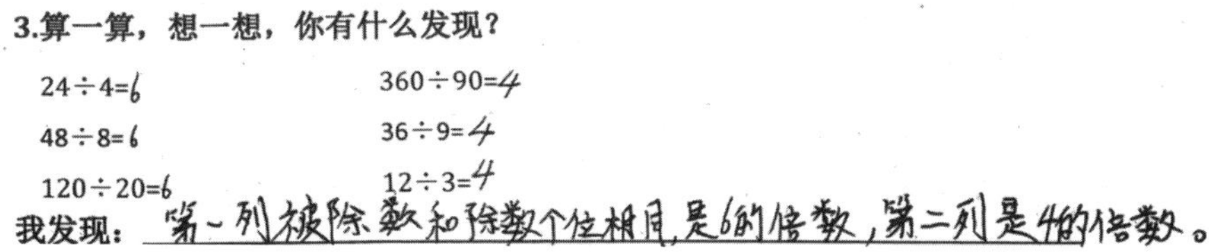

3.算一算,想一想,你有什么发现?
24÷4=6   360÷90=4
48÷8=6   36÷9=4
120÷20=6   12÷3=4
我发现:第一列被除数和除数个位相同是6的倍数,第二列是4的倍数。

图7-28

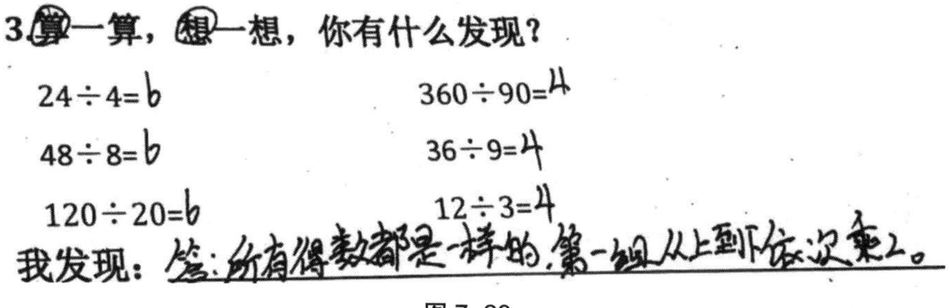

3.算一算,想一想,你有什么发现?
24÷4=6   360÷90=4
48÷8=6   36÷9=4
120÷20=6   12÷3=4
我发现:答:所有得数都是一样的,第一组从上到下依次乘2。

图7-29

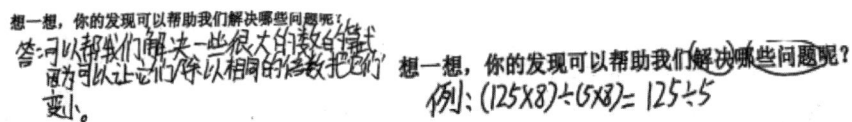

图 7-30

第 2 问有 5 名学生能想到可以利用商不变的规律让除法运算更简便，另有 6 名学生仿照第 1 问列举了算式，学生作答情况如图 7-31 所示；其余则无作答或作答无效（如有的学生写成了乘法结合律的应用），说明对商不变的规律的应用也需要在教学中有所聚焦。

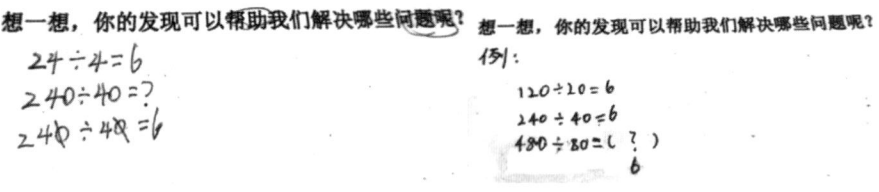

图 7-31

三、课堂实施：构建结构，建立关联

基于对教材和学情的分析，得到本课的教学目标：（1）经历探索并发现商不变的规律的过程，理解并掌握商不变的规律，发展提出问题和解决问题的能力；（2）结合具体问题，能运用商不变的规律进行合理的简便运算，并知道其中的简算道理；（3）了解商不变的规律的其他应用，促进学生形成结构化的认知；（4）在猜想、验证、归纳、应用等学习过程中，培养学生探究规律的能力，促进学生形成学习过程和学习方法的结构化，促使数学学习深度发生。

具体教学过程如下。

谈话找方向，导入引结构

师：同学们，这学期我们研究了运算中的规律。请大家回忆一下，当时是怎样探究的?

生:(结合教材上的步骤回忆探究过程)以加法结合律为例,我们先是观察算式,再提出自己发现的规律,然后举例验证,接着归纳总结,最后进行应用。

师:说得很好!这是我们探究规律的一般过程。那是不是所有的规律都可以按照这样的过程来探究呢?今天,让我们继续来探究一种新的规律。

【说明】从前测中已经知道,学生在探究运算律方面的记忆比较深刻。因此,课始以谈话的形式让学生回忆运算律的探究过程,唤醒学生已有的经验和方法,借助旧知建构新知,以期实现学习过程的结构化。

探究达目标,过程结构化

① 探究"被除数和除数同时乘一个相同的数,商不变"的规律。

出示题目:$80÷20$;$160÷40$;$240÷60$;$320÷80$。

师:请大家快速计算出结果,看看有什么发现。

生:我通过计算,得到这4个算式的商都是4。

师:也就是商不变。那怎样才能使商不变呢? 今天,我们就一起来研究"商不变的规律"。(板书课题)

师:请大家再次观察这几个算式,你能发现商不变的奥秘吗?

学生独立思考后小组交流,并提出猜想。

生:我发现这4个算式的被除数和除数之间存在倍数关系。你们看第2个算式$160÷40$,它和第1个算式$80÷20$相比,被除数乘了2,除数也乘了2,但商都是4。第3个算式中,240是80乘3,60是20乘3,商也是4。第4个算式与第1个算式相比,被除数和除数都乘了4,可商还是4。

生:我知道了!当被除数和除数同时乘一个相同的数时,商不变。

师:在数学中,像这样通过几个例子获得的结论还只能是一个猜想。(板书:猜想)要想知道这个猜想是否正确,我们还需要进一步验证。(板书:验证)可以怎么验证呢?

生:之前研究运算律的时候,学习过要想知道猜想是否正确,可以通过多举几组例子来验证。

师:真会迁移!现在就请大家自行举例来验证猜想吧!

生:(出示图7-32)这是我举的例子,第1个算式是$10÷2=5$,第2个算式在第1个算式的基础上,将被除数和除数同时乘2,得到$20÷4$,结果也等于5。同时乘3,变成$30÷6$,结果还是5。

生：（出示图 7-33）我举的例子是 6÷3＝2，被除数和除数同时乘4，变成 24÷12，结果也等于2；同时乘8，变成 48÷24，结果还是2。所以，这个猜想是正确的。被除数和除数同时乘相同的数，商不变。

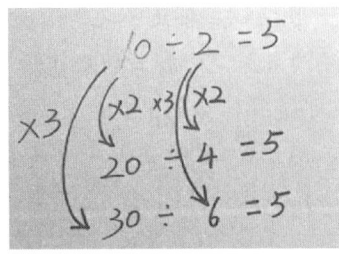
图 7-32

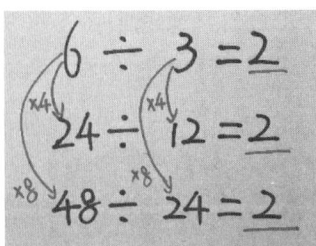
图 7-33

【说明】"商不变的规律"分为被除数和除数同时乘或同时除以一个相同的数两个层次，为了帮助学生建立清晰的思维结构体系，课堂上有意按照这两个层次分别教学，即先探究"乘"的情况，再类比推理，探究"除以"的情况。

本环节，通过呈现一组有规律的算式，并借助"怎样才能使商不变呢"这一核心问题来帮助学生明确探究方向，引导学生对商不变的规律进行探究。待学生形成猜想后，组织学生回忆规律探究的一般过程，明确还需通过进一步举例进行验证，同时也为学习过程的结构化奠定基础。

② 探究"被除数和除数同时除以一个相同的数，商不变"的规律，并找出反例"零除外"。

生：我在刚才举的例子中还有一个发现。（边讲边重新写算式，如图 7-34 所示）当我从下往上观察时，发现被除数和除数同时除以2，商也是2；被除数和除数同时除以8，商还是2。所以我认为，被除数和除数同时除以一个相同的数，商也是不变的。

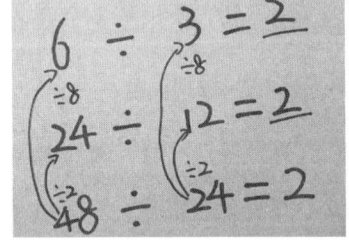
图 7-34

生：我认为还得再举例验证一下。

师：是的。单凭一组例子还无法证实我们的猜想。大家也把自己刚才举的例子换个角度观察看看，也可以举新的例子来说明。

生：我重新列举了一组算式。100÷20＝5，50÷10＝5，10÷2＝5，被除数和除数先同时除以2，再同时除以5，结果都是一样的。这样，我们就可以把刚才发现的两个规律合并起来，也就是被除数和除数同时乘或除以一个相同的数，商不变。

师：通过举例验证，发现我们举的所有的例子都符合猜想。那有没有反例呢?(学生并未找到反例,教师组织学生阅读教材)我们一起来看看教材上是怎么说的。

生齐读:被除数和除数同时乘或除以相同的数(零除外),商不变。

师:这句话和我们写的有什么不同吗?

生:这句话特意说了"零除外"。

师:为什么要强调"零除外"呢?

生:因为零不能作除数。

师:通过教材的补充完善,现在能说我们的猜想是成立的吗?

生:能!

师:同学们刚刚发现的规律就是我们今天要学习的"商不变的规律"。和运算律的研究学习一样,都是先观察算式,发现规律后提出猜想,再列举多组例子来验证猜想,最后归纳得出规律。(完善板书)老师为你们严谨的数学研究精神点赞!

【说明】有了"同乘"情况的研究经验,"同除以"情况的规律猜想及验证则直接放手让学生自主探究、发现规律,实现经验的迁移,并在教材的提示下完善规律。

到达后再出发,应用悟结构

①"承上"勾连,促进知识结构化。

师:商不变的规律可以怎么应用呢?(板书:应用)其实,商不变的规律是我们的"老朋友"了。在学习除数是整十数的除法时,就用到了商不变的规律。(出示图7-35)你能解释这样计算的理由吗?

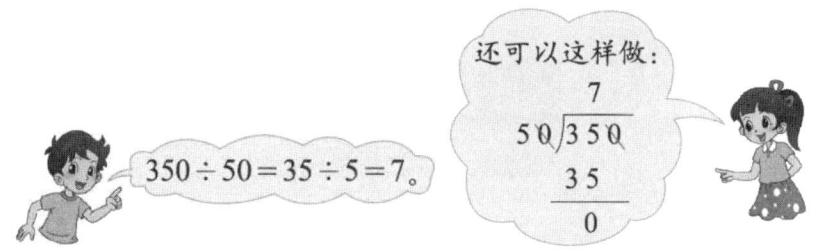

图 7-35

生:他们一个是口算,一个是竖式计算,但都是将350÷50的被除数和除数同时除以10,变成35÷5,结果都是7,也就是利用了我们今天学习的商不变的规律。

②"当下"应用,又促知识结构化。

师:商不变的规律可以让我们对之前学习的除法口算和笔算的算理更加清晰,也让我们的计算变得更加简便。

教师出示两组算式,组织学生先自主完成,再交流讨论。

第一组算式:　　　　　　　　　第二组算式:

4800÷400=　　　　　　　　　400÷25=

2400÷60=　　　　　　　　　　3000÷125=

180000÷90000=

【说明】通过设计有层次的两组练习,加深学生对规律的理解和应用,并在交流分享中,让学生能充分展现思考过程,在理解的基础上实现规律的有效应用,为建立知识结构作铺垫。

③ "启下"展望,再促知识结构化。

师:商不变的规律不仅能在整数范围内帮助我们快速计算,它与我们五、六年级将要学习的分数、小数知识也有很大的关联。

教师出示教材图片(图7-36),并板书:整数除法、小数除法、分数基本性质、比的基本性质。

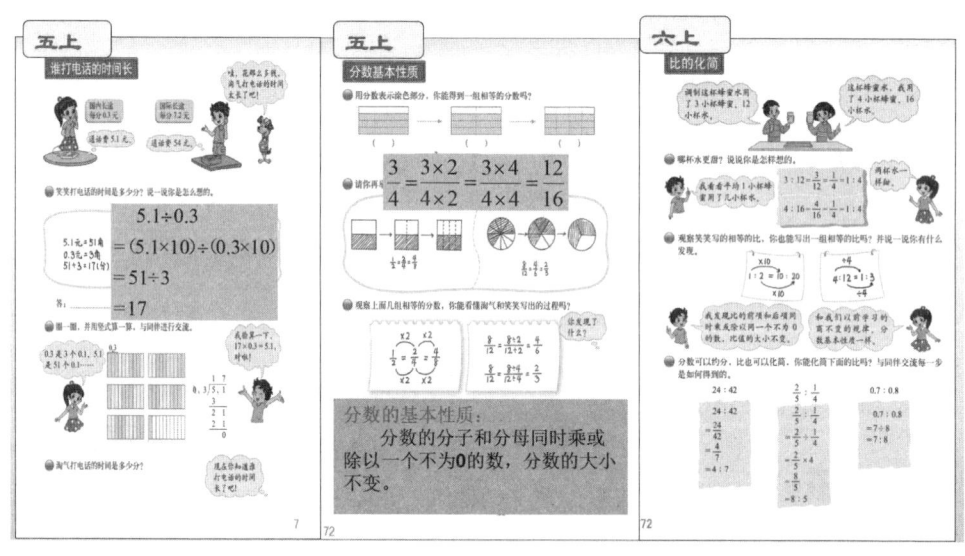

图7-36

师:五年级上册要学习的小数除法,就是利用商不变的规律将小数除法转化为整数除法。分数基本性质和比的基本性质,它们也都与商不变的规律有很大的关联。

【说明】商不变的规律除了具有"承上"的作用,还有"启下"的作用。教学中,通过展示后续知识的教材内容,让学生"既见树木,又见森林",在感受商不变的规律的重要性的同时,也促进了知识的结构化。

知识与方法，反思促结构

师：通过这节课的学习，你有什么收获？

生：这节课我们学习了商不变的规律，也就是被除数和除数同时乘或除以一个相同的数（零除外），商不变。

生：利用商不变的规律可以让一些除法计算更加简便。

生：这节课我们通过观察算式、提出猜想、举例验证的过程，归纳得出商不变的规律，并且对规律进行了应用。以后我们学习其他规律的时候，也可以考虑用这种探究方法。

生：商不变的规律很重要，不仅可以帮我们快速计算除法，还和以后要学习的小数除法、分数基本性质和比的相关知识都有联系，我们一定要牢牢记住它！

师：同学们不仅收获了知识，还总结了学习方法，真是善于学习的孩子。今天，我们一起学习了除法中商不变的规律，请你猜想一下，其他三种运算中有没有和不变、差不变、积不变的规律呢？请你选择其中一种，课后用今天的学习方式研究一下吧！

【说明】课尾的回顾总结环节，往往是促进学生形成结构化认知的关键。本环节，教师引导学生从学习过程和数学知识两个角度展开回顾，帮助学生建构知识和学习过程的结构化。最后，抛出一个新问题，由商不变的规律，引导学生猜想是否有和不变、差不变、积不变的规律，不仅让学生进行策略的迁移，也让学生应用积累的经验再次经历"猜想—验证—归纳—应用"的探究过程。

以上就是我们关于绘制数学知识结构化关联图谱、探究结构化教学策略的相关经验总结，以及实施结构化教学的案例呈现。总之，要让学生具备结构化的意识和能力，应立足于知识原点，返回学生认知起点，多维度建立知识之间的关联，以教师有结构地教来引领学生有结构地学。

第八章
基于图谱　关联地教　孕育素养

成都蒙彼利埃小学

数学家华罗庚在谈到读书方法时指出,当我们对书的内容真正有了透彻的了解,抓住了全书的要点,掌握了全书的精神实质后,就会感到书本变薄了。愈是懂得透彻,就愈有薄的感觉。我们认为,数学教学亦是如此。只有把教材读薄了,并真正理解、掌握了教材的精神实质,教学时才不会出现"以其昏昏,使人昭昭"的现象。那么,要薄到什么程度呢?薄到只剩下数学的"骨架"和"经脉",薄到一眼便能看到知识的关键、脉络渊源及其走向。换句话说,数学教师要把数学书读薄成知识结构图谱。

第一节　围绕数学思想与本质构建结构化图谱

一、结构化前的深思

教材的编写充分考虑了教师教的结构、学生学的结构,以及学生的思维结构和认知结构。正如北师大版教学参考书中所表述的,(北师大版教材)体现了"四个过程一致":课程内容的展开过程与学生的学习过程、教师的教学过程和课程目标的达成过程一致。受限于小学生的思维结构特点和认知结构特点,数学知识的结构被隐匿在了情境探究中。

以"数与代数"领域为例,它是义务教育阶段数学课程的重要内容。"课标2022年版"将该领域分为数与运算、数量关系两部分,并按螺旋式上升的方式分散在小学第一~第三学段,自成结构。"数与代数"领域要想实现关联地教,并让学生体会数学知识之间的关联,首先需要教师将教材进行重构,厘清各知识点及其之间的关联,并按照一定的逻辑将其重构成一个便于教师俯瞰小学数学"数与代数"全貌的新的结构,从而能更加有效地指导教学工作。这也就是说,教师需要将"数与代数"领域的知识结构化。

数学学科除了数学知识之外,还包括数学思想。正如北京教育学院张丹教授所认为的,小学数学课程的内容结构包括显性的知识结构和隐性的思想方法结构(图8-1)。其中,知识结构包括知识发展的纵向联系和知识之间的横向联系。横向联系是指不同内容和方法之间的实质性联系;纵向联系一方面指所学知识与旧知和将来要学习的知识之间的逻辑联系,另一方面指重要数学概念和方法在不同阶段的呈现方式和学习重点。

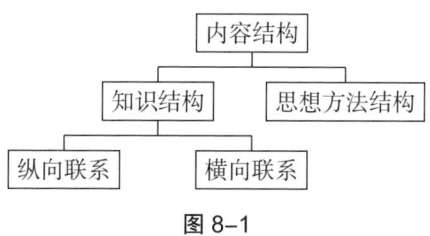

图 8-1

由此,我们萌生了以数学思想为纽带联结"数与代数"各知识点,以数学本质关联前后各知识点,沿着教材展开的顺序构建小学数学"数与代数"领域的知识结构化图谱。

二、"数与代数"领域知识结构化图谱

(一)知识点的梳理

我们将一至六年级"数与代数"领域的知识点按教材编排顺序制作成思维导图,并按年级进行细化,部分思维导图如图8-2所示。进而,我们根据知识之间的共同点从整体上进行归纳、分类,最终分为"认识""运算""应用"三个相互联系的内容,且它们之间的层级关系如图8-3所示。认识、运算、应用是概念学习需要经历的三个阶段,其中认识是运算和应用的基础。

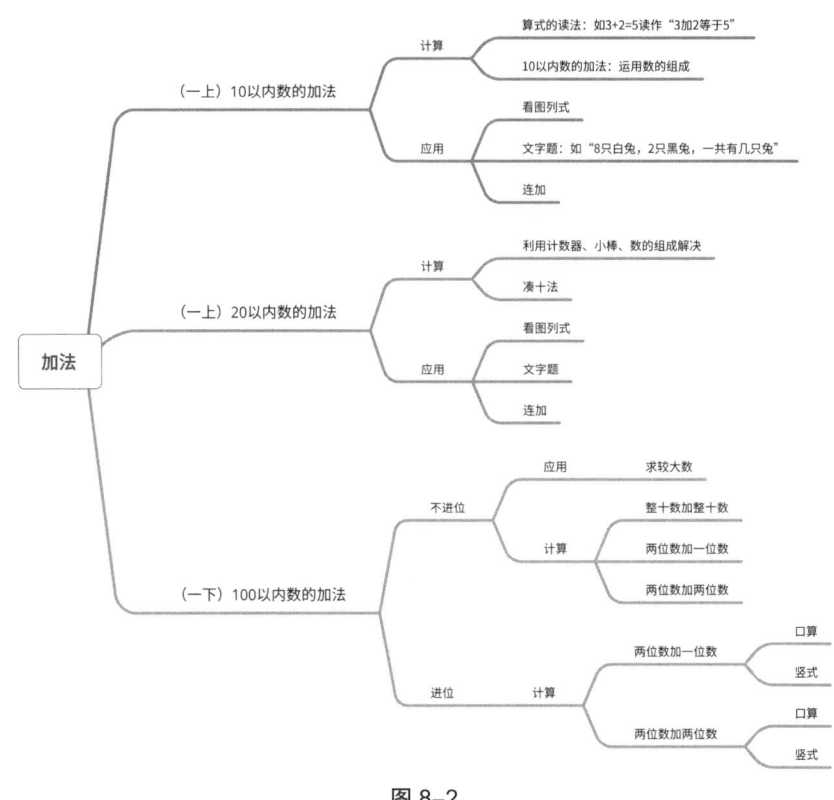

图 8-2

图 8-3

认识主要是指对数学概念意义的理解，包含小数、整数、分数、负数等数的认识，以及千克、吨、方程、比、比例等基本概念的认识。这些概念的认识以意义为起点，分别从读写、组成、比较、性质等方面展开教学。例如，1~5 的认识，先理解 1 和 5 的基数意义和序数意义，再依次学习 1~5 的书写、1~5 的拆分与组成、1~5 数的大小比较。

运算是指利用加减乘除等运算符号解决需要计算的问题，以运算的意义为起点，经历建立运算模型、理解算理、推理归纳算法的过程。以五年级上册小数除法的学习为例，教材创设了"精打细算买盐"的情境帮助学生理解小数除法和整数除法意义的一致性，进而建立小数除法模型，基于模型理解小数除法的算理，最后推理归纳小数除法的算理和算法（图 8-4）。

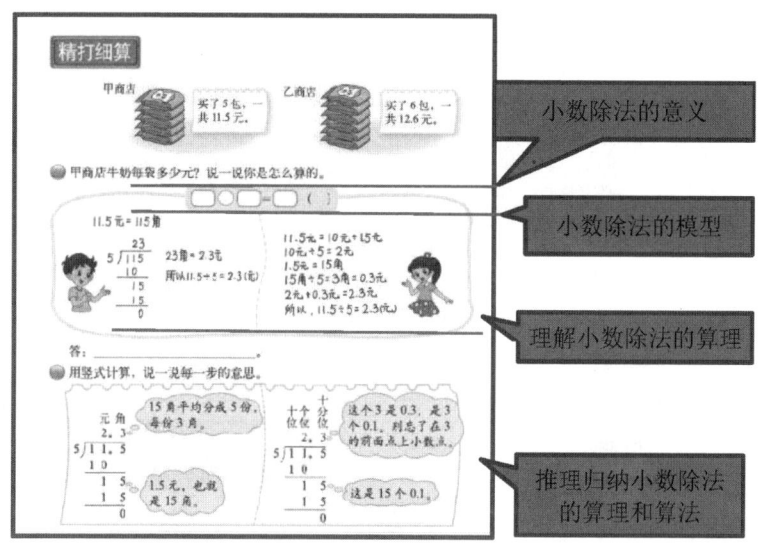

图 8-4

应用指运用常见的数学模型解决问题，包括核心数量关系的应用和借助运算方法探究规律。我们总结了常见的数学模型，主要有加法模型——求较大数、求和；减法模型——求较小数、求剩余、求相差数；乘法模型——求一个数的几倍是多少、求积；除法模型——等分除求每份数、包含除求份数，各种模型均蕴含在数量关系中。在数的拓展的不同阶段，都会应用相应的模型来解决问题。例如，三年级上册学习"认识小数"时，会应用加减法模型解决问题（图 8-5）；四年级下册学习"小数乘法"时，会应用乘法模型解决问题（图 8-6）。

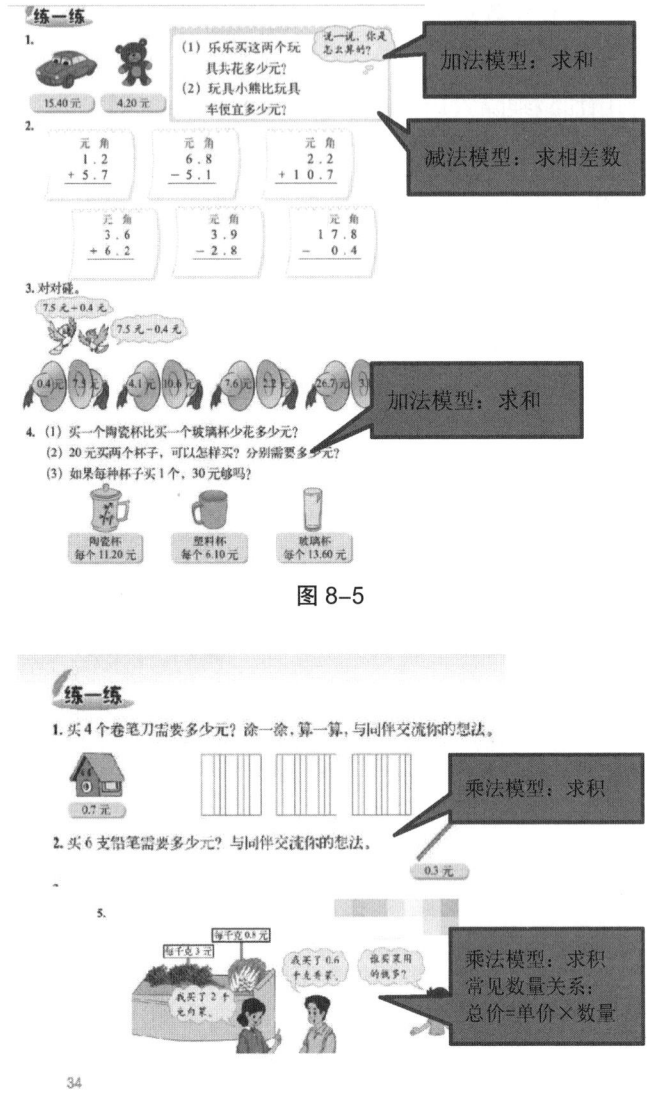

图 8-5

图 8-6

（二）数学思想的梳理

数学思想是数学学科发生、发展的根本，是探索、研究数学的基础，也是数学课程教学的精髓，包括抽象、推理和模型思想等。通过抽象，可以从现实生活中获得与数学相关的概念；通过推理，可以得到大量结论，促进数学的发展；建模则沟通了数学与外部客观世界之间的联系。基于这三个数学思想及其衍生思想，我们梳理得到这三者在"数与代数"领域的具体体现，其中抽象思想及其衍生思想在"数与代数"领域中的部分体现如表 8-1 所示。

表 8-1 抽象思想及其衍生思想在"数与代数"领域中的体现(部分)

年级	主要内容
一年级	一上"快乐的家园"中 0~5 的认识,从情境和直观图中抽象出数字符号,变化的只是事物表达的方式,而具体事物的本质数量不变
	一上"古人计数"中 10~20 各数的认识,体现了十进制计数原理。10 与 9 相比已有本质不同,10 的表示并没有采用新的数字符号,其中的"1"表示 1 个十;且 11 中两个 1 的意义也不同,一个表示 1 个十,另一个表示 1 个一;这些数都是十位不变,而个位上的数字发生变化
	一下"做个减法表"中,纵向观察,每一列的结果不变,变化的只是被减数与减数,被减数增大多少,减数就减少多少,而结果不变;横向观察,不变的是被减数,变化的是减数与差,减数越大,差越小
二年级	二上"数一数与乘法"单元,学习乘法的初步认识时,通过观察若干组相同加数的加法算式,发现这些相同加数的算式无论怎样变化,都可以用乘法算式来表示
	二上"分一分与除法"单元,在分物活动中,操作过程是变化的,既可按每份数分,也可按份数分,而最终分得的结果是不变的,都是平均分
三年级	三下"认识分数"单元,学生学习了分数的初步认识后,可通过操作、观察各种图形,体会分数实际上就是把一个物体、一个图形或几个物体平均分成几份,这样的一份或几份可以用分数表示

进一步分析发现,这三个基本思想和我们提炼的"数与代数"内容——认识、运算、应用具有对应关系,即认识部分主要对应抽象思想,运算部分主要对应推理思想,应用部分主要对应模型思想。

我们以运算为例,主要蕴含了由推理思想衍生出的类比思想:整数运算类比得到小数、分数运算;两位数乘两位数类比得到三位数乘多位数运算;商不变的规律类比得到分数基本性质,再由分数基本性质类比得到比的基本性质;等等。部分内容如表 8-2 所示。

表 8-2 类比思想在运算中的体现(部分)

年级	主要内容
三年级	三上"乘法"单元学习两位数乘一位数,不进位计算到进位计算的学习可以通过类比来学习,算理相同,算法相同
	三下"除法"单元,根据整十数除以一位数的口算方法类比得到整百数除以一位数的口算方法

（续表）

年级	主要内容
四年级	四上"乘法"单元，引导学生把本单元知识与两位数乘两位数进行类比，在竖式书写、每一步的计算含义等方面寻找共通之处
	四下"小数的意义和加减法"单元，小数的大小比较可以与整数的相关知识进行类比，发现共性、总结方法，加强对小数的理解；进一步地，发现小数与整数有诸多共性，如都是十进制、计算法则有共通之处等
	四下"小数乘法"单元，小数的四则运算属于运算律的扩展，可以与已经学过的运算律进行类比，发现规律的扩展性和实用性

（三）结构结点的建立

教材编排采取螺旋上升的形式，每一教学内容在不同年级各有侧重，但又可隐约发现它们均被某个共同点所统摄，甚至看似不同的内容之间也存在这样的共同点。这个共同点可能是数学思想，可能是方法，等等。而这些，就是我们常说的数学本质。对于新教师来说，抓住数学本质实属不易；即便是经验丰富的教师，也难以对某个知识背后的数学本质做到信手拈来。我们试图在结构化图谱中展示出各知识点背后的数学本质，以数学本质为联结点构建知识的展开路径，让教师能一眼洞悉教材情境，把握数学知识点之间的同构脉络及其承上启下的作用。

以一年级下册"100以内数的认识"为例，本课与"20以内数的认识"的数学本质相同，即因计量产生数位拓展的需要。20以内的数采取"一一对应"逐个数的方法，100以内则发展为按群计数，即一捆一捆地数。而背后的实质都是满十进一，它贯穿千以内、万以内数的认识甚至更大数的认识。结构图如图8-7所示。

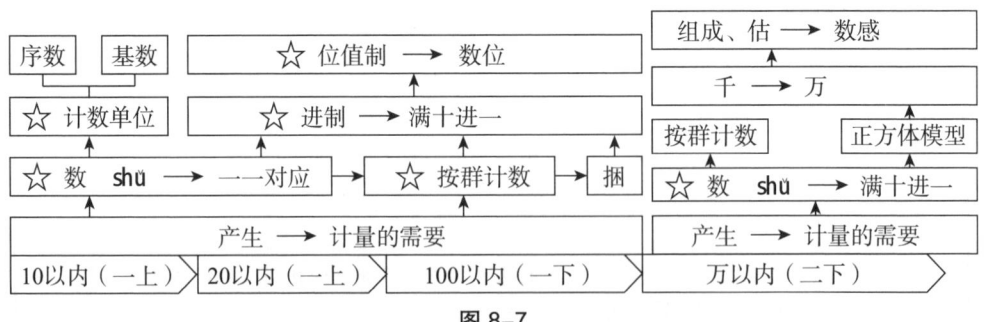

图 8-7

（四）小学数学"数与代数"领域结构化图谱的构建

"序列"在《现代汉语词典（第7版）》中指按次序排好的行列。我们思考，

"数与代数"领域的结构图应按照教材内容、学习维度和数学思想的序列展开,由此构建得到"数与代数"领域结构化图谱(见书后插页)。整个结构图谱从左往右呈现出算术思维向代数思维发展的逻辑,横轴上知识点的发展序列与现行北师大版1~6年级教材的编排序列一致。为方便查阅,我们在相关知识点处标注了具体年级和相应册数。纵轴从下往上揭示"数与代数"在认识、运算、应用这三个逐次上升的学习维度上的各知识点及其对应的主要思想方法。

1. 横轴:以教材展开序列为线索

在结构图中,横轴为学习序列,分为数位的拓展和数系的拓展,从数走向代数。其中,数位从个位拓展到高位;数系从自然数逐步拓展到小数、分数、负数;且数系的拓展穿插在数位的拓展中。

2. 纵轴:基于学习维度和数学思想

纵轴包含认识、运算、应用三个逐次上升的学习维度,把"数与代数"领域中的相关内容整合、融入于这三个维度中,并由抽象、推理、模型这三个基本思想统摄成一个整体。其中,抽象思想贯穿整个认识维度,数或式的运算由推理思想主导,应用则是建模的过程。

3. 知识点的关联:数学本质

横向的学生学习展开序列与纵向的学习维度相交叉,由此形成了各版块的零散知识点。特别地,对于"种子式"、对后续学习有重要作用的知识点用"★"作了标注。

正如迪特·拉姆斯(Dieter Rams)的设计理念:Less but Better(少,但更好)。我们基于数学的简化思想构建了"数与代数"领域的结构化图谱:以数学思想连接各部分内容;以数学本质为结构点,形成局部知识区域链;以教材展开序列为线索,横向延伸、纵向拓展,构建了一幅简约而动态且易于检索的知识图谱。

第二节 为结构而教

数的概念的形成是数学发展的源泉,而数量关系的建立与拓展是数学学科的重要基础。从内容上讲,"数与代数"在小学数学中的占比是较大的。因此,教师应在该领域内容的教学中注重对学生结构化意识的培养,有意识地梳理其中的数学思想方法,使教学更具深度,从而帮助学生建立该领域的知识结构体系,进而实现数学素养的培育。

一、在"数与代数"领域结构化培养上存在的问题

(一)缺少对知识内容的整体把握,教学较为点状化

经验欠缺的教师对领域内知识内容的掌握不完整,往往使得知识分散呈现,没有形成整体。教学过程中,更多地呈现点状的知识,无法将它们联结形成一个知识体系,没有站在更高的角度来思考知识的结构。主要表现为教材上有什么就教什么,教材写到哪里就教到哪里。例如,教学小数的加减法时只讲授小数点对齐,而不引导学生思考小数加减法与整数加减法的异同;教学分数的应用时只讲授单位"1"已知即用乘法解决,而不引导学生思考分数应用与倍的应用之间的联系。

(二)高观点理论不足,重知识教学而缺乏对数学思想的挖掘

教学时,教师往往将重点放在具体知识点的教学上,而忽略了对学生数学思想的渗透。究其原因,主要是大部分教师觉得数学思想在短期内难见效果,且常常吃力不讨好。这一现象背后的深层次原因,是教师高观点理论的不足。菲利克斯·克莱因(Felix Christian Klein)认为,可以从高等数学角度审视初等数学。高等数学宽阔的知识面和深邃的思维方法,可以为初等数学中的内容作出更加深刻且通透的解释。高观点视角下的教学致力于对数学本质、数学思想和数学发展脉络等作整体把握,注重学生数学思维和品格的发展,让学生感悟数学知识背后所蕴含的数学思想和文化精神。

(三)教师缺少结构化意识,结构化示范不足

教师的结构化教学理念应先做到"内化于心",然后才能实现"外化于行"。然而在实践中,教师一方面缺乏对结构化教学意义的认识,另一方面缺乏结构化的教学实施策略,从而导致结构化示范不足。主要表现为板书求简缺"联",有设计而无逻辑;阶段整理与复习时,常以练习代替复习,错失了培养学生结构化意识的良好时机;等等。

二、"数与代数"领域结构化教学策略

(一)俯瞰"数与代数"——结构化教学之基

1. 实施大观念教学设计——基于大单元教学构建结构

大单元有利于突破课时的碎片化,以一个大单元(大观念或核心概念)的形式可以将一个板块的内容进行有结构地展开并建立联系。吴正宪老师曾说过,如果没有明确的概念把单元统领起来,学生学起来难免会有"大珠小珠落玉盘"的感觉——个个都重要,分开来易忘,放一起易混。大单元教学以一个大主题或大

观念为教学主线,直指培养学生的核心素养,有利于引导学生体验知识的整体性、原理的一致性,帮助学生形成"前联后延、左右关照、主动关联"的结构化思维。大单元教学的设计核心是找到一以贯之的大观念,可以基于结构化图谱并结合教材来确立大观念,进而建立单元结构。

以北师大版《数学》二年级下册"生活中的大数"单元(千、万的认识)为例。数认识的第一部分是逐一计数,理解0~9是数量的抽象符号;第二部分是100以内数的认识,感悟位值制和"满十进一"思想;第三部分是千、万的认识,展现出计数系统渐次的、递进的阶段学习过程。计数系统在两位数的认识阶段已初步建构,万以内数的认识部分则增加了"千"与"万"的数位及计数单位,是计数系统的拓展与完善,属迁移性学习。整体路径可概括为:抽象出数→位值制和满十进一→计数规则的迁移和运用。

而向微观拓展的小数和分数的认识,实际也使用了同样的计数规则(图8-8),所以"生活中的大数"单元的学习是后续学习的重要基础。因此,把理解计数单位的产生和运用作为此单元的核心,即作为单元教学的大观念。

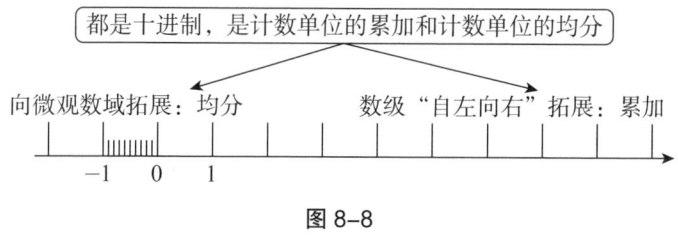

图 8-8

2. 践行高观点下的课堂教学——基于数学发展脉络和数学本质构建结构

高观点下的数学教学,教师应站在学科结构和学生认知结构的角度,以凸显数学知识的本质、联系和价值。教师要从数学史、数学教育发展史的角度出发,基于发展的、整体的观念开展课堂教学。例如,教学数的概念时,可以讲述数字的来历,让学生对数的历史能有初步了解,包括阿拉伯数字、中国古代的计数单位等,从而帮助学生理解数字符号产生的必要性及其发展脉络。另外,可以将数学与日常生活相联系,结合实际进行教学,包括日常生活中的数字应用和计算,以及数字在时代变迁过程中的作用等。这样,不但能让学生从抽象的数学符号中感悟其具体的实际意义,又能加强学生对数字和数学符号的敏感度和认知度。

又如,北师大版《数学》五年级上册"分数的再认识"。分数的产生既有生活需要,包括"分"的需要和"计量"的需要;又有数学内部发展的需要。其中,生活需要主要体现在第一课时和第二课时，数学内部发展的需要则在后面几课时中有所体现。因此教学时，教师可以以分数的发展脉络为基础来构建教学结构（图 8-9）。

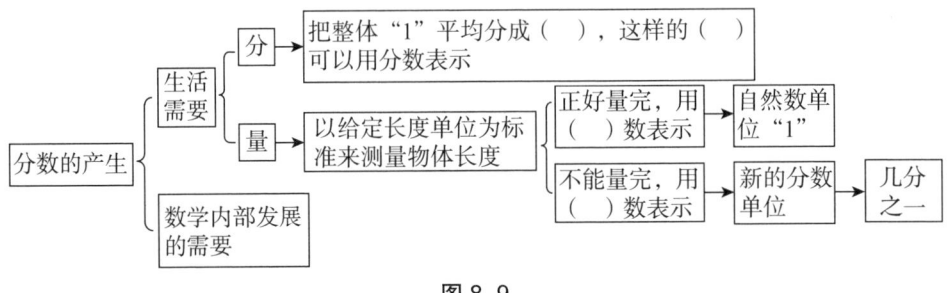

图 8-9

高观点下的数学教学一定是重视提炼数学本质的教学，也即以数学本质为线索展开构建。例如，异分母加减法的算理本质是分数单位的统一，实质与整数、小数加减法的算理一致，都是相同计数单位（分数单位）的累加或递减。教学时，不但要让学生理解通分能让分数单位统一，能进行加减运算，并且应进一步挖掘整数、小数、分数运算的相同本质，打通分数、小数、整数加减运算之间的通道（图 8-10），真正为迁移而教。

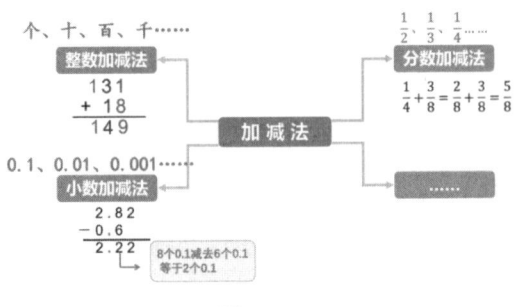

图 8-10

3. 落实单元整理与复习——基于单元回顾构建单元结构图

整理与复习是小学数学教材的内容之一，是建构单元结构图的重要载体。编写意图主要为通过回顾本单元所学知识，培养学生总结、归纳的学习能力，加深对知识的理解，体会数学知识之间的关联，并提高问题解决能力。根据回顾实施阶段的不同，可分为单元、期中、期末等阶段的整理与复习。我们认为，单元整理与复习阶段是建构单元结构图的最佳时机。

实践中，一般经历"学生自主整理—生生交流整理作品—师生共同点评—学生再次整理"四个阶段，每一个阶段都承载了不同的结构化目标。学生自主整理阶段是独立构建单元知识结构的重要阶段，也是后面三个阶段的基础。生生交流整理作品阶段是基于学生"最近发展区"，对结构图作进一步的补充和完善。师生共同点评阶段是在民主的氛围中，教师站在更高的角度指导学生结构化地绘制图谱，包括分类、整理的标准是否合理，是否还有其他整理的视角，数学思想方法的归纳整理以及知识逻辑是否正确等，从而实现"让教学走在学生的'最近发展区'前面"。最后，根据生生、师生的共学，学生再次完善单元结构图，也为下一次的单元回顾积累经验。

（二）顺应学生的认知发展——构建认知结构的关键

1. 创设问题情境——给结构孕育的土壤

注重问题的趣味性，使得问题能有效激起学生的学习兴趣，让他们在快乐中学习。并且，好的问题情境能起到串联新旧知识的作用，让学生在情境中沟通知识之间的联系，迁移学习的方法。下面，以"异分母加减法"教学片断为例作简要说明。

师：同学们，喜欢做游戏吗？今天这节课，咱们就一起来玩一个游戏——"头脑风暴"！请看课件。（课件出示"3 + 2 = ?"）

师：3 + 2 = 5，这是大家都知道的事。那么，在什么情况下，3 和 2 不能直接相加得到 5 呢？请举例说明。

生：3 元和 2 角就不能直接相加。

生：3 米和 2 千克也不能直接相加。

……

师：这个好玩的游戏告诉我们一个道理——计量单位不同的数不能直接相加。这个道理和我们今天学习的新知之间有什么关系呢？请同学们带着这个疑问来解决下面的问题。

"在什么情况下，3 和 2 不能直接相加得到 5 呢？"看似是一个脑筋急转弯，实则是一个在学生"最近发展区"的富有挑战性的有趣问题，为学生感悟"异分母加减法要转化为相同分数单位的同分母加减法"这一核心算理埋下了伏笔。

2. 注重思想方法的渗透——给结构生长的力量

正如弗里德曼（Александр Александрович Фридман）所说："数学体系里有一个非常特殊且非常重要的要素就是数学思想，它是整个数学学科的基础，数学从某种意义上来说就是在思想的基础上发展起来的。"米山国藏也曾说过："人们在学校所获得的数学知识，百分之七八十会忘掉，而能留存下来的基本上是以思想的方式所呈现的内容……"小学"数与代数"中常见的数学思想方法贯穿整个小学阶段，如数形结合思想、数学模型思想，教师在教学中应注意对数学思想的时时渗透。并且，随着学生身心发展的日益成熟，思想方法的渗透也要逐步加深，思维由浅入深，逐步从感性演绎过渡到抽象概括，体现出思维的深刻性。

例如，北师大版《数学》四年级上册"三位数乘两位数"，若教师在教学中只着眼于算理和算法，显然无法让学生悟出更深层次的数学思想。倘若教师能立足于整个小学阶段的整数乘法教材编排，就能引导学生感悟其中所蕴含的数学思想。实际教学中，可以先复习三下的两位数乘两位数，在此基础上让学生尝试计算三位数乘两位数，并引导学生分享计算的算理和算法，最后提问"在小学阶段，整数乘法学到三位数乘两位数就全部结束了，你们觉得是否有必要继续学习三位数乘三位数、四位数乘两位数等内容"。通过生生对话和师生之间的深度交流，让学生尝试计算三位数乘三位数、四位数乘两位数，从而使他们明白多位数的乘法计算都可以通过转化思想实现"降维"计算，即通过"拆—乘—加"，把多位数乘法转化为多位数乘一位数。

3. 拓展学生思维广度——给结构发展的空间

结构的构建是一个不断发展、完善的过程。课堂中通过适当的追问和留白，可激发学生进行更深层次的思考和联想。思维的发展与结构的建立必须在学生现有的认知基础上进行同化或顺应，而教师需要留给学生足够的时间以促成同化或顺应过程的实现，这样，学生才能充分进行高水平的思考，并形成正确的认知思维。因此，教学中要引导学生发现事物之间的联系，让学生自主思考、加深印象，建构相关知识之间的联系，并在知识的进一步探索中拓宽思维。

比如，教学"24时计时法"时，教师出示学校上课时间安排表，且时间表是根据24时计时法制作的。当学生借助时间表学习了24时计时法与12时计时法的区别及其相互转化后，教师进一步出示某学生根据12时计时法制作的周末时间安排表，提问是否能将其转化成24时计时法；待学生思考并完成转化后，再提问各时间段的用时是多少，让学生深刻理解时刻与时间。为了让学生能更好地实现触类旁通，还可以借助列车各站点的到站时刻图来巩固两种计时法的转化。特别地，提问后要注意适当的留白，给学生充足的思考时间，由此才能让学生自主思考、主动构建。

小学数学教学中，实现学生在"数与代数"领域的结构化培养是我们努力的方向，为了更好地实现教学的循序渐进、有的放矢，需要教师对知识结构作充分思考，由此才能深入到知识本质，拓宽知识内涵。

第三节 以"谁打电话的时间长"教学为例

在读懂教材内容结构和学生认知结构的基础上进行结构化教学,通过分享式教学"问题—思考—分享"的三个基本环节,将"知识明线"和"能力暗线"进行有机整合,让教师有结构地教,学生有关联地学,使得深度学习自然发生。下面,以北师大版《数学》五年级上册"谁打电话的时间长"(除数是小数的小数除法)为例,阐释如何实施基于大单元理念的结构化教学。

一、读懂教材,把握知识结构

我们选择北师大版、人教版、青岛版和苏教版教材进行纵向梳理、横向对比,以便更好地解读教材。

(一)纵向梳理:知识内容的编排

汇总四个版本教材关于除法内容的编排,结果如表 8-3 所示。

表 8-3 四个版本教材关于除法内容的编排

	册次	内容编排
北师大版	二年级上册	除法的认识、利用乘法口诀求商
	二年级下册	有余数的除法
	三年级下册	两、三位数除以一位数
	四年级上册	三位数除以两位数
	五年级上册	小数除法
	五年级下册	分数除法
人教版	二年级上册	表内除法(一)、表内除法(二)
	二年级下册	有余数的除法
	三年级上册	两位数除以一位数
	四年级上册	两、三位数除以两位数
	五年级上册	小数除法
	六年级上册	分数除法
青岛版	二年级上册	表内除法、认识除法、用乘法口诀求商、有余数的除法
	二年级下册	两、三位数除以整十数

（续表）

	册次	内容编排
青岛版	三年级上册	两位数除以一位数
	四年级上册	两、三位数除以两位数
	五年级上册	小数除法
	六年级上册	分数除法
苏教版	二年级下册	表内除法（一）、表内除法（二）、有余数的除法
	三年级下册	除数是一位数的除法
	四年级上册	除数是两位数的除法
	五年级上册	小数除法
	六年级上册	分数除法

可见，各版本教材都是在学习了除法的认识、表内除法、有余数的除法、除数是一位数的除法、除数是两位数的除法的基础上，再编排小数除法，最后是分数除法。显然，除法意义和整数除法是小数除法学习的现实起点。

（二）横向对比：问题情境和学习素材的选择

关于除数是小数的小数除法，四个版本教材虽然选取的具体学习素材有所不同，但都基于儿童立场，从真实可感的生活情境出发，通过贴近儿童现实生活、富有趣味性的现实背景来启发他们解决实际问题。北师大版（图8-11，2015年版）和苏教版（图8-12，2012年版）教材选取的素材情境都与价格有关，是基于元、角、分小数意义的学习背景；人教版（图8-13，2012年版）和青岛版（图8-14，2013年版）教材则都与长度单位"米"有关，是基于长度单位小数意义的学习背景；它们都旨在引导学生通过单位转化来进行运算，进而获得运算结果。以上教材中对素材的选取实则体现了儿童数学运算教学引入过程的重要特征，即：数学问题生活化，生活问题数学化。

图 8-11

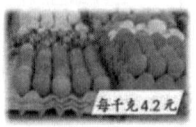

图 8-12

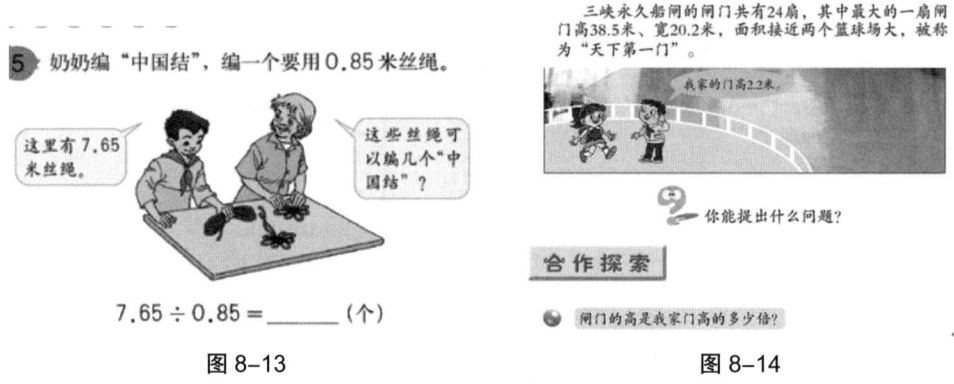

图 8-13　　　　　　　　　图 8-14

（三）教学结构的编排

上述各版本教材都是在儿童熟知的现实情境中呈现问题，大致分四个方向对"除数是小数的小数除法"展开学习。

方向一：引导学生从平均分意义的角度思考，用除法解决问题。

方向二：运用已有的知识经验并借助计量单位（北师大版和苏教版教材借助人民币单位，人教版和青岛版教材借助长度单位），将除数是小数的除法转化为除数是整数的除法问题（图 8-15），让学生经历具体的运算过程，获得准确的运算结果，交流具体的运算策略。

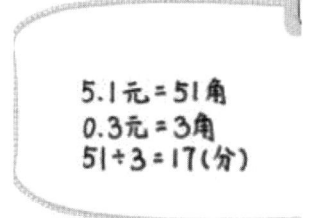

图 8-15

方向三：以北师大版和青岛版教材最为突出，尝试用商不变的规律，以除数的小数位数为基准，被除数和除数同时扩大相应的倍数，将除数是小数的除法转化为除数是整数的除法来计算（图 8-16）。

方向四：学生在理解运算的过程中获得竖式计算的程序化方法，体会"商的小数点要和被除数的小数点对齐"的重要性。例如，苏教版教材中（图 8-17），先让学生思考小数点如何移动，再进行竖式计算，从而理解竖式结构中每一步的含义。又如，北师大版教材（图 8-18）借助直观图，理解除数是小数的除法的竖式计算过程，进一步促进学生对算理的理解。

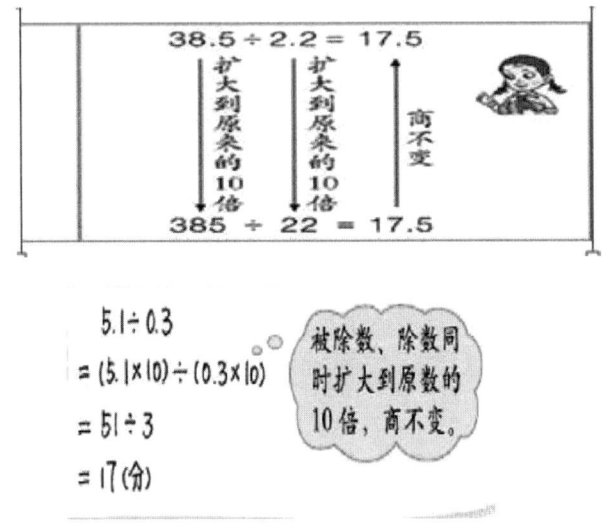

图 8-16

图 8-17

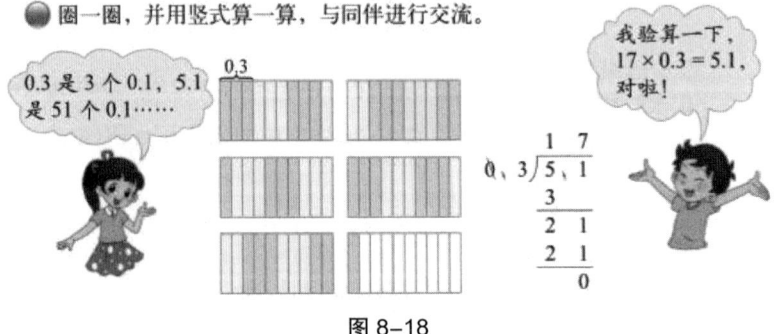

图 8-18

我们由此得到启发：要突破学生对计算方法的理解，可以将北师大版教材中的问题串 1 和问题串 2 作合并，并进行更加开放性的设计，给予学生更广阔的空间和更多的时间，并充分调动他们的数学经验进行算理的探索。

（四）重组——构建基于单元主题的小数除法整体教学

除数是小数的小数除法单元教学结构框架如表 8-4 所示。这些分主题之间层层递进，最终指向学生素养目标的达成以及运算能力的发展。

表 8-4　单元教学结构框架

分主题	教学目标	核心问题
除数是整数且无须补 0 的小数除法	探究小数除以整数中,除到被除数末位无余数、商不补 0 的小数除法计算	怎样计算除数是整数的小数除法
除数是整数且需要补 0 的小数除法	探究小数除以整数中,除到被除数末位有余数、商需要补 0 的小数除法计算	怎样计算除数是整数且需要补 0 的小数除法
除数是小数的小数除法	探索除数是小数的小数除法计算	怎样计算除数是小数的小数除法
积、商的近似值;商和被除数之间的关系	按要求求出积、商的近似值;探索除数大于 1(或小于 1、等于 1)时,商与被除数之间的关系	你会兑换人民币吗
循环小数	认识循环小数	你会用"四舍五入法"求循环小数的近似值吗
小数四则混合运算	进行小数四则混合运算	如何利用小数四则混合运算解决实际问题
单元复习	单元内容结构整理	这个单元你学习了哪些内容?它们和我们以前学过的哪些内容有关联

二、对比——读懂学生,探寻认知结构

教学中,我们发现学生在学习除数是小数的小数除法时出错较多,学起来比较困难;即使前期学会了,后期还要不断纠错。我们思考:为什么这部分内容对学生来说难以掌握?错误率为什么这么高?除数是小数的小数除法的难点究竟在哪里?怎样才能有效帮助学生实现难点的突破?为了解决这些问题,我们对 40 名学生进行了调研,调研题目为"计算 $4.8÷5$ 和 $7.92÷0.6$,方法不限",调研结果如表 8-5 所示。

表 8-5　调研结果

题目	答题情况	人数 / 人	占比
4.8÷5	结果正确	37	92.5%
	结果错误	3	7.5%

（续表）

题目	答题情况	人数/人	占比
7.92÷0.6	方法、结果都正确	13	32.5%
	方法正确，但结果错误	18	45%
	方法、结果都错误	9	22.5%

对学生作答情况进行分析，发现学生对除数是整数的小数除法整体掌握较好，但他们尚不能将这些知识和经验很好地应用到除数是小数的小数除法中。在正确计算7.92÷0.6的13人中，8人利用商不变的规律，2人借助了元、角、分的单位转换，3人采用竖式的方法。其余学生对这部分知识的掌握则显得不够牢固，算理理解不够透彻。例如，有的学生利用商不变的规律将被除数和除数同时扩大10倍，却又把商缩小到原来的十分之一；有的学生则忽略了商的小数点，甚至不知道小数点应置于何处。

进一步分析发现，学生之所以觉得困难，主要有以下几方面的原因。

难点一：知识前后脱节严重。

除数是小数的小数除法是除法计算中综合性较强的计算。为了更好地突破难点，我们针对本单元各知识点，梳理得到其对应的前置基础知识，如表8-6所示。

表8-6 单元内容前置基础

教学内容	前置基础知识
除数是整数的小数除法	移动小数点引起小数大小变化的规律；小数的意义；小数的性质；整数除法的计算方法
除数是小数的小数除法	商不变的规律；除数是整数的小数除法；整数除法的计算方法
求商的近似数	用"四舍五入法"取小数的近似值；整数除法的计算方法
循环小数、有限小数、无限小数	小数的意义；小数除法、整数除法的计算方法
小数四则混合运算	整数四则混合运算的运算顺序；小数除法、整数除法的计算方法

从表8-6中可以看到，在教学除数是小数的小数除法中会用到商不变的规律和整数除法的计算方法，而这些都是四年级的学习内容，学生存在遗忘现象，导致在新知学习时会感到困难。因此在本单元教学之前，可对商不变的规律和整数除法内容进行复习，让学生对相关前置基础知识能有较为扎实的认识，从而降低

本单元的学习难度。

难点二：商的小数点要点在哪里？

对比关于这部分内容的各版本教材，发现人教版和青岛版教材虽然情境设置不同，但都采用了长度单位作为素材；北师大版和苏教版教材则以元、角、分为素材，让学生在单位改写中进行计算、明晰算理。然而在竖式计算过程中，由于除数和被除数的小数点要发生变化，因此对于"商的小数点应该点在哪里"常常让学生感到困扰。对此，教学中可以先从有余数的整数除法过渡到小数除法。例如，将 7 元平均分成 2 份，每份 3 元，还余 1 元，因此需要"添 0"继续分，也就是当"大单位"不够分时，可以化成更小的计数单位，即将 1 元换成 10 角；再将 10 角平均分成 2 份，每份就是 0.5 元，从而自然引出小数点。这样的安排更有利于算理的理解和方法的迁移，同时帮助学生更好地理解小数的意义。

难点三：以什么为标准进行转化？

在除数是小数的小数除法教学中，计算方法是将除数转化成整数来计算。教师在课堂上强调了，练习中也充分渗透了，但学生在作答过程中依然会混淆到底是以除数为标准进行转化，还是以被除数为标准进行转化。对此，我们可以设计丰富的练习，先是除数和被除数的小数位数相同的小数除法，再呈现除数的小数位数和被除数的小数位数不同的小数除法。过程中教师适度放手，让学生基于学习经验自主尝试；并针对学生暴露出的问题展开生生讨论，教师则适时点拨。如此，帮助学生进一步巩固算理、明确算法，理解以除数为标准进行转化的简洁性。

难点四：如何解决算法巩固时间不够的问题？

明晰算法后，要让学生通过练习作进一步巩固。由于此类计算用时较多，在教学任务比较重的情况下较难给学生提供更多的巩固时间。因此，可以通过小组竞赛等方式来进行巩固练习，让学生在愉悦的氛围中明确算理、掌握算法，提升计算兴趣。

三、建构——在课堂实施中形成过程的结构化

我们依托教材整体结构和学生真实学情来实现"除数是小数的小数除法"教学的结构化。过程中，指导学生积极思考，汇总学生好的想法，并在全班分享中让每位学生都能获得相应的启示，实现知识和认知结构的构建。因此，我们设计了配套学力单，并在学习材料方面作了四个改变：一是在探索计算方法前增加估算内容；二是将教材中的问题串 1 和问题串 2 进行合并，使得教学设计更加开放，让学生在自主探究中讨论交流除数是小数的小数除法的计算方法，弥补教材"强硬类推"的不足；三是在教授新知后设计回顾与反思环节，意在帮助学生形成概

括总结的意识,主动构建结构网络图;四是在练习设计中强化了数学与现实生活之间的联系,赋予算式生活原型。

本课结构化教学流程图如图 8-19 所示。

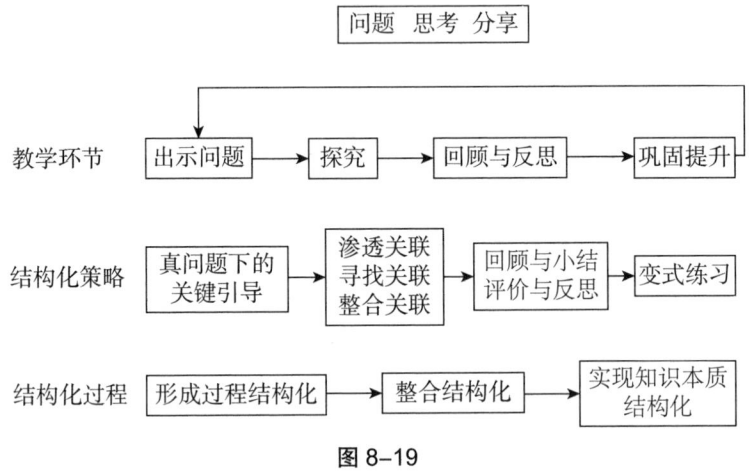

图 8-19

教学片断如下。

游戏引入,复习旧知

教师课件出示如下练习。

练习 1:接龙游戏——复习小数点移动的相关知识

(1) 0.36 扩大到原来的 10 倍是(　　);

(2) 5.56 扩大到原来的 100 倍是(　　);

(3) 8.76 扩大到原来的 1000 倍是(　　);

(4) 0.028 扩大到原来的 100 倍是(　　)。

练习 2:利用规律判断——复习商不变的规律

不计算,判断下面各式的商是否一样,并说明理由。

480÷80　　48÷8　　4.8÷8

【说明】教学新知前复习小数点的移动和商不变的规律,为本课的核心知识——将除数转化为整数作铺垫。

真问题引入,有意渗透关联

师:前面我们学习了除数是整数的小数除法,这节课要学习"谁打电话的时间长"。(板书课题)看到这个课题,你有什么想说的吗?

生：我们今天应该要学整数除以小数或者小数除以小数吧！

师：是的！这节课，我们就要一起来学习除数是小数的小数除法。

生：除数是小数的除法和除数是整数的除法，它们的计算方法一样吗？

生：我认为肯定不完全一样，我想知道它们之间有什么不同。

【说明】结构化教学策略主张从学生的真问题出发，以促进学生主动思考。从学生的问题中可以看出，他们在主动地将未知与已知建立关联。

算理深究，有意识地寻找关联

① 估算探究，关联意义。

师：(出示教材，如图8-11所示)你能估一估谁打电话的时间长吗？

生：国际长途每分7.2元，大约是国内长途每分0.3元的二十几倍，如果笑笑和淘气打电话的时间相同，那么淘气的通话费应该是笑笑的二十几倍，但是54元大约是5.1元的10倍，所以笑笑打电话的时间长。

生：5.1里大约有十几个0.3，那么笑笑打电话的时间是十几分钟；而54里没有10个7.2，那么淘气打电话的时间一定不到10分钟。所以，笑笑打电话的时间长。

生：因为0.3元=3角，5.1元=51角，所以笑笑打电话的时间是51÷3=17(分)；因为7.2元=72角，54元=540角，所以淘气打电话的时间是540÷72，这个算式的结果不到10分钟，所以笑笑打电话的时间长。

② 算理深究，关联思想。

生：我的方法是转化单位，得到51角÷3角，答案是17分(图8-20)。

生：我的方法跟他差不多，但我不是转化单位，而是把被除数和除数同时扩大10倍，变成51÷3，答案也是17分(图8-21)。

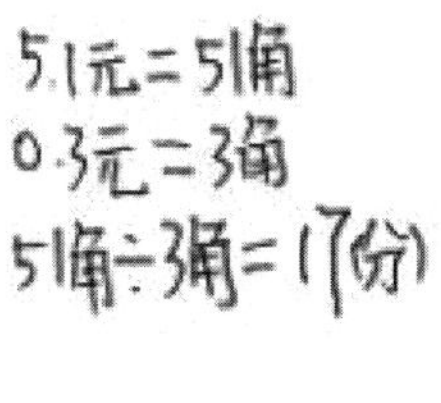

$$5.1元=51角$$
$$0.3元=3角$$
$$51角÷3角=17(分)$$

$$5.1÷0.3$$
$$=(5.1\times10)÷(0.3\times10)$$
$$=51÷3$$
$$=17(分)$$

图8-20 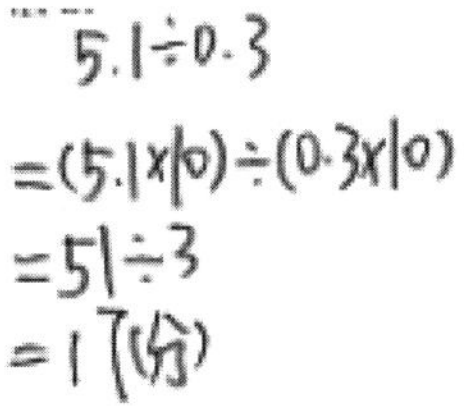　　　　图8-21

生：我的方法也是把被除数和除数同时扩大，但不是10倍，而是同时扩大100倍，变成510÷30，答案也是17分(图8-22)。

生：我的方法和前面的同学差不多，不过我是把被除数和除数同时扩大20

倍，变成 102÷6，答案也是 17 分（图 8-23）。

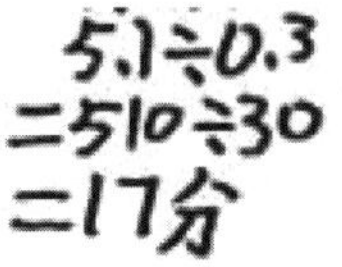

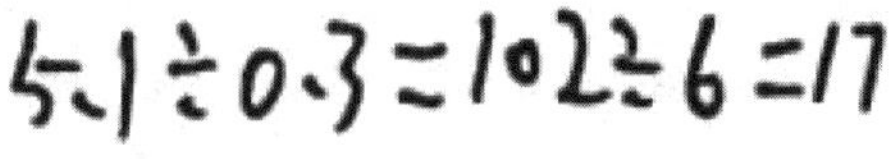

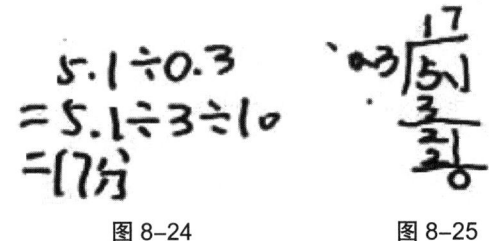

图 8-22　　　　　　　　图 8-23

生：我的方法和他们有点不同，我是先除以 3，再除以 10，答案还是 17 分（图 8-24）。

生：我的方法与前面把被除数和除数同时扩大 10 倍的方法差不多，只不过我是列竖式计算的（图 8-25）。

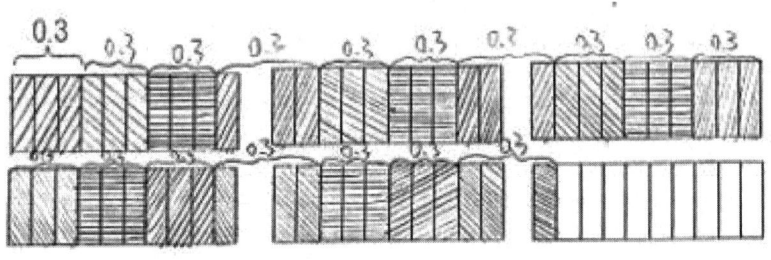

图 8-24　　　　　　　　图 8-25

生：我是用画图的方法。0.3 里有 3 个 0.1，而 5.1 里有 51 个 0.1，要求 5.1 里有多少个 0.3，也就是看 51 里有多少个 3（图 8-26）。

图 8-26

师：同学们真有想法，想出了这么多方法。这些方法有什么共同点？又有什么不同点呢？

生：都用了转化的思想，但是转化的方法不同，有的是转化单位，有的是用了商不变的规律。

生：都是把除数是小数的除法转化为除数是整数的除法来计算的。

……

【说明】学生在方法分享中，对自己所用方法的认识更加透彻了，对意义的理解也更加深入了。其他学生在倾听、质疑、辨析的过程中，不仅感受到了方法的多样性，体会到了关联方法的重要性，还逐渐形成了关联方法的意识。

四、融合——回顾与小结，有意识地进行结构化的整合

在经历若干个“问题—思考—分享”环节后，组织学生对本课知识进行回顾与小结，让学生有意识地对知识之间的关联进行整合。部分学生反馈如图 8–27 所示。

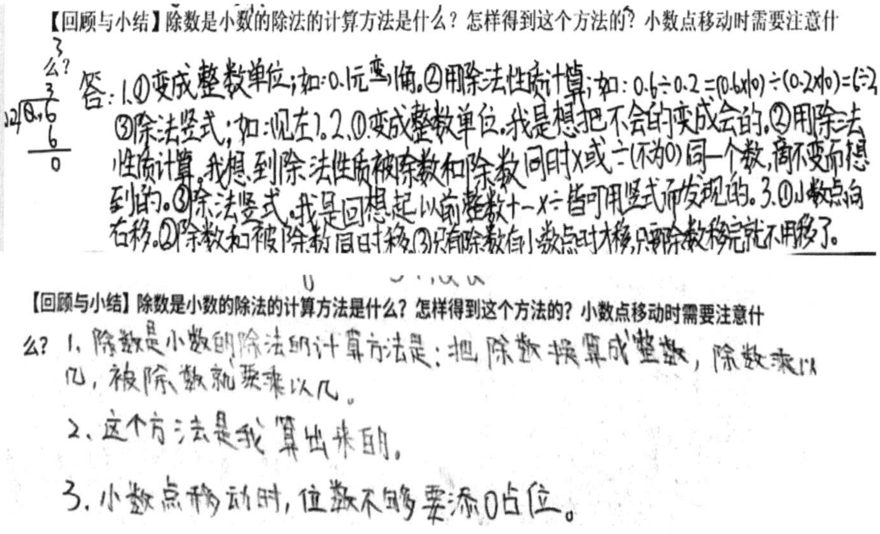

【回顾与小结】除数是小数的除法的计算方法是什么？怎样得到这个方法的？小数点移动时需要注意什么？

答：1.①变成整数单位；如：0.1元变1角。②用除法性质计算；如：0.6÷0.2=(0.6×10)÷(0.2×10)=(6÷2)
③除法竖式；如：见左。2.①变成整数单位，我是想把不会的变成会的。②用除法性质计算，我想到除法性质被除数和除数同时×或÷(不为0)同一个数，商不变而想到的。③除法竖式，我是回想起以前整数+-×÷皆可用竖式而发现的。3.①小数点向右移。②除数和被除数同时移。③只有除数有小数点时才移，只要除数移完就不用移了。

【回顾与小结】除数是小数的除法的计算方法是什么？怎样得到这个方法的？小数点移动时需要注意什么？

1. 除数是小数的除法的计算方法是：把除数换算成整数，除数乘以几，被除数就要乘以几。

2. 这个方法是我算出来的。

3. 小数点移动时，位数不够要添0占位。

图 8–27

五、反思——思评结合，实现知识本质的结构化

充实的一节课，学生的收获是否真实、扎实？我们以自评的形式来检验学生的学习情况，具体分为三部分：一是从知识与技能、过程与方法、情感与态度方面进行自评；二是通过让学生尝试建立结构化的知识网，使得评价内容得以显性呈现；三是让学生提出学完本课后产生的新疑问，在知识延伸和生长的基础上，通过再次经历“问题—思考—分享”过程，进一步发展结构化意识与能力。具体自评表如表 8–7 所示。

表 8-7　学生自评表

基础评价	知识与技能	我能借助实际操作和面积模型,进一步理解分数除法的意义和基本算理	☆☆☆☆☆
	过程与方法	我能掌握一般的分数除法的计算方法,并能正确计算	☆☆☆☆☆
	情感与态度	我会独立思考、勇于质疑、合作交流	☆☆☆☆☆
结构化意识与能力评价	我能尝试用思维导图整理与本课相关的知识(可另附页)		
学完本课产生的新疑问:			

自评表中,要求学生用思维导图的形式来整理与本课相关的知识,部分学生作品如图 8-28 所示。从学生绘制的思维导图中可以看出,学生的结构化意识和能力已有所体现,能对本课知识进行初步的结构化建构,并能结合数学思想和例子进行说明。

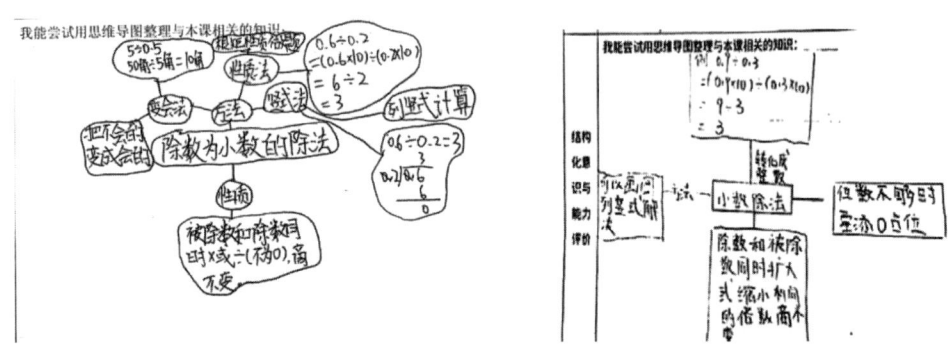

图 8-28

六、升华——练习巩固,让学习深度发生

课堂小结后出示两道练习题,其中一道是计算题,测试学生的计算掌握情况,进一步巩固学生对算理的理解;另一道是综合应用题,与现实生活相关联,考查学生应用知识解决问题的能力。两道题意在丰富学生对小数除法算式意义的理解,赋予算式生活原型,在理解算理、掌握算法中培养学生的数感,提升学生的运

算能力和问题解决能力。

"谁打电话的时间长"课堂练习设计

1. 计算并验算。
（1）5.28÷0.05　　　（2）24.57÷0.7

2. 用 32.5 千克面粉可烘制 81.25 千克的面包，用 1 千克面粉可烘制多少千克面包？

本课在读懂教材、了解教材结构，读懂学生、了解学生学情的基础上进行结构化教学，能较容易地让学生从除数是整数的除法迁移到除数是小数的除法。在多样化方法的对比中，帮助学生理解算理、掌握算法，并与已学知识主动关联，逐步提升结构化意识与能力。

"图形与几何"领域

第九章
图谱筑基　策略助力　素养驻心

成都市泡桐树小学(天府校区)

张奠宙等人在《小学数学研究》一书中提到:"数学是一门研究'关系'的学问。"[①] 意思是说,数学研究的任何知识、方法、思想都不是孤立的,而是与其他知识、方法、思想等有着密切联系。关系的前提和基础是"元素",多个元素之间才能产生关系。有元素、有关系,才能构成一个整体,才能形成结构。同时,系统化的知识需要有结构化的表达,结构化的优势在于更具整体性和系统性,更能体现数学的严谨与逻辑,展现数学之美,便于学习者记忆、理解、掌握和应用。数学的结构化教学要求我们跳出零散的知识点,基于整体视角来审视每个单元、每个课时,引导学生着眼于知识的内在联系和本质,将零散的知识点系统化,帮助学生建立完整清晰的知识结构。

第一节　"图形与几何"领域结构化图谱

统观"图形与几何"领域,我们以培养学生知识结构化的意识与能力、发展学生的空间观念为宗旨,以"图形与几何"目标结构图为统领,建构"图形与几何"领域的认知结构图、知识结构图、内在逻辑关联图和教学实施图。

一、"图形与几何"目标结构图

"几何图形的形状、大小、位置关系及其变换等知识,是人们准确描述现实世

---

① 张奠宙,孔凡哲,黄建弘,等.小学数学研究[M].北京:高等教育出版社,2010.

界空间关系，解决学习、生活和工作中问题的必备工具。"① 为了准确定位"图形与几何"领域内容教与学的最终目标，我们首先从图形的认识、测量、图形的运动、图形与位置四个板块确立了知识与技能、过程与方法、情感态度与价值观三个维度的目标结构图（图9-1）。这四个板块的教学要求虽各有侧重，但又是相互联系的统一整体。例如，在知识与技能的学习过程中，每个板块都通过观察、操作、想象、推理、表达等方式，经历"感知—抽象—推理—建模—应用"的过程，逐步积累活动经验，渗透数学思想，最终形成量感和推理意识，培养学生的空间观念。

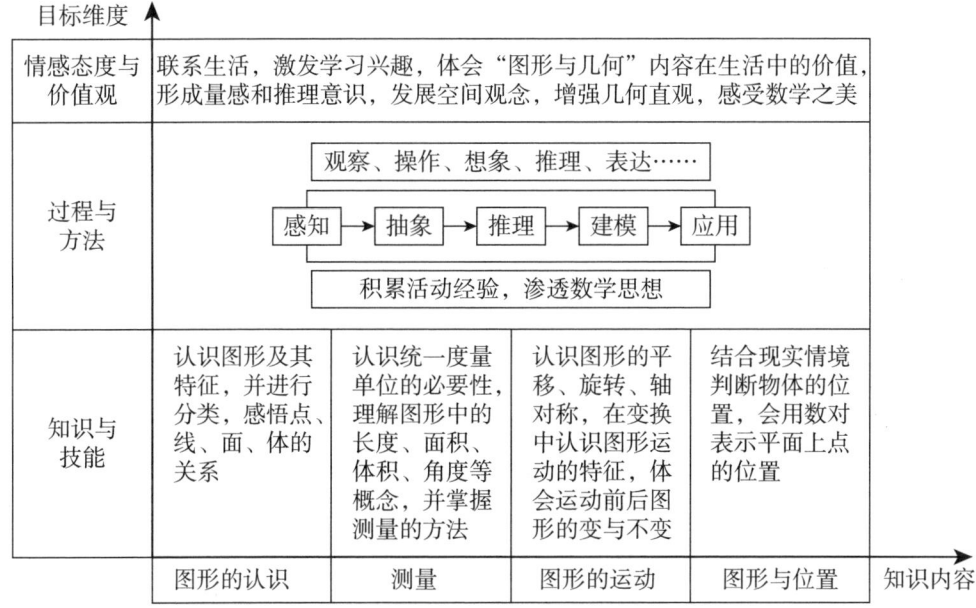

图 9-1

二、"图形与几何"认知结构图

"图形与几何"教学的最终指向是培养学生的空间观念。"课标2022年版"指出，"空间观念主要是指对空间物体或图形的形状、大小及位置关系的认识。能够根据物体特征抽象出几何图形，根据几何图形想象出所描述的实际物体；想象并表达物体的空间方位和相互之间的位置关系；感知并描述图形的运动和变化规律。空间观念有助于理解现实生活中空间物体的形态与结构，是形成空间想象力

---

① 傅海伦，尹丽娟. 青岛·泰山版《义务教育课程标准实验教科书·数学》的编写特点——以"图形与几何"领域为例［J］. 中国数学教育，2010（9）：7-11.

的经验基础"①。

对学生来说，如何获得这一核心素养呢？学生的认知结构是学习的基础，知识结构的学习又能促进认知结构的完善与发展。因此，在目标结构图的指导下，我们从学生的认知结构出发，循序渐进，最终形成了"图形与几何"认知结构图（图9-2）。

三、"图形与几何"知识结构图

我们对北师大版1~12册教材"图形与几何"领域的知识点进行了梳理，对各个知识进行分类、细化，追踪知识的内在关联和逻辑本质，将零散的知识点系统化，并以思维导图的方式分门别类地呈现知识内容及其暗含的思想方法间的结构联系，最终绘制得到"图形与几何"知识结构图（见书后插页）。

（一）图形的认识

"图形与几何"知识结构图中，我们将图形的认识划分为"形"和"体"两部分。

根据"课标2022年版"要求，图形的认识主要涵盖了对图形自身的认识以及对图形各元素之间、图形与图形之间关系的认识。根据维度的不同，又分为平面图形和立体图形，其中平面图形包括直边图形（线、角、多边形）和曲边图形（圆、扇形）；立体图形根据其自身特征分为多面体（长方体、正方体、棱柱、棱锥、棱台）和旋转体（圆柱、圆锥、球体）。

对于观察物体部分的相关知识，我们根据学段作了划分：第一学段要求能根据具体事物、照片或直观图辨认从不同角度观察到的简单物体；第二学段要求能辨认从三个方向（正面、侧面、上面）观察到的物体的形状图。②

（二）测量

测量的主要目的是培养学生的量感，最终发展学生的空间观念。从测量的核心要素来理解，测量的过程就是确定测量对象，选取测量单位和测量方法，最终赋予测量值（测量结果）。③

---

① 中华人民共和国教育部.义务教育数学课程标准（2022年版）[S].北京：北京师范大学出版社，2022.

② 吴正宪，王彦伟.图形与几何若干内容分析——《义务教育数学课程标准（2011年版）》解析之八[J].小学数学教育，2012（Z2）：27-33，45.

③ 赵炯美，鲍建生.中小学数学课程中的一条主线——度量[J].小学教学（数学版），2017（10）：8-12.

第九章 图谱筑基 策略助力 素养驻心

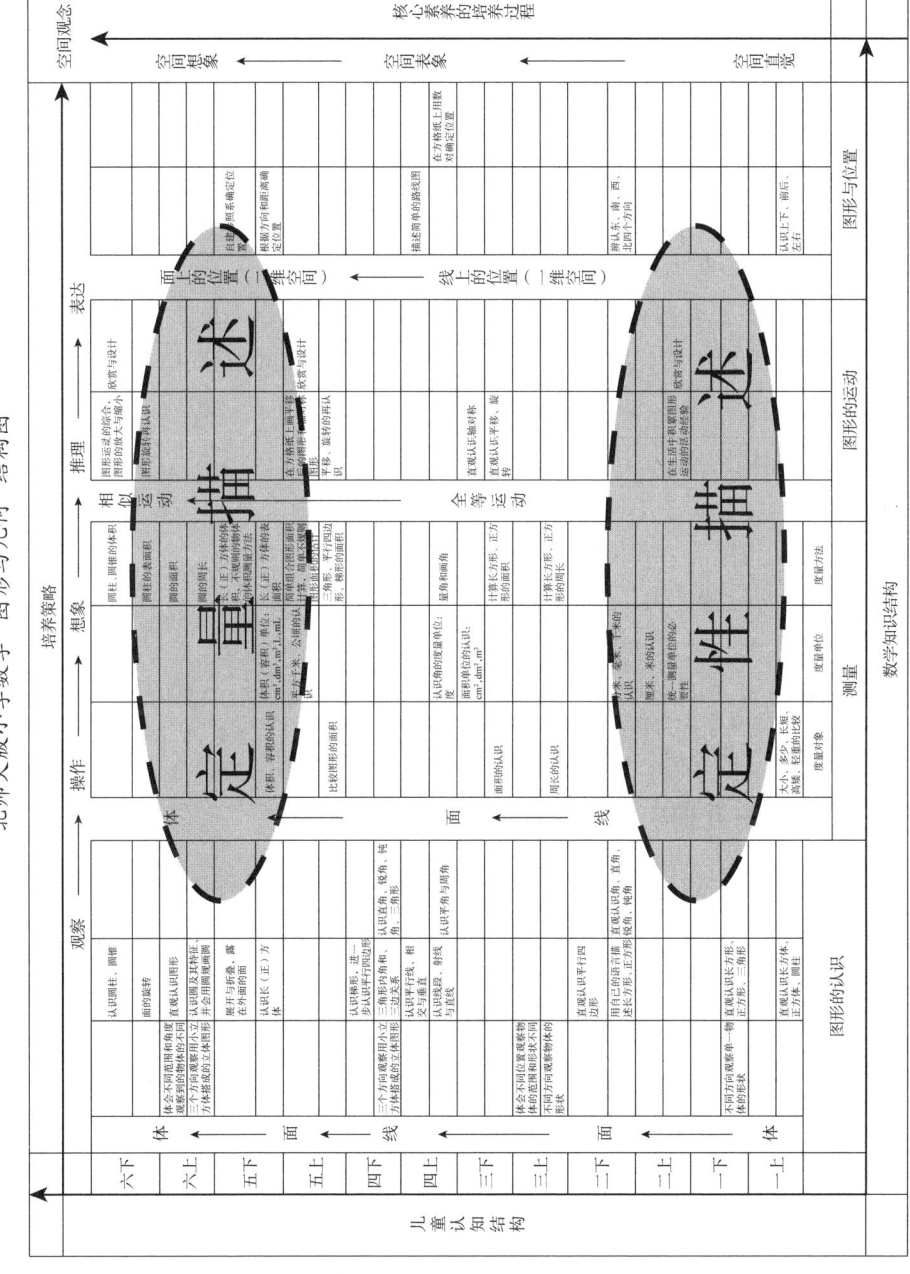

图 9-2

由于测量值在脱离具体情境时不能充分表达其意义，因此我们将测量划分为测量对象、测量单位和测量方法三部分。

我们根据小学数学"图形与几何"中的基本元素确定测量对象，包括常见的量（大小、多少、高低）、长度（距离、周长）、角度、面积（表面积）和体积（容积）。测量对象确定后，进一步梳理常见的测量单位类型：长度单位、角度单位、面积单位以及体积（容积）单位，并厘清每类测量单位之间的进率。进而，根据测量对象总结得出直接测量、间接测量、估测等测量方法。测量板块主要涵盖的数学思想方法有数形结合思想、转化思想、几何变换思想、模型思想等。

（三）图形的运动

图形的运动主要有两种方式：一是全等变换，指运动前后图形的形状和大小不变，仅仅是位置发生变化，如轴对称、平移、旋转；二是相似变换，指运动前后图形形状不变而大小发生变化，如图形的放大与缩小。在这一板块的学习中，学生可以在观察操作中认识图形的运动，体会变换特征；还可以从变换角度帮助学生认识图形特征，在图案欣赏中尝试自己设计图案。最终，在问题解决过程中，发展学生的空间想象能力和推理能力。

（四）图形与位置

图形与位置部分要求学生了解刻画物体或图形位置的方式，尝试运用不同方式确定物体的位置，包括用"上下左右、东南西北"来定性描述物体的位置，并在此基础上用数对来定量刻画物体的位置。

四、"图形与几何"内在逻辑关联图

为了凸显几个板块之间的逻辑关联，我们构建了"图形与几何"内在逻辑关联图（图9-3）。

四个板块均围绕图形的刻画来展开。认识图形侧重于图形特征；测量侧重于图形的大小；图形的运动是从动态的角度丰富对图形的认识；图形与位置则与实际生活紧密联系，通过使学生了解描述物体或图形位置的方式来进一步刻画图形。

我们可以通过动静结合的方式来认识图形。静态认识图形，除了认识图形的外部特征，还可以从度量角度出发，定量分析图形的大小及其内在属性。动态认识图形需要结合图形的运动，定性刻画图形的变换属性，在轴对称、平移、旋转等变换过程中追寻图形的本质特征，进一步联系实际来欣赏并设计基于变换而得到的新图案。

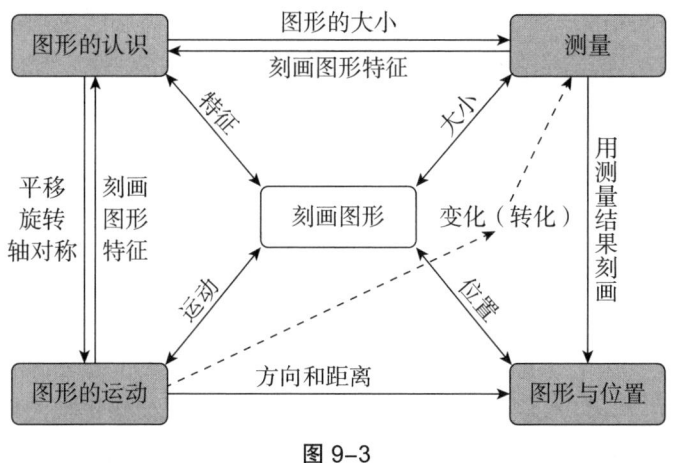

图 9-3

图形的运动和测量相互勾连（图 9-3 中虚线部分），可以借助图形的运动来理解测量的实际意义，获得图形的某种属性。图形与位置看似独立，实则与其他板块也有一定联系。例如，在描述图形的运动时经常会用到方位词，测量的结果往往也能够用来刻画物体或图形的精确位置。

五、"图形与几何"教学实施图

我们着眼于课程目标的达成、教师的教、学生的学以及课程内容的展开这四个方面，将每一个板块进行梳理，形成如下的教学实施图（图 9-4）。

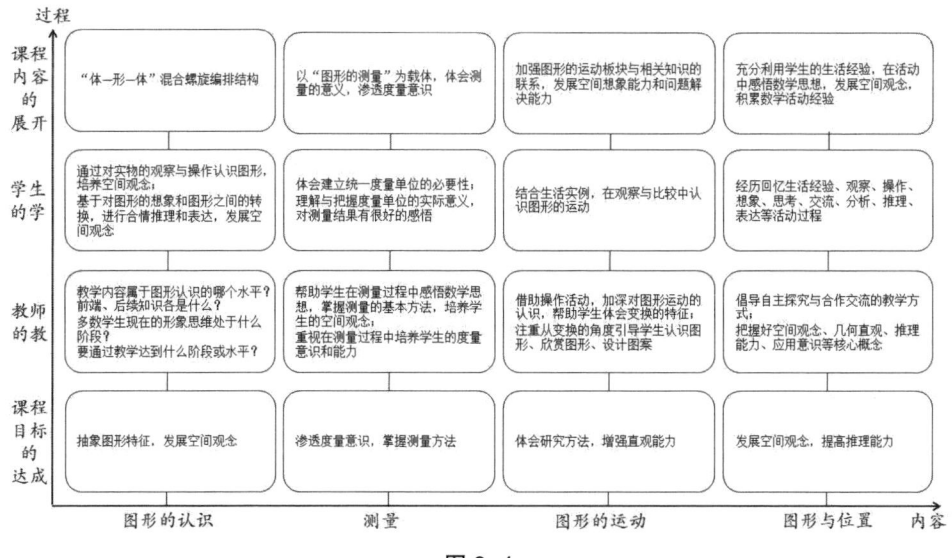

图 9-4

教学实施图从最基本的课程目标出发，引导教师如何有效进行每个板块的教学;并以学生的学为"抓手",结合学生认知特点,帮助教师明确如何在具体教学实施中有序进行课程内容的展开。

教学实施图中的四个板块整体呈现了教和学与知识、认知、思维等之间的关联,每块内容相互支撑,最终指向学生空间思维的发展和空间观念的培养。

第二节 "图形与几何"领域结构化教学策略

精心构建"图形与几何"领域结构化图谱是帮助学生培养空间观念及结构化思维的重要手段,也是实现结构化教学的一种方式。以结构化图谱为中心组织教学,有助于教师整体把握教材的内容体系,提高课堂效率和教学质量。

一、构建目标结构

我们从横向和纵向两个维度构建了"图形与几何"领域的结构化目标。

(一)横向目标——同步

我们从知识与技能、过程与方法、情感态度与价值观三个维度来构建课程整体目标(图9-1)。从整体内容来看,知识与技能目标在每个板块中各不相同;过程与方法目标则具有共通之处,主要是让学生经历感知、抽象、推理、建模、应用的学习过程,积累活动经验,感悟数学思想;在情感态度与价值观方面,同样有相同之处。

(二)纵向目标——递进

教师不仅要关注不同板块目标的同步性,更要关注同一板块目标的递进性。因此,我们遵循活动从单一到多元、思维从直观到抽象的原则,构建了各板块的目标结构图。

图形的认识板块在第一学段要求学生直观辨认生活中的几何图形,初步感知其特征。第二、第三学段在直观辨认、初步感知的基础上,要求通过操作、推理、表达等活动探究图形的特征,寻找图形及其内部元素之间的联系。由此,我们构建得到图形的认识板块递进性目标结构图(图9-5),并基于目标结构帮助学生培养空间观念。

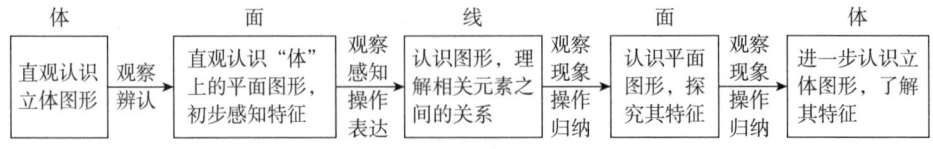

图 9-5

图形测量的对象从一维到二维，再到三维，层层递进。小学低段，侧重让学生经历观察、操作等活动过程，理解测量的实际意义，体会统一单位的必要性，掌握测量方法。进一步地，小学中高段侧重让学生经历猜想、推理、验证、建模等活动过程，将公式模型应用于实际生活中。图形的测量板块递进性目标结构图如图9-6所示。

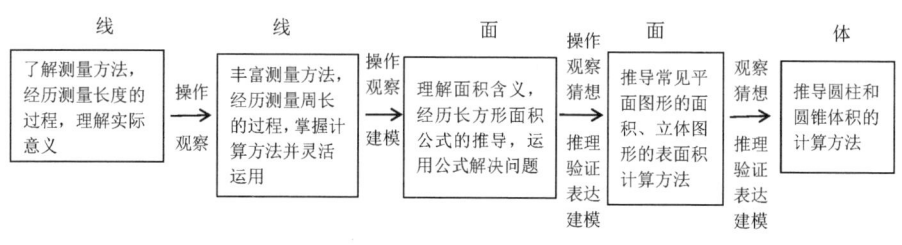

图 9-6

图形的运动板块在小学低段侧重让学生整体感知运动现象，在中高段侧重让学生经历画、折、剪、拼、移等活动体会图形的运动特征，通过动态变换认识静态图形，且教学目标在动静结合中层层递进。图形的运动板块递进性目标结构图如图 9-7 所示。

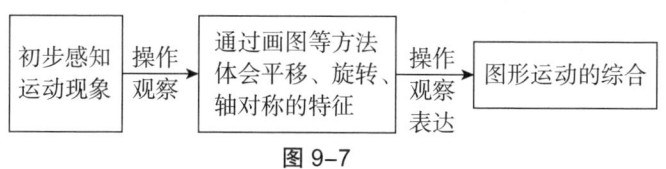

图 9-7

在图形与位置板块的学习初期，侧重让学生体会位置关系，辨认物体的方向。中后期要求学生经历从观察到想象、从辨认位置关系到描述位置关系、从直观到抽象的过程，并学会根据具体问题采取不同的方式来确定位置。图形与位置板块递进性目标结构图如图 9-8 所示。

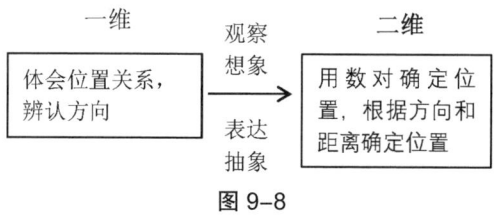

图 9-8

二、构建知识结构

如果把课时内容看作一个点，那么这一课时所在的单元内容就是一条线，相关板块内容就是一个面。教师要厘清课时内容在各个阶段的作用，形成点、线、面、体相关联的整体结构。

（一）构建跨板块知识结构

"图形与几何"领域的四个板块既独立存在，又相互关联。我们不仅要分析课时内容在本单元的地位和作用，明确课时内容在板块内的位置，还要构建它所在板块与其他板块之间的结构关联，从而由点到线、由线到面、由面到体，形成知识的网状结构图。

首先，图形的运动可以帮助学生更好地认识图形的特征。例如，在认识等腰三角形、长方形、正方形、圆等图形时，可以通过画一画、剪一剪、折一折等活动来帮助学生认识图形的轴对称特征；通过对折来帮助学生理解平行四边形为什么不是轴对称图形，从而进一步认识平行四边形。

其次，图形的运动与测量板块之间也有密切关系。在探索平行四边形、三角形、梯形的面积时，学生会利用割补等方法将图形进行转化（图9-9），此时教师可以引导学生发现图形在转化过程中经历了平移、旋转，从而体会从运动的角度来刻画图形的重要性。[①]

教师一方面要通过图形的认识与测量来帮助学生进一步体会图形的变换特征，另一方面也要通过图形的运动来帮助学生认识图形及其特征，并运用图形的变换特征来探索图形面积的算法。

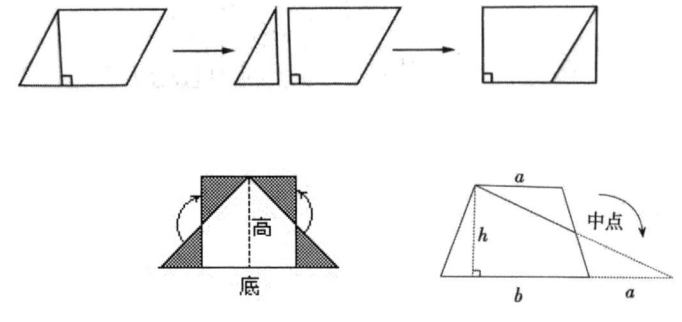

图 9-9

（二）构建跨单元知识结构

构建"图形与几何"领域的知识、方法关联结构图，能帮助教师整体把握教学内容，从跨单元的视角将整个小学的数学学习进行纵向的统一架构，实现知识的结构化。

比如，北师大版《数学》五年级上册"多边形的面积"单元与前几册教材中的

---

① 张丹．小学数学教学策略[M]．北京：北京师范大学出版社，2010．

"面积""线与角""三角形和四边形的认识"等相关单元的知识有所关联，这些单元内容也为探究平行四边形、三角形、梯形面积奠定认知基础和方法基础。同时，本单元也为后面"组合图形的面积""圆"等相关单元内容的学习奠定基础。由此，绘制得到跨单元关联结构图（图 9–10）。

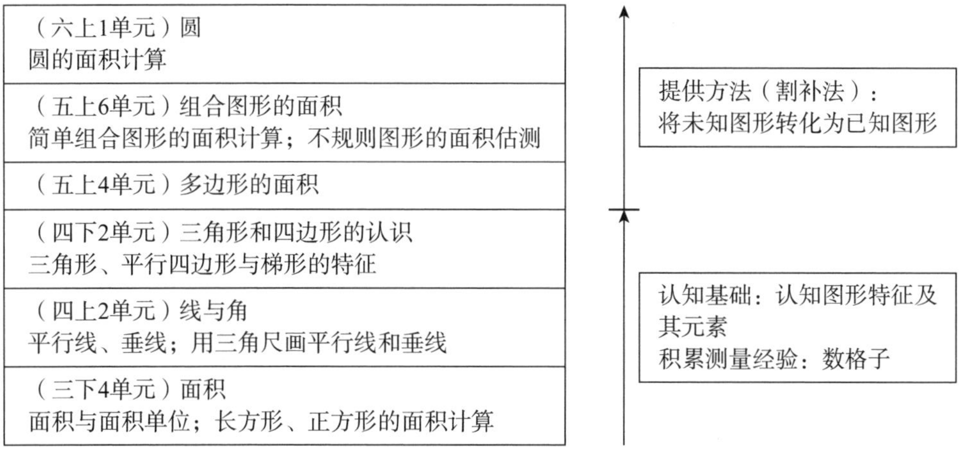

```
（六上1单元）圆
圆的面积计算

（五上6单元）组合图形的面积        提供方法（割补法）：
简单组合图形的面积计算；不规则图形的面积估测   将未知图形转化为已知图形

（五上4单元）多边形的面积

（四下2单元）三角形和四边形的认识
三角形、平行四边形与梯形的特征

（四上2单元）线与角              认知基础：认知图形特征及
平行线、垂线；用三角尺画平行线和垂线     其元素
                              积累测量经验：数格子
（三下4单元）面积
面积与面积单位；长方形、正方形的面积计算
```

图 9–10

（三）构建单元内部结构

在做好各单元融合与衔接的前提下，教师可依据知识内容结构、教学过程结构、学生认知发展结构对单元课时内容进行增减、重组等设计，实施单元整体教学。

比如，图形分类是帮助学生了解图形的特点及图形关系的重要方法，在北师大版《数学》四年级下册"认识三角形和四边形"单元中，一共出现了三次分类活动：图形的分类、三角形的分类、四边形的分类，其中三角形和四边形的分类是图形分类的延伸。单元内容框架如图 9–11 所示。

从单元整体角度出发，教师可以将三次图形的分类活动进行整合，把三角形分别按边、角的特征来分类的方法迁移至四边形的分类中，这样不仅能帮助学生更系统地认识图形的特征，还能以分类为纽带建立图形间的联系。在分类的基础上，再提出问题：三角形有哪些共同特征？此时，有的学生可能会从角出发去探索，有的则可能会从边出发进行研究。

实际教学中，我们以探究三角形的特征为主线，将三角形三边之间的关系与三角形内角和这两个课时内容进行了整合，让学生从整体上把握三角形边与角的特征。通过对整合前后内容的比较（表 9–1），发现虽然课时数减少了，但内容更紧凑了，知识更系统了。

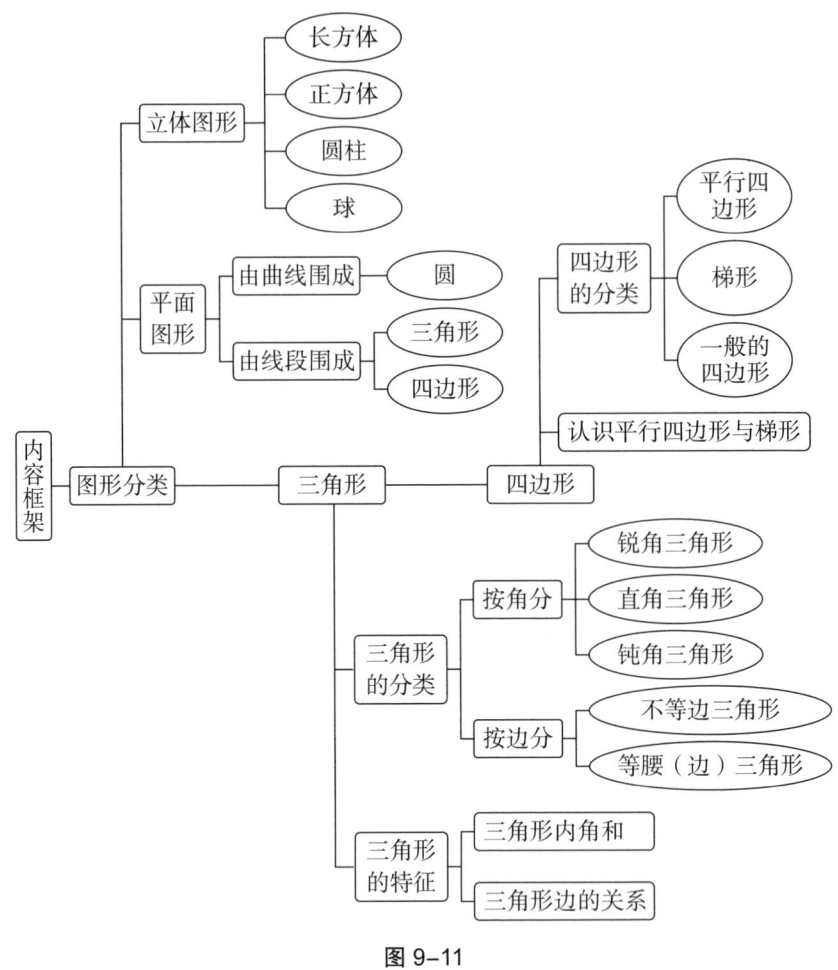

图 9-11

表 9-1 单元课时整合对比表

认识三角形和四边形（整合前）	图形的分类 -1 课时
	三角形的分类 -1 课时
	三角形的特征（三角形内角和、三角形边的关系）-2 课时
	四边形的分类 -1 课时
认识三角形和四边形（整合后）	图形的分类（图形分类、三角形的分类、四边形的分类）-2 课时
	三角形的特征（三角形内角和与三角形边的关系）-2 课时

（四）构建课时内容结构

1. 关联知识内部元素

通过课时内部关键元素的结构关联，可以帮助学生厘清知识元素之间的内在联系[①]，感受其整体性。比如，圆的相关元素有圆心、半径、直径、对称轴等。在教学"圆的认识"时，教师可以设计两个活动来帮助学生深刻认识圆的关键元素：一是画圆活动，并通过提出"为什么你们画的圆不在同一个位置""为什么有的圆大，有的圆小"这两个问题，引导学生认识圆心与半径这两个元素的重要作用，明白圆心决定圆的位置，半径决定圆的大小。二是折圆活动，学生通过对折，发现圆是一个轴对称图形，且有无数条对称轴；每一条折痕长度相等，且相交于一点（圆心），从而引出直径这个元素；沿着不同方向连续对折两次，折痕也有无数条，且经过圆心，长度是直径的一半，从而引出半径这个元素。

2. 设计结构化板书

结构化板书既能体现学生学习的思维过程，还能呈现知识的形成过程与数学思想方法。教师可以通过数学符号、字母、图形等把分散在不同单元或板块的零碎知识以板书的形式使关联再现，从而优化教学过程，帮助学生形成思维导图，建立几何知识的网络结构图。

以"平行四边形的面积"一课的板书（图9-12）为例，从左向右设计"猜想—验证—结论"的思考主线，自上而下体现学生的方法过程，呈现出如何由长方形面积推导出平行四边形面积的全过程。从板书中，学生感悟旧知到新知的转化过程，提炼学习方法，促进思维进阶。

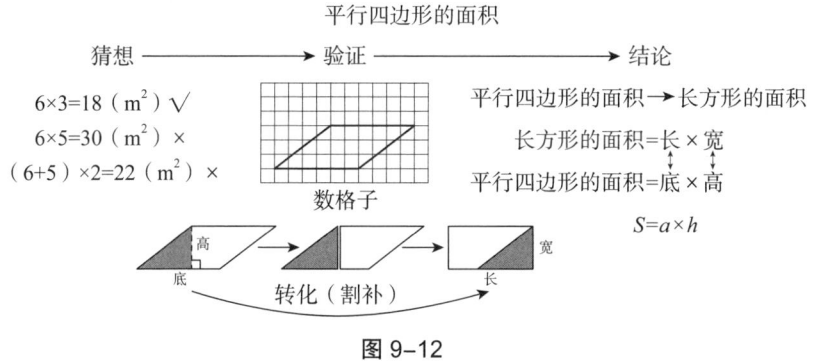

图9-12

三、构建过程与方法结构

小学数学学习中，同类知识的学习过程与方法之间往往有所关联。

（一）图形的认识板块的过程与方法结构

从小学阶段图形认识板块的整体结构来看，内容上按照"立体—平面—基本

---

① 朱俊华，吴玉国. 基于单元整体的小学数学结构化教学[J]. 中小学教师培训，2019（9）：60-63.

元素—平面—立体"的顺序呈现，体现"整体—局部—整体"的学习路径。例如，从初步认识圆柱到认识圆，再到构成圆的关键要素（圆心、半径、直径），而后又进一步认识圆柱。每一种图形的认识都是在学生已有的生活经验基础上进行的，让学生在观察、操作、抽象、概括等过程中探索图形特征，进一步积累活动经验，整体上体现过程的结构化（图9-13）。

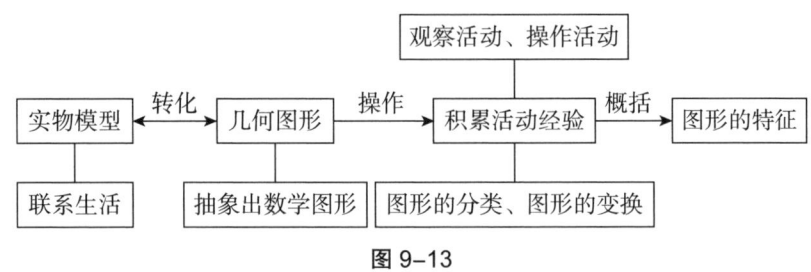

图 9-13

比如，我们通过分类、比较等方法帮助学生认识直线、射线、线段及其特点，也可以用同样的方法引导学生将角、三角形、四边形进行分类，在分类过程中探索图形内部各元素的特征，从而掌握其性质。

（二）测量板块的过程与方法结构

测量是"图形与几何"领域中的重要部分。该板块的"量（liàng）"包括长度、角度、面积和体积，这些量的学习都需要重视这几个教学过程：一是由非标准单位过渡到标准单位，让学生经历采用不同方式测量的过程，在结果的比较中体会统一单位的必要性，加深对量的实际意义的理解；二是让学生选择适当的测量工具进行测量，积累活动经验；三是让学生经历估一估的过程，培养量感；四是在探索基本图形的周长、面积和体积公式时，侧重公式的推导过程。教师要从学生思维结构化的角度来设计教学，从而帮助学生建立量感。测量板块的过程结构图如图9-14所示。

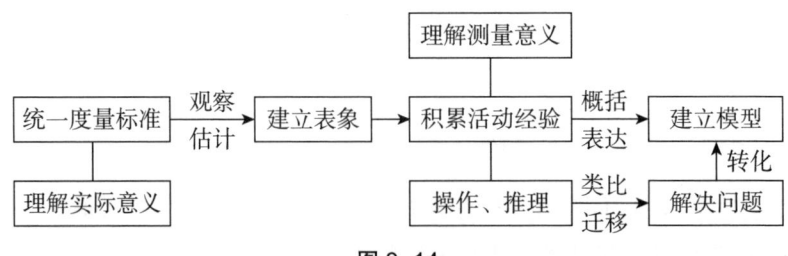

图 9-14

比如，在教学"认识厘米"时，可以让学生经历以下几个过程：经历统一测量标准的过程，体会统一单位的必要性和简便性；突出长度是单位长度的累加；认识标准"1厘米"，能从众多实物中找到1厘米、几厘米的物品，建立"1厘米"的表象；先尝试画出1厘米长的线段，再用直尺校正；让学生自己制作直尺，体会直尺是由多个1厘米累加得到的；运用长度单位测量身高、桌椅等实物的长度，培养估测意识，体会学习长度单位的意义。

（三）图形的运动板块的过程与方法结构

图形的运动反映了图形的变换情况，小学阶段图形的运动主要包括全等运动与相似运动，分别对应图形的平移、旋转、轴对称与图形的放大、缩小。教学这部分内容时，可以这样设计结构化的教学流程（图9-15）：首先让学生通过生活情境来感知运动现象；再经历画一画、比一比、折一折、移一移等活动，明确图形在不同变换中的基本要素，准确刻画出变换前后图形的特征；然后引导学生观察、分析、概括、表达、推理，在动态中发现图形的几何性质；最后鼓励学生从变换的角度欣赏图形并自己尝试设计图案。

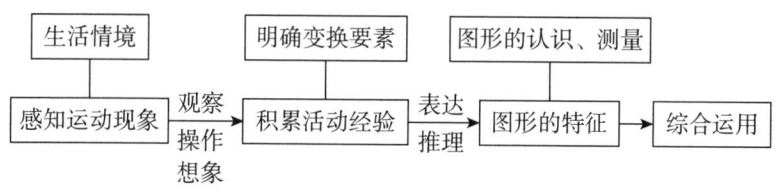

图 9-15

整个过程可以采用动静结合的方式，让学生在动态变换中认识静态图形。比如，在认识平行线时，教师可以借助推拉窗户、升旗等生活情境，让学生动手画一画，在动态中体会平行线间的距离处处相等这一性质。

（四）图形与位置板块的过程与方法结构

无论是一维（上下、左右、前后）还是二维（东南西北），这部分内容的学习是将认识方位时的经验运用到位置表达的过程中。学生主要经历以下几个过程（图9-16）：一是在已有生活经验的基础上，在具体情境中尝试辨认物体的方向；二是探索刻画位置的关键要素（如参照物）；三是懂得用数学的语言去描述物体或图形的位置；四是学会用不同的方式在平面上表示物体的位置，即可以选择不同参照物来刻画目标的位置，可以根据同一参照物刻画不同目标的位置，可以根据方向和距离确定位置，还可以自建参照系来确定位置。

目标结构化、知识结构化和过程与方法结构化需要教师结构化的教与学生结构化的学，教与学的相互联系成就了学生的高效学习，促进了学生思维的结构化。

基于毛文波等人的"结构化学习课时备课轴模型"[①]，我们初步形成了"图形与几何"领域的结构化策略模型（图9-17）。

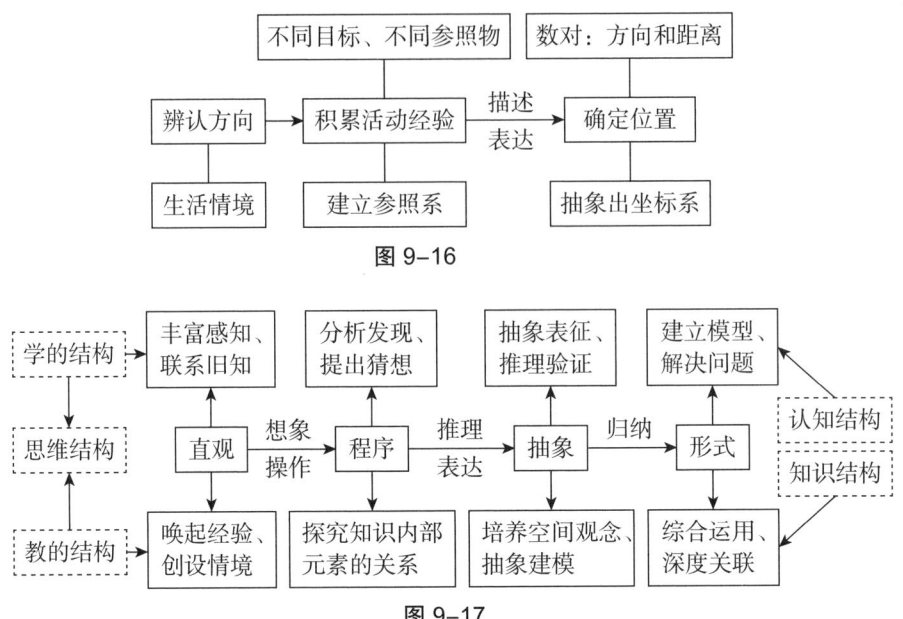

图9-16

图9-17

该领域每一个主题的教学首先都需要学生直观感知生活情境，经历想象、操作等活动来发现规律，再通过推理、验证等思维活动抽象出数学模型，并用语言表达出来，最后将其应用于实际问题中，体会数学知识与生活的紧密联系。

教师要想让学生在学习过程中形成结构化的学习方法，就要在课堂教学中引导学生通过观察、操作、对比、归纳、迁移等来发现规律，让眼前的"型"内化成"形"，实现知识的系统化和方法的结构化，让学生在解决实际问题时感知各种方法之间的关联性。

第三节 以"长方形的面积"为例

数学是一个结构化的整体，教师需要整体把握数学知识结构及其背后的数学思想、过程和方法。备课时，教师要有大局观，纵观整个知识脉络，分析某个知识点在学科、领域、板块、单元内的联系，并结合对学生已有认知结构的分析，确定

---

① 毛文波，吴玉国.备课轴：小学数学结构化教学设计实务[J].中小学教师培训，2018（12）：62-66.

教学目标和教学策略。

一、单元整体分析

（一）单元主题解读

本单元主题是"面积"，是"图形与几何"领域中测量板块的重要学习内容，本质是图形面积度量，对培养学生的空间观念和度量意识有重要作用。而长方形面积的推导过程本身就是一个归纳推理、演绎推理、模型建立的过程，能帮助学生发展推理能力和模型意识。

1. 空间观念

如前文图 4-31，学生空间观念的发展需要经历三个层次：空间知觉、空间表象、空间想象。面积学习需要丰富的直观素材和操作活动来帮助学生打好空间知觉基础；并让学生在看、描、摸、量等活动中调动各种感官，从而建立空间表象；而探索长方形面积公式、理解面积单位换算的过程，就是学生对头脑中已经形成的关于面积和面积单位等概念进行再加工的空间想象过程。

2. 度量意识

在以往的教学中，教师对学生度量意识的培养还不够重视。吴正宪老师说过："度量乃数学本质，乃学生数学学习的重要数学素养之一，度量意识既是核心素养，也是关键能力。"周长、面积、角度和体积都是基本的度量几何学概念，通过测量图形内包含了多少个度量单位，从而对图形进行定量刻画。本课紧扣面积的度量本质（图 9-18），借此发展学生的度量意识。

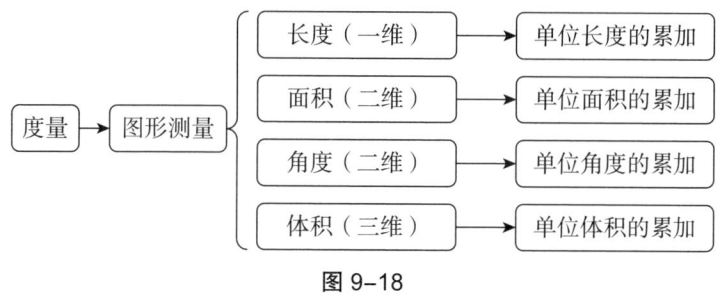

图 9-18

3. 推理能力和模型意识

度量对象的学习过程一般如图 9-19 所示。本课重在引导学生经历探索长方形、正方形面积公式的推导过程，体会从工具度量过渡到公式度量。学生在多次摆小正方形的过程中进行计数，借助表格整理长方形的长、宽、面积等数据，归纳概括长方形面积公式，发展合情推理能力；进而基于正方形长、宽相等的特征，推理正方形面积公式,发展演绎推理能力。学生经历猜想、验证、得出结论的建模过程,有利于发展模型意识。

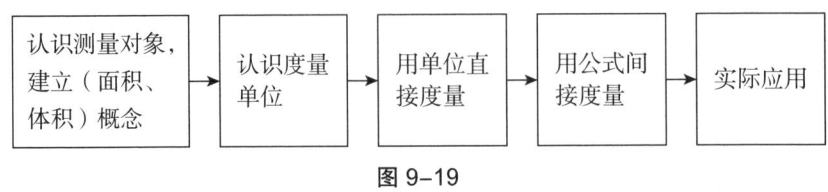

图 9-19

(二)"长方形的面积"相关知识结构图梳理

长方形面积相关知识结构图如图 9-20 所示。从数学各领域之间的联系来看,乘法和面积计算相互关联,对乘法意义的理解是突破理解长方形面积公式含义这一难点的基础;而面积模型也能从数形结合的角度帮助学生理解一些乘法问题,如乘法分配律、分数乘法的意义等。从图形测量板块内的联系来看,教师需要引导学生抓住度量本质,把测量知识、活动经验、思维经验从旧知迁移到新知,以完善测量板块的认知结构。

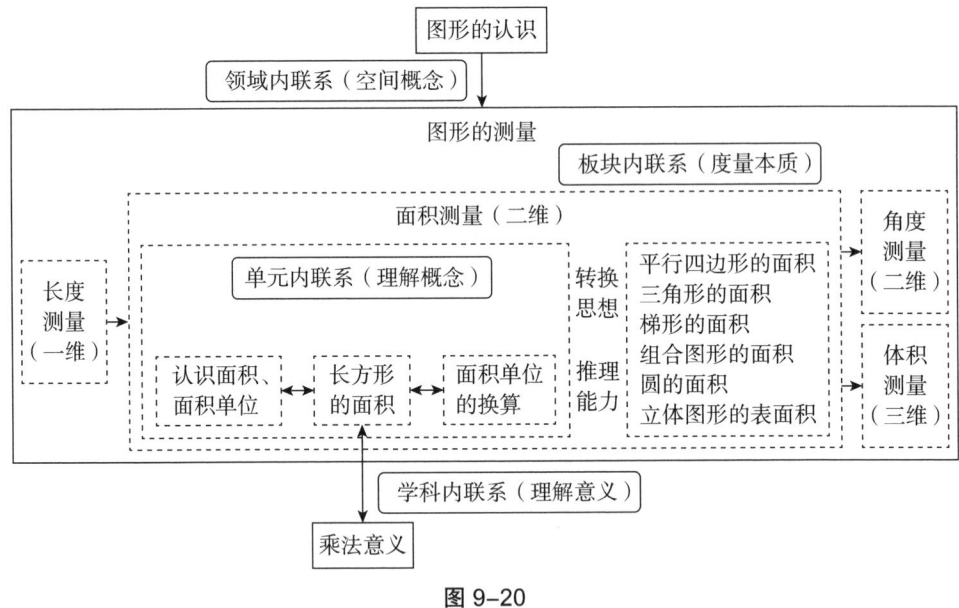

图 9-20

从面积测量内容体系来看,长方形的面积计算是所有平面图形面积计算的"种子课",也是求立体图形表面积的基础。在后续其他图形的面积学习中,学生需要通过观察、操作和推理对图形进行转化,如将平行四边形转化为长方形,将三角形、梯形、圆转化为平行四边形。

从"面积"单元内的知识联系来看，先建立面积概念和单位面积概念的表象，理解面积就是单位面积累加的本质，为后续面积公式推导和面积单位换算奠定基础。在推导长方形面积公式的过程中，体会求长方形面积就是求长方形内有多少个单位面积，加深对面积概念的理解。

（三）"面积"单元教材知识点及变式层级群分析

1. 单元教材知识解读

我们对北师大版教材"面积"单元知识进行解读，结果汇总如表 9-2 所示。

表 9-2 "面积"单元教材知识解读

课题	问题串	知识点解读
认识面积	1	获得感性认识，抽象出面积概念
	2	结合长方形、正方形面积的比较活动，探索比较方法，区分周长与面积
	3	在方格纸上画出面积相同但形状不同的图形
认识面积单位	1	体会统一面积单位的必要性
	2	认识面积单位平方厘米、平方分米和平方米，以及它们的字母表示
	3	结合生活实际，体会单位面积的实际大小，能从多角度认识单位面积
长方形的面积	1	理解用单位面积测量长方形面积的方法
	2	学生自由选择单位面积进行长方形面积的测量
	3	填表并观察，发现长方形面积计算公式，学会从特殊到一般的归纳推理方法
	4	根据长方形和正方形之间的关系，演绎推理出正方形面积公式
试一试	1	经历从用单位面积估测到实际测量的过程，了解估测面积的方法，再次感受从工具测量到公式测量的转变
	2	结合生活情境，经历用长度单位估计教室的长和宽，再用公式计算其面积的过程
面积单位换算	1	探索并掌握 $1\ dm^2 = 100\ cm^2$，引导学生画图体会面积单位之间的关系
	2	通过推理、类比、迁移等方法进行多角度的探究，理解 $1\ m^2 = 100\ dm^2$

2. 单元变式层级群分析

我们分别从什么是面积、面积单位、长方形的面积和面积单位的换算这四个方面进行变式层级群分析，如图 9-21 所示。

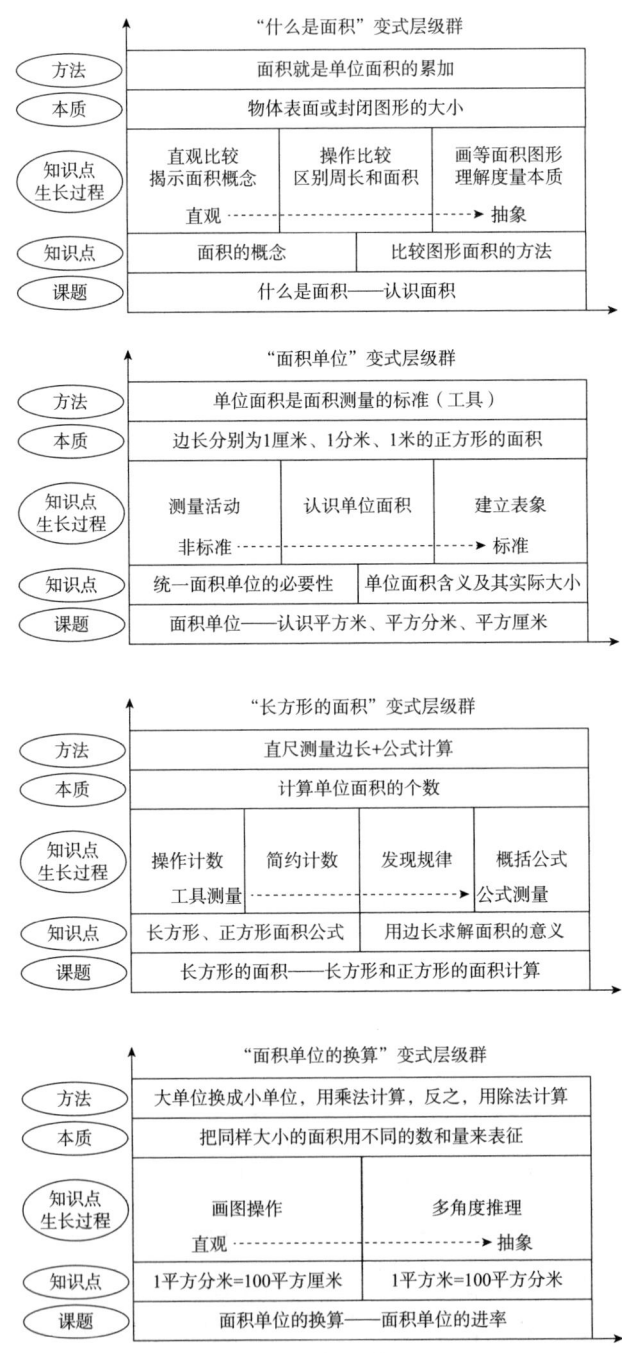

图 9-21

基于以上分析,梳理得出本单元编排思路和编排规律(图 9-22)。

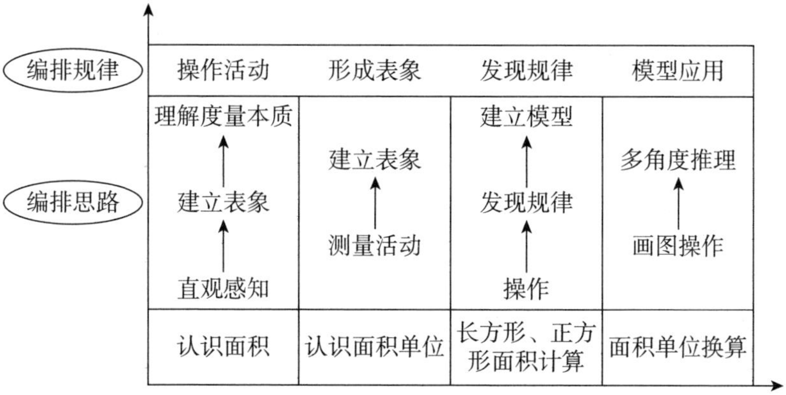

图 9-22

3. 单元教学结构框架

为培养学生的空间观念和度量意识,实现从一维到二维的发展,并厘清二者之间的关系,进而建立认知结构,我们基于单元整体教学设计,以理解面积的度量本质为核心,设计如表 9-3 所示的单元教学结构框架。

表 9-3　单元教学结构框架

内容	目标简述	核心问题	学习活动
单元起始课	初步建立单元知识结构	关于面积,你已经知道了什么?你还想知道什么?你有什么疑问?先思考,再翻书,形成简单的结构图	学生完成学习单,师生共同进行单元思维导图的初步构建
认识面积	认识物体表面或封闭图形的大小就是它们的面积,会用多种方法比较图形面积的大小	什么是面积?怎么比较图形面积的大小	在观察、操作中比较物体表面的大小,理解面积概念;在方格纸中画面积相等的不同图形
认识面积单位	建立单位面积表象,感受单位面积的实际大小	什么是单位面积?这些单位面积有多大	在观察、操作、比较中体会统一单位面积的必要性;结合生活实际,体会单位面积的实际大小

（续表）

内容	目标简述	核心问题	学习活动
长方形的面积	理解并掌握长、正方形面积的计算方法，并能正确计算；初步沟通周长和面积的度量本质	如何推导长、正方形的面积公式？怎么计算长、正方形的面积？为什么这样算？周长和面积之间的区别和联系是什么	在摆、数、量、算等活动中，经历"猜测—验证—得出结论"的过程，并以表格的形式归纳推导长、正方形面积公式；计算图形的周长和面积，并沟通两者之间的联系
估测长方形面积	能估测图形面积，掌握两种估测方法	如何估测图形的面积	先用单位面积估测图形面积，再用公式计算来检测估计结果；估计教室的面积
周长与面积	进一步体会周长与面积之间的联系和区别；感受长方形周长一定时，长和宽越接近，面积越大	周长和面积之间有什么区别和联系？周长一样的长方形，面积也一样吗	完成相关变式练习，探索并发现规律
面积单位的换算	掌握面积单位之间的进率，能正确换算	要铺满1平方分米的大正方形，需要多少个1平方厘米的小正方形？1平方米等于多少平方分米？为什么	通过画图、推理等活动，探索面积单位之间的进率
单元整理课	单元内容结构整理	这个单元学了些什么？和以前学的哪些内容有关联？你还想学哪些相关内容	先小组讨论完善思维导图，再全班分享、建立结构

二、"长方形的面积"课例分析

"长方形的面积"是在学习了面积及面积单位的概念之后，对长方形面积公式的探索，并在探索过程中加深对面积概念的理解，也为后续学习面积单位的换算打下基础。

（一）读懂教材

北师大版、人教版和苏教版教材关于长方形面积的内容编排分别如图9-23、图9-24和图9-25所示。

第九章 图谱筑基 策略助力 素养驻心

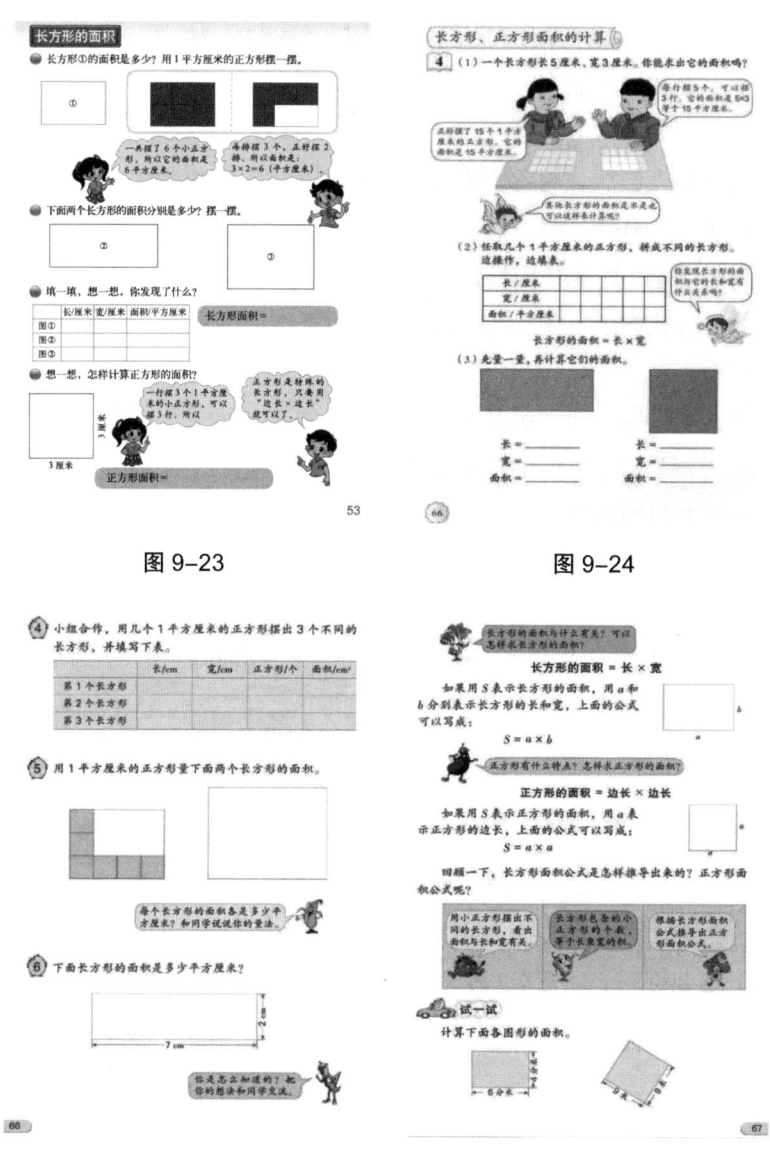

图 9-25

1. 关于"摆一摆"的活动要求

北师大版、人教版、苏教版教材都重视"摆一摆"的操作活动，让学生在操作中再次体会长方形面积的含义，体验不同的测量方法。

2. 关于表格的出现顺序

各版本教材都有用表格来整理几个不同长方形的长、宽、面积等数据的活动。苏教版教材将这一活动放在最前面，引导学生猜想"长方形面积 = 长 × 宽"；北师大版和人教版教材将这一活动放在推导过程的中间环节，引导学生通过归纳推

209

理，概括出长方形面积计算公式，以验证猜想。我们认为，后一种出现顺序更好，更能帮助学生发展推理能力。

3. 关于回顾环节

北师大版和人教版教材都没有设计回顾环节，而苏教版教材则在推导出面积公式后增加了这一环节，值得借鉴。对公式推导过程进行回顾，不仅能帮助学生加深对知识的理解，还能让隐性的方法探索和建模过程得以凸显，有利于迁移至其他图形面积公式的学习中，以形成结构化的基本活动经验，渗透数学思想方法，发展核心素养。

基于此，我们将北师大版教材中关于"长方形的面积"一课的问题串1以更开放的形式进行设计，并提供多样化的工具供学生选择；保留教材对表格的编排顺序，引导学生归纳概括公式；通过对公式推导过程进行回顾，帮助学生初步形成面积公式推导的经验和方法结构。

（二）读懂学生

为了了解学生的学习起点，我们设计了"长方形的面积"学力单，具体如下（需要说明的是，课前只要求学生完成"探究1"）。

"长方形的面积"学力单

【探究1】

（1）猜一猜，长方形的面积与什么有关？

（2）怎么得到长方形①的面积？

可选工具：透明方格纸、1平方厘米的小正方形、直尺、绳子。

（3）说一说你使用这些方法的理由。

【探究2】

想办法测量下面两个长方形的面积，并将长方形①②③的数据整理在下面的表格里。观察表格，你有什么发现？

	长/厘米	宽/厘米	面积/平方厘米
图①			
图②			
图③			

【回头看1】

通过探究，我们知道长方形面积＝_____，公式中的"长"表示_____，"宽"表示_____。

【探究3】

想一想，怎样计算正方形④的面积？

④

【回头看2】

（1）我们是怎么推导出长方形和正方形面积公式的？

（2）周长和面积之间有什么区别和联系？

汇总学生作答情况，并作进一步分析。"探究1"中，对于问题（1），部分学生没有作答，作答的32名学生主要存在两种观点：与长方形的长和宽有关（12人）；与长方形的周长有关（20人）。学生作答情况如图9-26所示。

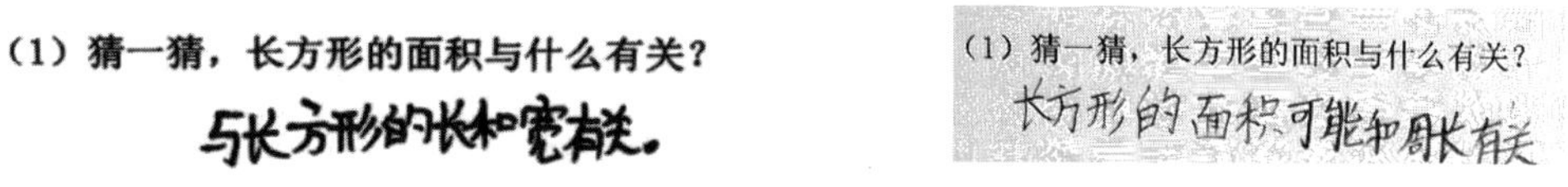

(1) 猜一猜，长方形的面积与什么有关？

与长方形的长和宽有关。

(1) 猜一猜，长方形的面积与什么有关？

长方形的面积可能和周长有关

图 9-26

对于问题（2），学生主要有4种面积测量方法：① 摆满，数小正方形的个数；② 用透明方格纸测量；③ 只摆一行和一列，用乘法计算小正方形的个数；④ 用直尺测量长和宽，利用公式计算。

问题（3）的回答主要有三类：一是不知道原因，未作答；二是单纯利用公式；三是初步理解意义。学生作答情况如图9-27所示。

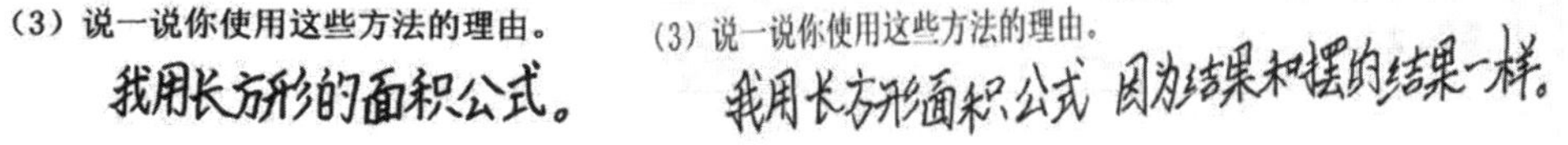

(3) 说一说你使用这些方法的理由。
我用长方形的面积公式。

(3) 说一说你使用这些方法的理由。
我用长方形面积公式 因为结果和摆的结果一样。

图 9-27

没有人选用绳子作为工具，说明学生能区分周长和面积。绝大部分学生能想到用单位面积摆满长方形来测量面积，15人已经会用面积公式进行计算。在这15名学生中，有3人在问题（1）的回答中并未说出长方形面积与它的长和宽有关；有6人不能解释理由，说明他们并未理解公式的意义；只有3人初步理解为什么这样算。

通过分析，我们发现大部分学生能得到长方形的面积，能区分周长和面积这两个概念；一些学生猜测面积大小和周长相关，想研究面积和周长之间的关系。另外，很多学生已经能用公式计算面积，但大多不理解为什么要这样算，因此这是本节课的重点和难点。

（三）读懂课堂

提问导入，关联认知起点

师：同学们，我们今天要研究长方形的面积，你有什么想问的吗？
生：为什么要学长方形的面积？
生：长方形面积只能摆吗？能不能像周长一样计算出来？
生：长方形面积怎么算？
生：为什么长方形的面积等于长乘宽？
生：长方形的面积和周长之间有什么关系？
……

【说明】基于已有知识经验，学生在学习新知前会对新问题产生自己的思考和疑问，这些真问题正是教学的认知起点。

探索分享，建构新认知结构

① 选择测量工具，关联概念。
师：你们在选择工具的时候，为什么没有选择绳子去围呢？
生：用绳子围一圈，量出来的长度是长方形的周长，而我们要量的是面积。

生：面积是指面的大小，只能用小面积去量大面积，不能用长度来量。

师：周长和面积都是在测量这个长方形，但周长量的是边线上有多少个单位长度，所以可以用绳子围的方法来量出长度；面积是指这个面的大小，是研究这个面里有多少个单位面积。

② 对比测量方法，关联意义。

师：（展示4种典型方法，如图9-28所示）对比观察这些方法，你看懂了吗？你有什么想说的？

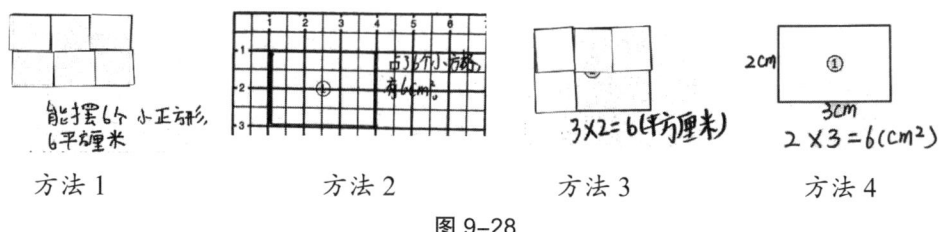

图 9-28

生：我看懂了方法1，是用1平方厘米的小正方形来摆的，一共摆了6个，所以面积是6平方厘米。

生：方法2是用透明方格纸来量的，这个长方形占了6个1平方厘米的方格，所以面积是6平方厘米。

生：我认为方法2和方法1一样，都是用小面积来铺满大面积，数出这个面里共有几个1平方厘米，面积就是几平方厘米。

生：方法3都没有摆满，明明只摆了4个小正方形，为什么就可以得到面积是6平方厘米呢？

生：因为横着1行可以摆3个，竖着只要摆满1列，就能知道可以摆这样的2行，就是2个3平方厘米，用乘法3×2就可以算出一共能摆几个了。

生：这样摆更简单，只需要沿着1条长和1条宽摆满，再用乘法计算。我们还可以竖着看，1列2个，能摆3列，3个2平方厘米，一共是6平方厘米。

生：我有一个疑问，方法4用直尺，量的明明是长和宽的长度，为什么用"3厘米"乘"2厘米"，算出的结果却变成了面积呢？

师：用"长×宽"得到的是不是面积呢？为什么？

生：我认为是面积。因为长方形的长是3厘米，而小正方形的长是1厘米，如果按照方法3的摆法，沿着长边就可以摆3个；同样地，宽是2厘米，沿着短边就能摆2个，所以可以用3×2算出一共可以摆6个，面积就是6平方厘米。

师：用直尺量出单位长度的个数，同样可以知道每行每列摆的单位面积的个数,所以每行的个数乘行数就是总个数。现在,你同意"长方形面积与它的长和宽有关"吗?

生:同意。

师:那它们到底有着什么样的关系呢?

生:我猜长方形面积就等于长乘宽。

师:是不是这样呢?所有长方形的面积都等于它的长乘它的宽吗?我们再来验证一下。

【说明】在方法对比中沟通联系,巩固对面积概念的理解,体会求面积就是求给定单位面积的总个数。进一步地,从数单位面积的个数出发,找到更简捷的计数方法——乘法计算,并建立起其和乘法意义之间的联系。

③ 验证猜想,归纳长方形面积公式。

师:先独立完成"探究2",再小组内核对答案,并讨论交流各自的发现。

学生探究,教师寻找典型作品(图9-29)。

	长/厘米	宽/厘米	面积/平方厘米
图①	3	2	6
图②	1	5	5
图③	2	4	8

【回头看1】通过探究,我们知道长方形面积= 长×宽 ,公式中的"长"表示 每行摆几个 ,"宽"表示 能摆几行 。

图9-29

生:我们小组用小正方形来摆,有的摆满,有的只摆了1行和1列,答案都是一样的。例如,长方形②,我用小正方形沿着长摆能摆5个,说明长是5厘米,沿着宽摆只能摆1行,说明宽是1厘米,得到面积是5平方厘米。

生:大家看这个表格,每个长方形的面积其实都等于长和宽的乘积。所以,我们认为"长方形面积=长×宽"。

师:谁能解释这是为什么呢?

生:长方形的长是几厘米,每行就可以摆几个小正方形;宽是几厘米,就可以摆这样的几行。所以,得到"长方形面积=长×宽"。

师:只需要用直尺量出长方形的长和宽分别是多少,再用公式计算,就可以求出面积了。

教师板书,如图9-30所示。

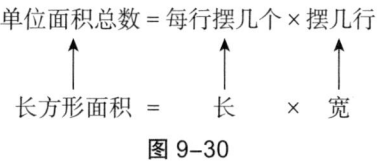

图 9-30

师：对比这几种方法，你更喜欢哪一种？

生：我更喜欢用公式计算。如果我们要求教室的面积、操场的面积，用小正方形摆太麻烦了，而用公式的话，只需要量出长和宽就可以算了。

【说明】通过观察表格中长、宽、面积等数据之间的关系，从特殊到一般，归纳概括出长方形面积公式，建立数学模型，最终验证了"长方形面积＝长 × 宽"的猜想。

④ 类比推理，推导正方形面积。

【说明】在推导正方形面积环节，北师大版教材呈现两种方法：一是摆一摆，让学生再次体会面积度量的本质就是对单位面积的计数；二是根据正方形和长方形之间的关系来推导正方形面积公式，发展学生的推理能力。绝大部分学生能通过推理得出正方形面积公式，并在同化中进一步完善认知结构。过程中，学生自主实现课程难点的突破，测量经验也从工具测量发展到公式测量，并为后续的体积测量奠定基础。

⑤ 完善测量知识结构，关联周长。

师：虽然我们求的是面的大小，但也可以用直尺作为测量工具量出长和宽，再用面积公式计算出面积。回忆一下，量出了长方形的长和宽，还可以算出什么？

生：还可以算出这个长方形的周长。

师：请你们算一算图形②③④的周长分别是多少，并思考你有什么发现。

生：我发现它们的周长都是12厘米，但是面积分别是5平方厘米、8平方厘米、9平方厘米。

生：我发现周长一样的图形，面积可能不同。

师：是啊，并不是说周长越大，面积就一定越大。关于这个问题，我们以后会进一步探索。请你结合今天的学习，思考周长和面积之间有什么区别和联系。

生：都可以用直尺量出长和宽，再用公式计算，只是公式不同。

生：周长可以用绳子围一圈，量出有多少个单位长度；面积可以用小正方形摆一摆，量出有多少个单位面积。

师：也就是说，虽然它们用的测量工具不同，但都是在量"单位"的个数。那么，既然都是在量"单位"的个数，为什么用的工具会不同呢？

生：因为周长量的是边线的长度，面积量的是面的大小。

生：它们的单位也不同，周长是长度单位，面积是面积单位。

师：周长测量和面积测量都是在度量图形里有多少个"单位"。不同的是，周长量的是一周单位长度的个数，面积量的是面里单位面积的个数，它们的计算公式、测量工具、测量对象和测量单位都不同。

【说明】当学生明白了量出长和宽可以算出长方形面积，适时追问"还可以算出什么"，引导学生将周长和面积建立联系。特别地，在对比②号、③号长方形和④号正方形的周长和面积中，学生初步感知周长一样的图形，面积可能不同，为后续深入探究周长和面积之间的关系作铺垫。同时，在讨论交流中引导学生回归度量本质去分析面积和周长的异同，将一维的长度测量与二维的面积测量建立联系，丰富认知结构，进一步发展空间观念，发展度量意识。

回顾总结，整合认知结构

① 回头看，建立认知结构。

【说明】我们认为，学生旧认知结构的发展和完善以及新认知结构的建构，都需要同时关注知识结构和经验结构两方面。有研究者提出，学生积累结构化的基本活动经验，有利于他们形成结构化的数学知识体系，促进对知识进行比较、迁移，并运用结构化的基本活动经验解决新的问题。[①]

本课设计了"回头看1"和"回头看2"。"回头看1"和"回头看2"中的问题（2），一是帮助学生明白为什么长方形面积等于长乘宽，二是对周长和面积异同的辨析，都指向对知识本质的理解，帮助学生建构知识结构。"回头看2"中的问题（1）是对长方形面积推导过程的经验总结，旨在帮助学生建构可迁移的经验结构，体会"猜想—验证—得出结论"的建模过程，感受类比推理的数学思想。

② 勾画板书，整合结构。

【说明】学生的推导学习过程是动态的，知识则在这个过程中慢慢浮现。教师通过板书（图9-31）将重点记录下来，并让学生勾画板书，在动态学习过程中完善静态知识结构的建构。

本课从单元整体视角出发，分析知识本质，把握学生认知结构和数学知识结构，设计并实施结构化的教学，引导学生在理解面积概念的基础上推导长方形和

---

① 任晓霞.数学基本活动经验的"结构化"视角及教学求解[J].数学教学通讯，2019（22）：15-16，22.

正方形的面积公式，不仅帮助学生进一步巩固对概念的理解，还为后续学习面积单位及其换算奠定基础，建构起面积单元内的认知结构。另外，通过关联周长，找到面积和旧知周长之间的连接点，丰富测量板块的认知结构，为后续学习其他平面图形面积、立体图形表面积、体积等知识作铺垫。

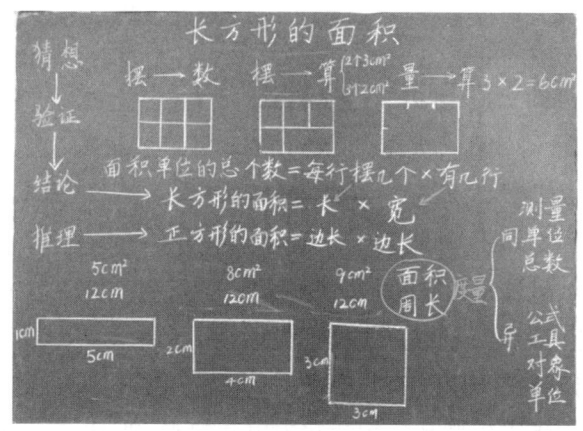

图 9-31

构建立体网状的结构化图谱是开展结构化教学的基础，合适的教学策略可为结构化教学的开展助力，再结合单元、课时视角的具体实施操作，让数学核心素养驻扎学生内心，并逐渐生根、发芽，获得生长。

第十章
探究关联　融会贯通　整体建构

成都七中初中附属小学

数学是研究数量关系和空间形式的科学。"图形与几何"是小学数学学习中的重要内容，对学生数学思维的形成有着奠基作用，是培养学生量感、空间观念、几何直观、推理意识等核心素养的重要载体。实施"图形与几何"领域的结构化教学，可以帮助学生将零碎散乱的数学知识串联起来，形成一个清晰的知识脉络，发展学生结构化思维，切实提升学生的数学学习力。因此我们认为，在小学数学教学中，基于单元整合式理念展开结构化教学是非常有意义的探索。

第一节　"图形与几何"领域结构化图谱

我校立足教材和学生，绘制"图形与几何"领域结构化图谱。在梳理知识结构的基础上，厘清联系、建立联系、沟通联系，旨在构建出一目了然的"图形与几何"知识结构体系。

一、立足教材，厘清联系，知识结构化

我们将"图形与几何"领域的基础知识分成图形的认识、测量、图形的运动、图形与位置四个板块分别进行整理，并形成相应的知识结构图。

（一）图形的认识

教材遵循学生对客观事物的认识过程和认知发展规律，将图形的认识板块按"立体—平面—立体"的线索进行编排，体现了"整体—局部—整体"的图形认识路径，揭示了立体图形与平面图形之间的关系，而对图形各知识点的分布则显得缺少关联。为了使这些零散的知识能够有结构地联系起来，让教师们能一眼看出其前后关联，我们遵循"一维—二维—三维"的图形架构规律对这部分内容按线、

面、体的顺序加以分类整理,并加入"观察物体"内容。图谱的构建有助于教师们从整体结构上把握教学内容,从而更好地实现学生数学知识学习的结构化。该板块知识结构图如图 10-1~图 10-4 所示。

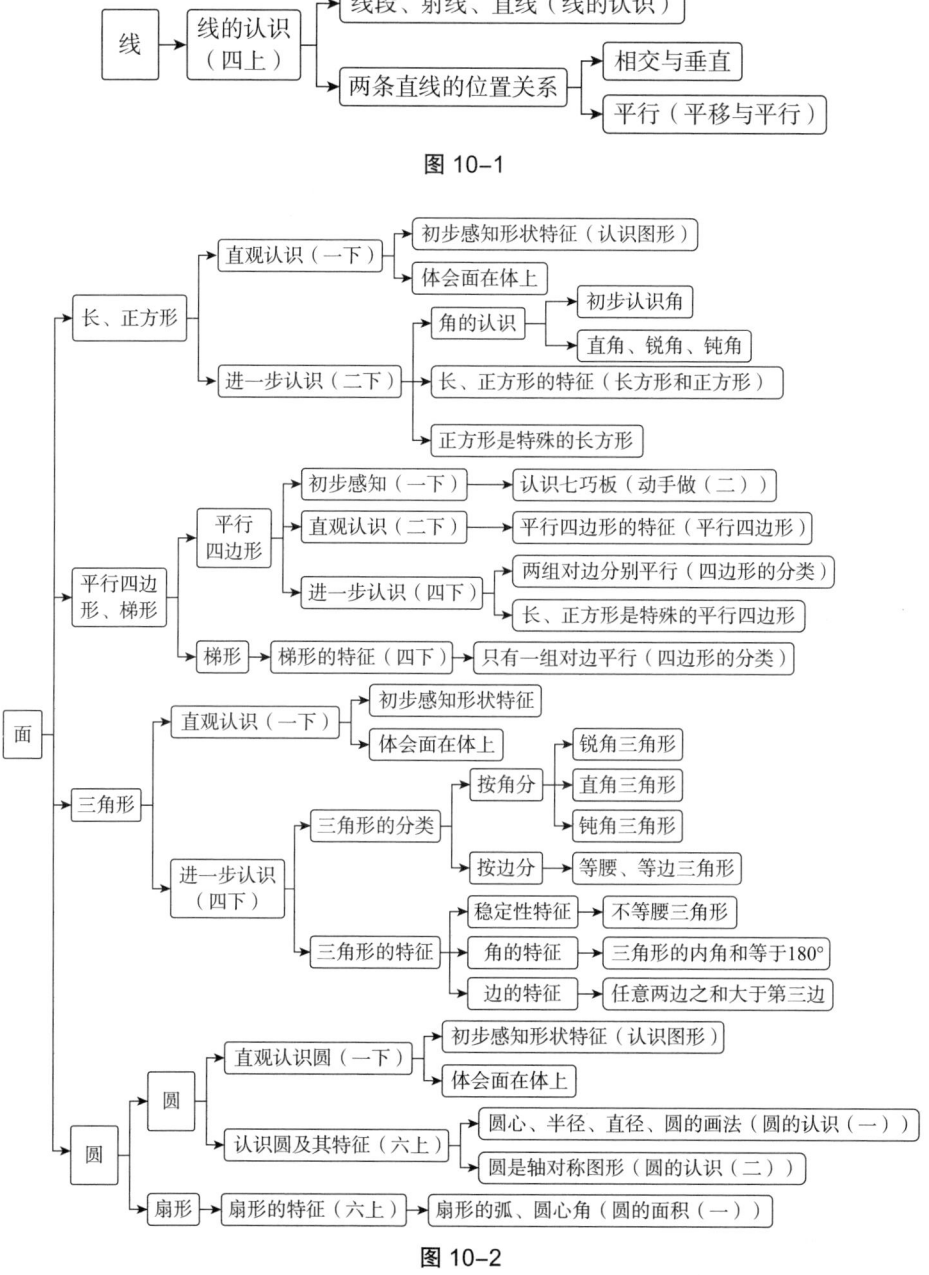

图 10-1

图 10-2

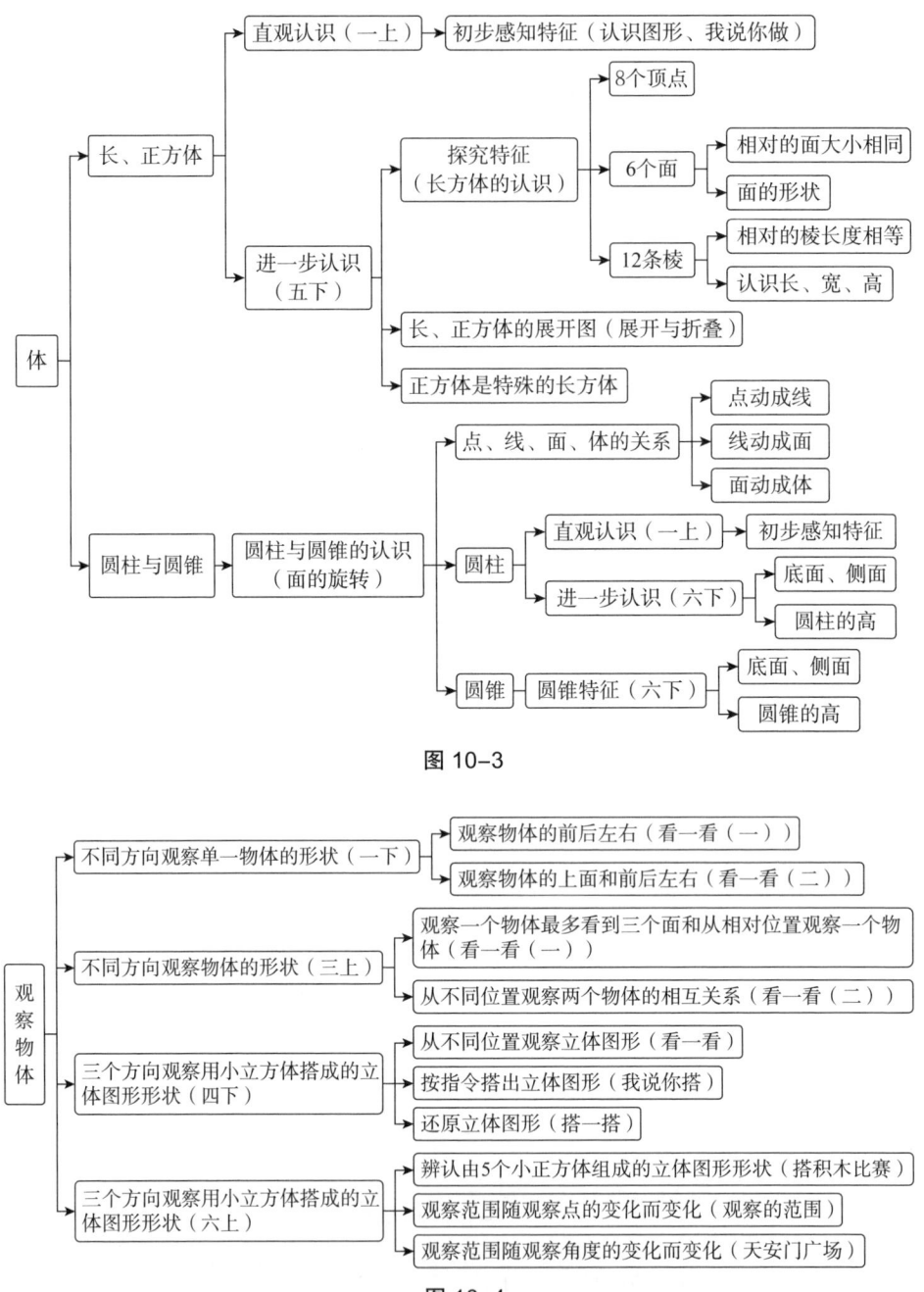

图 10-3

图 10-4

（二）测量

测量的本质为测量单位和图形大小。其中，测量单位旨在确定测量标准、选择测量工具、理解测量结果、积累测量经验；图形大小旨在通过操作与实践，把物体的长度和大小与标准量进行比较，从而得到测量结果，并探究图形周长、面积、体积和角度的计算方法。因此，我们将测量版块的内容分为这两部分作单独整理，以便更加清楚地展示出各知识点的前后联系。该板块知识结构图如图 10-5 所示。

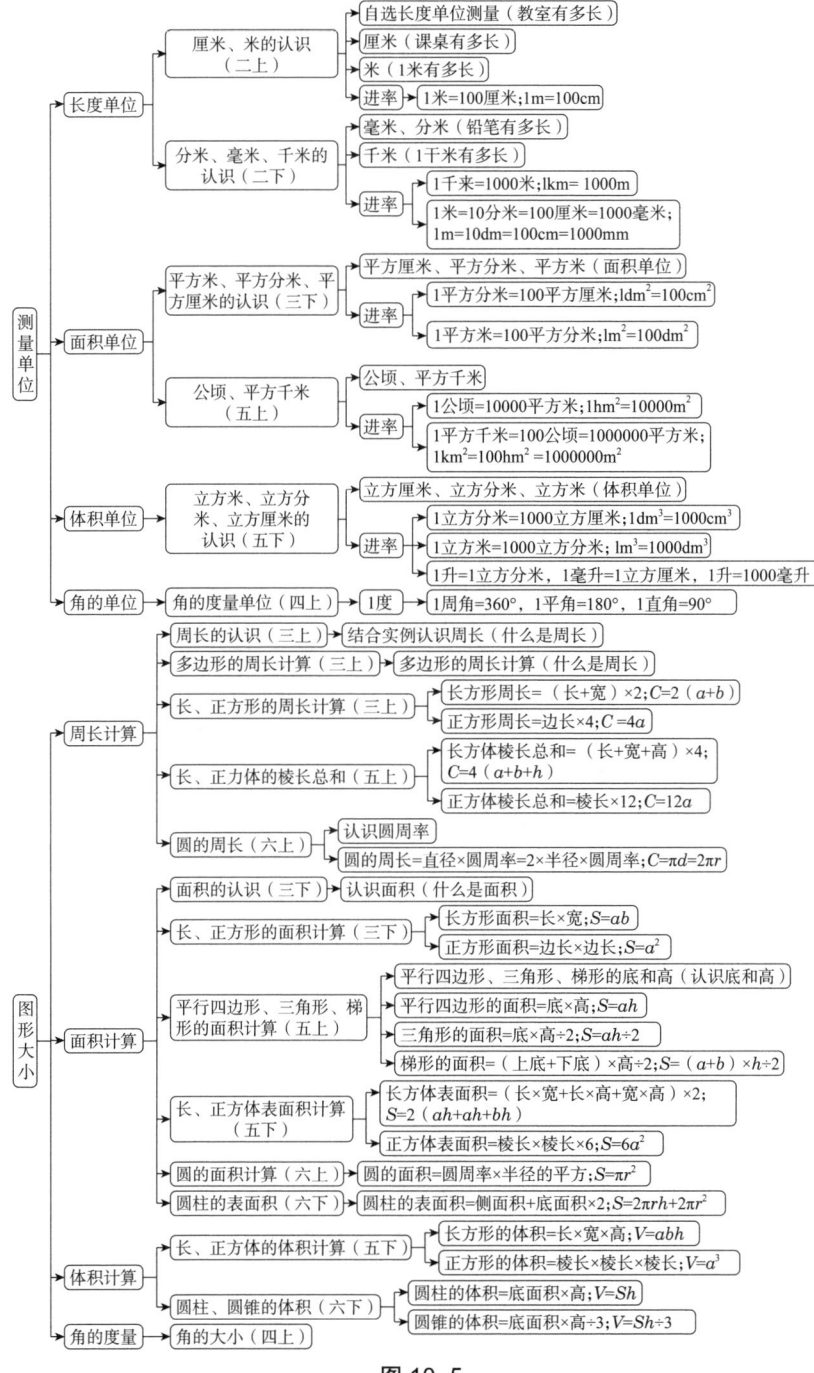

图 10-5

（三）图形的运动、图形与位置

图形的运动、图形与位置这两个板块对学生来说相对比较陌生。我们根据教材编排对这两块内容进行梳理，发现其学习过程也不是一蹴而就的，而是遵循学生的认知发展规律，采取了由浅入深、循序渐进的学习方式。图形的运动、图形与位置这两个板块的知识结构图分别如图 10-6、图 10-7 所示，教师可据此对本版块内容有一个整体把握。

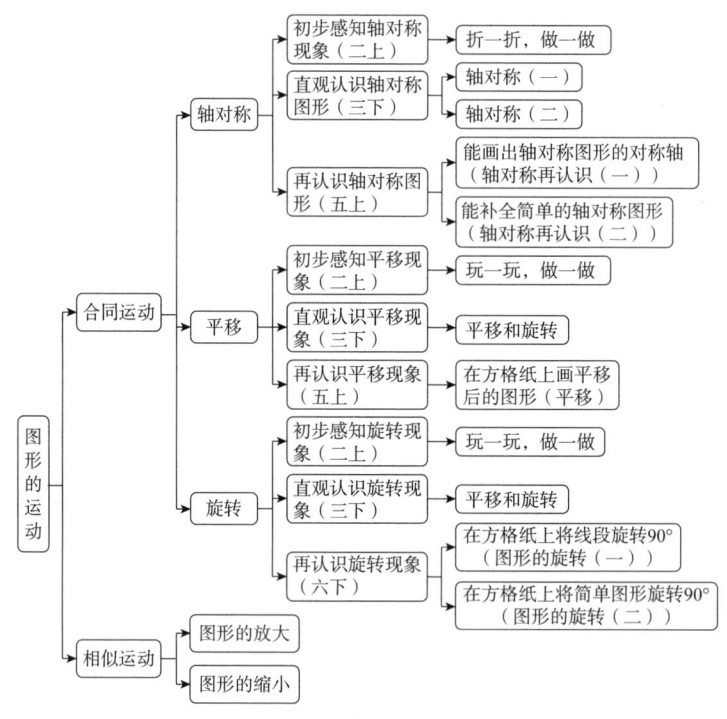

图 10-6

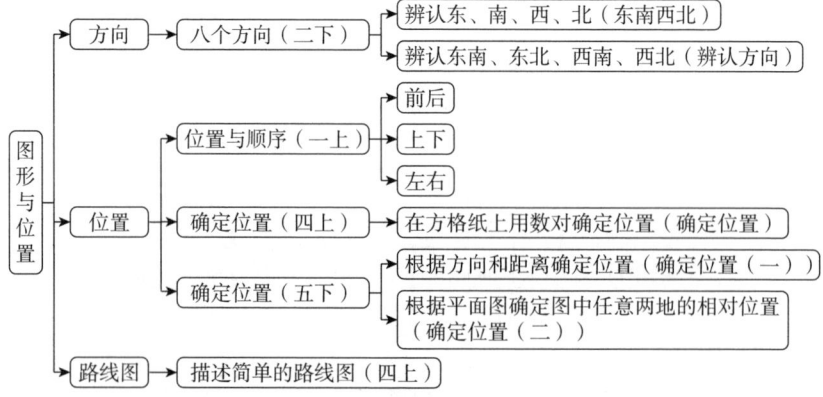

图 10-7

二、立足学生，建立联系，认知结构化

生活中随处可见的各种立体图形，学生早已对它们的外部特征有了一定的感知。然而，由于平面图形大都是附着在立体图形上的，生活中较少存在单独的平面图形，故其形象特征较为抽象。小学阶段正处于具体形象思维向抽象逻辑思维过渡的时期，因此对"图形与几何"的学习，需要借助各种操作探究活动，让学生亲身经历知识产生的全过程，由此才能对图形有直观的认识和深入的了解。于是，我们从生活实际出发，基于大量的操作实践活动，使学生在自主探究与小组合作探究中加深对图形特征的认识，积累数学活动经验，挖掘图形本质特征，找出图形间的内在联系，构建图形认识的系统框架，发展空间观念。

进一步地，我们总结得到这四个板块的学习流程，图形的认识主要经历"直观感知—操作实践—抽象内化—总结特征"的过程；测量主要经历"直观感知—操作实践—演绎推理—度量计算"的过程；图形的运动主要经历"联系实际—观察想象—操作实践—设计欣赏"的过程；图形与位置主要经历"联系实际—观察想象—操作实践—理解运用"的过程。

三、立足分析，沟通联系，图谱结构化

基于以上对教材和学生的结构化分析，我们以知识技能为明线、以蕴含的思想方法为暗线，对"图形与几何"领域进行图谱绘制，通过相应标识（实线、虚线等）明确本领域的知识主线、内在联系、知识共性、思想方法等，找到板块之间的内部关联与外部关联，力求形成一个结构化的图谱（图10-8）。

（一）内部关联

1. 图谱明线（知识技能）

结构化的核心是将数学知识进行串联，使其脉络清晰。根据对教材编排特点的解读和对学生认知发展规律的分析，我们以学生的学习过程和数学知识为明线来绘制知识结构图谱，其中横轴为学习过程，纵轴为数学知识，两者齐头并进、双向延伸。

（1）图形的认识、测量

学生对图形的认识大都基于观察与操作，从直观到抽象、从整体到局部、从形状特征到结构特征。图形的认识板块知识关联图如图10-9所示，横向观察，主轴体现了学生从立体图形到平面图形再到立体图形的螺旋上升式认识全过程，侧枝添加了对线、角的认识，不断丰富学生对图形从形状特征到结构特征的认识。

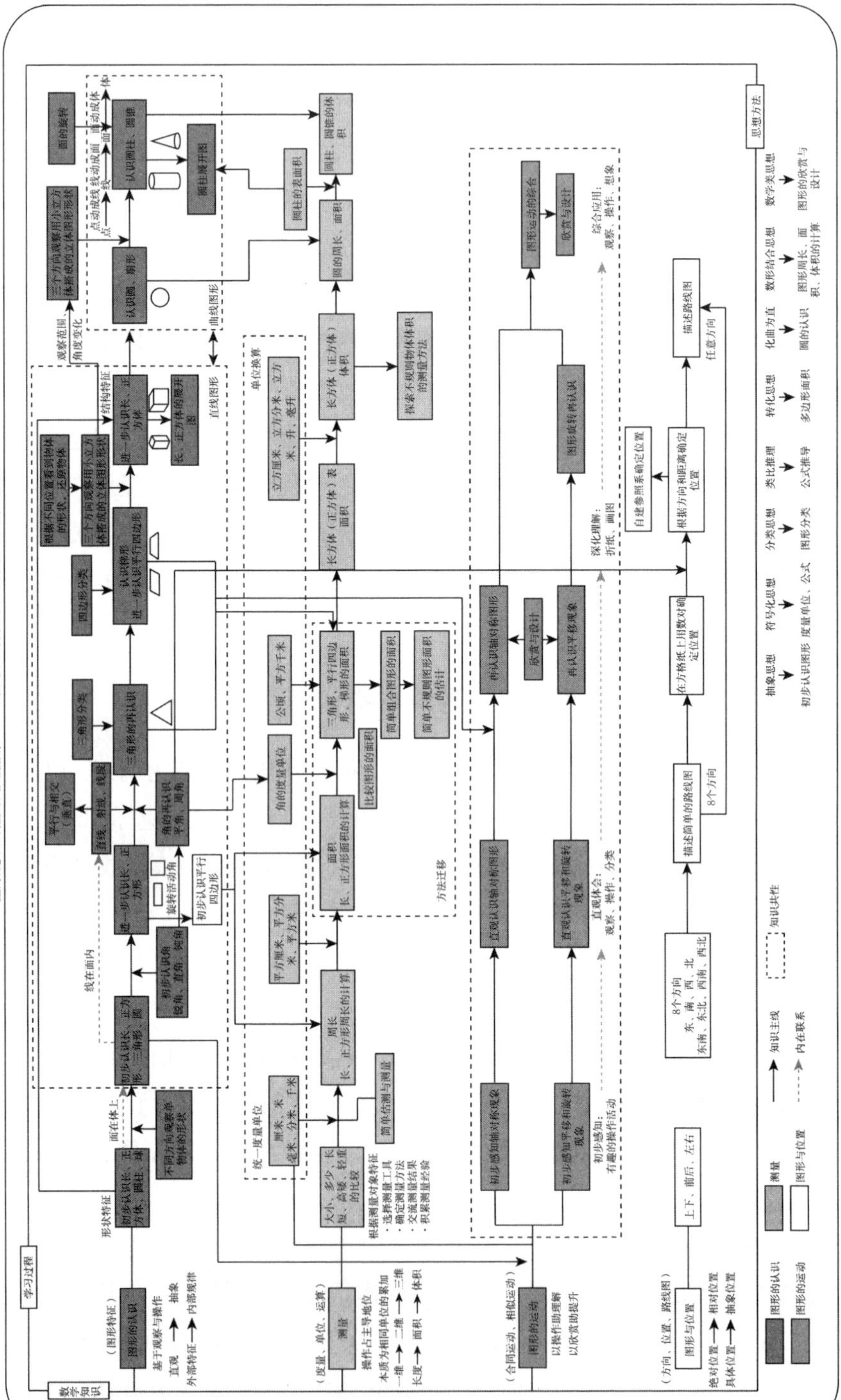
小学数学“图形与几何”知识结构图谱（北师大版）
（空间观念、几何直观、推理能力）
成都七中初中附属小学 刘佳佳 唐雪梅 童雪玲
图形与几何
数学知识
学习过程
思想方法
图形的认识
测量
图形的运动
图形与位置
知识主线
内在联系
知识共性
抽象思想
符号化思想
分类思想
类比推理
转化思想
化曲为直
数形结合思想
数学美思想

图 10-8

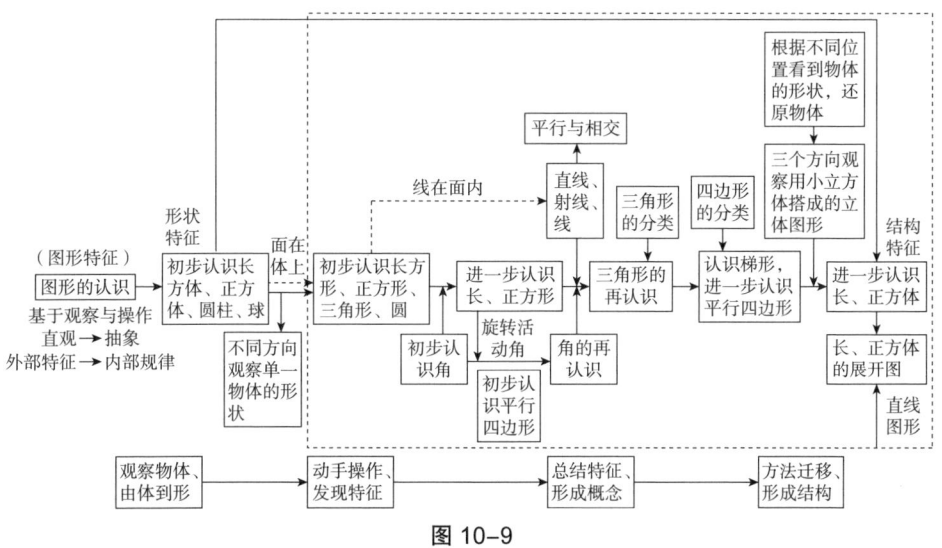

图 10-9

比如,长方形是认识其他平面图形的基础,因此图形认识一般按照"长方体、正方形—平行四边形—三角形—梯形—圆"的顺序展开。教学中要注重对学习方法的迁移,将研究某个图形特征的方法迁移到其他图形的研究中,从而形成方法的结构化,即"观察实物、由体到形—动手操作、发现特征—总结特征、形成概念—方法迁移、形成结构"。此研究方法同样适用于立体图形的认识。

学生对测量板块的学习基于实践操作和自主探究,从中发掘测量本质,进而总结归纳,抽象出公式模型,最终将其运用于生活实际问题的解决。基于此,绘制得到测量版块知识关联图(图 10-10),主轴体现测量过程,即从长度到面积再到体积,符合学生量感从一维到二维再到三维的建立过程;侧枝添加了分散在不同学段的测量单位的认识,丰富测量方法,感知测量本质。

我们发现,无论是一维的周长计算,二维的面积计算,还是三维的体积计算,其图形测量的本质其实都是相同的,即先确定测量标准,再将待测量与该标准进行比较,看有多少个这样的标准量。周长是在求图形的一周由几个单位长度构成,面积是在求图形的面由几个单位面积构成,而体积则是在求立方体的空间由几个单位体积构成,其计算过程的本质都是在进行相同单位的累加,目标均是培养学生的空间观念和量感。事实上,这在一年级上册学习大小、多少、长短、高矮、轻重的比较时就已有所渗透,如比大小,以小物体为比较单位,看大的物体里有多少个这样的小物体。

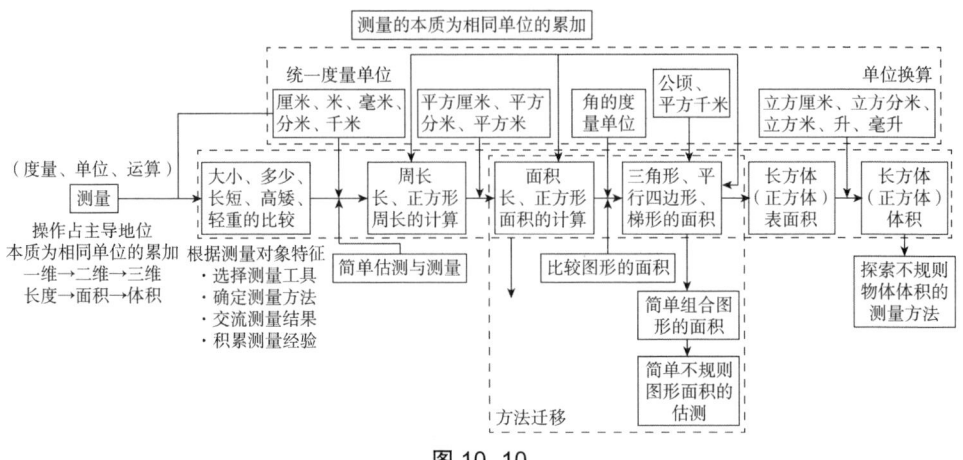

图 10-10

(2) 图形的运动、图形与位置

图形的运动、图形与位置虽然所占篇幅较少,但其作用仍不可忽视。通过进行各种观察与操作活动,让学生感受到图形的美,丰富了他们对图形的认识,发展了空间观念,加深了对图形本质特征的认识。图形的运动、图形与位置这两个板块的知识关联图分别如图 10-11、图 10-12 所示。

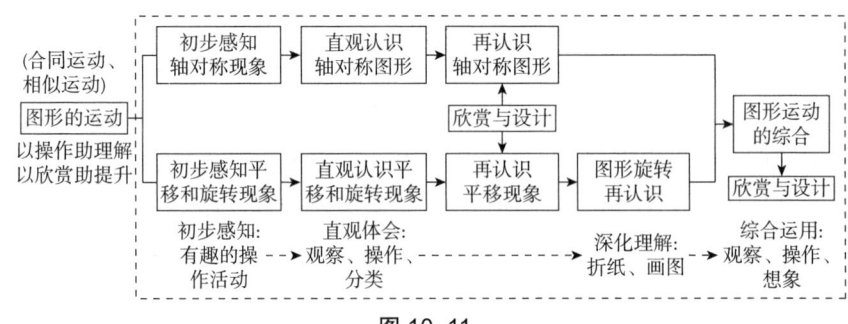

图 10-11

图 10-12

2. 图谱暗线(思想方法)

"图形与几何"主要以发展学生的空间观念、几何直观、推理能力等素养而展开,在探究过程中主要渗透的数学思想方法包括抽象思想、符号化思想、分类思想、类比推理、转化思想、数形结合思想、模型思想等。我们将该领域主要涉及的思想方法与相关内容进行汇总整理(表10-1),并将其体现在结构图的绘制中。

表10-1 "图形与几何"领域主要思想方法

主要思想方法	内容	具体运用
抽象思想	初步认识图形	平面图形的认识,立体图形的认识
符号化思想	度量单位,计算公式	长度、面积、体积单位,周长、面积、体积计算公式
分类思想	图形分类	多边形的分类,三角形的分类,四边形的分类
类比推理	概念,公式推导	周长、面积、体积概念的理解,周长、面积、体积公式的推导过程
转化思想	三角形、多边形的内角和,多边形的面积计算、体积计算	转化成平角,将不规则平面图形转化成规则平面图形来求面积,将不规则立体图形转化成规则立体图形来求体积
数形结合思想	以"数"解"形"	周长、面积、体积的计算

(二)外部关联

图形的认识、测量、图形的运动、图形与位置四个板块紧密联系,不可分割。下面,以图形的认识和图形的运动为例作简要说明。

认识图形本质上是一个概念建立的过程,需辅以观察、比较、抽象、概括等图形测量的内容,才能在相对抽象的层面上达到对几何图形结构特征的真正认识;图形的运动既包括形式上的运动,如轴对称、平移、旋转、放大、缩小等,也包括方向上的运动,如通过描述方向、位置来确定运动路线图。这两个板块的内容均旨在发展学生的空间观念,帮助学生初步学会从运动与变化的角度进一步认识图形,揭示图形的内在联系。

在认识基本图形的形状特征后,将基本图形通过一定的运动(轴对称、平移、旋转等)得到新的图形,进一步沟通图形与图形之间的内在联系,丰富学生对图形的认知;并在观察得到图形运动规律的过程中,让学生自己设计出符合数学美的作品,达到提升空间观念的目的。

第二节　立足图谱，探索结构化教学实施策略

基于第一节对结构化教学的分析，本节具体阐述结构化教学的实施策略。

一、教材解读策略

教师对教材的结构化解读是进行结构化教学的基础。对教材结构化的解读包括解读知识结构和思想方法结构两个方面。

（一）知识结构

数学知识结构主要包括课时知识结构、单元知识结构、跨单元知识结构。找到知识各元素之间的关系，即分析知识的内部结构；联系其与已学知识和后续学习内容的联系，即分析知识的外部结构。

我们纵观北师大版小学数学1~12册教材，以期寻找"图形与几何"领域知识的内外联系。内容上，将其划分为图形的认识、测量、图形的运动、图形与位置四个板块，其中认识图形的特征是寻找测量方法的基础，图形的运动也是认识图形的体现，彼此相互联系，共同构成一个有机整体。学习过程上，以图形的认识为例，主要分为"初步认识→再认识""立体图形的认识→平面图形的认识→立体图形的认识""由直线围成的图形的认识→由曲线围成的图形的认识""规则图形的认识→不规则图形的认识"。

（二）思想方法结构

数学思想方法是数学学习中的重要部分。教学中应注重对学习过程的分析，感悟知识背后的数学思想方法，找到联系知识的纽带。例如，在面积和体积的学习中，要注意转化思想的渗透；在圆面积的教学中，要注意极限思想的渗透。

二、课程整合策略

基于知识图谱的构建，在具体单元教学中，应将单元内部有联系的知识进行整合。例如，"多边形的面积"单元在认识底和高这两个概念时，一方面要体现底和高是一对相互依存的量；另一方面要认识到平行四边形、梯形及三角形的高的本质是相通的。学生在认识了平行四边形的底和高后，教师可将平行四边形的一条边变短，把平行四边形变成梯形，让学生借助找平行四边形底和高的经验去寻找梯形的底和高；而后继续将这条边变短，直至变成三角形，同样借助先前的经验去寻找三角形的底和高。如此，沟通了三种图形底和高之间的联系（图10-13），揭示了底和高的本质。

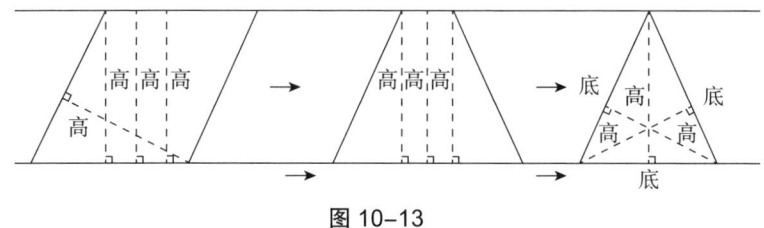

图 10-13

三、学情分析策略

根据皮亚杰的儿童认知发展理论,小学生的思维处于具体运算阶段,但由于生活经验的不同,学生之间的认知水平存在一定的差异。因此,教师不能一味地根据以往的教学经验来推测学生当前的认知结构,需要通过问卷调查、访谈、前测等方式了解学生已有的认知结构,从而更有效地开展教学。

例如,教学"平行四边形的面积"一课前,可以设计课前检测单,了解有多少学生已经会计算平行四边形的面积,有多少学生能区分长方形和平行四边形面积计算的区别,有多少学生会将"高"与"边"的含义相混淆,会正确计算的学生中又有多少人真正知道这样算的道理,等等。教师据此设计前测任务:量一量、算一算,预设学生可能会直接量出平行四边形两条不同的边,并将它们直接相乘作为平行四边形的面积,从而为在课堂上突破这一易错点作铺垫;说一说平行四边形面积计算的推导过程,预设大部分学生无法清楚表达,而这也是本堂课要突破的重点问题。

基于学情的教学设计更有针对性。因此,设计科学的前测有助于教师了解学生的已有知识经验,从而更好地进行结构化的教学设计。

四、结构的建构策略

教师有结构地教,才能促进学生有目标、结构化、有关联地学。那么,在具体实施过程中,教师应如何进行结构化的教学?如何促进学生结构化的学习?下面,我们从单元开启课、起始课、种子课、复习课等方面作详细说明。

(一)依托单元开启课,疏通单元内部知识联系,整体上初步实现知识的结构化

在单元开启课上,教师应带领学生纵观整个单元内容,初步完成单元思维导图的绘制,帮助学生建立对所学内容及其相关内容的整体认知。

以北师大版《数学》五年级上册"多边形的面积"单元开启课"比较图形的面积"为例,教师带领学生回顾旧知并介绍即将学习的新知,初步绘制得到思维导图

（图10-14）。

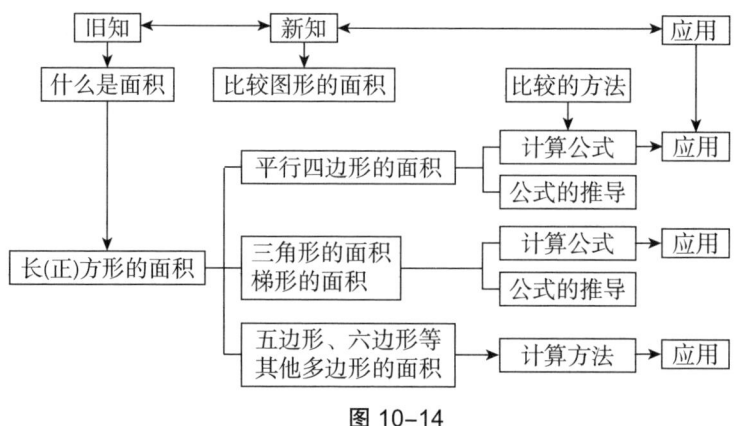

图 10-14

学生通过对知识进行初步的梳理，认识到本单元将重点学习多边形面积的计算方法，重在分析计算方法的推导过程，以及通过面积计算解决实际问题。若单独地去看待每一课时，学生不理解为何要学习"比较图形的面积"一课，但在经历思维导图的绘制过程后，学生明白需要在比较面积大小的过程中总结面积计算的多种方法，由此沟通了单元内部知识的联系。

（二）立足起始课，疏通课时内部元素间的联系，促进知识的结构化

将起始课中有联系、本质相同的知识元素进行整合教学，能帮助学生在变式中抓住概念本质，帮助学生促进知识的结构化。

例如，学习多边形面积计算方法时要用到底和高这两个概念，因此认识底和高是学习多边形面积计算的基础。由于平行四边形、三角形及梯形的面积计算都涉及底和高的概念，因此教学中需沟通三者之间的联系，帮助学生认识知识本质，防止学生在后续学习中因图形变换方向（图10-15）而错认底和高。

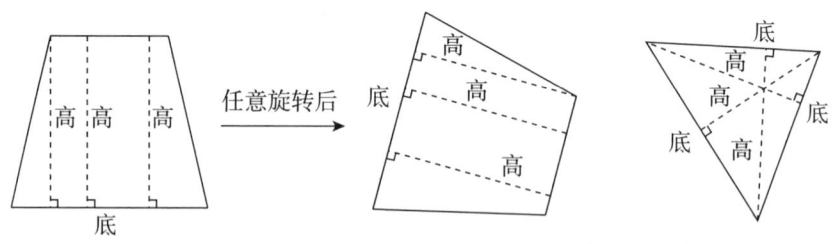

图 10-15

与平行四边形不同，梯形有一组不平行的边，学生容易将其误以为是梯形的底。为了突破这一认知错误，帮助学生掌握底和高的概念，需要教师在教学设计

时有意呈现摆放方向不同的梯形和三角形,让学生分别画出相应的高,而学生只有在真正理解底和高概念的基础上才能将其全部正确画出来。

(三)深挖种子课,在操作、表达中培养结构化思维

1. 在实物操作、情境体验中构建知识结构,形成思维结构

于小学生而言,思维大多是基于动作而产生的,思维结构的形成需要在动手操作中培养。学生在具体操作活动中,经历发现、质疑、探讨、总结等过程,从而帮助他们形成基本活动经验,发展想象、推理能力,形成空间观念。因此,教师需提供具体的现实素材和情境,并给予学生充分的动手操作机会。

看和摸:从不同角度观察物体形状,从体中看到面,将面还原成体;将生活中的实物抽象成数学图形,又根据数学图形在生活中寻找相应的实物原型;以不同对象为观察点描述物体位置,感受位置的相对性。

量和画:选用合适的工具,思考有效的测量方法和测量过程中的注意事项,感受测量方法的多样性,体会误差的真实存在性,形成科学的态度,为学习估测和不规则物体的测量做好准备;画角、平行线和垂线,画平面基本多边形、圆和立体图形,在画的过程中学会辨析,形成对图形及其特征深入而又全面的认识。

摆和拼:根据图形的特征进行推理、想象、思考、创新,并发现规律。

剪和折:感受图形的对称和对称的美,感受二维与三维之间的转化,并让学生在联系、想象与设计中感受数学的美。

"平行四边形的面积"作为"多边形的面积"单元的种子课,教学前让学生事先准备好一个平行四边形模型,学生准备的平行四边形形状、大小各不相同,从而有助于学生提炼知识本质。教学中让学生利用自己手中的平行四边形探究平行四边形的面积计算方法,学生在折(画)、剪、平移、拼等过程中,发现可以将平行四边形转化成长方形,并在观察、比较中发现转化前后底和长、高和宽之间的对应关系(图10-16):平行四边形的面积 = 长方形的面积,长方形的长 = 平行四边形的底,长方形的宽 = 平行四边形的高。由此,推导得出平行四边形面积的计算公式:平行四边形的面积 = 长方形的面积 = (长方形)长 × (长方形)宽 = (平行四边形)底 × (平行四边形)高。

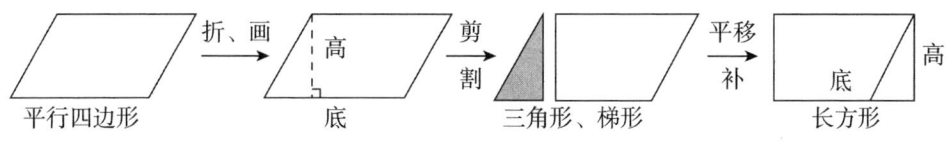

图 10-16

通过操作,学生建立起长方形与平行四边形之间的联系,对转化思想有了深

刻体验。从而,实现了新知与旧知的有效联结,理解了平行四边形面积计算的缘由,并在操作中积累了基本活动经验,在推理中形成了思维的结构化。

2. 在迁移应用、多元表征中,完善思维结构

操作是思维形成的基础,而知识方法的迁移应用和多样化的表征则是丰富并完善思维的重要方式。以"三角形的面积""梯形的面积"为例,学生通过割补法,在多次的尝试与创新中,发现三角形可以转化成长方形或平行四边形;梯形不仅可以转化成长方形、平行四边形,还可以转化成三角形或是其中任意两种图形的组合,再次让学生体会到可以将未知转化成已知来求解,也为后续学习"组合图形的面积"奠定了良好的基础。并且,学生对转化思想的认识也更加丰富了。下图展现的是教学过程中学生想到的三角形和梯形面积计算的多样化方法(图10-17)。

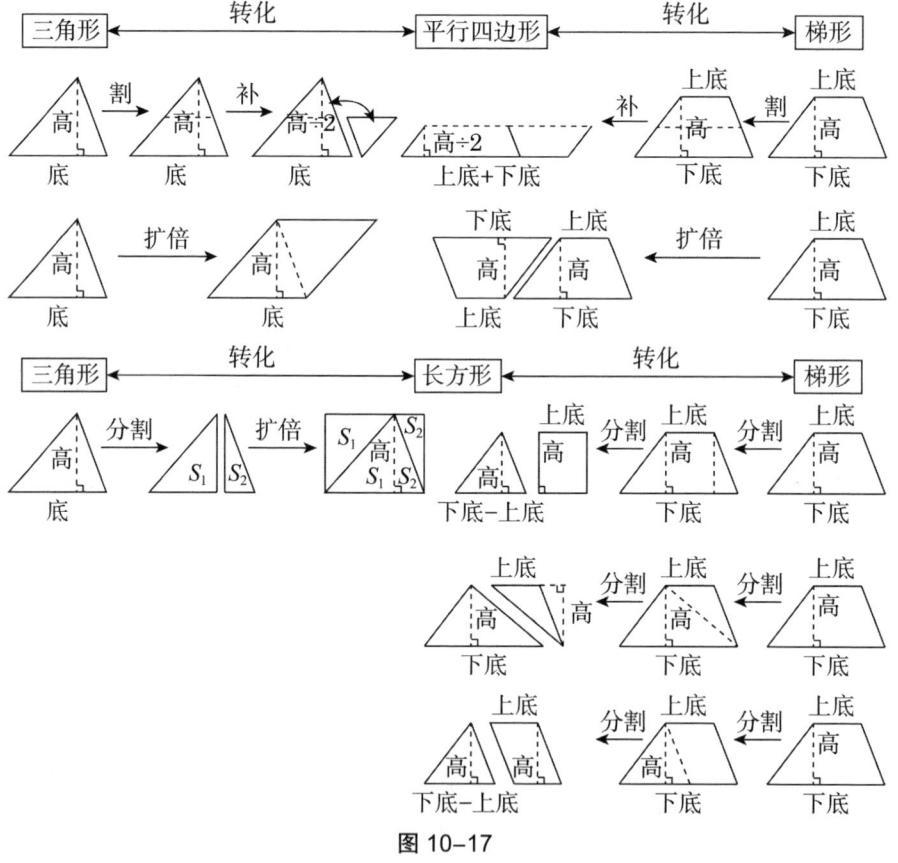

图10-17

"多边形的面积"单元是对基本图形面积的学习,并将在基本图形的面积计算中所形成的活动经验以及割补、转化等思想方法用于组合图形的面积计算中;六

年级上册"圆的面积"的学习依然是利用了割补、转化等思想方法。因此,本单元的结构化学习能帮助学生对割补、转化等方法形成清晰且深刻的印象,建立知识间及思想方法间的联系,实现从知识结构到思维结构的建构。

(四)重视复习课,整体回顾,梳理思想方法,培养结构化素养

整体上再次回顾本单元知识的产生过程,以及学习过程中的数学思想和方法,以丰富思维导图,引导学生在学习中逐渐养成结构化素养。复习课的大致教学过程如下:从平行四边形的面积入手,应用割、补、扩倍等方法将平行四边形转化成学过的长方形进行面积计算;继续应用转化思想回顾三角形、梯形的面积计算,进而拓展到任意多边形和组合图形的面积计算,甚至是不规则图形的面积计算,让学生体会由简单到复杂、由特殊到一般的数学学习过程。完善后的单元思维导图如图10-18所示。

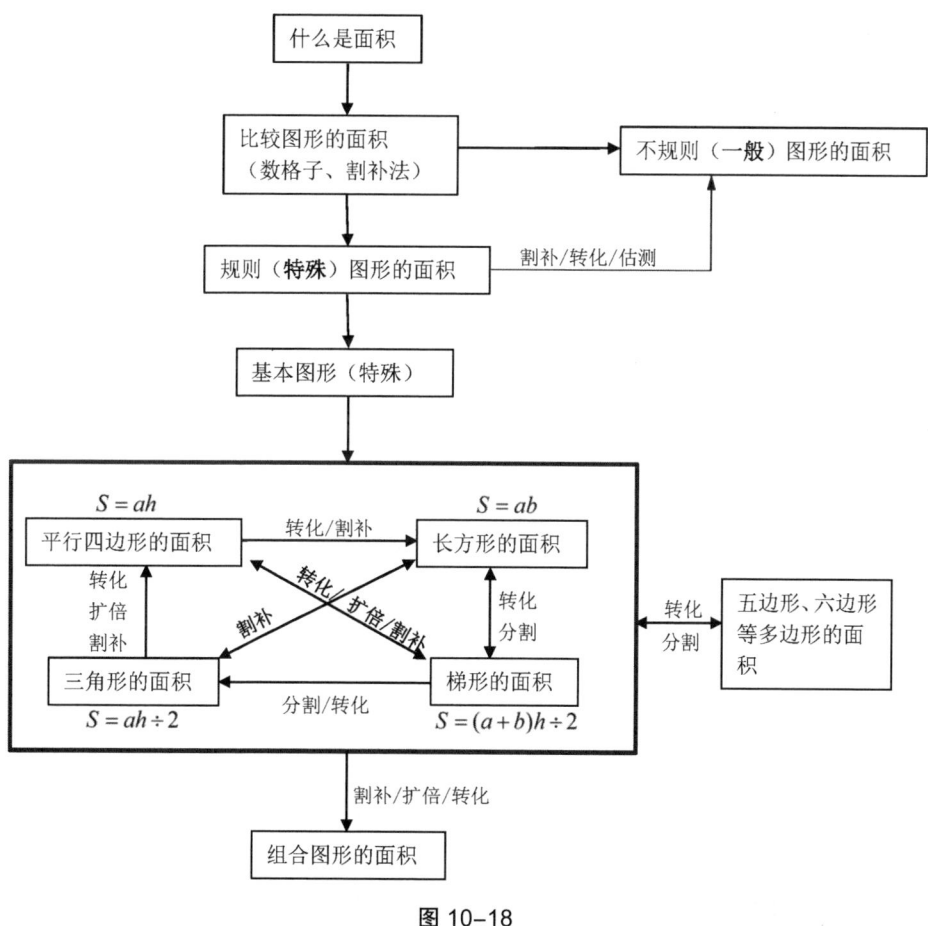

图 10-18

第三节 以"平行四边形的面积"为例

一、基于结构化的单元整合教学思路

(一)课时结构化分析

教材中关于平面图形的认识一般按照"长方形、正方形→平行四边形→三角形→梯形→圆"的顺序展开。其中,长方形、正方形、菱形等都是特殊的平行四边形,平行四边形又是研究三角形、梯形的基础。

平行四边形在平面图形的认识中起着承上启下的重要作用:首先,长方形、正方形是可以直接数单位面积的平面图形,而平行四边形、三角形和梯形都不能直接数单位面积,因此平行四边形面积的学习是学生从学习长方形、正方形面积到学习三角形、梯形面积的过渡。其次,平行四边形面积的学习是学生第一次用转化思想探索平面图形面积的过程,这一思想能对学生进一步探索其他直边图形和曲边图形(圆)的面积公式打下重要基础。具体的知识学习结构如图10-19所示。

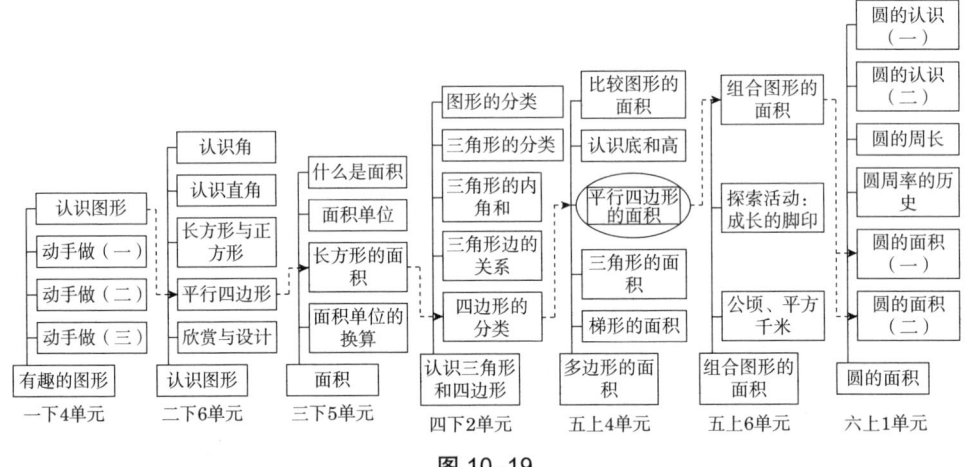

图 10-19

(二)学生认知特点

1. 已有知识与经验基础

学生最初认识平面图形的面积时,是通过数单位面积来求出平面图形的面积的,之后学习的长、正方形面积计算公式也是由此发展得来的。虽然五年级学生对平行四边形的特征已有一定了解,但对图形面积计算公式推导过程的理解和描述仍存在一定的困难。

2. 受长方形面积计算经验的负迁移

学生已经在三年级学习了长方形面积的计算并能灵活应用，但他们可能会受长方形面积计算经验的影响，猜测平行四边形的面积也是邻边相乘。

3. 求知欲强烈，动手操作能力强

现阶段学生的求知探索欲望强烈，愿意动手操作、主动发现，且已经具备了一定的合作探究能力，这些都为本课的学习创设了有利条件。

（三）整合思考

就本单元来说，前两课时"比较图形的面积"和"认识底和高"均是后续不规则图形面积计算的起始课，故可以将其整合为一个课时；而后面的三节探索活动课均以转化思想为教学主线，因此我们将这三节课整合为以转化思想为主线的微单元进行教学，以此帮助学生打通知识之间的"隔断墙"；最后设计一节有关多边形面积应用的综合练习课，将知识与实际生活相联系，让学生体会学数学、用数学的乐趣。具体设置如表 10-2 所示。

表 10-2　单元课时整合

课型	教材课时设计		整合课时设计	
单元开启课/起始课	比较图形的面积	2课时	多边形的秘密	1课时
	认识底和高			
种子课	探索活动：平行四边形的面积	4课时	平行四边形的面积	1课时
迁移课	探索活动：三角形的面积		三角形的面积	1课时
迁移课	探索活动：梯形的面积	1课时	梯形的面积	1课时
应用课			综合型、创新型问题的解决	1课时

二、基于结构化的课前思考

（一）学情分析

为了更好地了解学生的学习起点，我们设置了前测单，具体如下。

"平行四边形的面积"课堂前测单

课前活动：量一量，算一算。

（1）下面图形的面积是多少？

（2）用自己的方法说一说你是怎么得到上面这个图形的面积计算方法的。

问题（1）是为了了解学生的认知起点；问题（2）则是在学生已经知道面积计算公式的前提下，进一步了解他们是否知道其中的道理。我们对本校五年级两个班 100 名学生进行了前测，结果分析如下：有 29 名学生已经知道平行四边形面积的计算公式是"底 × 高"，有 17 名学生认为平行四边形面积计算公式是邻边相乘，学生代表性示例如图 10-20 所示。在已知平行四边形面积计算公式的 29 名学生中，有 13 名学生会利用割补法将平行四边形转化为长方形进行计算，学生代表性示例如图 10-21 所示。

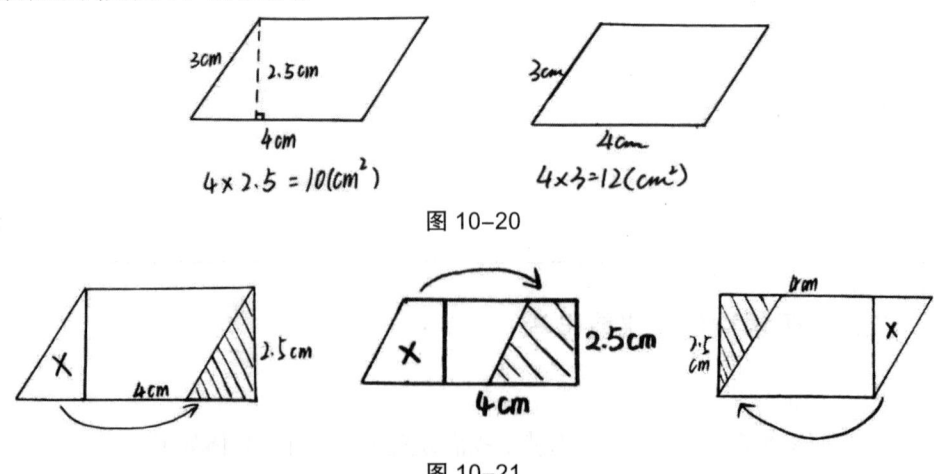

图 10-21

分析前测结果，发现大部分学生已经知晓平行四边形面积计算方法，但对公式推导过程并不十分清楚。

（二）**教师准备**

1. 开放探究过程

教学要为学生创设充分的自主探究空间，鼓励学生独立思考，在操作中比较、在比较中发现、在发现中总结，从而逼近知识本质。这个过程既是对学生数学研究方法的渗透，同时也培养了学生发现问题、解决问题的能力，更是发展了类推能力。

2. 强调转化思想

学生在学习平行四边形面积的过程中也会逐渐形成对割补法的正确认识，而这实际上是转化思想的具化体现。学生在掌握了平行四边形面积的计算方法之后，对转化思想的认识也会更加深入，这对推动后续教学具有重要意义，并在一定程度上降低了学生的认知难度。

三、基于结构化的教学实践

（一）**教学目标**

通过操作、观察、比较等活动，自主探究平行四边形面积计算的推导过程，并能正确应用公式解决问题。

体会上节课所学习的割补法，深入渗透转化思想，能够灵活运用转化思想探究平行四边形面积计算公式的多种推导方法，理解公式的含义，培养学生的符号意识。

积累用转化思想推导平行四边形面积计算公式的经验，并学会把这一经验迁移到三角形、梯形面积计算公式的推导过程中，建立知识体系，为微单元的结构化学习奠定基础。

（二）**教学重点、难点**

教学重点：探索并掌握平行四边形的面积计算公式；体会平行四边形面积计算中的转化过程和图形间的内在联系。

教学难点：理解平行四边形面积计算公式的推导过程，并能用公式解决实际问题。

（三）**教学片段**

联系旧知

师：（手拿长方形活动框架）这是什么图形？它的特点是什么？（生答略）

师：如果它的长是6厘米，宽是5厘米，那么它的面积是多少？如何计算？

【说明】"温故"是课堂教学的重要起始环节，起承上启下的作用，为探究平行四边形面积计算埋下伏笔。

师：如果老师捏住长方形框架的一组对角，将它往外拉。（教师操作）现在变成了什么图形？

生：变成了平行四边形。

师：平行四边形有什么特点？你能分别指出它的底和高吗？

生：平行四边形对边相等，对角相等。

生：（边说边比划）以这条长边为底，它的高在这里，且有无数条。

生：（边说边比划）若以这条短边为底，它的高在这里，也有无数条。

师：那这个平行四边形的面积还是30平方厘米吗？

生：和长方形面积一样，邻边相乘，面积还是30平方厘米。

生：看上去图形大小发生了变化，面积应该不再是30平方厘米了。

生：平行四边形的面积等于底乘高，只要知道它的底和高就可以求面积了。

学生讨论，意见不一。教师出示方格纸，将之前准备好的长方形和拉扯后形成的平行四边形分别摆放在方格纸上（图10-22），引导学生观察。学生根据数方格求面积的经验，发现平行四边形的面积不再等于之前长方形的面积，不能用邻边相乘的方法求平行四边形的面积。

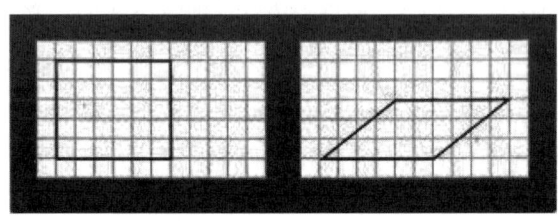

图 10-22

师：那么，平行四边形的面积到底是多少呢？应该怎么求？今天，我们就一起来探索平行四边形的面积计算方法。

【说明】通过数方格，学生发现用邻边相乘来计算平行四边形的面积是不正确的，从而引发认知冲突，启发学生思考。

探究新知

① 探索①号平行四边形纸片（图10-23）的面积。

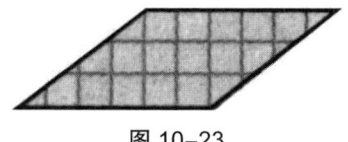

图 10-23

师：请同学们将信封里的①号平行四边形纸片取出来，试着去研究一下它的面积到底是多少。

学生活动（数、剪、拼、算），教师巡视。

生：我用的是数方格数的方法，先数整格，再把不是整格的拼成整格，一共是18平方厘米。

生：我用的是之前学过的割补法，沿着这条高（图10-24中的"高1"）剪开，把左边的三角形移到右边，拼成一个长方形，它的长是6厘米，宽是3厘米，面积是6×3=18（平方厘米）。

生：我用的也是割补法，不过我是沿着这条高（图10-24中的"高2"）剪开的，同样拼成了一个长6厘米、宽3厘米的长方形，面积也是18平方厘米。

生：我是沿着这条高（图10-24中的"高3"）剪开的，得到两个直角梯形，也能拼成一个长6厘米、宽3厘米的长方形，面积同样是18平方厘米。

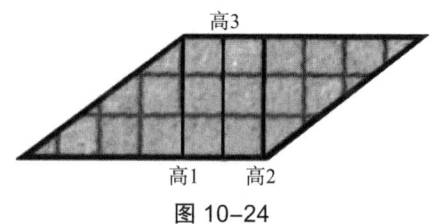

图 10-24

师：同学们分别用了数方格和割补法来求平行四边形的面积，比较这两种方法，你更喜欢哪一种？

生：我更喜欢割补法，数方格时，如果遇到不能拼成整格的就很麻烦。

生：我也喜欢割补法，割补后就变成了长方形，就可以用长方形面积公式快速求出面积了。

师：看来大家都更喜欢割补法。但为什么剪的方法不同，却都能转化成长方形呢？

生：因为都是沿着高剪的。只有沿着高剪，才能得到四个直角，才能拼成一个长方形。

师：那为什么都要拼成长方形呢？

生：因为我们已经会求长方形的面积了。

师小结：这样先剪再拼，就将平行四边形进行了等积变形，变成了我们会求面积的长方形。当我们遇到新的知识或不会解决的问题时，就可以用这种方法把新知变成旧知、把未知变成已知，这是数学里非常重要的转化思想。（板书）

师：刚刚大家用了不同的方法将平行四边形剪开，并拼成一个长方形。汇报时，你们都说拼成的这个长方形的长是6厘米，宽是3厘米，你们是怎么知道这两个数据的呢？

生：数方格，拼成后的长方形的长占了6个方格，宽占了3个方格。

生：其实，拼成的长方形的长就是原平行四边形的底，宽就是原平行四边形的高。

【说明】把平行四边形转化为长方形，剪、拼的方法是关键，而沿着高剪则是转化的关键。教学时，让学生自主动手进行剪拼、平移，将未知转化为已知进行探索、求解，进一步理解图形转化的关键是要紧紧抓住目标图形的特征（长方形有四个直角），从而强化对转化过程的认识和理解。学生初步感受到平行四边形的底和高与拼成后的长方形的长和宽之间的关系，知道图形转化后需要寻找新旧图形之间的联系。

② 探索②号平行四边形纸片（图10-25）的面积。

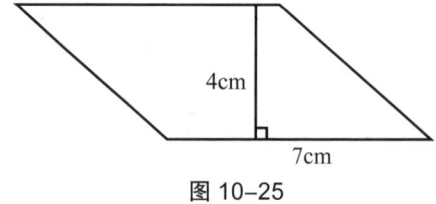

图10-25

师：是不是所有的平行四边形都可以转化成长方形求面积呢？请同学们取出信封里的②号平行四边形纸片，这是个怎样的平行四边形？

生：（测量）这是一个底为7厘米、高为4厘米的平行四边形。

师：我们可以把它剪拼成一个什么样的长方形？

生：长7厘米、宽4厘米的长方形。

师：究竟是不是这样的呢？赶紧动手探究一下吧。

学生活动（剪、拼、算），教师巡视。

师：这次明显比上一次快了。谁来分享一下你的方法？

生：（边说边比划）我沿着这条高剪开，拼成了一个长7厘米、宽4厘米的长方形，面积就是28平方厘米。

师：有没有同学拼好后去测量了长方形的长和宽？说说你们的想法。

生：根本不用去量拼成后长方形的长和宽，拼成后的纸片上可以非常明显地看到长方形的长就是原平行四边形的底，宽就是原平行四边形的高。（大部分学生点头表示同意）

③ 探索③号平行四边形纸片（图10-26）的面积。

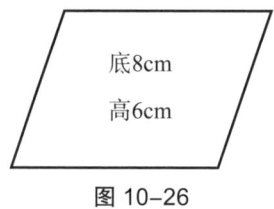

图 10-26

师：通过两次探究，同学们的速度明显提升了。那么，有没有更快速的方法来求平行四边形的面积呢？请同学们拿出信封里的③号平行四边形纸片，这个平行四边形的底和高各是多少呢？

生：（测量）底是8厘米，高是6厘米。

师：请你想办法求出这个平行四边形的面积。

学生活动，教师巡视。

师：同学们这次的速度更快了，而且老师还看到，有好多同学没有剪就得到了平行四边形的面积，我们赶紧来听听他们的想法吧。

生：面积是8×6=48（平方厘米）。通过刚才的两次剪拼，我发现其实长方形的长就是原平行四边形的底，长方形的宽就是原平行四边形的高，所以直接用"底×高"就可以求出它的面积了。（师板书：平行四边形面积=底×高）

师：（出示图10-27）请看这个平行四边形，它的面积又该怎么算呢？

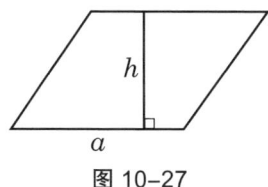

图 10-27

生：ah。

师：我们通常用大写字母S表示面积，用a和h分别表示平行四边形的底和高。那么，平行四边形面积的计算公式就可以写成$S=ah$。（板书）

【说明】通过设计三个难度逐层递进的探索平行四边形面积的活动，牵引学生的思维一步步攀升，直至学生纷纷顿悟平行四边形面积的计算方法。此时，学生收获的不只是有形的公式，更多的是无形的关于图形面积计算的经验，而这些活动经验也必将直接影响后续平面图形面积计算的学习。

建立联系

① 图形变化过程中的变与不变。

师：课始，老师将长方形框架拉成平行四边形，什么变了？什么没变？

生：图形的周长没有变，因为四条边的长度没有发生变化。

生：图形的形状与面积发生了变化，因为底没有变化，但高变短了。

师：后来我们通过割补法将平行四边形转化为长方形，什么变了？什么没变？

生：图形的面积没有发生变化，转化后长方形的长与原平行四边形的底相等，宽与原平行四边形的高相等。

生：图形的形状与周长发生了变化，因为四条边的长度发生了变化。

【说明】学生在两次对比与辨析中，发现了长方形与平行四边形之间的内在联系，从而有效帮助学生主动整合知识内容，建立认知结构。

② 长方形、正方形和平行四边形面积计算公式间的联系。

师：（出示图10-28）请同学们思考这些图形和它们的面积公式之间的联系，你发现了什么？

图 10-28

学生观察、思考、交流。

生：长方形和正方形都是特殊的平行四边形。

生：它们的面积都是两条互相垂直的线段相乘。

生：长方形和正方形都可以看作平行四边形，长方形的长、正方形的边长相当于平行四边形的底，长方形的宽、正方形中另一条与它垂直的边长相当于平行四边形的高，所以它们的面积都可以说是底乘高。

【说明】学生通过观察、思考三个图形及它们面积公式之间的联系，搭建新知与旧知之间的桥梁，发现长方形、正方形、平行四边形的面积计算本质上是一样的，从而对图形的面积计算形成更加全面、系统的认识。

巩固提升

① 计算下面图形(图10-29)的面积。

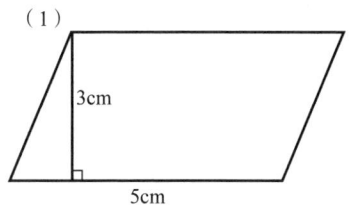 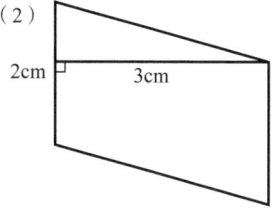

图 10-29

学生独立完成后全班校对。

② 已知平行四边形的两条底和一条高(图10-30),求平行四边形的面积。(单位:厘米)

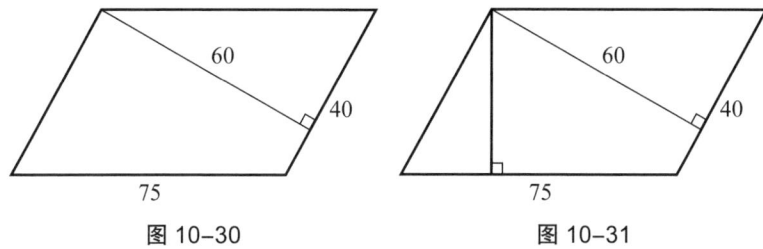

图 10-30　　　　图 10-31

学生汇报交流。

生:平行四边形面积=底×高,40×60=2400(平方厘米)。

师:怎么不用75×60来计算这个平行四边形的面积呢?

生:因为若是底为75厘米,那高就不是60厘米。(学生上台演示,指出对应高,如图10-31所示)用平行四边形的面积公式,可以算出75厘米所对应的高为2400÷75=32(厘米)。

师小结:看来,知道了平行四边形的底和高,就可以求面积;而知道了面积和底,就可以反过来求高。并且,这也给了我们另一个启示——求平行四边形的面积时,要正确选择相应的底和高。

③ 快乐小学要开辟一块形状为平行四边形的"植物角",它的面积是12平方米,底是4米,高是多少?你能在方格纸上画出这个平行四边形吗?(每个小正方形的边长为1米)

小组讨论,分组汇报。学生典型作品如图10-32所示。

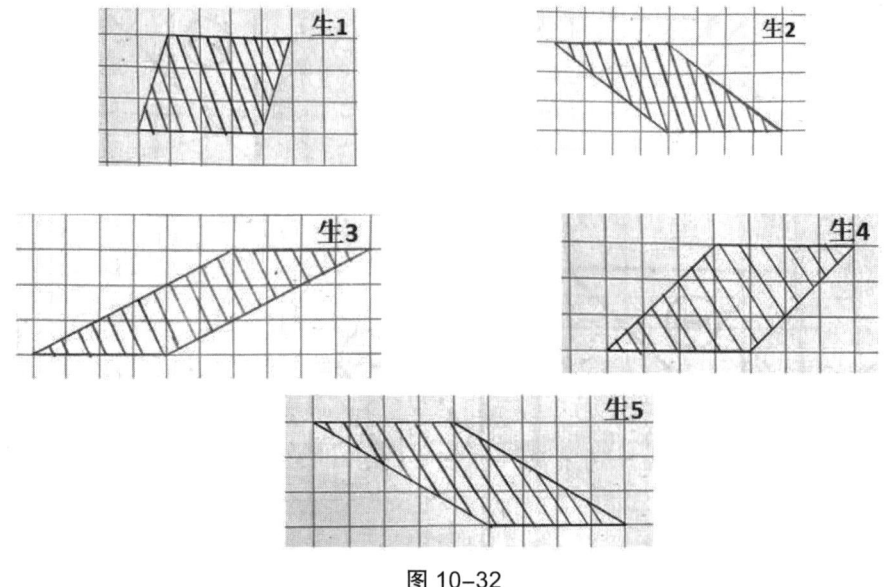

图 10-32

师：以上的画法都正确吗？

生：都正确。

师：可是它们的形状不一样呀！

生：通过计算，得到平行四边形的高是 12÷4＝3（米）。这些平行四边形的底都是 4 米，高都是 3 米，所以这些画法都正确。

师：还有其他画法吗？

生：还有很多画法，只要画出的底是 4 米，高是 3 米，画出的平行四边形的面积就相等。

师小结：等底等高的平行四边形形状不一定相同，但面积一定相等。

【说明】在学生掌握新知后提供富有层次的练习，让学生的思维再次碰撞、升华，既巩固了本节课所学的知识，又使不同层次的学生得到了发展。

铺垫新知

师：同学们，这节课我们学习了平行四边形面积计算公式及其推导过程。回忆一下，我们是怎么推导的？

生：我们通过割补、平移，把平行四边形转化成长方形来求面积。

师：也就是将未知转化为已知来解决。带着这样的经验，大胆猜测一下，三角形、梯形的面积又该怎么求呢？（课件出示图 10-33）

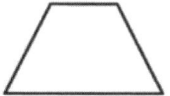

图 10-33

学生思考，大胆猜想并汇报交流。

生：将两个完全一样的三角形拼成一个平行四边形。

生：两个完全一样的梯形也可以拼成一个平行四边形。

生：把梯形割成一个平行四边形和一个三角形。

生：把梯形割成两个三角形。

……

师：同学们的想法真多！但不变的是，都是把未知的三角形和梯形的面积计算转化为我们已知的长方形、平行四边形的面积计算来求解。大家的想法到底对不对呢，我们下节课继续研究。

【说明】课尾留下了结构化微单元的"尾巴"，引导学生带着平行四边形面积公式的推导经验，将本课中学会的思想方法进行迁移，从而实现有目的、有结构、有关联地学这一结构化学习目标。

板书设计

板书设计如图 10-34 所示。

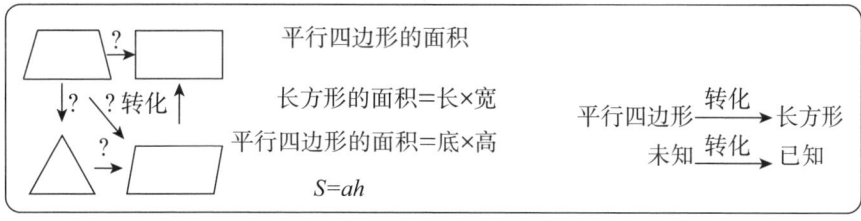

图 10-34

第十一章
知识化结构　编译图谱　深度学习

成都高新区尚阳小学

知识零散化会容易让学生对知识的认识停留在表面，且易遗忘；无法有效把握主线或线索来进行知识的结构化，无法认识到知识的本质属性，导致学习无深度、无效度。基于"双减"背景以及深度学习，我们将学生逐渐积累起来的知识以数学本质或思想方法为主线加以归纳和整理，使之条理化、纲领化，从而形成"图形与几何"领域的知识图谱。

第一节　"图形与几何"领域结构化图谱

数学是一门体系化的科学。缺少体系化，数学将变得难以理解。当然，这里的体系化，除了指知识结构体系，还包含思想方法体系。下面，以小学数学"图形与几何"领域为例，阐述如何建构知识体系，如何有效提取知识，从而找到知识的生长点、终结点和延伸点，以此指导教学设计。

一、解读教材，理清学习思路

为了更好地梳理"图形与几何"领域的结构体系，我们参照"课标2011年版"对北师大版1~12册教材进行了详细研读。不难看出，北师大版小学数学教材依托螺旋式上升的认知规律将这部分内容作分散处理，有的内容提前孕伏，有的则分成几个层次递进出现，使学生在不同学龄、不同学段，由浅入深、循序渐进地加深对同一体系知识的认识和理解，提高学习效果。数学教材中，同一板块的许多知识往往需安排在不同课时甚至不同学段循序渐进地展开。例如，四年级上册认识平行线和垂线、用三角尺画平行线和垂线的内容为五年级上册探索三角形、平行四边形、梯形的面积计算埋下了伏笔；二年级初步感知平移、旋转、轴对称现象，三年级认识轴对称图形，五年级进行轴对称图形的再认识，六年级教学图形的运动，逐层递进。

"课标2011年版"指出："数学思想蕴涵在数学知识形成、发展和应用的过程中，是数学知识和方法在更高层次上的抽象与概括，如抽象、分类、归纳、演绎、模型等。"[①]因此，在课堂教学中渗透相应的数学思想可以培养学生的数感、符号意识、空间观念、几何直观、推理能力、模型思想、应用意识、创新意识等数学核心素养。通过梳理发现，北师大版小学数学1~12册教材主要涉及的数学思想有分类思想、转化思想、数形结合思想、类比思想和极限思想。例如，推导平行四边形面积公式时，把平行四边形转化为长方形；推导三角形、梯形面积公式时，把图形转化为平行四边形；推导圆的面积公式时，把圆转化为近似的长方形；推导圆柱体积时，把圆柱转化为近似的长方体，渗透转化思想的同时，发展学生的几何直观和抽象概括能力。

并且，圆的面积计算公式推导中也渗透了极限思想。教材首先让学生直观了解圆在逐渐等分的过程中形状越来越接近平行四边形，感受"化圆为方""化曲为直"。学生在这样的操作与想象过程中，不仅掌握了圆的面积公式，还能从曲与直的转化中萌发无限逼近的极限思想，发展了数学素养，也为以后建构新的数学知识体系夯实基础。

二、瞻前顾后，建构知识图库

"课标2011年版"将"图形与几何"分为图形的认识、测量、图形的运动、图形与位置四个板块，各板块内容都有密切的纵横联系。因此，要想实现对图形的深刻理解，既要在宏观上认识图形的外延，也要在微观上认识图形的内涵；既需要静态感知图形特征，也需要动态理解图形性质。基于此，我们对全12册教材进行了结构化重组，形成了"图形与几何"领域知识结构图，其中图形的认识板块的部分图谱建构如图11-1所示。

图形的认识板块按照零维到三维的顺序依次展开。零维的点，一维的线，二维的面，三维的体，点动成线，线动成面，面动成体，既彼此联系，又体现了知识的生长过程。0个端点即直线，1个端点即射线，2个端点即线段。直线的认识主要包括直线的位置关系，即相交和平行，其中垂直是相交的特殊情况；在此基础

---

① 中华人民共和国教育部.义务教育数学课程标准(2011年版)[S].北京：北京师范大学出版社，2011.

上学习垂线的画法，并在认识了平行线之后学习平行线的画法。射线的认识则是为角的认识奠定基础，认识了角，进而可以用分类思想对角进行分类：锐角、直角、钝角、平角、周角，也为三角形按角分埋下伏笔。另外，教材还编排了角的大小比较，初步发展学生空间观念。而线段的认识主要放在平面图形中，如认识底和高，在掌握垂线画法的基础上学会画垂线段，也就是作高，并为后面学习平面图形的面积打好知识基础。由此可见，我们在进行图谱构建时，既关注图形的特征要素，也注重知识的螺旋式上升过程及前后知识的联系，有效实现了知识点的提炼和思想方法的归纳总结。

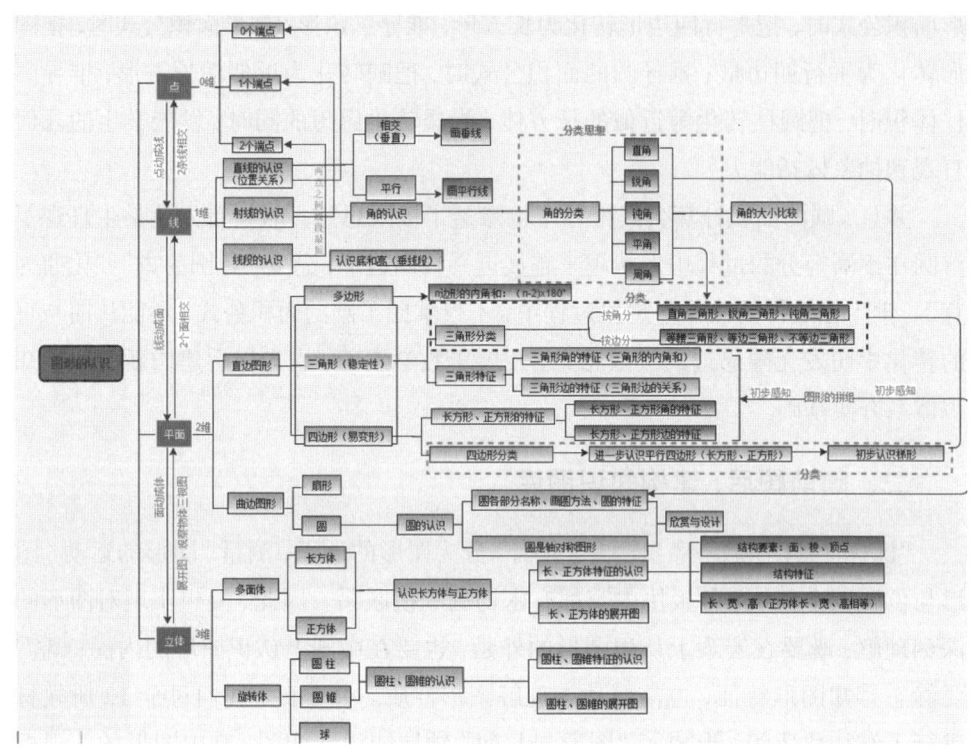

图 11-1

然而，仅仅绘制"图形与几何"领域知识图谱无法清晰看出各知识点在相应年级的分布情况，因此我们进一步从陈述性知识和程序性知识入手，绘制得到该领域内各知识内容在教材中的分布情况，部分内容如表 11-1 所示。其中，陈述性知识具有静态特征，可以直接回忆或陈述，如一年级的认识长方形、正方形、三角形和圆；程序性知识意在对技能的获取，需要在练习、操作过程中完成，如四年级的三角形的分类、三角形的内角和、三角形边的关系。根据知识特征的差异，教师的教学方式和学生的学习方式也会随之发生改变。

表 11-1 "图形与几何"领域陈述性、程序性知识分布情况

	一年级	二年级	三年级	四年级	五年级	六年级
陈述性知识	认识前后、上下、左右；前后、上下、左右的综合应用；直观认识长方体、正方体、圆柱和球	初步认识轴对称图形；初步感知平移、旋转现象；认识厘米、米（长度单位）；长度单位之间的进率	认识周长	认识线段、射线、直线；认识相交与垂直；认识平行线；认识平角与周角；认识角的度量单位	认识平行四边形、三角形、梯形的底和高；认识较大的面积单位（公顷、平方千米）；面积单位间的换算	圆的特征及相关知识；圆是轴对称图形；圆周率的历史；观察范围随观察点的变化而变化；观察范围随观察角度的变化而变化
程序性知识	认识立体图形的特征		观察一个物体最多看到三个面；从相对的位置观察一个物体；从不同位置观察两个物体的位置关系；多边形周长的计算；长、正方形周长的计算	量角和画角；描述简单的路线图；在方格纸上用数对确定位置	画轴对称图形的对称轴；补全简单的轴对称图形；在方格纸上画出一个简单图形沿水平方向、竖直方向平移后的图形；欣赏与设计；用不同的方法比较图形面积的大小	圆的周长；圆的面积计算公式的推导；利用圆的面积公式计算

三、化零为整,反哺教学

图谱的建构源于教学,又反过来指导教学实践。"图形与几何"领域的知识具有高度的抽象性,若学生最初在头脑中建构的关于平面图形、立体图形的认知是零碎的、分散的,则很难找到联结点,难以对所学知识进行系统整合。因此,教师在教学过程中要呈现给学生一个系统的知识结构脉络,帮助学生厘清图形之间的区别与联系,如此学生才能更好地构建"图形与几何"领域的相关知识,实现对知识的真正理解与掌握,提升空间观念,开拓数学思维。

通过图谱检索不难发现,"认识三角形和四边形"单元是认识平面图形的重要基础,且对培养学生的推理意识有着重要价值。通过梳理单元内容结构,发现本单元在学习方法上存在共通点,都需要学生亲历大胆猜想、小心求证的学习过程,并都能很好地体现大单元的整体理念,且在核心素养的发展上具有一致性。

从数学内容上看,边和角是平面图形的基本元素,教师要引导学生聚焦本质属性大胆猜想,并学会用数据小心求证。教学"图形的分类"时,可先让学生根据图形特征进行辨认,接着在掌握每种图形特点的基础上,聚焦角和边进行再分类,分法由粗到细。例如,学生在学习三角形的分类时能自然想到按角分和按边分。按角分时,通过测量出三角形每个角的度数,学生不难发现要判断是什么三角形,只要观察最大角就可以了。按边分时,学生测量出各条边的长度后,不难发现存在三边相等、两边相等、没有边相等这三种情况,由此把三角形分为等边三角形、等腰三角形和一般三角形。并且,让学生尝试画出集合图,体会按边分时各类三角形存在包含关系。

在探究三角形的内角和时,学生容易想到从最特殊的直角三角形开始展开研究。那么,直角三角形能代表所有三角形吗?显然不能,还要去验证锐角三角形和钝角三角形的内角和,用量、拼、折的方法进行合情推理。那么,合情推理是否真的"合情"呢?我们发现,不管是量、拼、折中的哪一种方法,都有可能存在误差,因此希望学生能进行一定程度的演绎证明,即沿着"长方形的内角和—直角三角形的内角和—锐角三角形的内角和—钝角三角形的内角和"的探究路径,从而明确所有三角形的内角和都是180°,进而验证自己的猜想。在学生充分积累学习经验的基础上,将这一学习方法迁移到多边形内角和的探究中。学生自然想到先研究规则的四边形,如长方形或正方形内角和是360°;再用量、拼、折的学习经验进行合情推理;接着用"分成若干个三角形"的方法验证结论;最后用不完全归纳法得出多边形的内角和公式$(n-2) \times 180°$($n > 2$,且n为自然数)。

从上述例子中可以看出,在充分做好知识的融合与衔接的前提下,教师可以依据知识内容结构、教学过程结构、学生认知发展结构对单元课时内容进行增减或重组,从而实施单元整体教学。

我们将"认识三角形和四边形"单元的教学结构框架搭建如下(图11-2)。

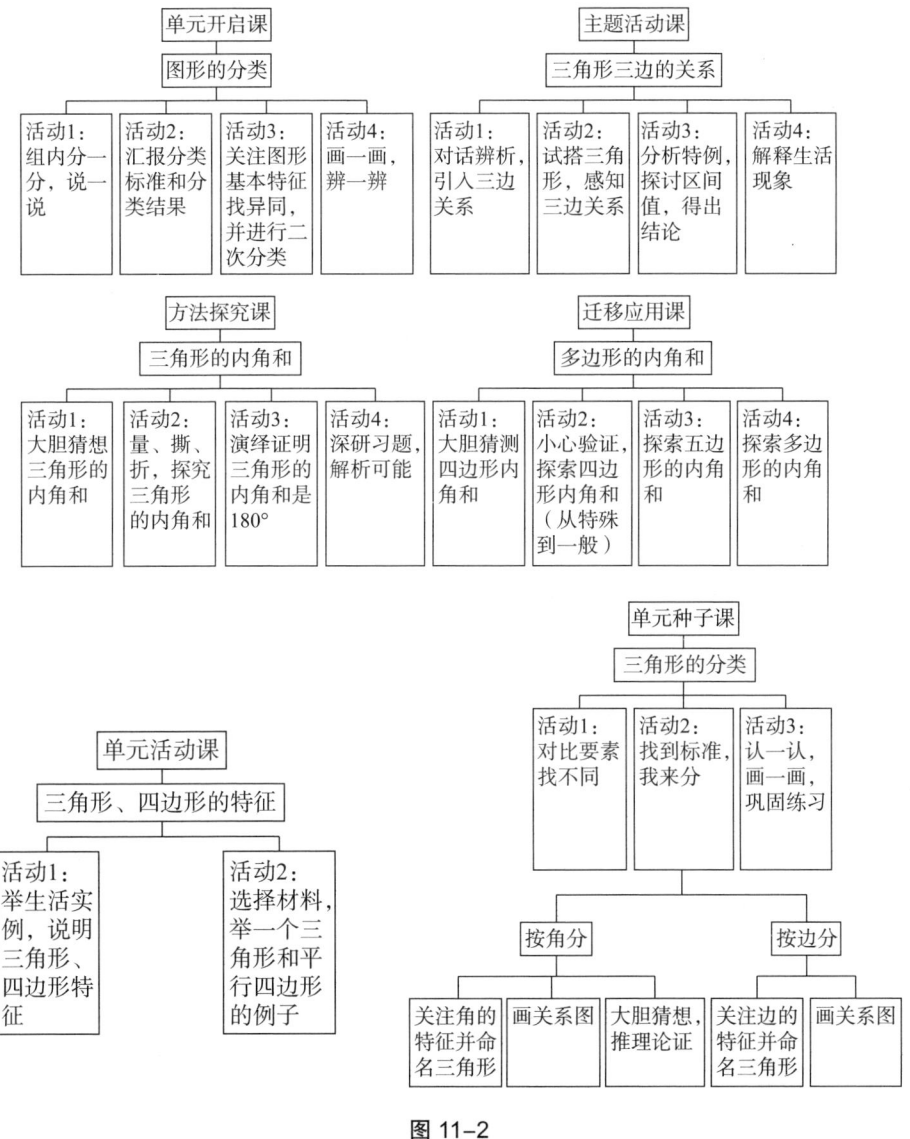

图 11-2

进一步地,我们对整合前后的单元课时内容进行了对比,结果如表11-2所示。

表 11-2 单元课时内容整合前后对比

整合前		整合后			素养进阶
教材内容	课时	课型	主题序列	课时	推理意识、空间观念
图形的分类	2	单元开启课	图形的分类	1	按一定的标准对图形进行分类，感悟图形的本质属性，发展空间观念
三角形的分类		主题活动课	三角形三边的关系		观察、实验、推理，得出三角形三边的关系
三角形的内角和	3	单元种子课	三角形的分类	1	聚焦本质属性，观察、测量、推理，得出三角形的两种分类方法
三角形三边的关系		方法探究课	三角形的内角和	1	合情推理，得出三角形的内角和是180°，演绎推理证明结论
四边形的分类	2	迁移应用课	多边形的内角和	1	迁移探究方法，得出多边形的内角和，经历从特殊到一般的探究学习过程
练习二		单元活动课	三角形、四边形的特征	1	用相关性质对生活现象加以解释

在具体教学实践中不难发现，虽然整合前后的课时内容相差不大，但进行单元整合后，知识之间的联系更紧密了，学生学习的主动性更强了，并能主动将学习方法进行迁移。

第二节　微观、中观、宏观视角下"图形与几何"知识图谱使用策略

一、宏观视角：以图谱实现知识的结构化

（一）转变观念——提升教师知识结构化的意识

传统意义的教学表现为教师怎么教，学生就怎么学。我们呼吁在增强学生知识结构化意识与能力的同时，教师自己也要转变观念、逆向设计，即：学生怎么学，教师就怎么教；要想达成什么目标，就应该如何去设计教学。以"多边形的面积"为例，教材编排如下：比较图形的面积、认识底和高、平行四边形的面积、三

角形的面积、梯形的面积。教师在课堂上"挥汗如雨",而学生知识结构化的效果和能力水平的发展往往不尽如人意,大多只能利用公式进行基本的问题解决,较少关注知识本质、数学思想方法和数学素养。

因此,如何实现知识的结构化是值得我们每一名数学教师深思和研究的问题。需要特别说明的是,知识的结构化是一个上位主张和观点,教师必须先做到自我意识的提升和转变。另外,我们在实现自身知识结构化的过程中,必须立足学科本质和学生特性,如此才能帮助学生实现核心素养的落地及思想方法的形成,真正做到立德树人。

(二)单元整体化教学——知识结构化的有效手段

为达成知识结构化,我们必须找到"抓手"来有效搭建师与生、教与学、零散化知识与结构化知识之间的桥梁。我们认为,单元整体化教学正契合这一目标,它能有效剖析知识的结构与本质,并依托数学思想方法来完成知识的整体串联。

(三)"图形与几何"知识图谱——知识结构化的有效范式

我们绘制得到"图形与几何"知识图谱,帮助师生对图形形成更深刻的理解,不仅能从宏观上认识图形的外延,也能从微观上认识图形的内涵。

二、中观视角:以图谱达成单元整体化

以"多边形的面积"为例,传统的单元教学设计流程一般为"教材分析—学情分析—确定教学目标—确定教学重难点—完成教学设计";而基于知识图谱的单元教学设计则更具整体性,具体设计如图 11-3 所示。

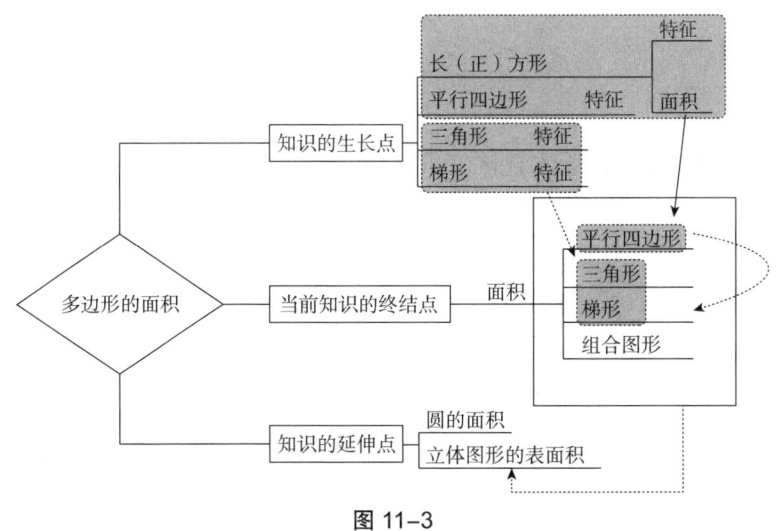

图 11-3

（一）以数学核心内容为线索确定学习主题

核心内容一般具有两方面的特征：一是学习数学的核心知识和技能；二是指向数学思维能力和问题解决能力等关键能力。寻找核心内容正是知识结构化的重要途径和前提，那么核心内容又该如何来确定呢？

（二）以课程标准和教材为依据确定核心内容

课程标准作为指导性文件，它是课程设置、教材编写、目标建构的重要依据。因此，根据课程标准和教材来分析、确定核心内容则显得尤为重要。我们据此提出分解课程标准的四步基本法，具体如图 11-4 所示。

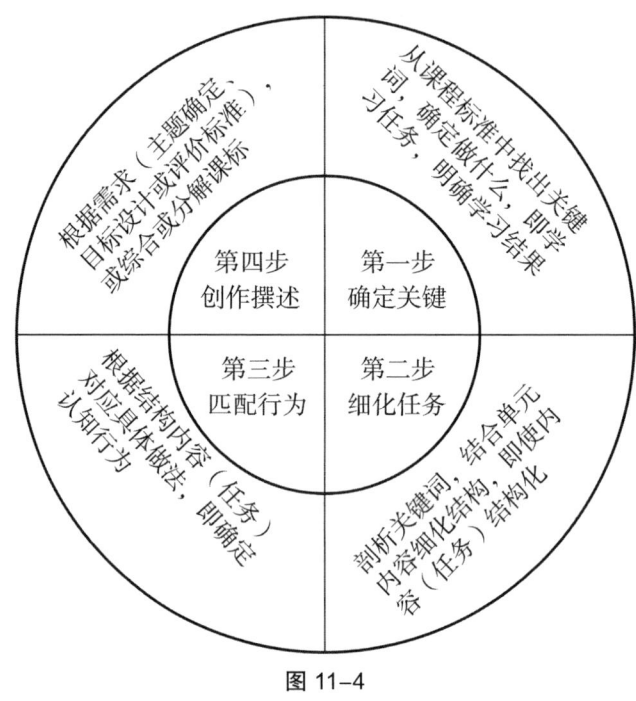

图 11-4

（三）横向对比不同版本教材，剖析知识本质

对不同版本教材的比较主要从以下三方面展开：一是知识的出现时间；二是知识展开的结构；三是知识之间的联系。以"圆的认识"第一课时为例，我们对北师大版、苏教版、人教版教材关于此部分的内容作对比分析，结果如表 11-3 所示。

表 11-3 "圆的认识"第一课时教材对比

版本	出现时间	展开结构	知识联系
北师大版	六年级第一学期初	以现实问题"游戏公平"展开，理解"公平"赋予圆的现实意义，在画圆中认识圆心、半径、直径，注重操作实践和问题解决	虽然"圆的认识"在三个版本教材中的出现时间不同，展开结构各异，但其本质都是围绕画圆展开的，认识的圆心、半径、直径，明确圆是"一中同长"的图形
苏教版	五年级第二学期末	从二维图形中找圆，并从圆与三角形、长方形的对比中认识圆，知识的展开层次较深	
人教版	六年级第一学期初	从现实生活中寻找圆并想办法画圆，在规范作图中认识圆	

（四）基于单元整体分析形成结构化知识

在经历了核心内容的确定以及核心内容知识本质的剖析后，使得教师对知识的整体建构有了基本认识，获得了串联单元知识的主线和线索。也就是说，既抓住了知识及技能层面的"明线"，也知晓了素养和思想层面的"暗线"，二者的有效统一有机形成了结构化的知识。

（五）以核心素养为重点确定三级学习目标

1. 基于增强学生知识结构化的意识与能力的宏观目标

增强学生知识结构化的意识与能力是贯彻深度学习理念、实现核心素养落地、培养学生结构化思维的重要途径。其中，结构化思维强调结构与逻辑，从基本框架到具体细节帮助学生建构认知结构。只有基于这一宏观目标，才能有效依托宏观目标的现实背景去制定中观目标（单元整体目标），进而细化并落实微观目标（各课时教学目标）。

2. 基于单元整体教学下的单元整体目标

增强学生知识结构化的意识与能力，培养学生的结构化思维，需要聚焦宏观目标制定单元整体目标。单元整体目标是指本单元在学科内容领域中所要达成的整体终极目标，它与各课时教学目标是上、下位关系。一般来说，我们可以通过问卷调查、课前访谈、课堂前测等形式对学情进行准确分析，并以此制定科学有效的单元整体目标，从而实现学生高阶思维和关键能力的发展。

3. 基于各课时设计的具体课时目标

具体课时目标是对单元整体目标在纵向上作序列化分解。具体课时目标要体现课程标准和教材的基本要求，指向学生对具体内容所暗含的学科思想方法的理解，指向应用所学知识和方法解决问题的能力。具体课时目标的制定需要在单元学习主题的统整下，再作进一步的细化，将单元整体目标分解成每个课时的学习目标。具体课时目标应与教学活动相匹配，定位准确且集中，体现课时目标达成的序列性和过程性。具体课时目标的表述应更为微观且更具针对性，与具体的学习活动或内容紧密对应，如"周长"一课的具体课时目标可制定为"结合具体事物或图形，通过观察、比较等活动感知周长，能正确指出物体表面或简单图形的一周"。

（六）以问题情境为突破口设计教学活动

教学活动设计是培养学生知识结构化的意识与能力的关键。要在整体分析学习主题并确定教学目标的基础上，将单元学习内容进行分解或重组。特别地，对能重点体现单元目标的知识内容要进行深度设计。因此，我们要着重围绕核心内容的探究主题，聚焦核心素养的培育，设计能引发学生积极参与和思考的教学活动。

1. 设计引发学生深度学习的问题情境

我们认为，引发学生深度学习的问题情境应满足以下四个条件：一是情境的设计要反映数学学科本质，能引起学生的深度探究；二是情境的设计要保证学生的有效参与；三是情境中要蕴含引发学生深度思考的关键问题；四是情境的设计要与学生的现实生活相联系。

2. 组织能引发学生深度探究的活动

学习任务的设计是组织深度探究活动的核心，学习活动的统整性和适切性是组织深度探究的关键。

3. 构建结构化思维课堂

结构化思维课堂的基本内涵如图 11-5 所示。

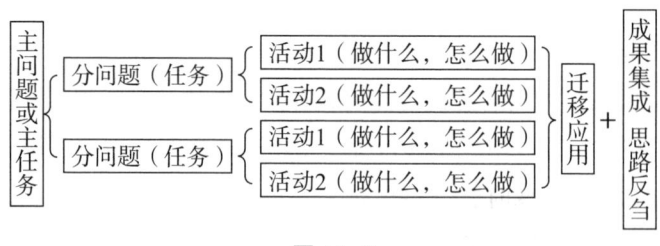

图 11-5

三、微观视角——以图谱促进深度学习

我们基于知识图谱进行了具体每一课时的教学设计，并配以相应的课时评价指标，以指向学生的深度学习。下面，以"线与角"为例进行说明。

（一）课标解读

"线与角"属于"图形与几何"领域。北师大版教材关于线的认识只编排了一次（四年级上册），虽然之前学习平面图形的初步认识时，学生已接触过线段、射线和直线，但都与图形特征的直观认识相结合，直接出示了这三种线的名称而并未多作介绍。本次学习是对线段、射线、直线的特征及其表示方法的一次系统认识，学习平面上线与线的位置关系，并为后续继续利用线的特征去探究空间立体图形的基本性质作铺垫。

（二）教材分析

1. 纵向分析北师大版教材，明确知识的前后逻辑

首先，我们需要知晓本单元学习内容在北师大版教材中的前后联系，具体如表11-4所示。

表11-4　本单元学习内容的前后联系

已学过的相关内容	本单元的主要内容	后续学习的相关内容
认识立体图形； 认识长方形、正方形、三角形和圆； 认识直角、锐角与钝角； 直观认识平行四边形； 会简单作图	认识线段、射线与直线； 认识平行线； 认识相交与垂直； 角的再认识，认识平角与周角； 认识角的度量单位； 用量角器量角与画角	认识直角三角形、锐角三角形、钝角三角形、等腰三角形和等边三角形； 三角形的内角和及三角形边的关系； 认识梯形，进一步认识平行四边形； 认识轴对称和平移； 认识圆和扇形

从表中我们可以看到，学生在第一学段已从直观感性层面认识了立体图形及长方形、正方形、三角形、角、圆等平面图形，也借助点子图经历了画一画的操作活动，积累了简单地用直尺作图的经验。本学段将借助直观实例，从数学特征即长短、大小、多少等层面抽象认识点、线、角，操作要求也相应地提高了，需要从距离、角度、方向等方面精准刻画图形特征。本册涉及的内容是对图形基本构成要素（边与角）的系统认识，并为后续进一步抽象认识平面图形、立体图形、图形运动的特性奠基。

因此，本单元学习是发展学生抽象思维的转折点，也是数学操作经验积累的关键期，理应重视对图形的丰富，重视直观操作活动的设计，重视在抽象出图形特征的过程中进行联系、思辨，进一步发展学生的空间想象能力。

2. 横向对比不同版本教材，理清知识内在结构

我们查阅不同版本教材，发现人教版教材"角的度量"单元与北师大版教材"线与角"单元对应。对比单元课时内容，北师大版增加了"垂直与相交""平移与平行"两课时。人教版"角的度量"单元编排围绕角的度量展开，遵循"角的构成要素（点与线）—角的大小—根据大小特征进行分类，进而认识不同的角—借助工具画任意角"的学习路径，主要包括度量对象、度量单位、度量方法、度量结果；北师大版"线与角"分两条线展开学习：一条按照"线"展开，聚焦特征，抽象认识线，并从单线到多线的组合，自然引出线与线的位置关系；另一条按照"角"展开，以动态视角围绕各类角的关键特征（角的大小）进行分类研究，进一步借助工具进行角的度量。

可见，两者都注重以操作的方式研究数学对象的特征，并根据不同特征进行分类，最终用可视化的图或量将其显性表达，意在建立结构化的知识网络和思维方式。

3. 重点课时分析——"角的度量（一）"

本课是对角的大小的进一步精确刻画，教材选用"玩不同坡度的滑梯时感受不同"这一趣味情境引入，暗含"角的大小比较及度量"这一数学问题，体现了度量的必要性，课时设计时可借用这一现实情境。但在具体度量方法上，教材中所采用的"用尺子量开口""用小角作单位量大角"的方法是否为学生的常见思考？学生在先前的学习中早已见过量角器，甚至有操作量角器的经验，因此用专门的量角工具即量角器去量角的大小是否会成为大多数学生的选择？在具体的度量过程中，度量单位又该如何实现从多元到统一的自然衔接？工具的制作是人们用旧知识去解决新问题的创造性体现，如何再现人类制作工具的过程，从而让学生在体验中发展思维，发挥数学学科特有的育人价值？这些都是本节课要考虑的重点。

（三）"线与角"单元素材分析

对本单元素材作梳理，我们发现教材重视从现实情境中抽象出线与角等数学对象，重视学生的实践操作，以帮助学生加深对这些抽象对象的特征的理解，积累操作经验。并且，每课时内容都与生活实际紧密结合，丰富的生活情境也大大激发了学生数学学习的热情，充分体现了学习来源于生活，又服务于生活。

（四）单元学习中数学思想方法和数学育人价值的渗透

线与角的认识是在学习了平面图形的基本特征以及周长、面积的测量之后的内容。相较于先前的学习，本单元对图形特征的认识将从整体逐渐过渡到局部，

重点研究图形基本组成元素之间的关系,以及其所组成的图形的特征。通过动态演示、静态观察以及实际测量等过程,体会这些图形基本组成元素从图形中剥离的过程,积累活动经验,发展学生的空间观念。为了更好地帮助学生突破抽象概括时的难点,本单元教材内容主要以生动形象的生活实例为主,教师依据学生的认知特点,让学生在举例、观察、操作、对比、概括中学习新知,引导学生掌握正确的探索空间几何的学习方法,形成严谨的科学态度。

第三节 以"平行四边形的面积"为例

一、教材分析,整体化单元

(一)从课标的角度分析本单元

"课标2011年版"在第一学段对平行四边形的学习要求可以概括为:能辨认长方形、正方形、三角形、平行四边形、圆等简单图形;会用长方形、正方形、三角形、平行四边形或圆拼图。考虑到学生的认知水平和思维特点,第一学段的学习仍需借助直观操作和生活实例来了解平面图形的基本特征,学习水平主要为识记、理解。而第二学段则对学生理性认识基本图形的基本性质提出了更高的要求,指出"探索并掌握平行四边形、三角形和梯形的面积公式,并能解决简单的实际问题;会用方格纸估计不规则图形的面积"。鼓励学生用自己喜欢的方法来研究平面图形的面积,引导学生感悟度量的本质就是度量单位的累加,发展学生的空间观念和推理能力,学习水平走向综合运用。

(二)梳理平行四边形在图形面积中的位置结构图

图形的测量,分一维的周长、二维的面积和三维的体积。在此之前,学生已初步认识了长方形、正方形、三角形和梯形,学习了面积和面积单位的有关知识。本单元需要学生在掌握平行四边形计算方法的同时,体会转化思想,并将其运用到其他基本图形面积推导的学习中。为理清图形面积计算的知识结构,我们对这部分内容进行了梳理,如图11-6所示。

(三)基于各版本教材的单元分析

我们对比了北师大版、苏教版、人教版教材,发现它们都把"平行四边形的面积"安排在五年级上册,大体都是按照"学习导入—公式推导—练习巩固"的流程展开教学,仅在内容编排上略有不同,具体如表11-5所示。

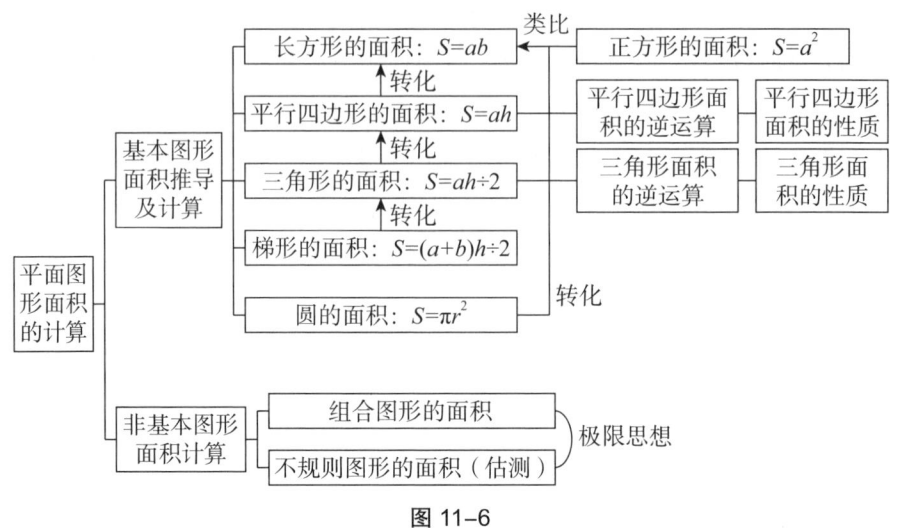

图 11-6

表 11-5

版本	内容编排
人教版	创设"比较长方形花坛与平行四边形花坛大小"的情境； 利用数方格的方法求面积； 动手剪拼，先将平行四边形转化成长方形，再求面积； 观察比较平行四边形与转化后的长方形，发现等量关系，概括面积公式； 综合运用平行四边形的面积公式解决问题
苏教版	运用分割、平移的方法，比较方格纸上两个图形的面积是否相等； 将方格纸上的平行四边形转化成长方形； 利用教材附页所提供的平行四边形学具，再次将平行四边形转化成长方形，并填写关于"转化后的长方形的长、宽、面积"及"平行四边形的底、高、面积"的表格； 讨论平行四边形与转化后的长方形之间的内在联系，概括出面积公式； 综合运用平行四边形的面积公式解决问题
北师大版	创设"给公园的平行四边形形状的空地铺草坪"的情境； 猜想平行四边形面积的求法，如两条邻边相乘； 利用数方格的方式验证猜想； 运用割补法将平行四边形转化成长方形； 探究平行四边形与转化后的长方形的等量关系，推导出面积公式； 综合运用平行四边形的面积公式解决问题

三版教材的不同点在于人教版和苏教版都力图引导学生提出正确的猜想：先让学生通过表格的形式记录平行四边形的底、高、面积及长方形的长、宽、面积，

再通过观察表格中的等量关系，提出正确猜想，即"平行四边形的面积等于底乘高"。二者在特殊长方形素材的提供方式上有所不同，人教版事先将这个"转化后的长方形"以"要比较大小的另一个长方形花坛"的形式直接提供给学生；苏教版则是让学生根据自己的转化经验，通过分割、移补得到长方形。而北师大版教材则充分考虑了学生的认知基础，认为学生可能会因为长方形面积公式的负迁移而提出错误的猜想，即"平行四边形的面积等于两条邻边相乘"。

三版教材的相同点在于都重视平行四边形面积公式的推导过程。在探究过程上，都让学生经历"提出猜想—验证结论"的学习过程，充分感受数学的严谨性；在探究方法上，都让学生体验方格纸与割补法（表 11-6）在面积探索活动中的应用，注重学习方法的多样化。

表 11-6

版本	呈现的割补方案
人教版	
苏教版	比较上面两种转化方法，说说它们有什么相同的地方
北师大版	

其中，苏教版教材呈现了两种割补法：一种是将平行四边形分割成一个三角形和一个直角梯形；另一种是将平行四边形分割成两个直角梯形，并提问学生"两种转化方法有什么相同的地方"，从而理解沿着高进行分割是实现转化的关键，因为只有沿着平行四边形的高分割图形，才能使得转化后的图形有四个直角，符合长方形特征。

综上所述，不论哪个版本的教材，都是以"割补"为主要方法，"转化"为主要数学思想来展开学习的。基于此，我们将"多边形的面积"单元的知识结构框架图设计如下（图11-7）。

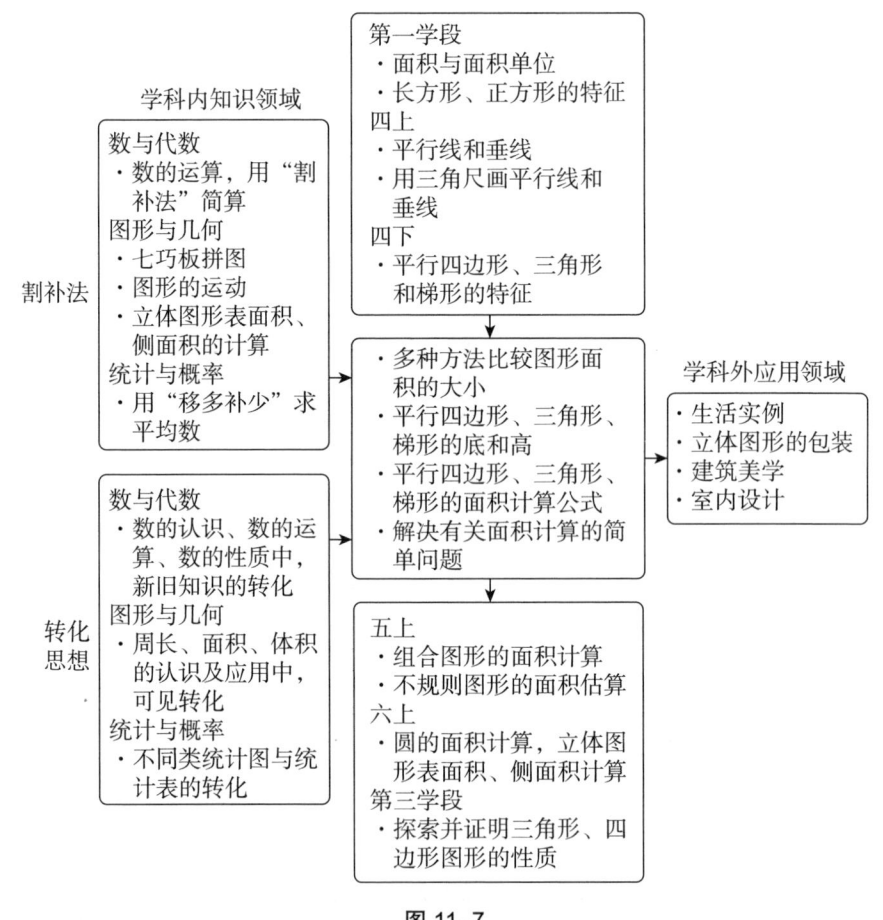

图 11-7

二、了解学情，使知识结构化

为了进一步读懂学生、把握起点，我们设计了教学前测单对我校五(1)班 45 名学生进行调查，并对结果作统计分析。

第 1 题和第 2 题的部分作答情况如图 11-8 所示，这两题主要考查学生对长方形面积公式的掌握及其运用情况。统计得到，这两题的正确率为 100%，说明这 45 名学生已全部掌握了长方形面积公式的运用，具备迁移新知的基础。

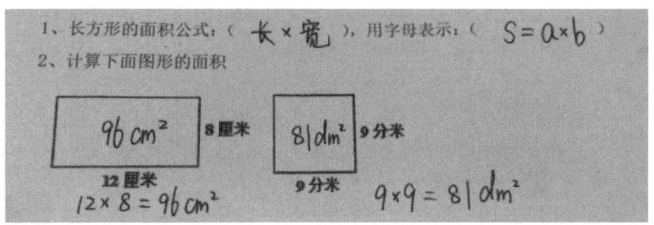

图 11-8

第 3 题的部分作答情况如图 11-9 所示，考查学生对数方格和转化方法的应用情况。数据显示：97.78% 的学生能够正确得到图形的面积，其中 75.56% 的学生通过数格子的方法得出面积，24.44% 的学生能够创造性地使用割补的方法进行计算。由此可知，学生在面对新知时有联系旧知进行转化的意识，但在转化方法上还需教师作进一步的引导。

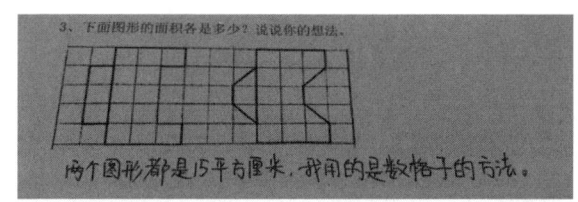

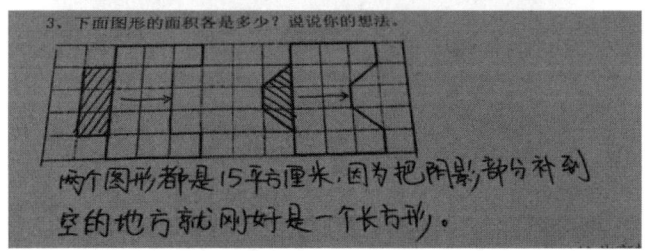

图 11-9

第 4 题和第 5 题的部分作答情况如图 11-10 所示，这两题考查学生对平行四边形的高的认知情况。统计得到，70% 的学生对平行四边形高的定义及认识较为模糊，其中不能准确认识对应的底和高的学生占 56.6%。而在操作方面，以倾斜的边为底作高时，作出的高与底不垂直的学生占 23.4%。因此，帮助学生理解高和底的对应关系，培养正确的空间观念和画高能力是本课的重点。

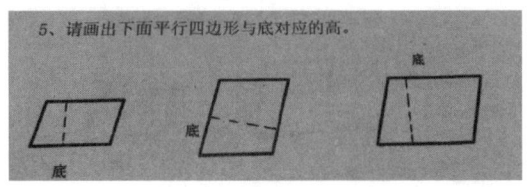

图 11-10

第 6 题的部分作答情况如图 11-11 所示,此题考查学生对平行四边形面积公式的了解情况。数据显示:24.28% 的学生不知道平行四边形的面积公式,75.72% 的学生知道平行四边形的面积公式。在知道计算公式的学生中,38.57% 的学生不清楚底和高的对应关系;61.43% 的学生能运用公式准确计算,但大多并不知晓公式的含义。可见,学生对平行四边形面积的计算公式多停留在识记层面,因此理解公式内涵是教学的重点。

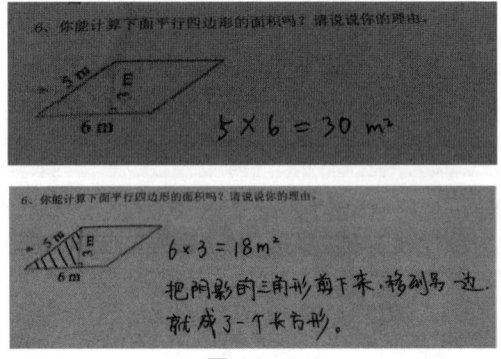

图 11-11

基于对教材、课标的解读和对学生学情的分析,我们明确了"多边形的面积"单元知识的生长点、终结点和延伸点,并将本单元目标确定如下(图 11-12)。

本单元是以多边形的面积为核心,以长方形面积为基础,以图形内在联系为线索,以转化为基本方法来开展学习的。在把握各类平面图形特征的基础上,在观察、操作、应用中渗透转化思想,让学生尝试转化、主动转化、应用转化,实现深度学习。由此,我们基于转化思想搭建出本单元教学结构框架,如图 11-13 所示。

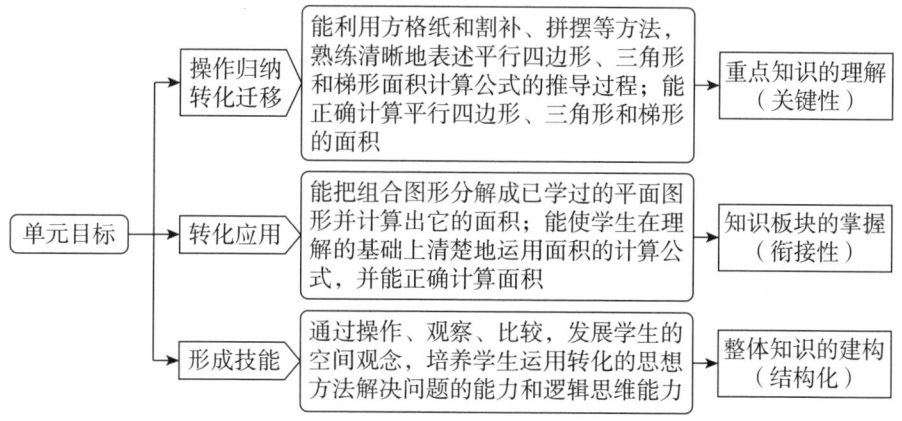

图 11-12

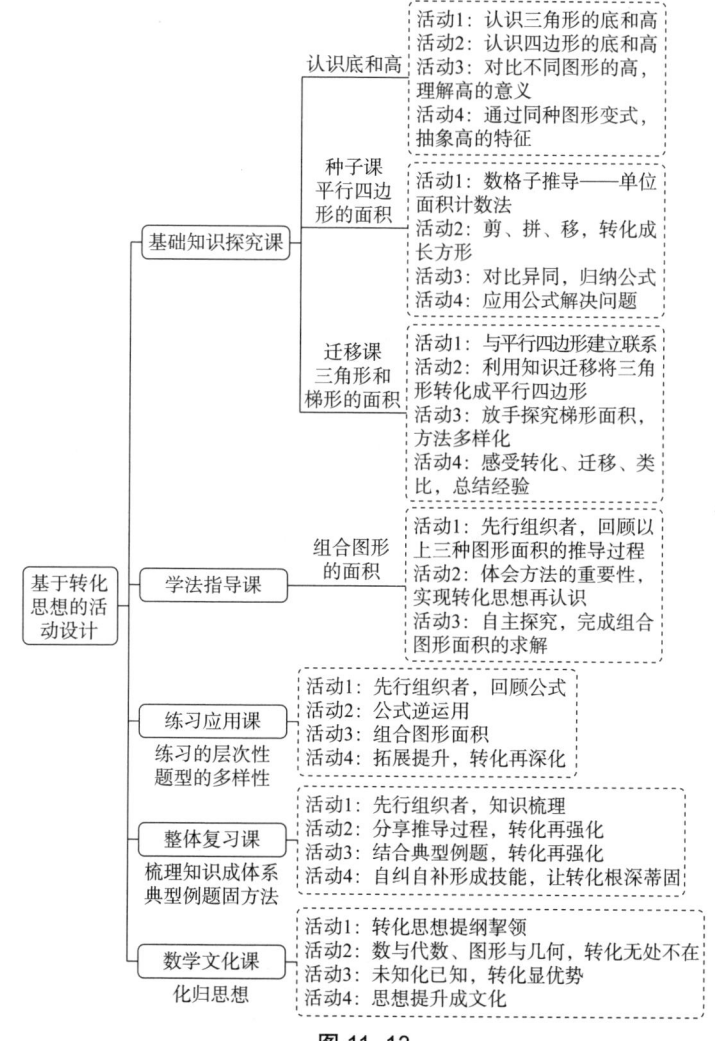

图 11-13

三、课堂实施,深度化学习

在明确了内容结构化和认知结构化的起点后,我们开展了深度化学习的课堂实施。

联系旧知,引发猜想

师:同学们,我们以前学过哪些图形的面积公式呢?谁能说一说?

生:长方形的面积公式是长乘宽。

生:正方形的面积公式是边长乘边长。

师:今天,公园管理员遇到了一个问题。(出示图11-14)如图,管理员准备在一块平行四边形形状的空地上铺草坪,但他不知道要准备多少平方米的草皮。你能利用自己已学的知识帮他解决这个问题吗?

图 11-14

生:要求草坪的面积是多少,只要求出这个平行四边形的面积是多少。

师:这个平行四边形的面积应该怎样求呢?大胆地猜测一下。

生:我猜测平行四边形的面积应该跟相邻的两条边的长度有关,边越长,面积越大。就像长方形一样,可以用邻边相乘来求面积,所以是6×5。

生:平行四边形的面积计算方法是"底 × 高",应该用6×3来计算。

师:请用自己的方法来验证一下你们的猜想是否正确。

【说明】从复习学生已知的长方形面积公式入手,引发学生对平行四边形面积公式的猜想。学生在两种不同计算方法的认知冲突中,有效激起了他们的探究欲望。

操作探究,归纳总结

① 活动一:数格子推导——单位面积计算法。

生:我是一格一格数的,不满一格按半格计算,数出来平行四边形的面积是24平方米。

生:我发现不满一格的两个格子刚好可以凑成一个满格,结果也是24平方米。

生:可以直接从图形的左边分出一个三角形,把它平移补到图形的右边,将平行四边形变成长方形。

师：你是从哪里分割得到三角形的？

生：（手指图11-15）我沿着这条线分出一个直角三角形，把它补到图形的右边就组成了一个长方形，用6×4就能算出面积了。

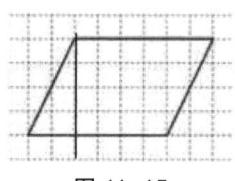

图 11-15

【说明】数格子的方法再次让学生体会求平行四边形面积指的也是它包含了多少个单位面积，为之后的猜想、操作、验证奠定基础。当学生中出现割补法的生成资源时，教师适时组织学生观察怎么将平行四边形转化成长方形，并明确沿着什么剪，以此发展学生的空间观念，初步感知可以将平行四边形转化成与之面积相等的长方形来计算。

② 活动二：剪、拼、移——转化成长方形。

生：（图11-16）我沿着平行四边形的高把它剪成了两个梯形，也拼成了一个长方形。原来平行四边形的底变成了长方形的长，原来平行四边形的高变成了长方形的宽，所以平行四边形的面积就是底乘高。

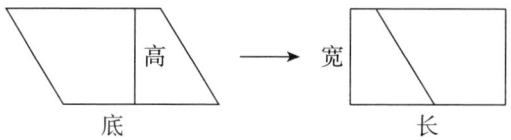

图 11-16

师：对于这种方法，你们有什么要和他交流的吗？

生：为什么要沿着高剪呢？

生：我刚开始是沿着对角线剪的，剪成了两个完全一样的三角形，但这两个三角形不能拼成一个长方形。后来想到，长方形必须有直角，沿着高剪就可以剪出直角，就能拼成长方形了。

师：其他成功的同学也是这样操作的吗？

生：（图11-17）我是从平行四边形的一个顶点出发画高，并沿着这条高剪开，就得到了一个直角三角形和一个梯形，把三角形平移到梯形的另一侧就组成了长方形，面积也是底乘高。

图 11-17

师：关于这种方法，你还想跟大家分享点什么吗？

生：我们都知道平行四边形的一条底上有无数条高，所以沿高剪出来的结果也有无数个，但底和高必须要对应才行。

师：是不是所有平行四边形的面积都可以用"底 × 高"来求呢？

生：是的，因为所有的平行四边形都可以转化成长方形，原来的底对应长方形的长，原来的高对应长方形的宽。

【说明】本环节通过动手操作、交流反馈，将新知转化成旧知，根据长方形的面积计算公式推导出平行四边形的面积计算公式。本环节的核心问题"为什么要沿着高剪"充分引起学生的关注和思考，让学生进一步明确这样做的本质是为了构造直角，从而成功实现平行四边形向长方形的转化。

③ 活动三：对比异同，归纳公式。

师：同学们，这些剪拼的方法有什么共同点？

生：都是剪出一部分，再把它与另一部分相拼接，构造出一个新的图形。

师：你说得太好了！我们把这种方法称为"割补法"。

生：都是把平行四边形的高转化成长方形的宽，把平行四边形的底转化成长方形的长。

师："转化"这两个字用得太好了！这就是我们今天要学习的一种重要的数学思想方法——转化。我们运用转化的最终目的就是把平行四边形转化为长方形，把未知转化为已知。

师：现在不剪、不拼，你能计算平行四边形的面积吗？

生：能！用"平行四边形的面积 = 底 × 高"。

教师板书（图 11-18）。

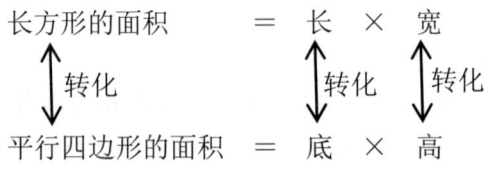

图 11-18

【说明】根据数学内部的关系转化得出平行四边形面积计算公式"底×高",让学生充分经历并体验数学建模的完整过程。

巩固提升,解决问题

出示课堂练习。

"平行四边形的面积"课堂练习

1. 求下面平行四边形的面积。

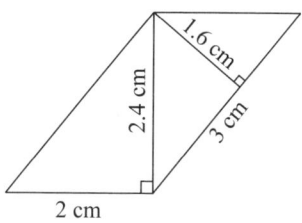

2. 已知一个平行四边形的面积是128平方米,高是8米,求这个平行四边形的底是多少。

3. 分别计算下图中每个平行四边形的面积,你发现了什么?

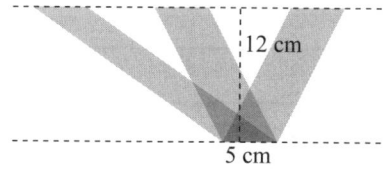

【说明】为了检测学生对本课知识的掌握情况,我们设计了三道课堂练习。第1题意在让学生在利用平行四边形面积公式解决实际问题时能够找到相对应的底和高,并能想到用多种方法解决问题。第2题是为了让学生在掌握平行四边形面积计算公式后,能进一步进行公式的逆运用,即推出"底=平行四边形的面积÷高""高=平行四边形的面积÷底"。第3题立足于本课学习基点实现知识的延伸,使学生明晰图形同底等高的数学本质,得出结论"同底(等底)等高的平行四边形面积相等"。

交流回顾，总结升华

师：现在，让我们一起来回顾一下这节课所学的内容，你有什么收获？

生：我学会了"平行四边形的面积＝底×高"。

生：我知道了平行四边形面积公式的推导方法。

生：我知道了沿着高剪开，可以将平行四边形转化成长方形。

师：你们说得可真好！我们在探索平行四边形面积公式的时候，为什么一定要进行转化呢？

生：因为平行四边形的面积计算公式是未知的，而长方形的面积计算公式是已知的。当我们遇到不会的问题时，可以将未知转化成已知来解决。

师：是呀，转化是研究数学问题的一个"法宝"，之后我们还会利用它来继续探究三角形、梯形、圆等图形的面积计算，同学们一定要好好运用它哦！

【说明】回顾总结环节虽然只有短短的几分钟，却能帮助学生梳理整节课的学习内容，使学生系统化地理解所学新知。

从学生的课堂提问反馈来看，学生总体学习积极性较高，从课堂练习反馈中也能看出学生对新知的掌握情况比较乐观。并且，对于前测中部分学生存在的盲点，在本节课中也给予了解决。为了更好地对学生进行评估，我们设计了活动评价表，部分示例如表 11-7 所示。

表 11-7

评价指标	表现水平
用数方格的方法求平行四边形的面积	1. 能找到合适的方法，得出面积
	2. 能有条理地选择合适的方法，并能列出算式、得出面积
利用剪、拼、移的方法，将平行四边形转化成长方形来求面积	1. 能用一种方法把平行四边形转化成长方形，一边操作、一边详细阐述步骤
	2. 能用不同方法把平行四边形转化成长方形，一边操作、一边详细阐述步骤
	3. 能发现平行四边形面积与长方形面积之间的关系
	4. 能发现底和高与长和宽的对应关系，并说出平行四边形的面积公式

一"图"在手，学习有"谱"。小学数学"图形与几何"知识图谱是我们关于教育热点问题给出的一份答卷，我们希望以此能让教师和学生在教学过程中既得"鱼"，也得"渔"，以实现单元的整体化，构建结构化的知识，进行深度化的学习。

"统计与概率"领域

第十二章
立体解读 结构教学 图谱助力

成都高新区芳草小学

本章将基于"统计与概率"领域建立课程图谱,以其立体直观、纵贯横通的优势为整个课程系统穿针引线,让课程从无序到有序,从分散到整合,从而有效助力结构化教学的落地实施。

第一节 立足数据分析意识构建图谱 助力全面立体解读教材

"课标2022年版"指出:"数据意识主要是指对数据的意义和随机性的感悟。知道在现实生活中,有许多问题应当先做调查研究,收集数据,感悟数据蕴含的信息;知道同样的事情每次收集到的数据可能不同,而只要有足够的数据就可能从中发现规律;知道同一组数据可以用不同方式表达,需要根据问题的背景选择合适的方式。形成数据意识有助于理解生活中的随机现象,逐步养成用数据说话的习惯。"鉴于此,我们以数据分析意识为基石,理清知识脉络,建构知识体系,形成知识网络,依托结构化教学目标指引教学,全面立体地解读教材。

一、基于理论层面的结构化图谱构建

"统计与概率"以随机现象为研究对象,统计侧重于从数据方面来刻画随机,概率侧重于建立理论模型来刻画随机。教材中,从数据角度来刻画随机可以从数据分类、数据收集、数据整理和数据表达四方面展开,从理论模型角度来刻画随机可以从随机现象、可能性、判断与预测三方面展开。由此,帮助学生建构整体思想、随机思想和相对思想,并在思想层面落实数据分析观念,培养学生

实事求是的科学精神。基于以上认识,我们绘制了"统计与概率"理论层面的结构化图谱,如图 12-1 所示。

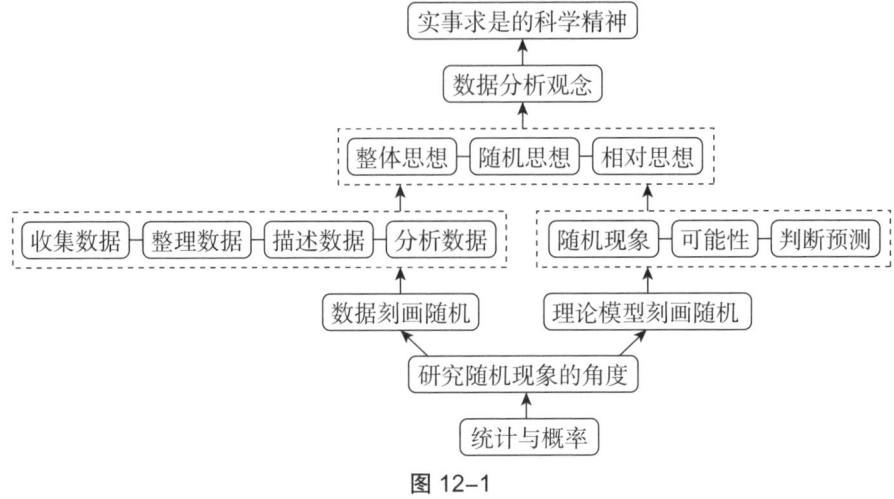

图 12-1

二、基于教材编排顺序构建结构化图谱

"课标 2022 年版"对"统计与概率"领域 3 个学段的课程内容进行了规定,通过对课标的仔细解读并结合现行北师大版教材,我们将这一领域的内容进行了梳理。"统计与概率"领域的内容分散在 8 个学期、9 个单元中,共计 42 个课时,旨在帮助学生初步经历数据统计活动(3 个单元),帮助学生经历简单的数据统计过程(4 个单元),感受随机现象发生的可能性(2 个单元)。从教材的内容分布中,我们可以看出其"重统计"的特色。

(一)统计部分教材编排解读

下面,以北师大版教材为例,对统计部分的内容编排作详细解读。

第一学段:一年级上册"分类"单元,为统计与概率的展开奠定基础。二年级下册"调查与记录"单元,学生经历了简单的数据收集与整理过程,积累了统计与概率学习的初步经验。

第二学段:三年级下册"数据的整理和表示"单元,设置了"小小鞋店进货调查"和"全班同学是否可以买火车半价票的身高调查"这些贴近学生生活的情境,帮助学生初步学会用画图法来整理数据,并设计一系列问题引导学生对数据进行简单分析,发掘数据中蕴含的信息,解决简单的实际问题。四年级下册"数据的表示和分析"单元,借助统计全班学生生日、蒜苗生长情况、记住数字情况等活动,让学生经历收集数据、整理数据、描述数据、从数据中提取信息的全过程,不断积累经验，学会统计的思想和方法；并结合活动学习条形统计图、折线统计图和平均数，渗透数据分析观念。

第三学段：五年级下册"数据的表示和分析"单元通过设置"单手投球远还是双手投球远"和"我国南北两地最高气温研究"两个情境，深入学习复式条形统计图和复式折线统计图。"平均数的再认识"一课通过对北京6岁男孩、女孩身高平均数的分析，阐述我国儿童免票乘车身高标准的合理性；利用所学知识，解释在比赛中去掉最高分和最低分的道理，感受极端值对一组数据平均数的影响。六年级上册"百分数"单元通过学习百分数的意义及应用，让学生感受数据决策。"数据处理"单元通过食物摄入量、金牌统计情况等情境学习扇形统计图、统计图的选择及分组整理数据。

（二）概率部分教材编排解读

小学仅在四、五年级学习概率，因为儿童的概率观念随年龄而发展，10岁左右起，儿童对简单概率的意识发展加速，这也许是易于教授概率知识的时期。例如，北师大版教材四年级上册"可能性"单元，通过日常生活中经常遇见的掷硬币、投骰子、转轮盘、摸球游戏等简单随机现象，让学生在活动中知道有些事件的发生是具有不确定性的，并能用"一定""不一定""不可能"对一些简单随机现象发生的可能性大小作出定性描述。五年级上册"可能性"单元通过体验游戏的公平性，帮助学生进一步认识可能性有大有小，并对随机现象发生的可能性大小作出定性判断，让学生充分感受随机性。

基于以上认识，我们绘制了"统计与概率"教材编排结构化图谱（图12-2）。

三、基于教材内容的结构化图谱

为什么小学阶段会将统计与概率作为同一领域的知识进行学习？《小学数学教学策略》一书对其教育价值作了解释："客观地提炼和表述现实世界中广泛存在的随机信息，准确地分析和把握随机信息中关键因素的规律性，科学地应用数据作出正确决策是统计与概率的主要任务，而这也构成了在义务教育阶段学习统计与概率的重要原因。"基于以上认识，我们绘制了教材中关于这部分内容的结构化图谱（图12-3）。

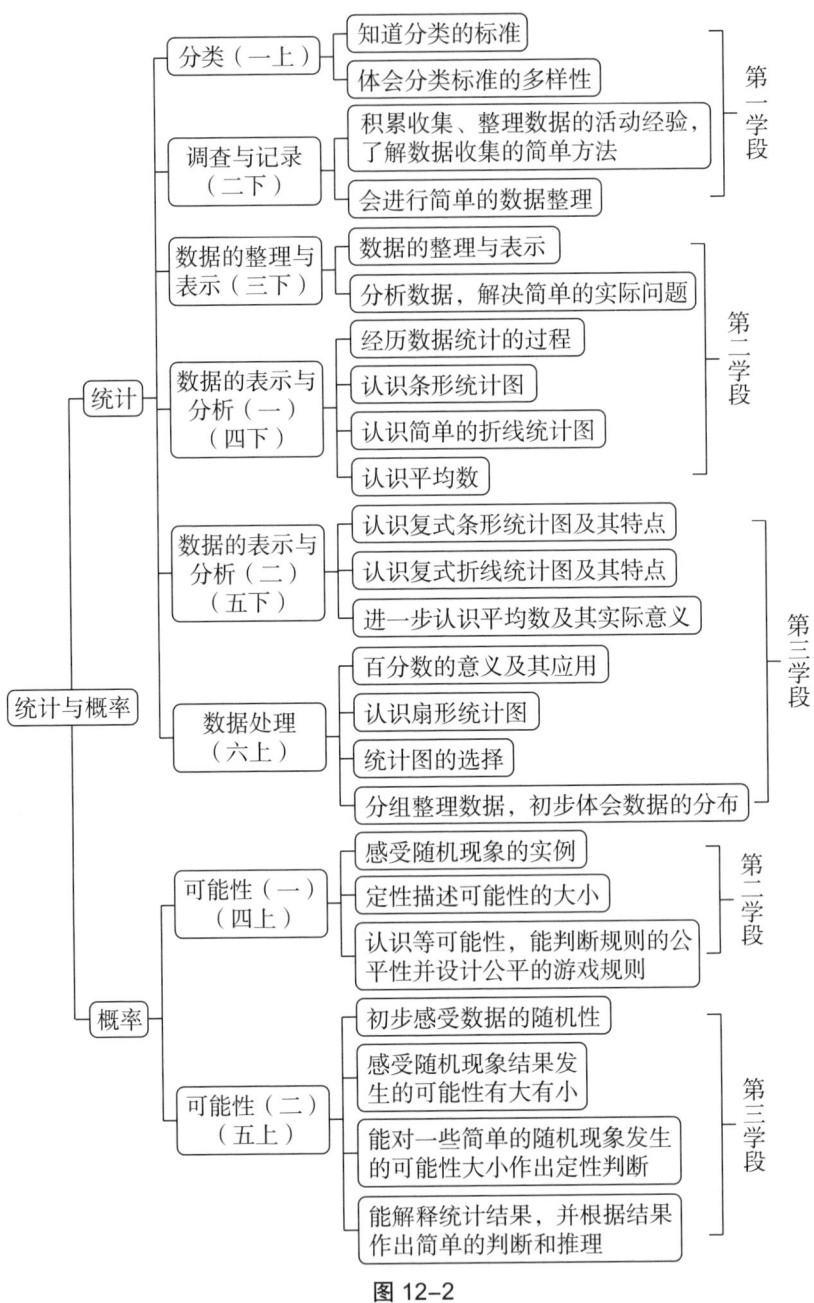

图 12-2

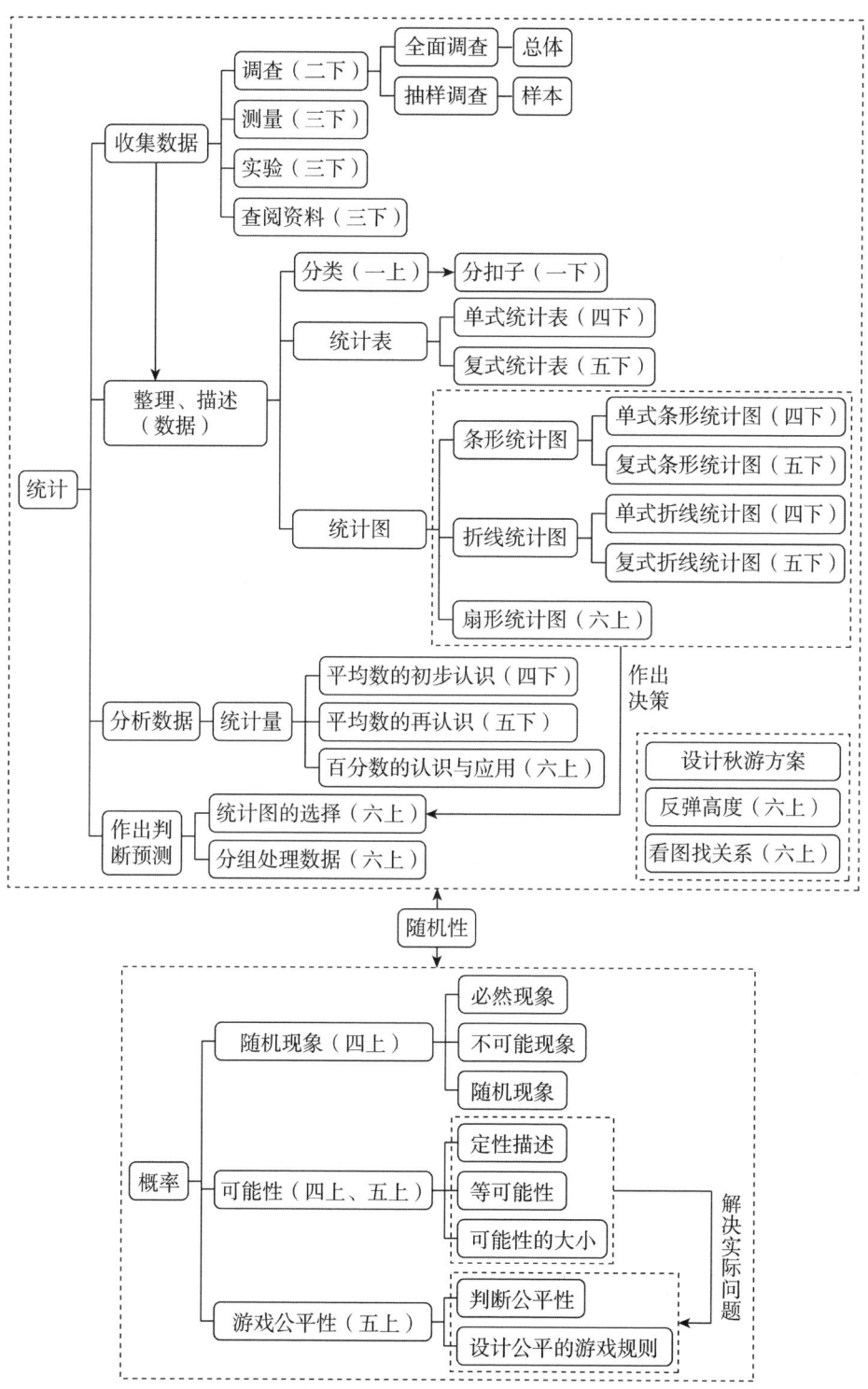

图 12-3

四、教学目标的结构化图谱

"统计与概率"第一学段要求学生对数据统计过程有所体验,这是一种感性的认识;而到了第二、第三学段,则上升为理性的认识,要求学生经历简单的数据处理过程。过程与方法上,作为独立学习的个体,每位学生都要掌握一些简单的收集、整理和描述数据的方法,这是个体能力的体现,具有个性特质。这些方法与能力的获得在第三学段还将进一步深入,每位学生都将经历完整的数据分类、收集、整理和表达过程,并对表达后的数据作出判断和预测,这是处于第二、第三学段的学生应该要达到的能力,是一种共性体现。学生在第一学段的学习中将习得基本知识技能、掌握基本方法,也能对统计结果作出一些简单的分析;进入第二学段,则加入概率内容,使学习上升到抽象层面,学生除了要理解可能性的意义,还要能判断并计算一些简单事件发生的可能性大小。

因此,综合考虑"统计与概率"领域内知识与技能的学习要求、知识之间的逻辑顺序与关系结构、指向核心能力发展的学习过程与方法、体现学科育人价值观的情感态度与价值观等内容,结合学生学习基础、认知规律和心理发展特点等,我们绘制了"统计与概率"领域从感性到理性、从个性到共性、从具体到抽象的教学目标结构化图谱(图12-4)。

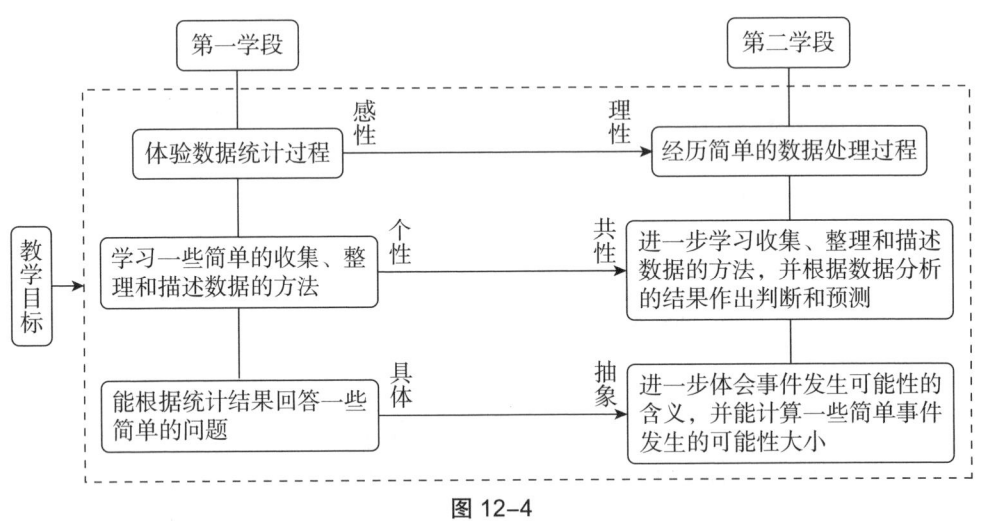

图 12-4

五、学习领域教学目标图谱

除了从学生年龄特点和认知结构出发来审视"统计与概率"的教育价值,对该领域教学目标进行结构化的构建,我们还对小学阶段这一领域内的学习内容进行了划分,分别对统计的过程、统计图、统计量和概率(可能性)这四大板块所要达到的学习要求进行分析,对照"课标2022年版"的要求拟定了学习领域的教学目标,并形成图谱(图12-5)。

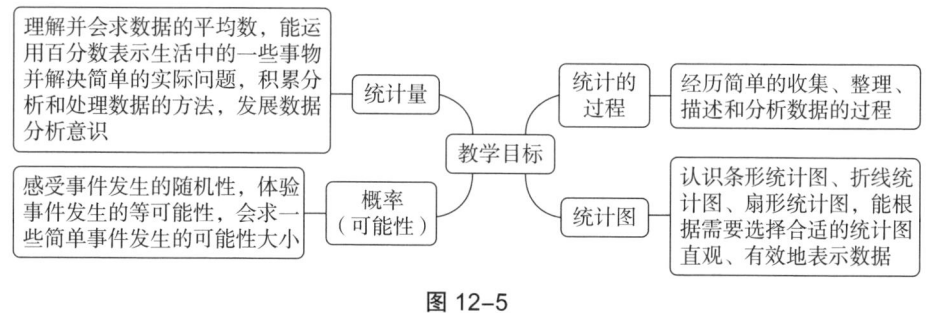

图 12-5

六、知识、方法、思想三位一体结构化图谱解析

小学阶段"统计与概率"领域学习的核心,就是培养学生的数据分析意识。下面,我们将根据知识、方法、思想三位一体的结构化图谱来具体解读数据分析意识的内涵。

知识层面:吴正宪等人在《小学数学教学基本概念解读》一书中揭示了统计与概率之间的联系:"统计与概率都是研究随机现象的学科。统计侧重于从数据来刻画随机;概率侧重于建立理论模型来刻画随机,同时概率为统计提供了理论基础,特别是统计在收集数据和运用数据作出推断等方面吸收了概率的成果和方法。"基于以上理论,我们认为完整经历收集数据、整理数据、描述数据和分析数据的过程,是统计学习过程中必不可少的基础。

思想层面:只有过程,缺少思想,也只是具备了一个框架,无法实现升华。我们分析得到"统计与概率"领域中主要包括统计思想、随机思想、分类思想、整体思想、优化思想、相对思想。统计思想表现为"采取抽样调查的方法收集和分析数据,用样本来估计总体,从而进行合理的推断和决策"[①]。纵观"统计与概率"领域的学习,统计思想和随机思想贯穿始终。分类思想是基础,表现为把研究的对象按照一定的标准进行分类并逐类进行讨论,再把每一类的结论进行综合,使问题得以解决。整体思想是指无论是统计还是概率,都需要从总体上观察、研究、把握。优化思想是指在现代社会中,不论是生产、生活,还是从事科学研究,都要讲究效率,即如何运筹,以选择最优方案,使得人们在时间、空间、

---

① 王永春.小学数学与数学思想方法[M].上海:华东师范大学出版社,2014.

人力、物力、财力等方面以最少的投入获得最大的效益。相对思想是指统计与人们的认识一样，无论多么科学、合理，都受到条件的制约，具有近似、相对的性质。从统计到概率，从抽象到模型建立，整体思想、优化思想、相对思想相互渗透，缺一不可。

价值观层面：发展学生的数据分析意识，有助于让学生由被动接受变为主动探索，增强数据意识；有助于学生从随机的视角观察世界，培养学生的创新意识；有助于学生增强数学意识，养成尊重事实的态度，形成实事求是的科学精神。基于以上认识，我们绘制了知识、方法、思想三位一体的结构化图谱（图12-6）。

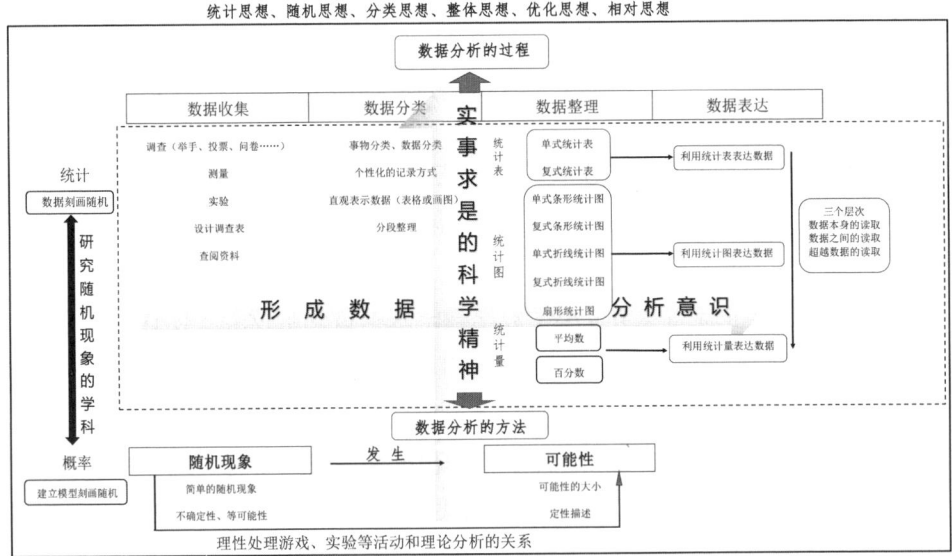

图12-6

第二节　图谱助力结构化教学　探索基于课型的教学策略

一、借助图谱理清知识内在联系，促进结构化教学

数据能够帮助我们认识世界、作出决策和预测，而统计正是在人们对现实生活中的数据资料进行收集、整理、表达的过程中发展起来的。我们在"统计与概率"理论层面的结构化图谱中，提炼得出运用统计处理数据的一般步骤：确定需要解决的问题；决定收集数据的方法并收集数据；整理并尽可能清晰地描述数据；表达数据并作出决策和推断。因此，我们将数据表达的全过程概括为数据收集、

数据分类、数据整理、数据表达四个方面。

通过解读"统计与概率"教材内容结构化图谱，让我们对教材有了更为全面、立体的认识。借助图谱，让我们理清了知识之间的内在联系：第一学段主要学习收集数据的一般方法和简单的数据整理；第二、第三学段学习利用统计图表来描述数据和分析数据。教材根据学生的认知水平，由浅入深进行编排，呈现连续递进的线性序列。但是，部分内容跨越了六个年级，使得知识的呈现稍显零散。同时受课时的限制，若课堂上对统计过程"掐头去尾"，把重心放在利用统计图表来呈现并描述数据上，将不利于学生应用统计知识解决实际问题，更不利于数据分析观念的形成。教学中，应精心创设贴近学生生活的统计活动，让学生"从头到尾"经历收集数据、整理数据、根据数据解决实际问题的整个问题解决过程，在活动中感受统计知识的内在联系。

例如，二年级"最喜欢的水果"一课，结合校园生活创设如下情境：六一儿童节快到了，班级准备举行庆祝活动，要买2~3种水果，可以怎样买？通过交流，确定要根据大家的喜好来购买；而要想知道大家的喜好，则必须进行实际调查。这样的情境创设让学生产生了要调查并收集数据的需求。怎么调查呢？学生产生3种不同方案：调查自己小组的5位组员；调查自己身边的6位好朋友；调查全班同学。教师组织讨论"你认为3种调查方法中，哪一种比较合适？为什么"，并在讨论中渗透"样本"概念，让学生对样本的选择有初步感知。需要说明的是，虽然在低年级没有提到样本概念，但学生可以根据直觉经验对抽样调查和全面调查有初步感知，从而为高年级的进一步学习奠定基础。

以上环节在教学中容易被教师忽视，看似并未与本课教学重点直接相关，但这样的环节设计贴近学生生活，能让学生经历从问题提出到问题解决的全过程，有助于学生建立统计各阶段知识之间的内在联系。

（一）借助图谱关联读图方法，提高学生数据分析意识

在教材内容结构化图谱、"统计与概率"教学目标结构化图谱、学习领域教学目标图谱中，均体现了统计图是描述数据的一种重要形式。因此，教学的重点便从图的绘制转向了图的阅读、分析与评价。由于读图过程中的一些方法具有共性，因此教师在教学时可引导学生归纳总结读图方法并进行有效迁移。比如，总结得到读图的一般步骤：一看标题，知道统计主题；二看横轴，了解统计项目；三看纵轴，清楚数据范围。

又如，统计图表中的信息获取可分为以下三个层次：数据本身的读取，包括用能够得到的信息来回答具体问题，而这些问题在图表中有明显答案；数据之间的读取，包括数据之间的比较或运算；超越数据本身的读取，包括通过数据来进行推断、预测，并解决具体问题。以三年级下册"小小鞋店"一课为例，提问学生从图（图12-7）中能看出什么，学生可以从这三个层次进行分析：穿34号鞋码的女生最多（数据本身的读取）；穿34号鞋码的女生是33号的4倍（数据之间的读取）；穿34号鞋码的女生最多，建议鞋店进货时多进34号的鞋（超越数据本身的读取）。在读取任意统计图表时，都可以从这几个角度入手。

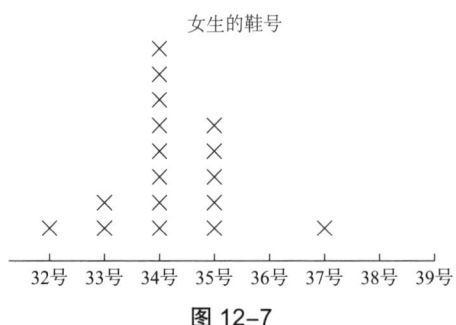

图 12-7

（二）借助图谱关联数学思想内涵，提升学科核心素养

"课标2022年版"明确指出：通过义务教育阶段的数学学习，使学生能获得适应未来生活和进一步发展所必需的数学基础知识、基本技能、基本思想、基本活动经验。数学思想的重要性不言而喻，只有通过数学思想的培养，数学能力才会得到大幅的提升。

在知识、方法、思想三位一体结构化图谱的研究中已阐明了与"统计与概率"密切相关的数学思想，即统计思想、随机思想、分类思想、整体思想、优化思想、相对思想。根据这些思想方法之间的联系，可归纳为以下三个方面。

1. 统计与随机

统计思想和随机思想贯穿整个"统计与概率"的学习过程。大数据时代，日常生活中我们每天都会面对大量纷繁复杂的数据和信息，如何收集、整理和分析数据，学会用数据说话，并作出理性的预测和决断，是每个公民应该具备的数学素养。同时，渗透并感知随机思想对学生来说意义重大，它是学生对数学的认识从"确定性"步入"随机性"的重要台阶。因此，统计思想和随机思想的培养无疑有助于学科核心素养的提升。

教学中关于随机思想的渗透可以从以下两个方面去理解。以摸球为例，袋中装有若干个红球和白球，一方面，每次摸出的球的颜色可能是不一样的，事先无法确定；另一方面，有放回地重复摸多次，从摸到的球的颜色的数据中可以发现些许规律，如红球多还是白球多，红球和白球的比例等。

2. 分类与整体

现实生活中的数据丰富繁多，多数时候需要把收集到的数据进行分类整理再作出描述，从而有利于更好地进行数据分析并作出科学的推断。在对数据作分类整理的同时，将具有相同特性的事物分成一类整合在一起，也体现了整体思想的应用。可以说，分类思想和整体思想是统计的基础。并且，分类思想在其他领域的多个方面均有所体现，从宏观上来看，分类思想也有利于学生结构化的学习。

例如，六年级上册"身高的情况"一课，全班学生身高情况的原始数据如表12-1所示。

表12-1　淘气所在班学生的身高情况（单位：cm）

165	148	168	150	160	155	160	160	153
145	147	159	162	165	133	158	158	149
170	155	149	166	143	158	143	143	151
147	165	156	172	148	162	146	146	138

如何整理这些数据？学生很自然地想到将它们分类。可以按身高段进行分类，分组后将有利于发现隐含信息。因此，可以认为分类是数据整理的开始。

3. 优化与相对

第一学段在进行数据整理时，让学生用自己喜欢的方式来表征。那么，什么样的表征方式更清楚、更方便呢？这就渗透了优化思想。比如，要求二年级学生记录图形的个数，教师呈现如下五种表征方式（图12-8），并引导学生进行讨论、对比，选择最优方案，渗透优化思想。

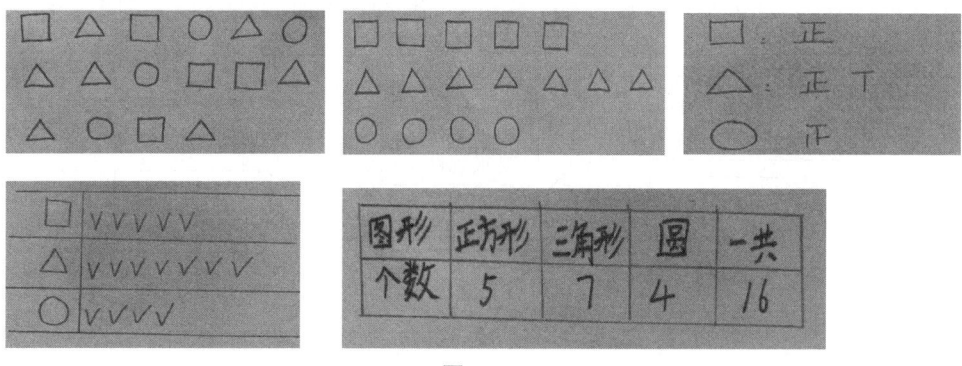

图12-8

另外，同一组数据的分析方法可能也有多种，需要根据具体的问题情境来选择合适的方法。也就是说，统计方法没有单纯意义上的"对"与"错"，只有"合适"和"不合适",即相对思想的体现。

二、借助图谱站稳课堂主阵地,开发结构化教学策略

鉴于"统计与概率"在教材分布上表现出的层层递进的特殊性,以及不同方面的结构化的差异性,我们由此探索出三种课型:单元整合课、主题实践课、阶段整理课,分别配以知识结构化、能力结构化、思想结构化的教学策略(图12-9)。

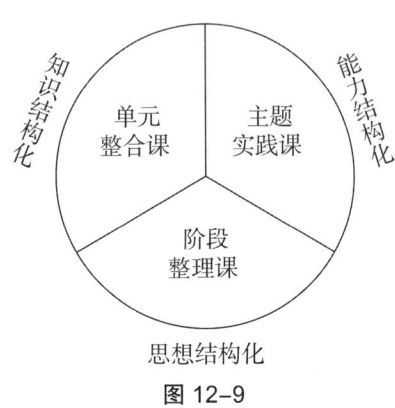

图 12-9

(一)单元整合课:解构—重构—结构

在进行单元整合课之前,可以借助图谱对单元知识进行解构,分析其外在区别与内在联系,回溯知识本源,形成结构化的知识体系,为单元整合课的教学做好准备。

例如,五年级下册"数据的表示与分析"单元的主要学习内容有:认识复式统计图,认识复式条形统计图及其特点,认识复式折线统计图及其特点,平均数的再认识(进一步认识平均数及其实际意义)。纵向解构图谱绘制如下(图12-10)。

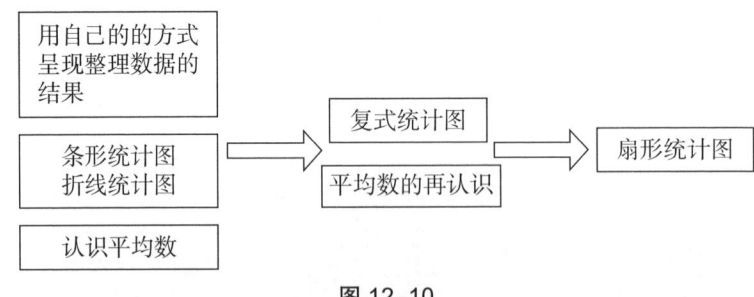

图 12-10

通过纵向解构,可以清晰地发现本单元的外在区别。本单元重在数据统计的表示方式:表、图、量,充分展现了其内在联系。同时,进一步明确了本单元的学习要求:熟练掌握收集、整理数据的方法,更加多样化地描述数据,对数据进行简

单判断,根据数据的集中趋势作深度运用。

有了以上基础,我们对知识进行重构:将原来单独的认识复式条形统计图与复式折线统计图相整合,并将原来的 6 节建议课时整合为 4 节,具体如表 12-2 所示。

表 12-2 "数据的表示与分析"重构前后对比

重构前	建议课时数	重构后	实际课时数
复式条形统计图	3	复式统计图	2
复式折线统计图			
平均数的再认识	3	平均数的再认识	1
练习七		练习七	1

单元整合课以课前预习、课中任务驱动的形式开展。其中,课中任务驱动的目的是根据课前预习、学生学情测试情况来整合教材内容,并以任务的形式将其呈现,唤起学生在预习中的收获,激发学生挑战任务的兴趣,推动课堂有效进行。

(二)主题实践课:拓宽—整合—融合

"课标 2022 年版"指出:"综合与实践是小学数学学习的重要领域。学生将在实际情境和真实问题中,运用数学和其他学科的知识与方法,经历发现问题、提出问题、分析问题、解决问题的过程,感悟数学知识之间、数学与其他学科知识之间、数学与科学技术和社会生活之间的联系,积累活动经验,感悟思想方法,形成和发展模型意识、创新意识,提高解决实际问题的能力,形成和发展核心素养。"日常教学中,这类课程往往需要给学生更多的时间与空间来探索完成。

为了拓宽领域视野,我们将"综合与实践"与"统计与概率"两个领域进行结构化,深挖教材,联结生活情境,将问题整合、融合形成主题,设计提升学生能力的主题实践课。

例如,五年级上册"数学好玩"中的"设计秋游方案",可以参照教学目标图谱来分析教材的编排意图:通过"设计秋游方案"的活动,帮助学生积累数学活动经验,感受数学在日常生活中的应用;经历设计活动方案的过程,提高收集数据与处理数据的能力;在收集数据、设计方案、交流等活动中,学会合理地评价活动过程和方案设计,发展自我反思的能力。

如何做到在尊重教材编排的基础上,更多地融合"统计与概率"中的内容,从而实现知识的结构化并提升学生的能力呢?我们分析发现,此部分内容的关键词为"收集数据""处理数据",并基于此展开对学生学情的分析,从而将教材内容进行整合:一方面,将教材中的给定秋游地点设计为在成都市区内自主选择一个地点并收集相关信息,如该地点离学校的距离、交通费用、门票价格等;进而画出统计图,处理数据,确定秋游地点。另一方面,保留教材中的小组合作设计方案,而改模拟实验为亲身实践,让学生在经历了数据的收集、整理与表达后到达真实的秋游地点,在身临其境地进行数据分析中完成最终方案的设计。在此过程中,学生会遇到很多不确定的事件,再次让学生体悟随机性。在这样的主题实践课中,充分提升了学生的观察能力、自主学习能力、交流合作能力、比较能力、实践操作能力、数据分析能力、创新能力等,有效促进了学生学科核心素养的发展。本课中,相关活动与所指向的学生能力的结构化图谱如图 12-11 所示。

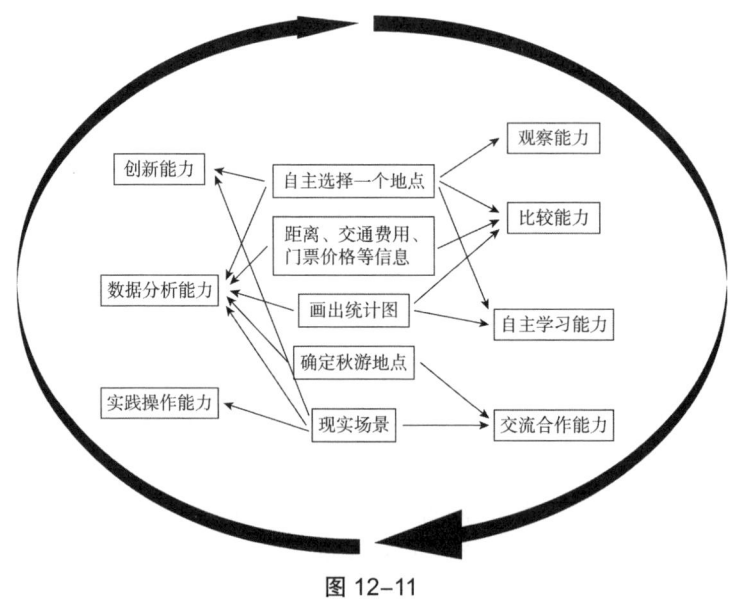

图 12-11

(三)阶段整理课:学力—能力—思想力

阶段整理课是对整理与复习课作进一步升华而产生的。在学完一个单元后或在学期中期、学期末期,往往会安排整理与复习课。这里的整理是对前期知识的归纳、梳理,将知识系统化、结构化;复习,简单来说就是再次学习。这样的整理与复习更多地关注学生近几个月在知识和能力上的成果。

在阶段整理课中,阶段是指学段整理,依据螺旋上升式原则进行;整理除了对知识的归纳、梳理以及系统化、结构化以外,还增加了对思想的整理。结束了一个学段的学习后,学生在数学思想方面已经有了一定的积淀,需要通过进一步的整理与回顾将其再次深度体现。可见,这里的阶段整理课直指思维的结构化。

例如,在第一学段结束时,学生已经在一年级上册"分类"单元感悟了分类思想;二年级下册"调查与记录"单元积累了收集、整理数据的活动经验,了解了收集数据的简单方法,并会进行简单的数据整理。另外,学生在三年级下册"数据的整理与表示"单元再次积累了收集、整理数据的活动经验,并能用自己喜欢的方式(文字、图画、表格等)呈现数据整理的结果。第一学段关于这部分内容的具体呈现如图 12-12 所示。

那么,如何能让学生基于知识与能力的结构化,呈现出思想的结构化呢? 对三年级学生来说,已初步具备整理知识的能力。教师将第一学段所学内容再次呈现给学生,要求学生利用课后时间将其以思维导图的形式进行整理,在对知识结构化的过程中,学生自然而然地会调用其观察能力、自主学习能力、比较能力、实践操作能力、数据分析能力、创新能力等。进而在阶段整理课中,设计"议一议""说一说""想一想""画一画"四个环节。其中,"议一议"让学生将自己课后完成的结构化图谱在小组中展开讨论,并进行优化;"说一说"让小组举荐一位代表上台分享本组图谱;"想一想"环节则是师生共同参与讨论,梳理在自主绘图和小组讨论过程中所感悟的数学思想;最后通过"画一画"将梳理出的数学思想联结到原来建构的思维导图中(图 12-13)。

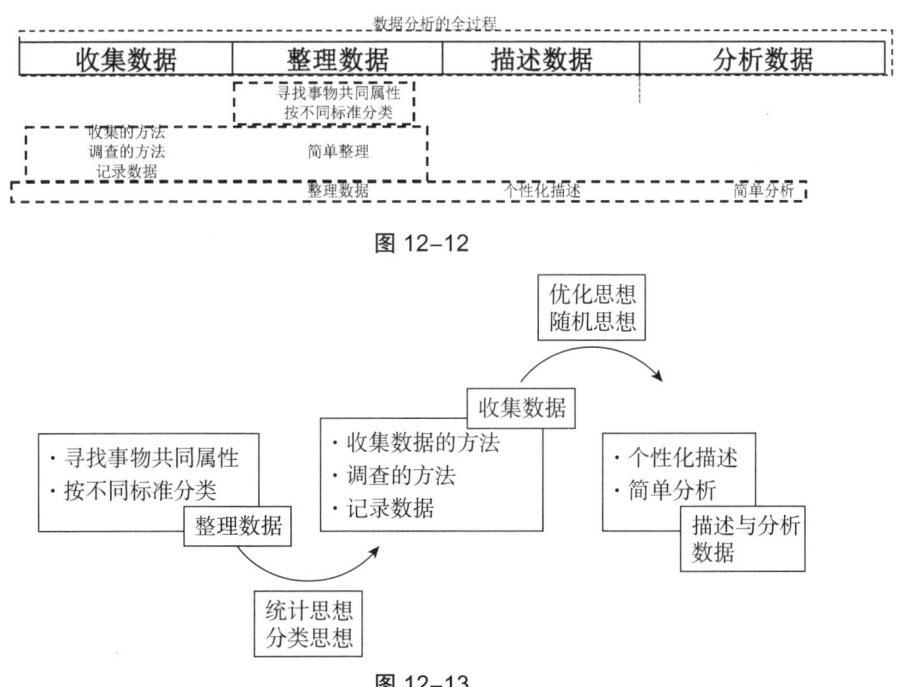

图 12-12

图 12-13

这三类课型的设计完全依据该领域的特征。在教与学的过程中,课堂这一主阵地既是基础,又是让学生全面发展的沃土。有了图谱,结构化课型的设计便植根于此。

第三节 以"身高的情况"为例

前期我们已对北师大版 1～12 册小学数学教材"统计与概率"领域知识进行了梳理、分类、细化,并从知识、能力、思想等方面进行了系统化、图谱化、结构化的思考。通过梳理,设计结构化的知识图谱,进而实施整体教学,可帮助学生形成脉络清晰的知识结构,促进学生对概念的深层次理解,掌握解决数学问题的思想方法,提升数学核心素养。下面,以六年级上册"数据处理"单元第三课时"身高的情况"为例,阐明在结构化知识图谱的引领下"统计与概率"领域结构化教学的具体实施路径,并展现所获得的具体实效。

一、深度解读教材,建立结构化视野

(一)理清单课知识,形成微观视角下的结构化视野

第一课时"扇形统计图"的教材内容如图 12-14 所示。本课时意在通过实例帮助学生认识扇形统计图,了解扇形统计图的特点与作用;能读懂扇形统计图,从中获取有效信息,体会统计在现实生活中的作用。扇形统计图能清楚地反映整体与部分之间的关系,前期知识的学习已为本节课奠定了坚实的基础,同时也给学生提供了统计图绘制的另一种思路,并在三种统计图的对比中发现各自特点,为下一课时埋下伏笔。

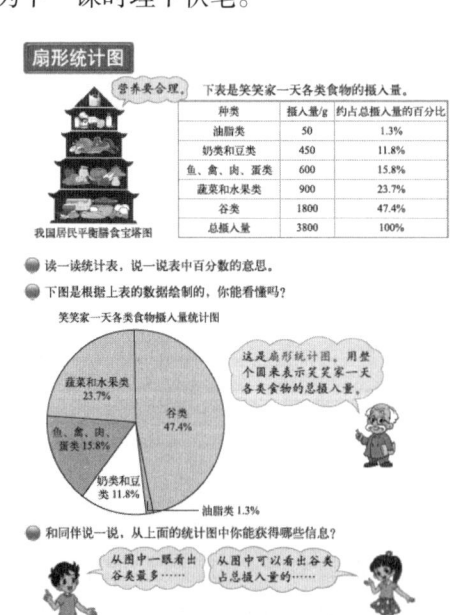

图 12-14   图 12-15

第二课时"统计图的选择"的教材内容如图 12-15 所示。这是对条形统计图、折线统计图、扇形统计图的一次对比课,没有新的概念与思路,却也留给了学生充足的时间进行对比、交流,理解每种统计图的特点,让学生能根据需要选择合适的统计图,提高了学生的读图能力,进一步提升了学生的结构化视野。

第三课时"身高的情况"的教材内容如图 12-16 所示。本节课结合淘气所在班级订运动服的情境,让学生经历对原始数据进行分段整理和描述的过程,能填写简单的数据分组整理统计表,并能根据统计表绘制统计图,对数据进行直观、有效的描述。本课时具有较强的现实意义,容易激发学生的兴趣,让学生在数据收集、整理、分析等过程中学会解决生活实际问题,充分体现了统计的应用价值。

第四课时"身高的变化"的教材内容如图 12-17 所示。本课时内容与前期所学的平均数知识相关联。平均数是刻画一组数据集中趋势的统计量,学生在学习了平均数之后,能进行平均数的计算;但在进行数据分析时,却很少想到平均数。这部分内容不仅弥补了前期教学中的缺失,还能有效关联复式折线统计图,从而提升学生的数据意识,让他们能想到用数据、愿意用数据,能从数据中提取有用信息。作为单元的最后一课时,本课时充分关联了前后知识,为从微观视角进行结构化提供了方向。

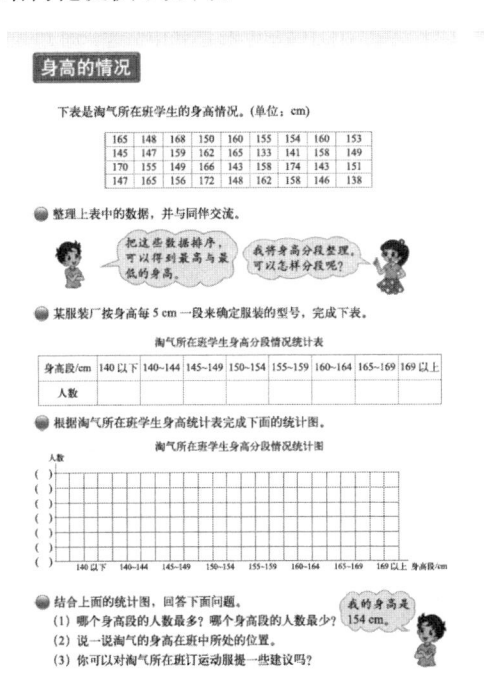

图 12-16　　　　　　　　　　图 12-17

(二）分析单元结构，形成中观视角下的结构化思路

本单元知识框架图如图 12-18 所示，思维框架图如图 12-19 所示。从知识框架与思维框架中可以看出，本单元注重体现统计知识与学生现实生活之间的密切联系，初步发展学生的数据意识；注重学生经历整理数据、分析数据的统计过程，鼓励学生选择合适的统计图来描述数据；注重经历对原始数据进行分组整理的过程，使学生初步掌握读图能力，初步感受数据的分布特征。

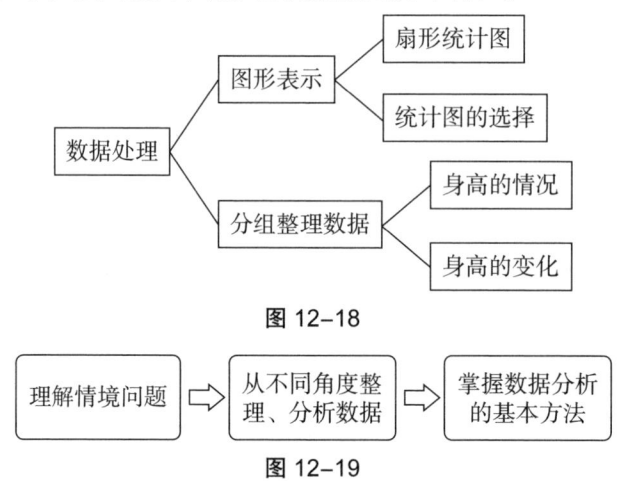

图 12-18

图 12-19

基于以上分析，本单元结构化思路设计如下：课时串讲，让学生完整经历收集数据、整理数据和分析数据的过程，逐步学会提出用数据表达的问题；通过对数据的收集、整理、分析，能够用适当的方法来表示数据，进而回答问题、作出判断、进行预测。课时串讲中，力图做到在贴近学生学情的同时，也要兼顾对学生数据意识的培养。

（三）关联知识领域，形成宏观视野下的结构化思想

本单元是北师大版小学教材中最后一次关于"统计与概率"领域知识的学习。为了更好地进行结构化教学，我们对"统计与概率"领域数据分析全过程进行了梳理，结果如图 12-20 所示。

从结构上看，教材在内容编排上体现了"重统计"的思路，概率部分只在第三学段有少量涉及。第一学段，要求学生能寻找事物共同属性并按不同标准进行分类，能用语言简单描述分类过程，感知事物的共性和差异，形成初步的数据意识。第二学段，要求学生经历简单的数据收集、整理和表达过程，了解简单的收集数据的方法，会呈现数据整理的结果，能在简单的实际情境中合理应用统计图表和平均数知识，形成初步的数据意识和应用意识。第三学段，五年级学生再次经历数据的收集与整理过程，学习复式条形统计图、复式折线统计图、平均数，要求能结

合数据进行简单的判断,能对数据的集中趋势进行分析,进一步感受可能性有大有小,并在活动中初步感受数据的随机性;六年级学生主要学习扇形统计图,要求能选择合适的统计图表进行数据的表达,能读懂统计图表,初步体会数据分布。

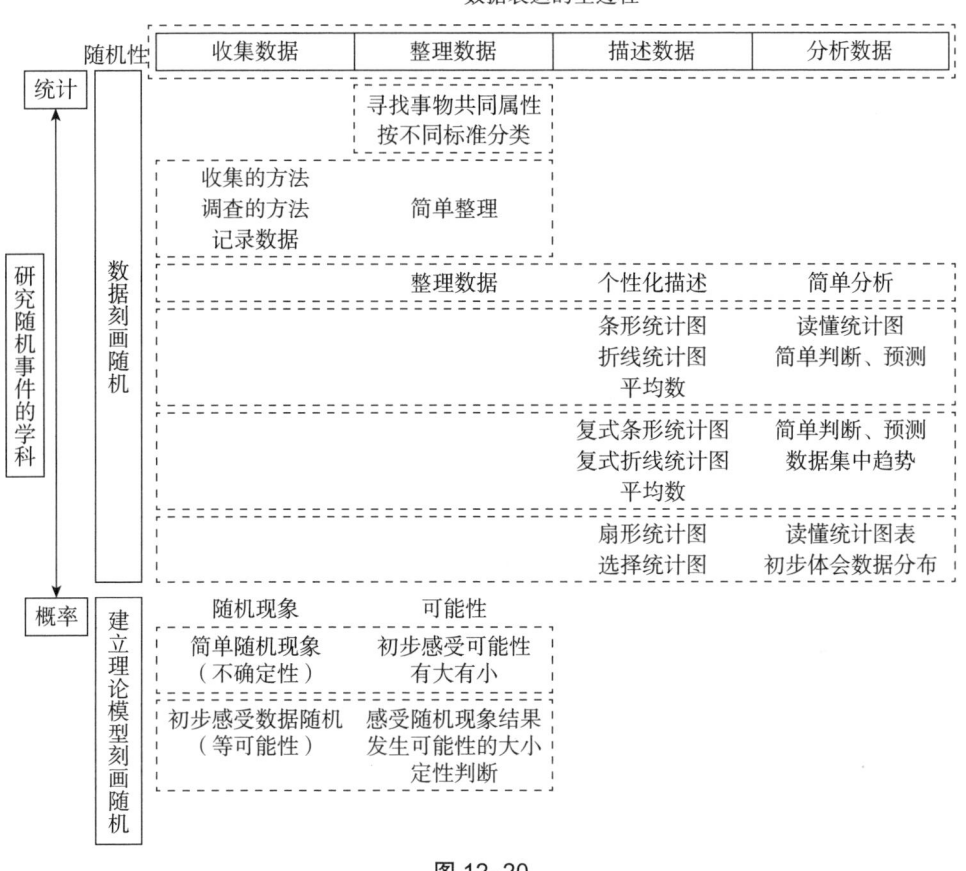

图 12-20

从以上分析中可以看出,本单元在整个小学阶段"统计与概率"领域起到了从量变到质变的飞跃性作用,即充分将前期所有知识进行了关联,并要求教师在数据的分析与预测方面下足功夫,在新知学习中注重学生数据意识的培养。

更重要的是,在这样的调查研究中,让学生产生对数据的来源、处理、结果等进行合理质疑的意识,培养学生尊重事实的态度、实事求是的科学精神以及用数据说话的习惯,这亦是本单元在整个宏观视野中结构化思想得以实现的根基。

二、立足素养发展,实施结构化教学

从学生阶段知识储备来看,前期已经学习了统计表、单式条形统计图和复式条形统计图、单式折线统计图和复式折线统计图、扇形统计图和平均数等统计知识,学生在制作图表、数据整理和信息分析方面已积累了一些初步经验。

史宁中教授指出:统计学习,重要的不是画统计图、求平均数等技能的学习,而是树立利用数据的意识,发展学生的数据分析观念,使学生产生对数据的亲切感,从而让他们想到用数据,愿意用数据,能从数据中提取一些信息,并基于数据,作出合理的推断与预测。因此在统计领域,不是单单进行知识点之间的结构化即可,而要实现整个统计过程的结构化。

基于以上思考,我们确定了如下教学目标:结合身高情况,经历对原始数据分组整理和描述的过程,会填写简单的数据分组整理统计表,并能选择合适的统计图对数据进行直观、有效地描述,进一步体会条形统计图的特点;通过身高比较,进一步感受分组整理数据的现实意义,加深对复式条形统计图的理解,发展数据意识;整体把握数据分析的全过程,形成结构化思维。

本节课我们将试图从情境结构化、数据分析过程结构化、读图方法结构化、统计思想结构化四个方面来进行教学实施。

建立"鱼骨图",整体把握数据分析全过程

师:同学们,到目前为止我们已经学习了许多统计图表,回忆一下都有哪些。

生:单式统计表、复式统计表、单式条形统计图、单式折线统计图、复式条形统计图、复式折线统计图、扇形统计图。

师:这些统计图表其实都是描述数据的一种方式,目的是方便我们进一步分析数据。那么,在形成这些图表之前,我们都需要做哪些事情呢?

生:要收集数据、整理数据。

师:是的。在数据分析的全过程中,我们将经历四个步骤——收集数据、整理数据、描述数据、分析数据。

教师板书形成"鱼骨图"(图12-21)。

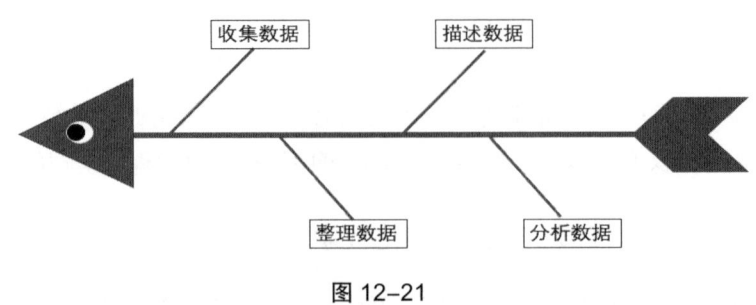

图12-21

【说明】截至目前,学生已经学完了小学阶段所有的统计图表,在收集、整理数据方面也积累了一些经验,此时为学生构建数据分析全过程的"鱼骨图",更有利于学生对统计过程形成结构化的认知。

经历分组整理数据,体现过程结构化

师:咱们班准备订班服,所以课前老师给大家测量了身高。(出示表 12-3)大家的身高情况如表所示。从这些数据中,你能看出什么?

表 12-3　学生身高情况(单位:cm)

165	148	168	150	160	155	154	160	153
145	147	159	162	165	133	141	158	149
170	155	149	166	143	158	174	143	151
147	165	156	172	148	162	158	146	138

生:最高的同学 174 cm,最矮的同学 133 cm。我感觉这些数据太杂乱了,需要整理一下。

师:那我们可以怎样整理呢?

生:我们可以把这些数据按从小到大的顺序排列。

师:(出示表 12-4)这是老师在网上找到的衣服尺码对照表,你能看懂服装厂是根据什么来确定型号的吗?

表 12-4　尺码对照表

尺码	S	M	L	XL	XXL	XXXL
型号	46	48	50	52	54	56
号型	160/80A	165/84A	170/88A	175/92A	180/96A	185/100A

生:服装厂是按身高来确定型号的,每 5 cm 为一个型号。

生:我明白了,要订班服的话,我们需要把这些身高数据分段整理一下,每 5 cm 为一个身高段。

【说明】将教材上淘气所在班级的身高情况改为现实生活中学生所在班级的身高情况,让学生对数据产生亲切感。出示杂乱的原始数据,有效激发了学生整理数据的需求,并结合服装厂的尺码标准,让学生感知分组整理的必要性。

师:针对咱们班的情况,怎么分段比较合适呢?

生：分为 140 以下，140~144，145~149，150~154，155~159，160~164，165~169，169 以上。

师：（出示表 12-5）请同学们将整理的结果填在表格中。

表 12-5　六（4）班学生身高分段情况统计表

身高段/cm	140以下	140~144	145~149	150~154	155~159	160~164	165~169	169以上
人数								

学生独立整理后，教师组织全班交流、汇报结果。

师：整理过程中需要注意些什么？

生：数据比较多，容易重复和遗漏，所以要边数边作标记。

师：同学们，咱们刚刚这样的分段整理过程对应"鱼骨图"中的哪个阶段呢？

生：整理数据。

教师在"鱼骨图"相应位置板书"分段整理"。

【说明】紧扣"鱼骨图"，让学生对自己的统计活动做到心中有数，不仅对统计过程更加清晰明了了，还体现了统计过程的结构化。

师：（出示图 12-22）为了让数据更直观，请同学们根据统计表完成这幅统计图的绘制。

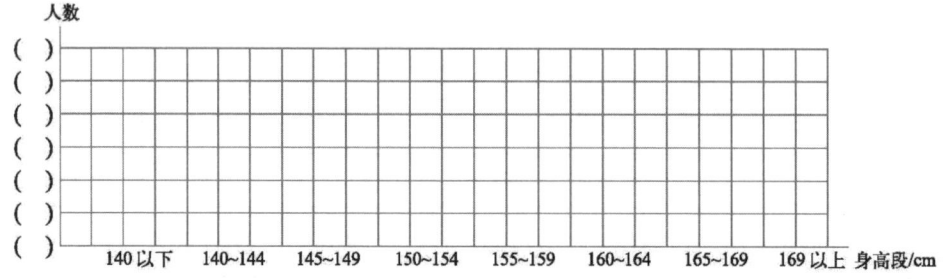

图 12-22

学生独立操作，教师巡视并挑选典型作品。学生作品如图 12-23、图 12-24 所示。

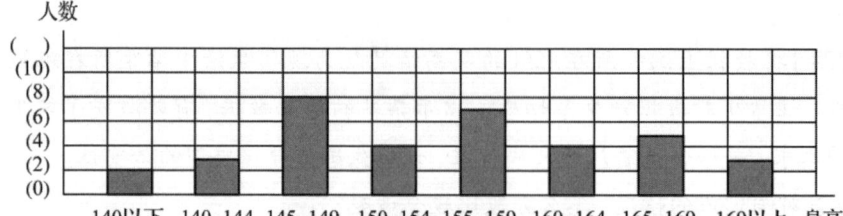

图 12-23

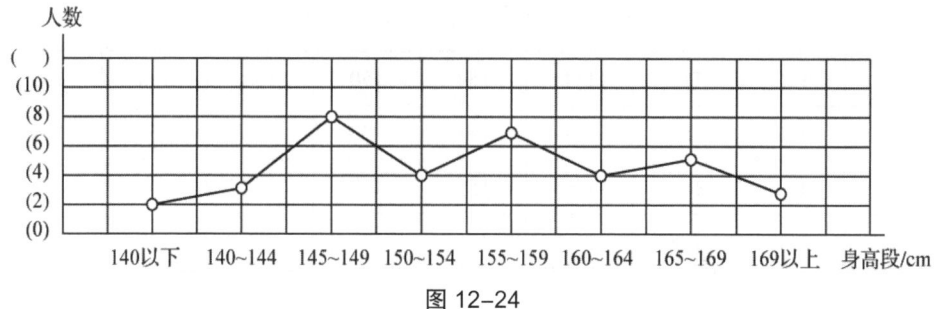

图 12-24

师：哪幅图更能体现咱们班同学的身高情况？

生：条形统计图更直观，折线统计图更利于观察变化情况。

师：是的，两种统计图各有优点。关于折线统计图，我们在下一节课将继续研究，老师暂时先将这幅折线统计图保存，等到下一节课再拿出来比较，到时候你会对两种统计图有更深入的理解。

师：观察这幅条形统计图，你能获取哪些信息？你又能为咱们班订班服提出哪些建议？（引导学生从数据本身、数据之间、超越数据三个层面读取信息）

生：身高在145~149的同学最多，140以下的人数最少。（数据本身）

生：身高在145~149的人数是身高在150~154人数的2倍。（数据之间）

生：我的身高在班级中处于中等偏下的水平，需要加强营养和体育锻炼。（超越数据）

师：再次回到"鱼骨图"，咱们刚刚采用了什么方式来描述数据？又是如何分析数据的？（生答略）

教师在"鱼骨图"相应位置板书"绘制统计图表""三层分析法"。

【说明】将统计表转化为统计图时，有学生绘制出了折线统计图，教师适时将其与下一节课的"身高的变化"相联系，这样巧妙的处理不仅激起了学生的学习兴趣，也为之后的教学埋下伏笔，以帮助学生进一步深入理解条形统计图、折线统计图以及两者的区别。并且，对于读图方法的总结也帮助学生在方法层面上形成了结构化的思维。

通过结构化的情境，再次深入分组整理数据

师：（出示表12-6）同学们，这是隔壁5班同学的身高情况，和咱们班的比较一下，你觉得哪个班的同学发育得更好一些呢？

表 12-6　六(5)班学生身高情况统计表(单位: cm)

153	145	155	151	154	150	152	153	148
160	158	157	167	161	158	168	150	151
149	143	165	153	159	169	157	161	152
156	157	148	169	158	155	160	149	146

生:咱们班同学的身高更高,(5)班都没有170cm以上的。

生:但是(5)班没有140cm以下的呀。

生:我们可以比较两个班的平均身高。

生:数据太乱,我们还是可以和刚才一样,先分段整理、再比较。

师:请同学们用和刚才同样的方法,对(5)班学生的身高进行分段整理。(出示表12-7)为了便于比较,咱们可以把这两个表合二为一。

表 12-7　六(4)班、六(5)班学生身高情况统计表

身高段/cm	140以下	140~144	145~149	150~154	155~159	160~164	165~169	169以上
(4)班								
(5)班								

学生整理,全班反馈交流。(略)

师:如果画图的话,用哪个图来描述两个班的数据比较合适?

生:复式条形统计图。

师:(出示复式条形统计图)你能从图中获取哪些信息?

生:(4)班同学的身高数据比较离散,差距较大,最高和最矮的身高相差40cm左右。(5)班同学的身高数据比较集中,差距较小,差距集中在20cm左右。

【说明】北师大版教材将身高情况的比较内容安排在下一课时的"试一试"中,但其分段整理的思想方法和本课时联系紧密,因此我们对这两个情境进行了结构化,从身高情况到比较身高情况,从单式条形统计图到复式条形统计图,帮助学生结构化地深入理解相关知识。

回顾反思,凸显统计思想结构化

板书设计(图12-25):

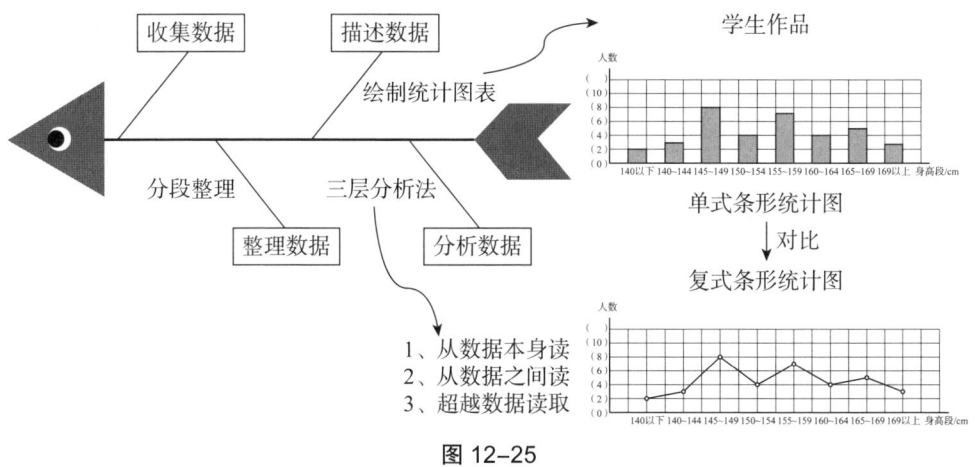

图 12-25

师：请同学们回头看看这节课的板书，说说让你印象最深刻的地方是哪里。

生：我觉得"鱼骨图"很有意思，让我能清楚地知道统计的全过程，包括收集数据、整理数据、描述数据和分析数据。

生：我们在整理数据的过程中，有时候需要用到分段整理法。

生：描述数据的形式有很多，各种统计图表各有优势，我们要根据自己的需求来进行选择。

生：在读图分析数据时，我们不能只看到表面的信息，可以从三个层次去读取。

【说明】千金难买回头看。回溯学习过程，不仅是对所学知识的回顾，更重要的是对学习过程、学习方法、学习体验和感受的反思，由此才能获得持续的生长力，有助于学生整体性、结构化思维的进一步发展。

要培养学生的结构化思想，首先要求教师有结构化的意识，而借助知识、方法、思想三位一体的结构化图谱将有助于教师实现结构化。深入的图谱建构过程将帮助教师对知识的来龙去脉做到了然于胸，对思想方法在教学中的渗透与延伸做到精准把握。虽然"统计与概率"在小学阶段所占比重并不大，但它与生活联系紧密，体现了较强的应用价值。在一次次实践活动中，结构化的过程体验将更加有助于学生形成数据意识，提升学生的学科核心素养。

第十三章
构建谱系　结构思维　助力教学

成都高新区西芯小学

随着大数据时代的到来，统计与概率在各行各业的应用越来越广泛。因此，学会收集、整理、分析数据，并利用数据信息作出合理决策已成为大数据时代每个公民的必备常识与基本素养[①]。

"统计与概率"贯穿学生的整个小学数学学习阶段，且作为小学数学的基础教学内容，将会对学生未来的学习及生活产生较大影响。然而，当前"统计与概率"的教学存在一些不足：一方面"统计与概率"在数学课程中占比较低且较少受到教师的重视；另一方面由于知识点的分散和分课时教学，导致学生缺乏"统计与概率"领域的结构化知识以及相应的应用能力，从而不能较好地提升学生的统计素养[②]。

基于以上分析，我们建议小学数学教师在教学过程中加强对"统计与概率"内容的重视，改进教学策略，以满足当前学生的能力培养要求。为了达成这一目标，要求教师更多地关注学生理解和运用知识的能力，重视知识点之间的联结；通过实施连续性、关联性、整体性的结构化单元知识教学，帮助学生将单一的知识连点成线，变成面，最后构成体，从知识、认知、思维三个维度来培养和发展学生的综合能力。

第一节　剖析主题　沟通联系　形成学科知识图谱

一、概念界定引需求，助力知识结构化教学

"统计与概率"主要研究现实生活中的相关数据和客观世界中的随机现象，通

[①][②] 何耀焕.统计与概率的教材研究[D].武汉：华中师范大学，2015.

过对数据进行收集、整理、描述和分析以及对事件可能性的刻画,来帮助人们作出合理的决策。"统计与概率"的教学目标不仅是让学生掌握数据分析的知识和技能,更在于培养学生的统计素养,帮助学生找到解决生活中不确定性问题的方法,以便作出合理决策。

统计不只是一种基于工具的计算程序,还是一个包含丰富思维的统计活动过程,概率中的随机思想也渗透在统计活动过程当中[①]。统计活动过程主要包括五大流程,具体如图13-1所示。

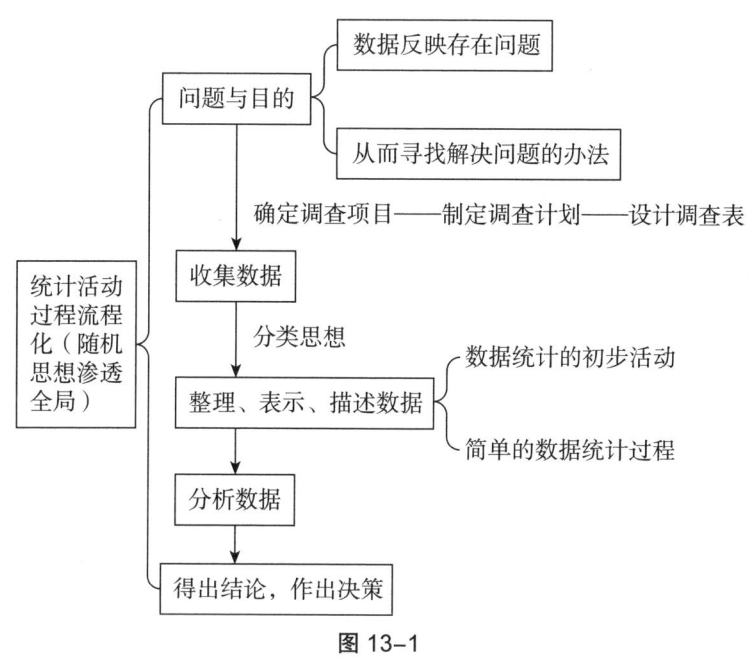

图 13-1

我们从统计学的角度出发,并基于统计活动过程的视角来整合北师大版小学数学教材中"统计与概率"内容,形成"统计与概率"的知识结构化图谱。图谱构建的作用主要体现在:可以为教师在对"统计与概率"内容的备课或教研活动中提供纵向和横向的分析和比较,为课堂中可采取的教学策略提供具体操作层面上的参考;帮助教师树立统计活动的过程视角,并从这一视角入手,对教材进行二次开发,以改变以往教学过程中仅呈现统计知识和方法类问题的现象,转而重视学生能否利用所学统计知识来解决真实情境中的问题,提高现代小学生的统计素养,适应时代发展需求;通过对教学实践的及时总结和改进,传承优秀的教学经验,为我国小学数学教材中"统计与概率"内容的修订建言献策,实现取长补短,

---

① 徐文彬.小学数学教师培养学生数学思维的教学准备[J].江苏教育,2020(89):7-11.

为我国小学数学课程的完善尽一份力。

二、从统计活动过程视角分析教材内容，构建知识结构化图谱

（一）梳理内容，理清知识脉络

我们依据教材编排并结合教师教学用书进行内容梳理，理清各年级"统计与概率"的知识点，如表 13-1 所示。

表 13-1 "统计与概率"内容分布

册别	单元	单元名	教学内容
一上	第四单元	分类	按一定标准分类
二下	第八单元	调查与记录	学会简单的收集和整理数据
三下	第七单元	数据的整理与表示	学会用文字、图画等方式呈现数据整理的结果
四上	第八单元	可能性	感受简单的随机事件；初步感受可能性的大小
四下	第六单元	数据的表示与分析	条形统计图；折线统计图；认识平均数
五上	第七单元	可能性	进一步感受可能性大小和数据的随机性
五下	第八单元	数据的表示与分析	复式统计图；进一步认识和体会平均数的实际应用
六上	第五单元	数据处理	扇形统计图；统计图的选择及数据分组；体会数据分布

由表 13-1 可知，每个年级的教材中至少有一个单元涉及"统计与概率"内容；且四、五年级每册教材都安排了一个涉及"统计与概率"内容的单元。从整个小学数学教材的编排上来看，其知识结构比较符合小学生的思维发展顺序，由浅入深、循序渐进。

从统计活动过程视角分析每个学段的单元标题和教学内容,发现虽有不同,但却密切关联。例如,教材中数据的表示、分析和整理表面上看似相对独立,但实际上具有连续性、结构性和系统性的特点。从表 13-1 中就可看出,教材通过先让学生学会初步的数据分析即分类,再教学数据的收集和整理。接着,运用分类知识,学会进一步整理和表示数据,形成统计表;并根据统计表分析数据,得到统计量。而后,发现借助统计表呈现数据还不够直观,因此进一步对数据进行整理和表示,形成统计图;并在体会统计图中的数据分布中,进一步分析、处理数据。最后,根据数据分析结果,找出对策,解决实际问题。

综上所述,整个小学阶段"统计与概率"内容的教材编排,以及统计活动过程视角下几个核心环节所体现出的关联性和密切性,都为助力结构化知识图谱的构建提供了联系依据。

(二)结合课标,建构知识框架

通过解读教材、分析学情,并结合"课标 2011 年版",我们得到"统计与概率"内容各学段教学目标,如图 13-2 所示。

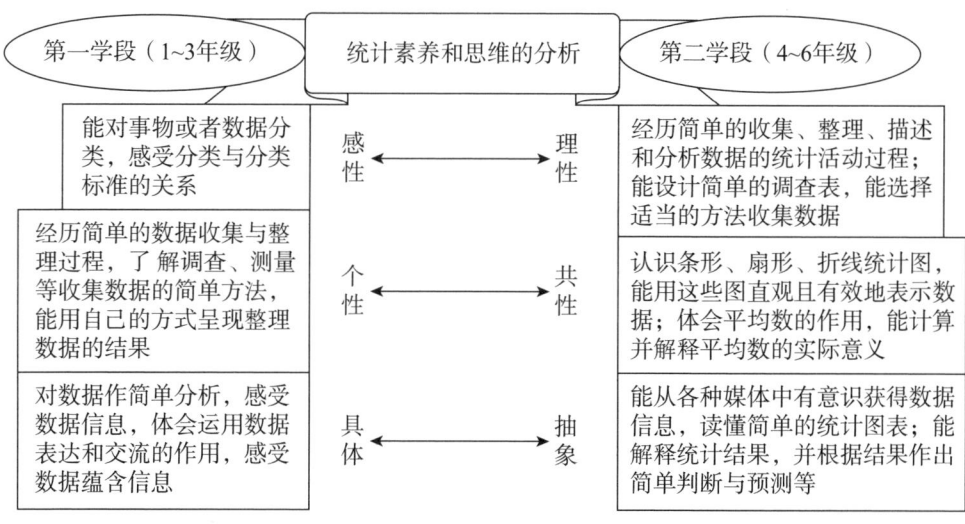

图 13-2

由图可知,第一学段(1~3 年级)的培养目标是感性、个性且具体的;第二学段(4~6 年级)的培养目标是理性、共性且抽象的,两者具有连续性、结构性和系统性。前者从感受数据出发,到经历数据的整理和分析,并运用数据表达信息;后者从设计调查表出发,选择合适的方法收集、整理数据,进而形成统计图,并在读懂统计图后分析数据、解释数据结果,最后运用结果作出预判。这样的过程,正好和统计活动全过程相呼应,为助力结构化知识图谱的构建提供了框架依据。

（三）沟通联系，构建知识图谱

为了进一步明确北师大版教材内容编排的整体线索和知识结构，我们从统计活动过程的视角出发，以"内容主线法"对教材内容进行梳理，归纳出教材编排的几大特点。

1. 每一次统计活动的开始都有问题情境的引入

北师大版教材中，该领域每一册教材不同的例题、习题都渗透着不同的问题情境，表明统计与社会生活的紧密联系。低年级主要为学习场景和生活情境；中年级开始逐步向社会知识与常识过渡，传达必要的社会知识与学科知识，但素材还是以学习和生活为主；到了高年级，关于学习和生活、社会知识与常识的情境数量相当。这样的编排既扩宽了学生的视野，又使学生感受到统计学习与自己的生活息息相关，从而让学生能带着问题和需求展开探索。

2. 由生活中的分类出发，通过调查与记录引入统计教学

北师大版教材中，将"分类"作为学生学习统计的首个单元，不仅体现了其对分类思想的重视，还体现了分类与统计内容的密切关联性，是整个统计活动过程的基础。"分类"教学能让学生有条理地思考问题并养成整理的好习惯，为后续整理和分析数据奠定了良好基础。同时，帮助学生将无序数据变为有序数据，将数据条理化、系统化，从而促进学生发现数据背后隐含的规律和信息。

3. "统计"与"概率"紧密联系，无处不在

北师大版教材中将"统计"与"概率"内容分开编排，但依旧隐含着两者之间的紧密关系，即随机思想贯穿于统计活动的全过程。教材中的例题，从问题提出到对数据的收集、分析和推断，都不同程度地渗透着随机思想。例如，四年级下册"统计"单元教学"平均数"时，教材指出"淘气每次可以记住的数字个数是不同的"，这就是一件不确定事件；而对淘气能记住几个数字的推断也是不确定事件。

经过上述的分析，结合教材内容，我们从统计活动视角出发构建知识之间的联系，最终归纳总结出小学数学"统计与概率"结构化图谱（图13-3）。

通过解读上述图谱，可以帮助教师快速找到某个大板块下的知识点在统计活动过程中所处的位置，以及整个小学教学阶段统计与概率内容的分布情况。特别地，我们基于每一个大板块，列出了其所涵盖的详细内容和所要达到的能力点。

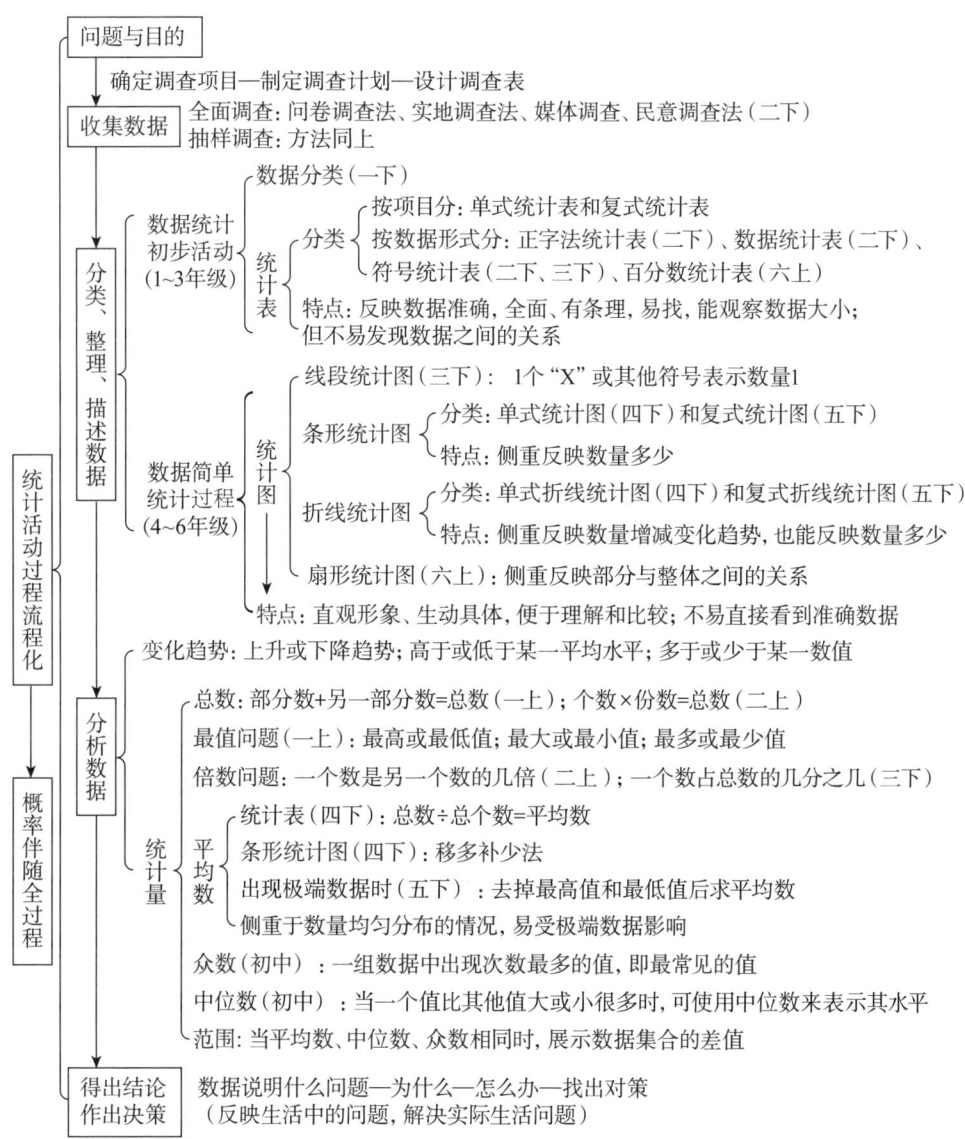

图 13-3

三、运用图谱，从统计活动过程视角解读教材，助力教师教学

依据上述图谱，结合北师大版教材，我们从统计活动过程视角进行剖析，以帮助教师改进教学设计，促进学生统计素养的提升，助力结构化教学。

（一）教师要重视学生统计活动过程中的亲历性

我们在分析教材中例、习题所涉及的统计活动过程时，着重关注学生的亲历性。除了数据分析这一环节需要学生亲身参与外，其他环节中学生的亲历性都较低。然而，从统计学的学科本质出发，其本身就是一个实践性、应用性极强的学科。如果只让学生纸上谈兵，容易导致学生只会做题、不会应用，只会猜测、不会分析思考，那么学生的统计素养将难以得到提升。因此，建议教师在教学时要注重学生统计活动过程的亲历性。

（二）教师要重视在统计活动过程中渗透随机思想

由于教材将统计与概率分开编排，而大部分涉及随机思想的内容都出现在"可能性"单元，在关于统计的单元中则很少体现或几乎看不到。这样，容易让学生以为两者是没有联系的。事实上，统计与概率密切联系，随机思想无处不在。因此，教材的这种"教学留白"，需要教师充分发挥教学自主性和创造性来将其完善、补充。

（三）从体验统计活动全过程出发，让学生经历统计全过程

教学中有时会遇到一些"无头型""无尾型""无头无尾型"的统计题目，需要教师准确识别，进而改进教学策略，使教学目标有始有终。

1. "无头型"题目

"无头型"题目指缺少统计活动过程逻辑起点的练习，即无问题、无目的。这样的练习容易导致学生无法经历统计活动的全过程，这与史宁中教授提出的"统计与概率要让学生经历活动的全过程"是不相符的[1]。学生没有问题或目的地去进行统计，就像是无头苍蝇，四处乱飞；没有目标，也就无法调动学生的主观能动性。只有让学生带着明确的问题开展具有针对性的探索活动，才能充分体现统计活动的意义和价值，充分调动学生的积极性，从而促进学生统计素养的提升。

另外，练习题中的生活素材是否能激发学生积极参与？是否适应信息时代的要求？是否有利于学生对知识的认知？这都是教师在教学设计中需要考虑和探究的方向。因此，教师一定要结合学生生活实际和现实情况来进行教学。

2. "无尾型"题目

"无尾型"题目指缺少统计活动过程结尾的练习，即无判断、无决策。学生知道"为何收集"和"收集什么"，带着问题和目的去统计、去探索，但缺失了最后一个环节，这是非常可惜的。学生经历了统计活动的大部分过程，最终却没有作出决策、解决问题，就像做了一件半途而废的事情一样，有始却无终。

例如，二年级下册"六一准备会"一课调查学生最喜欢的节目。面对这样一

---

[1] 史宁中，孔凡哲，秦德生，杨述春. 中小学统计及其课程教学设计——数学教育热点问题系列访谈之二[J]. 课程·教材·教法，2005，25（6）：45-50.

个非常有意义且源于现实的统计活动,如果只让学生在分析了喜欢哪种节目的人数最多/最少后便戛然而止,就会白白错失这一贴近学生校园生活的问题所应该引发的统计需求。如果教师在这一统计活动接近尾声时增加一问"如果让你来当六一庆祝会的导演,你会怎样安排各种类型的节目呢",那么这个统计活动就形成了一个完整的回路。

3. "无头无尾型"题目

"无头无尾型"题目指在开头缺少统计需要的问题,在结尾缺乏对统计问题的回应即判断与决策。整个过程,学生确实是在"活动",但犹如在黑箱中摸索,只知道根据要求填空、计算,不知道下一步会发生什么,更不会思考需要解决什么问题、怎样去解决、解决得怎么样。

例如,三年级下册"统计班级最喜欢的农场动物"练习中,如果只是让学生按照教材要求分组统计、汇报、汇总,最后用图表呈现结果,发现喜欢哪种动物的人数最多/最少后就告一段落,那便无法激发学生的数学学习兴趣,更难以提高学生的统计素养。建议教师在问题提出时提问"你们在节日时希望老师给你们准备什么动物玩偶",并在课堂收尾时再问"如果你是老师,你想怎么准备动物玩偶"。如此,"无头无尾"的题目就变得"有头有尾"了,学生体会到统计的意义,感受到统计与实际生活的联系紧密。

综上所述,"统计与概率"的教学需要教师结合统计活动全过程,依据"统计与概率"知识结构化图谱,结合课程标准确定教学目标并及时调整教学策略,从而培养并提高学生的统计素养。

第二节　结合图谱　探索教学　构建学生认知结构

"课标2022年版"指出,数据意识主要是指对数据的意义和随机性的感悟,包括以下几方面:知道在现实生活中,有许多问题应当先做调查研究,收集数据,感悟数据蕴含的信息;知道同样的事情每次收集到的数据可能不同,而只要有足够的数据就可能从中发现规律;知道同一组数据可以用不同方式表达,需要根据问题的背景选择合适的方式。[1]这里面包含三层含义,一是认识数据的价值(数据中蕴含着信息);二是了解数据分析的方法(多样性和适用性);三是体验数据的

---

[1] 中华人民共和国教育部.义务教育数学课程标准(2022年版)[S].北京:北京师范大学出版社,2022.

特点（随机性和规律性）[1]。其背后的内涵还包括统计过程层面的内涵、统计思想层面的内涵和核心价值层面的内涵，具体如图13-4所示[2]。

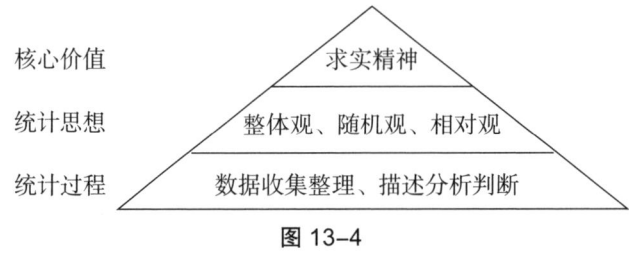

图13-4

小学"统计与概率"内容不多，按知识内容划分，主要包括数据统计活动、统计图表、可能性、平均数这四个板块。下面，我们将结合这四个板块内容，以掌握具体知识与技能为显性目标，以培养数据分析观念为隐性目标，具体阐述相应的教学策略。

一、数据统计活动——亲历全程，重视"头尾"，凸显问题解决

数据意识离不开亲身经历之后的感悟，包括对收集数据必要性的感悟、对数据蕴含信息的感悟。因此，数据意识的形成有赖于亲历统计过程。然而，当下大多数课堂中的统计活动要么是数、填、涂等操作性的"记录式"统计，要么是缺少统计背景和统计目的的"掐头去尾式"统计，很少做到让学生亲历通过统计解决问题的全过程，而统计学科的应用性质以及儿童本身的认知特点都迫切需要经历完整的统计过程，获得亲身活动的体验。

有效的统计活动应在问题解决中让学生经历统计活动的全过程，让学生作为问题解决者去了解、去思考问题本身，并设计自己的方案。这样的活动能让学生明白统计是解决实际问题的一种重要途径和方法，而不是为了统计而统计。我们总结得到统计活动较为理想的教学呈现方式，如图13-5所示[3]。

例如，关于全班出生月份的统计活动可设计如下：① 提出问题：班级准备举行一次集体过生日活动，安排在几月份合适？ ② 怎样统计比较简便？（逐一报、画正字、举手计数等）③ 怎样设计统计表？（几行几列）④ 解释数据：为什么9月出生的人数明显比其他月份少？8月出生的人数明显比其他月份多？8月出生的

---

[1] 杨海荣. 淡化概率计算 注重数据分析[J]. 小学数学教师, 2018（6）: 20-22.
[2] 曹培英. 小学数学"统计与概率"教学研究（一）[J]. 小学数学教育, 2019（5）: 4-8.
[3] 曹培英. 小学数学统计与概率教学研究（二）[J]. 小学数学教育, 2019（9）: 4-9.

人数最多，集体生日安排在 8 月合适吗？ ⑤回顾与反思：学生谈体会。

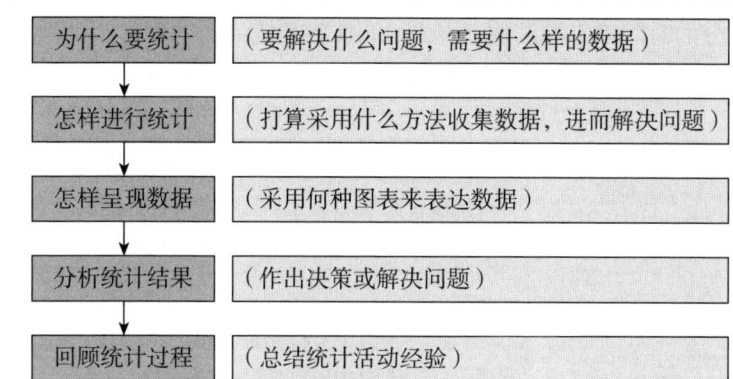

图 13-5

这样设计的统计活动重视收集数据前的准备工作，有助于培养学生的结构化思维，让统计活动更加有条理、有预见性。同时，有明确的统计目的，由问题联想到数据，将几月份集体过生日转换为哪个月过生日的人数最多，产生收集数据的需要；并让学生亲身经历统计过程，不仅体验了数据的随机性，还触发学生对"数据表现出什么趋势""能从这些数据中得到什么结论"等问题进行思考。

当然，还可以设计其他的真实统计实践活动。例如，举办生日会时订什么口味的生日蛋糕比较好？这次单元测试中你的扣分情况是怎样的？班级学生的身高、体重都达标吗？这些活动的设计都可以按照以上统计活动过程展开。

一言以蔽之，统计教学是否有效，关键在于学生是否带着统计的需要真正投入了活动，能否获得根据数据作出决策的体验，并从中体会个人喜好与群体意向之间的联系与差异。

二、统计表和统计图——长程两段，亲近数据，重视数据分析

小学学习的规范化统计图包括条形统计图（单式/复式）、折线统计图（单式/复式）、扇形统计图。鉴于这些统计图的学习过程相似、学习方法相通，因此统计图的教学可采取长程两段式策略。

长程两段式策略充分体现知识的框架性结构、学习的方法性结构和知识形成的过程性结构，将每个单元结构的教学分为教学结构阶段和运用结构阶段[①]。条形统计图的学习属于教学结构阶段，而折线统计图、扇形统计图以及复式统计图的学习

---

① 何春迎. 运用"长程两段"策略实现整体教学设计的思考[J]. 中学数学研究（华南师范大学版），2020（8）：13-16.

则属于运用结构阶段。因此，在学生刚接触条形统计图时，教学应适当放慢速度，给予学生充分的时间来掌握结构，如此才能在后续统计图的学习中调用已有结构并进行合理运用。我们总结得到统计图表的教学结构及注意事项，如图13-6所示。

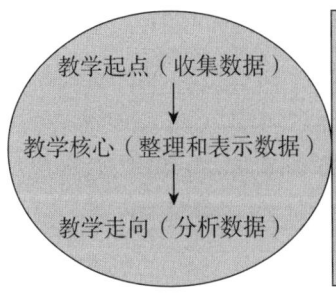

图 13-6

在绘制统计图的过程中应关注以下几点：首先在绘制统计图前，数据多以统计表的形式呈现，要在统计图的学习中巩固统计表的使用；其次是一一对应思想，条形统计图中的条状、折线统计图中的点以及扇形统计图中的扇形都与各自的项目一一对应；另外，关注作图的规范，要看清刻度、看清项目、用直尺作图。

同时，还应处理好统计表和统计图之间的关系。数据的整理过程应是先填表、再制图，由表到图是统计的自然工作顺序；而教学中也有由图到表的逆向操作，如读图练习。逆向操作应处理得当，要做到能帮助学生感悟图的特点，凸显图的直观优势，感知图、表的差异，即统计表数据清晰，便于统计、计算；统计图形象直观，便于观察、比较。可以在读图练习中，让学生体会哪些问题看统计图方便，哪些问题看统计表方便。

另外，统计图的呈现要多样化。教材中呈现的大都是规范化的统计图，很少有经过加工而形成的形象化统计图。然而，实际生活中所呈现的统计图并不都是规范化、学术化的，而是有着各种类型的统计图。因此，不论是从学术兴趣出发，还是从数据解读能力的培养出发，都应改变统计图单调、乏味、刻板的面目，适当引入一些生动又形象、有趣又有价值的设计。

最后，在分析数据时应关注数据解读能力的培养。可以引导学生从前文所总结的三个水平去读取、分析数据，即数据本身的读取、数据之间的读取、超越数据本身的读取。

三、可能性——随机试验，体验数据的随机性

概率论是研究随机现象规律性的学科。为了研究随机现象，一般要先对随机

现象进行大量重复试验（随机试验），试验中每一个可能出现的结果是样本点，所有样本点的集合构成样本空间，而样本空间的子集即是随机事件①。随机事件是随机现象的结果。

小学阶段的概率内容可概括为：在具体情境中，通过实例感受简单的随机现象，能列出简单随机现象中所有可能发生的结果；通过试验、游戏等活动，感受随机现象结果发生的可能性是有大小的，能对一些简单随机现象发生的可能性大小作出定性描述，并能进行交流。简单来说，就是随机现象及其发生的概率。整个学习过程始终强调试验、游戏等活动，因此在概率教学中，应加强学生的实际操作，让学生亲历数据生成的过程。

概率内容在教材中的分布情况如图 13-7 所示。而就小学阶段的"可能性"教学而言，需提高学生对可能性的认识，重视对数据特点的体验。

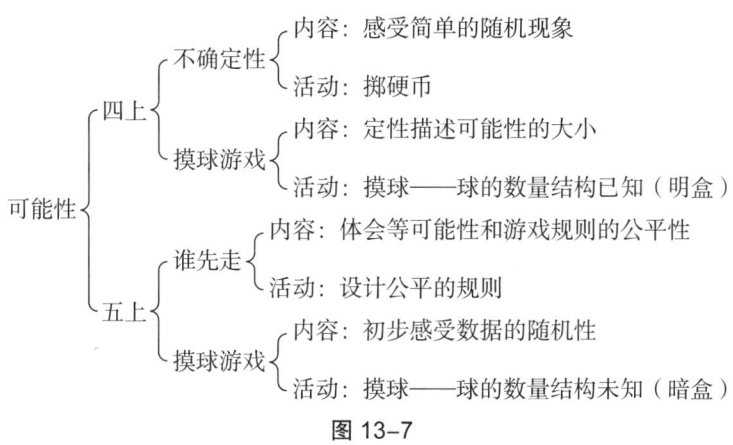

图 13-7

（一）对可能性的认识

1. 区分等可能与不等可能

联系四边形的不稳定性可以突出三角形的稳定性，同样地，认识等可能需要联系不等可能，两者的认知相辅相成。对游戏是否公平的探讨为区分等可能与不等可能提供了有效载体，如抛硬币、掷骰子等活动，能让学生接受并理解可能性不相等的随机事件。

2. 不回避对可能性大小的量化

教学应在学生的"最近发展区"进行，虽然小学教材不要求学生对可能性的大小进行量化，但是学生具备的分数知识基础和关于可能性的生活经验，都能让

---

① 曹培英. 小学数学统计与概率教学研究（五）[J]. 小学数学教育, 2020（1/2）: 4-13.

他们轻松地用分数表示可能性的大小。比如，抛一枚硬币，硬币正面朝上的可能性是 $\frac{1}{2}$；掷一枚骰子，点数"5"朝上的可能性是 $\frac{1}{6}$；等等。

（二）数据特点的体验

数据意识的一个重要内涵是体验数据的特点，即随机性和规律性，而这需要在多次的随机试验中才能有所感悟。比如，通过四年级上册的"明盒"（球的数量结构是已知的）设计、五年级上册的"暗盒"（已知球的颜色结构但不知道具体的数量结构）设计，引导学生在操作中感悟可能性的大小，体验数据的随机性和规律性。

操作时，学生主要经历摸球活动，并将摸球结果记录在记录单（表13-2）上。教学时将学生记录的多组数据同时呈现，通过相互之间的比较感悟数据的特点，发展学生的数据意识。数据的随机性和规律性便在这样的操作过程中逐步得以领悟。

表13-2　摸球活动记录单

	摸球之前，预测摸到（　）次黑球和（　）次白球									
	第1次	第2次	第3次	第4次	第5次	第6次	第7次	第8次	第9次	第10次
黑	(　)	(　)	(　)	(　)	(　)	(　)	(　)	(　)	(　)	(　)
白	(　)	(　)	(　)	(　)	(　)	(　)	(　)	(　)	(　)	(　)
	摸球之后，结果摸到（　）次黑球和（　）次白球									

数据的特点可以通过数据产生的随机性、数据结果的随机性、数据的规律性来加以体验。通过观察摸球结果相同的小组记录单，发现即便最终摸到黑球的次数相同，但具体是第几次摸到的却不同，从中体验数据产生的随机性。通过统计整体情况，发现即便球的数量结构完全相同，但各小组摸球的结果不同。通过将摸球之前的预测和摸球之后的结果进行比较，感受"算出来是这样，摸出来却未必这样"，从而感受数据结果的随机性。通过比较多组数据，发现大量随机数据的背后其实隐藏着规律，即"数量多的球摸到的可能性大"，进而感悟数据的规律性。

四、平均数——真实情境，体会统计意义

平均数是小学阶段学习的唯一一个统计量，而学生在中学阶段需学习更多的统计量。因此，教师应对各统计量的联系与区别以及平均数在整个统计量系统中

的地位做到了然于胸,即便是不将其告知学生。

通过参考相关文献,我们将统计量分为以下三类(图13-8):集中量指标、差异量指标和相关量指标。平均数属于集中量指标,代表一组数据的整体水平。平均数作为统计领域的重要内容,教学更应突出其统计意义,教学重点也应从平均数的计算转向对平均数统计意义的理解。

统计量 ┬ 集中量指标:平均数、中位数、众数等
　　　 ├ 差异量指标:标准差、方差等
　　　 └ 相关量指标:相关系数等

图 13-8

第三节　以"平均数"为例

数据意识是数学核心素养之一,也是"统计与概率"领域的教学核心。结合"课标2022年版"对数据意识的阐述,可以看出:一方面,统计的核心是数据意识的培养;另一方面,数据意识有三个维度,即体会数据中蕴含的信息,依据数据的问题背景来选择合适的方法,在数据分析中感受随机性。

"统计与概率"的核心归根结底就是用数据来"说话",通过分析数据来解决实际问题。下面,以四年级下册"平均数"和五年级下册"平均数的再认识"为例,阐述如何基于图谱进行结构化的教学实施。

一、知识结构背景

平均数是统计学中广泛应用于生产生活的一个重要概念,是分析数据的重要工具之一。平均数的学习有三种不同的水平,基于主题单元教学框架,我们绘制得到平均数能力水平结构图(图13-9)。

对于平均数的教学,关键是要思考在"平均数"的结构主题下如何设计认知序列,让学生的学习契合认知规律,以实现完整、丰满的认知。《人是如何学习的》一书中指出:"必须用少量主题的深度覆盖去替换学习过程中对所有主题的表面覆盖,这些少量主题使得一些关键概念得到理解。"基于以上认识,我们认为关于平均数的教学不能囿于课本、浅尝辄止,而应该让知识的本质活起来,让学生的思维动起来,充分感受数学之于知识世界与人类世界的美好。

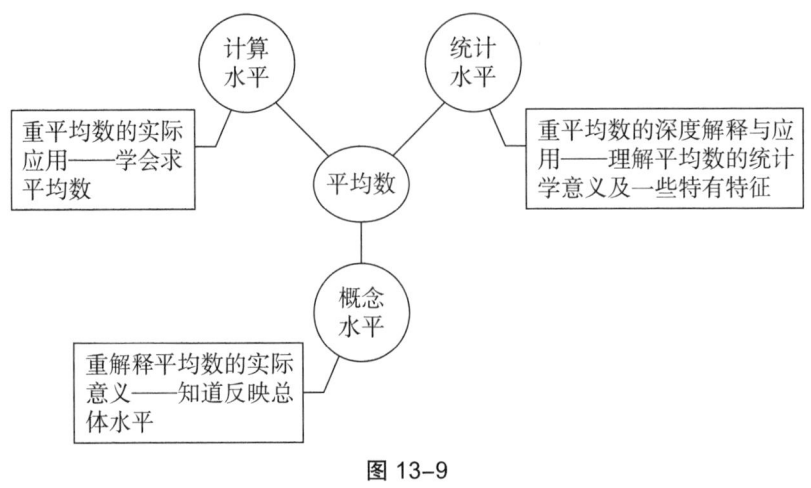

图 13-9

二、学生认知分析

平均数是刻画数据集中趋势的统计量。在认识平均数之前,学生认识的数都是和实物相对应的,是具体的、真实存在的。而平均数则不然,它所对应的数值既可能是一组数据中真实存在的,也可能是并不存在的;它反映的不是物的多少,而是一组数据的整体水平。所以,学习平均数对学生数感的发展是一次质的飞跃。对于这个全新的概念,学生的认知起点在哪里?他们对平均数是否已有所认识?是否了解平均数的特征?对有关平均数问题的解决情况又是怎样的?

带着这些思考,我们对四年级学生设计了如下前测。

"平均数"学情调查表

姓名:　　　　班级:

1. 学校将要举行四年级50米短跑比赛,小红周末测了5次,成绩分别是15秒、14秒、12秒、10秒和14秒。你觉得哪个成绩能代表小红的水平?为什么?

2. 期末考试中,我们班的数学平均分是89分,是不是每名学生都得了89分?请说明理由。

3. 关于平均数,你有哪些问题?

从前期的学情调查中我们发现,近 78% 的学生知道平均数的计算方法,即"总数 ÷ 数量 = 平均数"。一方面,平均数与生活有着密切联系,是实际生活中出现频率较高的一个词;另一方面,在之前的学习中,学生或多或少遇到过类似的题型,其本意可能是先求总数再进行平均分,但也隐藏着平均数的影子。然而,学生对平均数的统计意义则不是很清楚,在选择代表性数据时会把众数和中位数相混淆,对"虚拟数值"并不理解,这也展示了学生对平均数理解的真实起点。

那么,该如何进行教学呢?本课的着眼点和生长点应落在何处?通过进一步的学生访谈,我们发现学生主要有以下几点疑问:为什么要学习平均数?它是怎么产生的?它有什么特点和作用?生活中哪些地方会用到平均数?因此,本课定位于平均数统计意义的教学,而有意淡化平均数的计算方法。

三、教材结构分析

北师大版各学段关于"统计与概率"的教学展开结构图如图 13-10 所示。

同时,我们对教材关于"统计与概率"的各部分内容进行梳理,如图 13-11 所示,发现教材将"平均数的认识"分别安排在四年级下册和五年级下册。

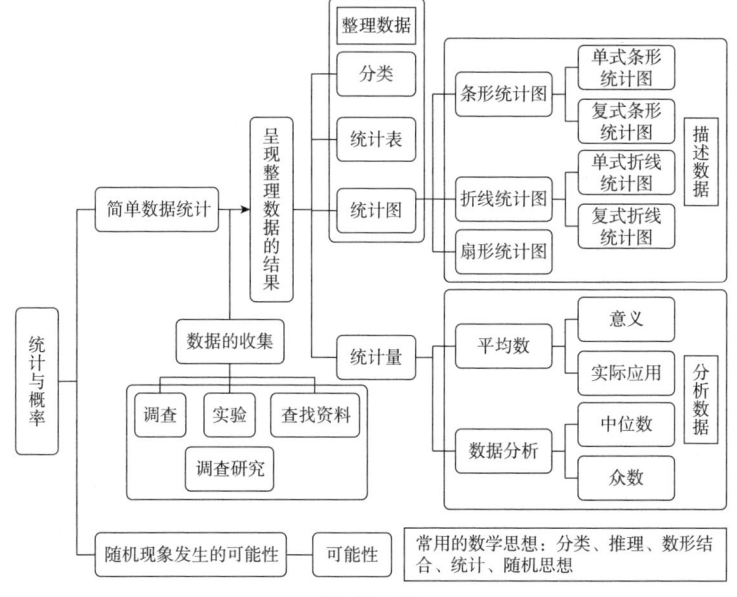

图 13-10

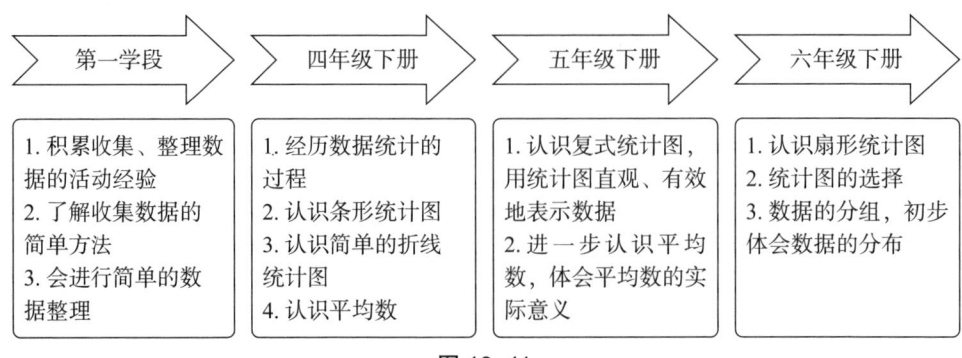

图 13-11

进一步地，我们对北师大版和人教版教材关于平均数的内容进行对比。

北师大版《数学》四年级下册"平均数"一课（图 13-12），借由机灵狗提出的问题"淘气哪一次也没有记住 6 个数字啊！这是怎么回事"，将学生对平均数的理解引向深入。学生通过讨论得出：6 个数字是淘气记数字的整体水平，不是某一次实际记数字的个数，是几次"匀"出来的结果。从而让学生发现，平均数所表示的数值可能是这一组数据中的某一个，也可能不在其中，知道平均数是一个"虚拟数"。在问题分析中，感知平均数具有代表性，是反映一组数据集中趋势的统计量。

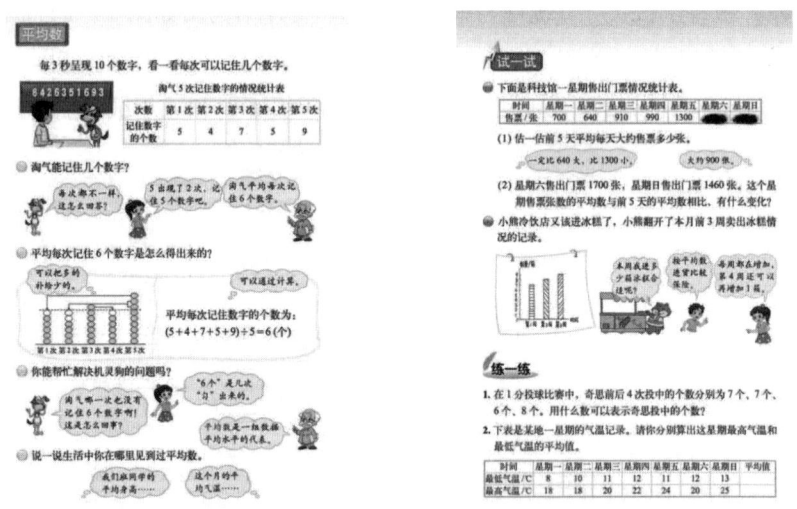

图 13-12

五年级下册"平均数的再认识"一课（图 13-13），通过计算少儿歌手大奖赛平均成绩的活动，感知平均数具有敏感性，发现极端数据对平均数的影响较大，故而在生活中会采取去掉最高分和最低分的方式，尽可能避免极端数据所带来的影响。

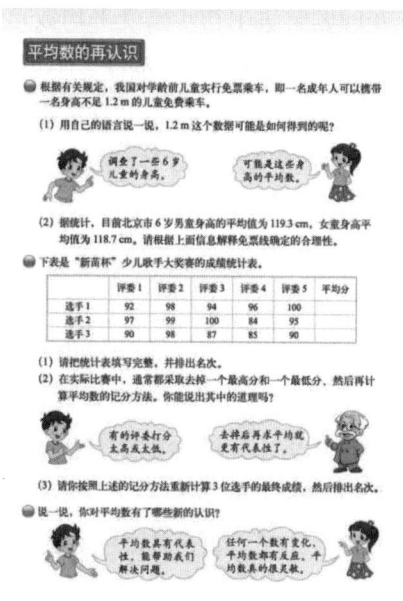

图 13-13

人教版教材（图 13-14）通过求一个小组四名学生收集废旧矿泉水瓶的平均数量，让学生借助平均分的意义理解平均数不是指每名学生实际收集到的矿泉水瓶数量，而是指"假设"四名学生收集到的瓶子同样多，从而算出平均每人收集到多少个。从中，让学生感受到平均数能较好地反映全部数据的整体水平，强化平均数的统计意义。

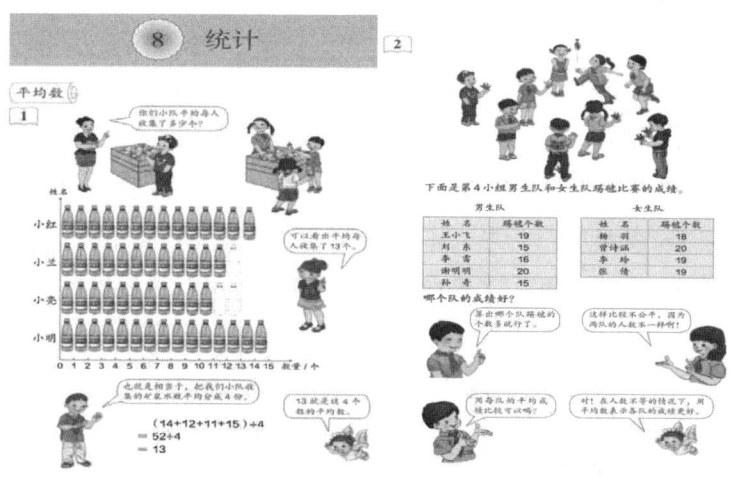

图 13-14

基于以上分析，我们将重点放在理解平均数的实际意义上，故将北师大版教材关于平均数的这两部分内容进行整合，以期让学生对平均数能有一个整体认知。教学目标确定如下：在问题解决中初步感受平均数是代表一组数据整体水平的统计量，体会平均数的代表性、敏感性、虚拟性、有范围和公平性，了解平均数的实际应用；运用平均数解释现实现象，积累处理数据的经验，发展数据分析能力；激发学生热爱生活、向往真善美的情感，体现学科育人的根本价值。

四、结构化教学策略

（一）主题式教学策略

平均数作为统计领域的重要内容，教学中应突出其统计意义。因此，平均数内容的教学重点必然要从平均数的计算转向对平均数意义的理解，以及运用平均数解决生活实际问题，体会平均数中所蕴含的统计思想的现实意义，以培养学生的数学核心素养。为了使学生能够对平均数产生结构化的认识，可以将分散在两册教材中的学习内容进行整合，并以主题式教学的方式展开学习。

（二）培育思维结构化

平均数作为重要的统计量，能树立学生利用数据的意识，发展学生的数据分析观念，使学生产生对数据的亲切感。本节课在解决真实问题的过程中，培养学生综合运用所学知识解决问题的能力，让学生在一个课时中同时感受平均数的代表性、敏感性、虚拟性、有范围和公平性，以凸显知识的系统化，让学生能完整地理解平均数的意义，发展结构化思维。

五、整合教材，促进知识的结构化

基于以上分析，我们展开了对平均数的教学实践，具体如下。

情境引入，孕伏概念

① 感受平均数具有代表性。

师：同学们，数据能"说话"，你们信吗？（出示图13-15）淘气玩了一个"记忆大师"的游戏，表中是淘气5次记住数字的情况。看了这组数据，你认为哪个数字能代表淘气记住数字的水平？

每3秒呈现10个数字，看一看每次可以记住几个数字。

淘气5次记住数字的情况统计表

次数	第1次	第2次	第3次	第4次	第5次
记住数字的个数	5	4	7	5	9

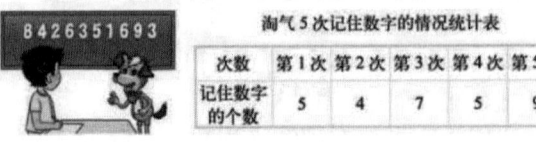

图 13-15

生：我认为是9，因为9是记住数字最多的。

生：我认为是5，因为5出现的次数最多。

生：我认为是6，因为6是它们的平均数。

生：我认为是7，因为6根本就没有出现，而7和6差不多。

师：基于刚才同学们的发言，请大家再次思考。你们认为哪个数字更能代表淘气记住数字的水平？

生：我认为9太大了，不能保证次次都能记住这么多。虽然5出现的次数最多，但是用5来表示，淘气也不是很甘心，毕竟还有好几次记住得更多呢。用平均数6来表示最合适，不多也不少，刚刚好。

师：可是刚刚有同学提出6根本就没出现呀，你的6是哪来的？

生：算出来的呀！把这5个数加起来，再除以5，就等于6。

师：平均数6是什么意思？你们是怎么理解这个6的呢？

生：把多的个数拿一些给小的，就把这5个数给"拉平"了，全部变成6了，有点像以前学过的平均分。

师：也就是说，多的被少的"拉下去"，少的又会被多的"拉上来"，最后全部"拉平"了。"拉平"后得到的这个数，就可以代表这组数据的整体水平了，这个数就是"平均数"。

【说明】真实的学习，就是要让学生在真实的学习情境中，学习解决真实问题的方法，在完成真实任务的过程中习得知识、获得理解、丰富交往、形成品格。本环节采用问题驱动教学策略，通过情境，孕伏需要提炼的"平均数"话题；而后在生生之间的争辩中，唤醒旧知，感悟数据内涵。以"为什么""是什么""怎么用"的问题结构展开教学过程，让过程结构化。

② 引出主题——平均数。

师：关于平均数，你想提出哪些问题呢？

生：为什么要学习平均数？

生：它是怎么产生的？

生：它有什么特点和作用？

生：生活中，哪些地方会用到平均数？

根据学生反馈，形成本节课平均数问题研究结构图（图13-16）。

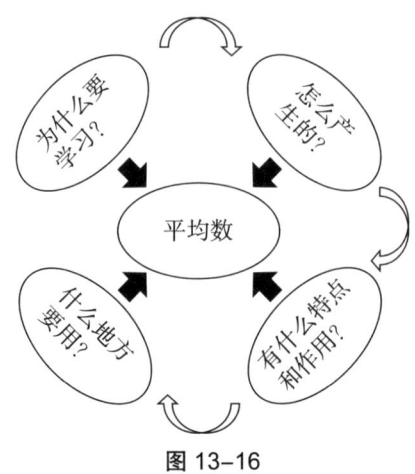

图 13-16

逐步逼近，生成概念

① 理解平均数的算法本质。

师：你们能不能通过画一画、算一算等方法来找一找这组数的平均数呢？

生：（图 13-17）移一移，移多补少。

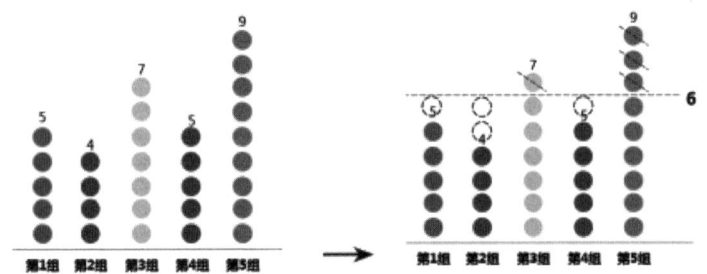

图 13-17

生：算一算，$(5+4+7+5+9) \div 5 = 6$。

② 理解平均数的意义，感受平均数的代表性、有范围和虚拟性。

师：结合统计图，观察平均数 6 与每次记住的个数，你有什么发现？

生：平均数 6 在最小的 4 和最大的 9 之间，它是有范围的。

生：我们可以用平均数 6 来代表这组数的整体水平。

生：平均数 6 在这组数中没有出现，说明平均数所代表的数值在一组数据中是可以不出现的。

师：平均数可以代表一组数据的整体水平（代表性），并且还在最小数和最大数之间（有范围）。另外，它也不一定会出现在这组数据中，它是通过移多补少"匀"出来，或者算出来的，它有时并不真实存在（虚拟性）。

③ 丰富对平均数的理解，体会平均数的敏感性和公平性。

师：如果淘气再挑战一次，你们觉得平均数会发生变化吗？

生：假如刚好是6个，平均数还是6。

生：假如比6个还多，那么会把平均数"拉高"。

生：假如比6个还少，那么会把平均数"拉低"。

师小结：看来，增加一个新的数，就会对平均数产生影响，平均数很容易上下变动（敏感性）。

师：平时我们看一些比赛节目时，发现在评委亮分后，主持人会说"去掉一个最高分，去掉一个最低分"，这是为什么呢？

生：最高分和最低分对平均分的影响比较大。

师：（出示表13-3）我们一起来看看这组数据，算一算去掉和不去掉最高分、最低分的平均分分别是多少。

表13-3 评委打分情况

评委1	评委2	评委3	评委4	评委5	平均分
97分	99分	100分	84分	95分	

生：这5个数的平均分是95分，去掉最高分和最低分后的平均分是97分。

生：用平均分来进行评比是公平的，可以看出每名选手的整体水平，但有的评委可能因个人喜好而把某一名选手的分数打得很低或很高，这样就会使平均成绩受到很大影响，所以才会有去掉一个最高分和一个最低分的算法（公平性）。

师：由于平均数的公平性，因此我们在生活中会经常使用平均数。但是，平均数也很"脆弱"，容易受到极端数据的影响而发生比较大的变化，所以有时候会根据实际情况进行一些调整。

【说明】在"平均数"的主题学习中，应特别重视平均数的概念以及平均数的统计意义。因此，探究过程采取数形结合的形式展开，通过三个层次的活动，让学生充分理解平均数的意义。平均数的代表性、有范围、虚拟性、敏感性、公平性属于一个不可分割的整体，相互联系，彼此依存。把原本两册的内容整合在一起，学生认知的整体性和系统性会得到明显的提升。基于整体性和系统性来帮助学生建构平均数知识，使学生对平均数的理解更全面、丰富、立体，形成完整的知识网络。并且，基于平均数的实际价值展开教学，为学生全面理解"平均数表示一组数据的整体水平"创造了良好的学习载体。

平均数的应用——深度思考

问题1：根据有关规定，6周岁（含）或身高1.3 m及以下的儿童可免费乘坐城市公共交通工具。你认为这个1.3 m的身高数据是怎么得到的呢？

生：通过调查得到的，这个数可能是6周岁儿童身高的平均数。

师："调查"是什么意思？说说你们的想法。

生：可以调查一些6周岁儿童的身高，收集数据后，将它们全部加起来再除以总人数，就能算出平均身高了，这个平均身高能够代表6周岁儿童的整体水平。

师：的确，平均身高反映了这组数据的整体情况，是帮助我们作出决策的重要依据。

问题2：有一个游泳池的平均水深是0.9米，奇思想着自己有1.3米高，虽然不会游泳，但这个身高下水游玩一定不会有危险。你们觉得奇思的想法对吗？

生：不对。平均水深0.9米，并不是说游泳池每一处的水深都是0.9米，可能有的地方比较浅，只有0.6米，而有的地方比较深，可能有1.5米，所以下水游玩有可能发生危险。

师：（展示真实的泳池水深情况，分深水区和浅水区）看来，认识平均数对我们解决生活中的问题还真有不少帮助呢。

问题3：据报道，2022年我国人均预期寿命增长到78.2岁，比10年前提高了不少。可有一位77岁的老伯看到这个消息后特别的沮丧，你知道为什么吗？

生：他可能以为平均寿命78.2岁就是刚好活到78.2岁，自己已经77岁了，只能活1年了。

生：我们应该劝这位爷爷，平均寿命只反映一般水平，肯定有人是超过平均寿命的，现在百岁老人已经有很多啦。

问题4：你在平时的生活中有没有听到或用到过平均数？

生：考试后，老师会用平均分来代表我们班的总体水平。

生：比赛打分时，会用平均分代表选手的得分。

生：成都的人均年收入。

……

【说明】借助生活实际，突破平均数的教学瓶颈。真实的问题情境激发学生大胆猜想，在运用平均数解释生活现象并解决生活问题的过程中，充分感受平均数的价值与统计意义，培养数据意识。并且，依托大量的生活情境，帮助学生积累数学思考和解决问题的经验。

课堂小结——梳理平均数知识

① 回顾反思，梳理总结。

师：通过这节课的学习，你有哪些收获？

生：我会算平均数，还知道平均数能代表一组数据的整体水平。

生：平均数极易波动，容易受极端数据的影响。但它也是有范围的，始终在最大数和最小数之间。

……

② 故事结尾，升华价值。

师：最后，老师要给大家讲一个故事——《埃蒙斯的最后一枪》。（播放微课）看了这个故事，你有什么感想？

生：极端数据容易影响平均数，所以我们要尽可能做好每一步。

生：有时候就差那么一点点，就会与重要的东西擦肩而过。

……

师：看来，同学们对平均数都很有感悟。一有"风吹草动"，平均数就会发生变化。既然我们发现平均数极易受到极端数据的影响，你们知道还可以通过什么方法来处理出现极端数据时的情况吗？（了解众数、中位数）

【说明】郭华教授认为："深度学习的'深'，首先'深'在人的心灵里，'深'在人的精神境界上，还'深'在系统结构中，'深'在教学规律中。"[1] 本节课结束之际，通过《埃蒙斯的最后一枪》这一真实故事，让学生从平均数的角度进一步理解极端数据可能给平均数带来的影响，并由此延伸出今后研究的另外两个统计量——众数和中位数。更可贵的是，学生从生活的视角感受到"要走好生活中的每一步""越是在关键的时候，越要沉着冷静"等一些做人做事的朴素道理，使得平均数得以叩中学生心灵，激活学生情感，真正落实了从"数学教学"走向"数学教育"这一根本性要求。

结构化板书，形成知识体系

结构化板书设计如图 13-18 所示。

---

[1] 郭华. 深度学习及其意义[J]. 课程·教材·教法, 2016, 36 (11): 25-32.

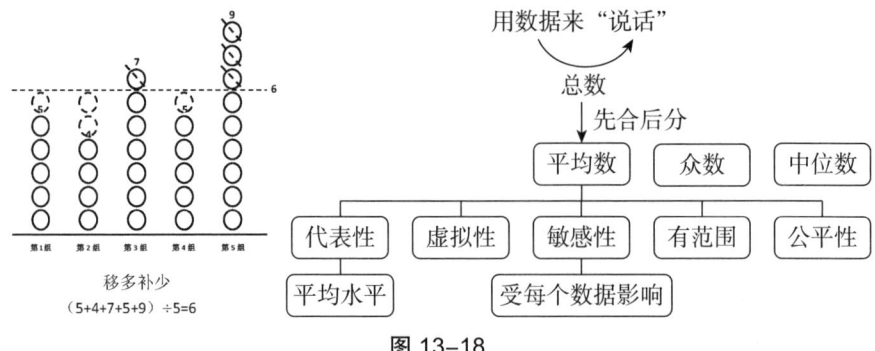

图 13-18

第十四章
图谱为源　结构为基　素养为本

成都霍森斯小学

数学是一门知识结构化程度较高的学科,然而我们发现,学生对于知识能力的整体建构存在散点式、碎片化现象。随着时代的发展,教育培养人的要求也越来越高,在深化课程改革落实学生核心素养的背景下,结构化教学符合时代诉求。结构化教学能够尽可能地规避知识零散、孤立、无序的现象,打通概念与概念之间的联系,建立知识的结构和框架,呈现能反映学科本质的教学主题;并以普遍关联的知识结构为基础,帮助学生实现知识和思想方法的结构化,从而更好地落实学科核心素养。

本章主要基于结构化视角构建"统计与概率"图谱群,并借助图谱探索行之有效的教学策略;通过具体课例"平均数",从构建结构化知识图谱、把握结构化认知和教学内容结构化设计三个方面来实现突破,从而培养学生的数据分析观念。

第一节　构建图谱群,助力结构化教学,发展学生数据分析观念

随着信息技术的不断进步以及大数据时代的来临,数据在我们日常生活中发挥着越来越重要的作用。数据分析是高中数学课程标准提出的六大核心素养之一,数据观念是"课标2022年版"中初中阶段的核心词之一[1]。我们认为,两者也应作为小学数学"统计与概率"领域的核心追求。由此,我们提炼得到"数据分析观念",将其作为"统计与概率"领域的核心内容。

数据分析观念是适应和推动经济社会发展的重要因素,具有重要的学科价值,是新时代学生必备的数学素养,也是大数据时代公民不可或缺的基本素

---

[1] 中华人民共和国教育部. 义务教育数学课程标准(2022年版)[S]. 北京:北京师范大学出版社,2022.

质。因此，培养学生的数据分析观念是小学数学"统计与概率"领域的重要学习目标。

一、从知识层面到素养层面的学习路径图谱

发展学生数据分析观念是素养层面的教学追求，符合小学数学新课程理念，突出学生立场。从追求知识和技能的掌握，到追求核心素养的养成，无一不体现出全面发展的知识观和育人观，而这也对教学提出了更高的要求。如何实现从知识层面到素养层面的教学追求呢？我们以深度学习理论和结构化视角为出发点进行分析。

在教育领域中，深度学习是与以往学生被动学习、机械记忆和非批判性的接受等浅层学习相对的一个概念，是指向知识本质和学习理解的学习模式，以高层次的思维发展和实际问题的解决为学习目标，实现新知与原有认知体系的有效融合，完成知识的迁移，培养学生的批判性思维。[1]

有学者指出：深度学习是发展学生核心素养的有效途径，它着眼于儿童对所学内容的理解，促进儿童知识的建构和方法的迁移，并有助于儿童高阶思维的发展，让儿童在解决问题中提高核心素养。[2] 由此，我们绘制得到从知识层面到素养层面的实现路径图谱，如图14-1所示。

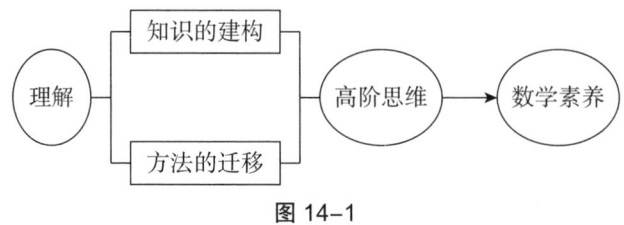

图 14-1

二、数据分析观念的内涵结构图谱

什么是数据分析观念？在我国数学教学发展进程中，数据分析观念是由起初的统计观念演变而来的，是学生在当今社会背景下所必须具备的一种能力。它是在收集、整理、描述、分析数据的这一完整过程中发展起来的，且在这一过程中，着重实现学生在以下三方面的培养目标：让学生树立数据分析的意识，感

---

[1] 安富海.促进深度学习的课堂教学策略研究[J].课程·教材·教法，2014，34（11）：57-62.

[2] 刘月霞，郭华.深度学习：走向核心素养（理论普及读本）[M].北京：教育科学出版社，2018.

悟数据中所蕴含的信息，培养学生的数据意识；体验数据的随机性，培养学生对于数据的随机性意识；掌握多种收集和分析数据的方法，学会灵活运用数据分析的各种方法来解决实际问题，培养学生的方法意识。由此，我们绘制得到数据分析观念的内部结构，如图14-2所示。

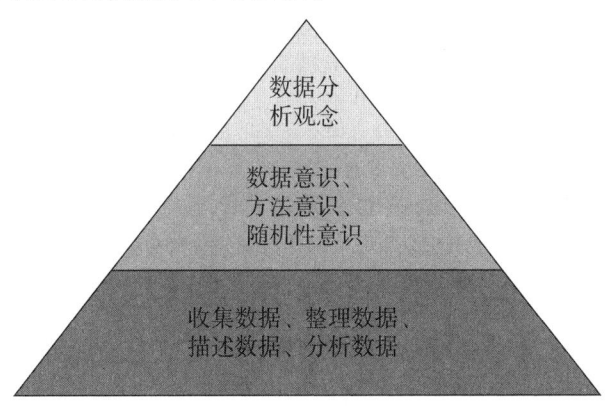

图14-2

基于前面的分析，我们认为，教师在教学前应做到理清知识结构，把握知识本质，知道知识背后蕴含着哪些数学素养和思想方法；把握学生的认知结构，找准教学起点和教学目标，如此才能更好地促进学生对知识本质的理解，实现知识的建构，促进方法的迁移，最终落实数学素养的培育。

三、"统计与概率"领域的课程目标和课程内容

践行深度学习，发展数据分析观念，需要教师帮助学生理解知识本质。如此，教师自身应对知识本质有充分的理解，形成结构化的知识体系。

我们对"课标2022年版"中关于"统计与概率"的内容要求进行了梳理（表14-1），发现小学数学"统计与概率"主要包含"数据分类""数据的收集、整理与表达"和"随机现象发生的可能性"三个主题，并分布在三个学段，由浅入深，相互联系，从而使得学生在学习过程中了解统计与概率的基础知识，感悟数据分析过程，形成数据意识。

表14-1 小学数学"统计与概率"领域内容要求

学段	统计部分	概率部分
第一学段	数据分类 会对物体、图形或数据进行分类，初步了解分类与分类标准的关系，形成初步的数据意识	无

（续表）

学段	统计部分	概率部分
第二学段	数据的收集、整理与表达 　经历简单的数据收集和整理、描述和分析的过程，了解简单的收集数据的方法，会呈现数据整理的结果 　通过对数据的简单分析，感受数据蕴含着信息，体会运用数据进行表达与交流的作用 　认识条形统计图，会用条形统计图合理表示和分析数据 　能读懂报纸、电视、互联网等媒体中的简单统计图表 　探索平均数的意义，能解决有关的简单实际问题 　能在简单的实际情境中，合理应用统计图表和平均数，形成初步的数据意识和应用意识	无
第三学段	数据的收集、整理与表达 　根据实际问题需要，经历数据收集、整理和分析的过程，能合理述说数据分析的结论 　认识折线统计图、扇形统计图；会用条形统计图、折线统计图呈现相关数据，解释所表达的意义 　能从各种媒体中获得所需要的数据，读懂其中的简单统计图表 　结合具体情境，探索百分数的意义，能解决与百分数有关的简单实际问题，感受百分数的统计意义 　在简单的实际情境中，应用统计图表或百分数，形成数据意识和初步的应用意识	随机现象发生的可能性 　通过实例感受简单的随机现象及其结果发生的可能性 　在实际情境中，对一些简单随机现象发生可能性的大小作出定性描述

四、纵向梳理教材，形成"年级"和"领域"知识结构图

"统计与概率"领域的每一次学习都要求学生掌握一定的知识与方法，如学会条形统计图、折线统计图的绘制方法，学会平均数的计算方法等，但更为重要的是要站在统计学的角度来发展学生客观分析事实的能力，感受数学中的不确定性，培养学生的理性思维品质，聚焦数学知识方法背后隐藏的素养追求。

我们基于1~12册北师大版教材，按照年级对"统计与概率"相关知识点进行梳理（图14-3）：低年级要求初步认识分类、统计；中年级要求会简单地进行数据分析，感受随机现象；高年级进一步认识统计，会用统计知识解决生活中的实际问题。

第十四章 图谱为源 结构为基 素养为本

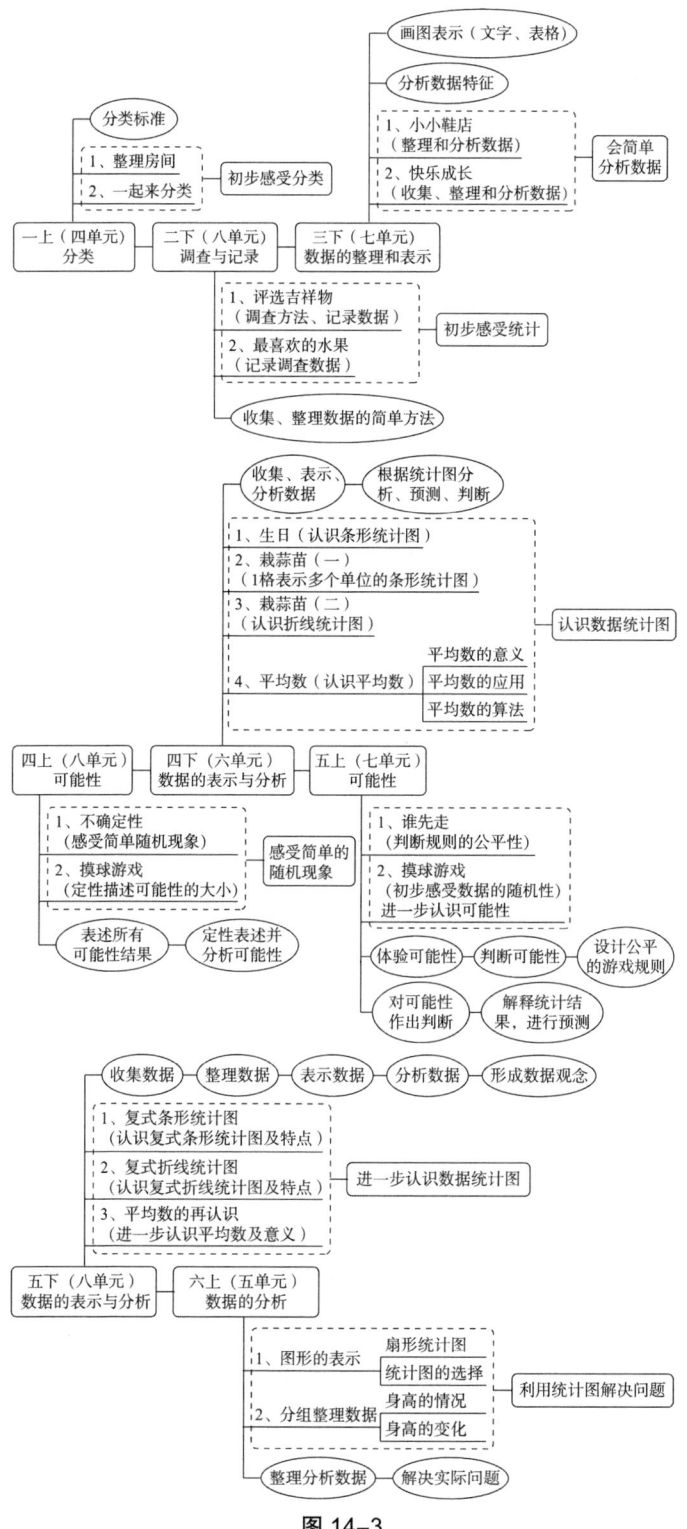

图 14-3

进一步地，我们对"统计与概率"知识进行细化，梳理出关于统计和概率的知识结构图（见书后插页）。从图中可以发现，统计与概率相互关联、彼此渗透。并且，这部分内容的教学往往更具针对性、顺序性和层次性，如某些可能性问题需要以统计知识为基础。

五、从知识层面到素养层面的教学策略

学科素养的落地必定离不开学生对知识本质的理解、知识体系的构建和知识的有效迁移。那么，在课堂教学中应如何加深学生对知识本质的理解，帮助学生整体构建知识体系，促进知识的有效迁移，从而发展学生的数据分析观念？这是我们思考的核心，也是培养核心素养的关键。我们认为，在日常教学中应至少作出以下三方面的教学改进。

（一）知识构建由碎片化转向结构化

深度学习是基于理解的学习，教师应对知识本质做到充分理解，掌握知识的结构化体系，从而在教学中帮助学生把零散的、孤立的、无序的知识点进行关联，促进学生更好地理解学科本质。

（二）学情分析向全局化发展

关注知识结构化设计的同时，也要关注学生的认知结构。教师应基于学生原有的数学基础知识、数学活动经验和数学认知水平，帮助他们实现新知与原有认知结构的结合，使之得以丰富和扩展，从而有利于数学知识的进一步构建和方法的迁移。

我们不仅要分析学生已有的知识和已达到的水平，还要分析学生当前所缺乏的知识、学习的困惑点，以及将要达到的水平，做到对学生的成长有全局性的认识。并且，可结合前测单来分析学生已有水平，这样可以对每一位学生的认知水平做到心中有数，也能使分析结果一目了然、更加精准科学。

（三）教学设计由自然课时转向单元整合

践行深度学习，落实核心素养，这无疑对教师的教材挖掘能力、课程重组能力和教学设计能力提出了更高的要求。教师在进行教学设计时，要突破传统的自然课时，而是基于整体性和全局性的角度来把控知识体系，实现知识整体的结构化设计。这样有利于深度学习的发生，帮助学生理解数学知识之间的联系，掌握知识本质和数学思想方法，促进数学素养的生长。

第二节 发展学生数据分析观念的结构化教学策略

数据分析观念的培养与"统计与概率"的教学是相辅相成的。一方面，清晰地认识数据分析观念的内涵及其构成要素能为"统计与概率"的教学提供方向性的指导；另一方面，培养学生的数据分析观念主要是通过"统计与概率"的教学来实现的。

"统计与概率"的课程内容是以螺旋式上升的形式呈现的，从而让学生在循序渐进的过程中获得数据分析观念。因此，本节将对培养小学生数据分析观念的教学策略进行研究，以帮助教师能更好地进行"统计与概率"的教学，并达成培养和发展小学生数据分析观念的最终目的。

一、将数据分析观念的培养目标贯穿教学始终

教师是学生学习的引路者，其自身是否对数据分析观念有一个正确的认识以及是否掌握了充足的关于数据分析方面的知识，这与培养学生数据分析观念的效果直接相关。因此，教师在开展关于小学生数据分析观念培养的教学设计前，首要任务就是要强化自身对数据分析的理论认识，理清数据分析观念的构成要素，特别是在"统计与概率"的教学中要始终保持培养和发展学生数据分析观念的认知。

（一）树立课标意识，加深对数据分析观念内涵的理解和理论认识

学科课程标准是每一门学科教学的"航标"，教师需要从课程标准的角度来更好地了解学科的性质和特点。在进行"统计与概率"教学设计时，为了把培养学生的数据分析观念落到实处，就需要教师认真研读数学课程标准，明晰数据分析观念的具体内容，扩充对数据分析观念的理论知识。一方面，教师要仔细研读课程标准中有关数据分析观念和"统计与概率"的相关内容，明白数据分析观念的内涵及其维度框架，理清数据分析观念是由哪些要素构成的，从而才能对学生进行针对性的培养。另一方面，教师还要不断更新自己对数据分析观念的认识，树立终身学习观念。

（二）强化目标意识，将数据分析观念的培养贯穿教学始终

"统计与概率"承担着培养学生数据分析观念的主要任务，因此不管是在教学设计时，还是在实际教学过程中，都应该贯彻落实这一培养目标。每一个教学环节环环相扣，若有一个环节没有做到以数据分析观念为指向，都将影响教学设计的整体效果，并最终影响到培养学生数据分析观念的实际效果。

二、整体把握教材内容，梳理知识之间的结构化联系

知识结构包括课时知识结构、单元知识结构、跨学段知识结构等。在结构化教学中，不仅要求学生理解各个知识与概念的含义，还需要学生掌握不同知识或同一知识在不同单元之间的联系，将零散的、碎片化的知识点连成线并形成知识结构，以引导学生建立学科整体框架，促进知识的迁移。

教学时，教师要把握整个学科知识体系，在学科整体观的视野下帮助学生发现并建立起各个知识要素间的联系，使学生对知识的认识从"零散"走向"联系"，从而促进思维的提升。比如，教师备课时不仅要把握课时知识，还要将其与单元知识、本册教材相关知识、跨学段相关知识进行系统整合，并将整合后的包含多种信息的知识框架呈现给学生。学生在这个过程中深度思考，发现不仅要掌握单个知识点，更要去深入思考该知识点与其他知识点间的异同与关联。

三、以教师的结构化意识帮助学生实现知识和思想方法的结构化

结构化教学重视学科知识之间的联系及其内容的整合。通过对教学内容进行重新整合，能够帮助学生从整体上把握知识结构，并实现知识的拓展与延伸。同时，教师还应重视引导学生从多个角度对问题进行深入思考，让思维过程由具体转向抽象，从而有利于学生思维的发展。这样，学生在学习过程中不仅掌握了学科知识，还学会了结构化的思维方式，理解了知识之间的联系。并且，在探寻知识间的联系时，他们的思维也在不断发散，在思考时学会类比推理，在总结时完善认知结构。

结构化教学不仅是一种教学方法，也是一种教学意识和理念，教师要有意识地在教学过程中勾连知识之间的联系，而不是孤立片面地传授知识。具体实施时，结构化教学可以按照从整体到局部的顺序展开，先对知识内容有一个整体把握，再聚焦每一个知识点进行深度剖析，勾连知识点与知识点之间的联系，帮助学生形成知识和思想方法的结构化。

第三节 以"平均数"为例

我们通过学习课标要求、深入挖掘教材，建构得到"统计与概率"结构化知识图谱。下面，以北师大版《数学》四年级下册"平均数"一课为例，从知识结构化构建、学生认知结构分析、结构化教学设计三个方面来具体分析如何促进数据分析观念的落地生根。

一、教材结构分析,深度剖析平均数的内涵

(一)对比各版本教材,丰富对"平均数"意义和算法的理解

我们对比了北师大版、人教版、西南师大版、青岛版、北京版、苏教版教材关于平均数的内容,如图14-4所示。通过对比各版本教材,丰富了我们对平均数意义和算法的理解,找到了平均数在"统计与概率"领域中的结构联系,为之后的结构化教学设计奠定了良好基础。

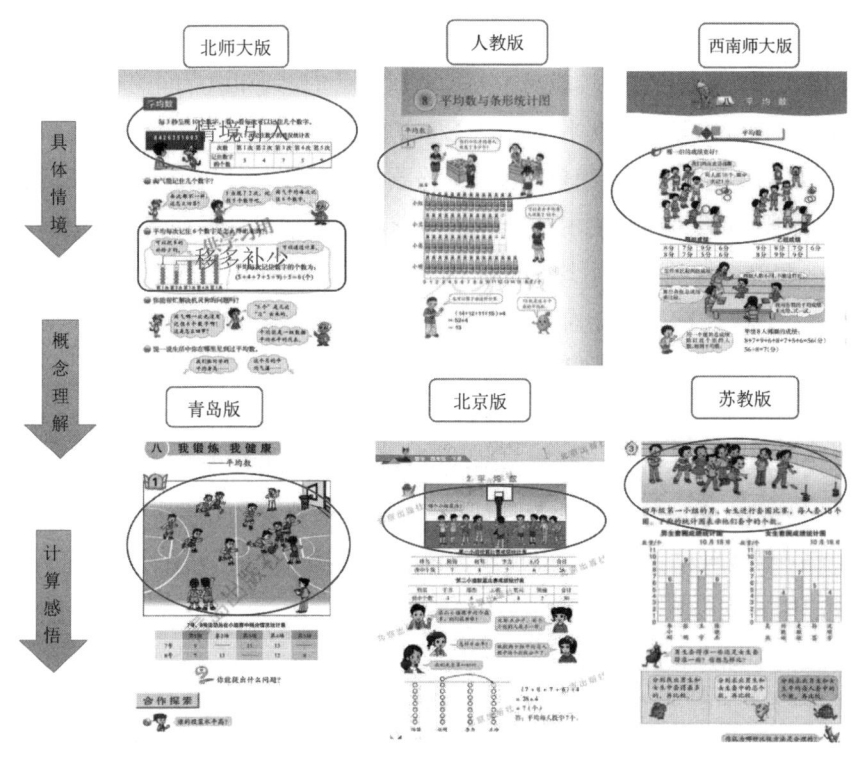

图 14-4

在对比中我们发现,不同版本教材在情境选择上略有不同,但都是根据生活中的情境来创设问题的,进而引入平均数概念的学习,帮助学生理解平均数的意义。在平均数意义的形成过程中,北师大版教材主要通过"3秒记数字"的游戏让学生感受一组数据的变化;再通过计算教师出示的另一组数据,让学生发现数与数之间的不同点,感受一组数据的最大值和最小值都会影响平均数的变化,从而让学生理解平均数的特点,即平均数反映一组数据的平均水平,以此发展学生的数据分析观念。

(二)从课时视角解读教材,构建知识点变式层级群

北师大版《数学》四年级下册"数据的表示和分析"单元有四个学习内容,分

别是条形统计图的认识、1格表示多个单位的条形统计图、折线统计图、平均数。下面,以平均数为例进行教材解读。

1. 找到本课时在小学数学知识体系中的位置

"平均数"安排在北师大版《数学》第八册教材第六单元中的第四部分,教材设置两课时完成。本课教学基于学生已有认知水平和生活经验展开,是在学生学习了基本条形统计图和折线统计图的基础上进行的,并为学生后续平均数再认识的学习做好铺垫。

2. 解读教材,构建知识点变式层级群

读懂教材,首先需要解读教材中的每个知识点,找到知识点间的联系及其层次。"平均数"一课要求学生了解平均数的概念,理解平均数的意义,会求简单数据的平均数(结果为整数),能解决简单的关于平均数的实际问题,积累统计活动相关经验。

教材密切联系学生已有的生活经验和学习经验来设计系列情境,让学生体会生活中存在着大量的关于平均数的实例,从而使学生认识平均数的概念,体会平均数的意义,在应用中强化对平均数的理解。下面,对北师大版教材关于平均数的内容(图14-4)作详细说明。

第一个小绿点,教材呈现淘气和机灵狗玩"3秒记数字"游戏的情境,并以表格的形式呈现淘气5次记住数字的情况。正如机灵狗和笑笑所说的,学生在描述淘气的记数字水平时往往出现两种情况:一种是每次记数结果都不一样,不知该如何选择;另一种是选择其中出现次数最多的数据。此时智慧老人提出"淘气平均每次记住6个数字",引入平均数内容的学习。

第二个小绿点,通过"平均数每次记住6个数字是怎么得出来的"这一问题,进一步让学生理解平均数,体会平均数的意义,探究如何求一组数据的平均数。教材通过用珠子表示数的方法,在学生已有"平均分"的认知基础上呈现两种思路:一种是"移多补少"的方法,意在通过直观操作让学生体会平均数的意义;另一种是平均数的一般计算方法,即"平均数 = 总数 ÷ 个数",从算法的角度理解平均数的意义。

第三个小绿点,教材通过"你能帮忙解决机灵狗的问题吗"这一问题,帮助学生进一步理解平均数的意义。这一问题把平均数的认识引向深处,让学生理解6个数字是淘气记数字的平均水平,不是某一次实际记数字的个数,是几次"匀"出来的结果,让学生明晰平均数的意义,即平均数是一组数据平均水平的代表。

第四个小绿点,教材最后呈现"说一说生活中你在哪里见过平均数",充分调动学生已有的认知经验,通过举例帮助学生感受平均数在生活中的广泛应用。

从上述四个小绿点的解读中,可以归纳出本节课学习的四层含义:平均数的概念;平均数的算法;平均数的意义;平均数在实际生活中的应用。为了突出学生对平均数特征的认识和理解,教材借助记数字的游戏,结合统计表引入平均数的相关学习内容。每一个问题环环相扣、层层递进,让学生深入浅出地学习平均数的概念、平均数的算法、平均数的意义和平均数的应用,从而培养学生的数据分析观念。

至此,结束第一课时的学习。我们发现,在对前面四个小绿点的学习和探索中都没有脱离具体的数据,主要是通过运用统计中的相关知识来解决简单的与平均数有关的实际问题,从而进一步积累数据分析的活动经验,培养学生的数据分析观念。

如图 14-5 所示,是教材中第二课时的内容。其中,"试一试"部分都是对平均数的应用,以加深学生对平均数的认识和理解。第一个小绿点通过"科技馆一星期售出门票情况统计表"的情境引入,让学生估一估平均数的大小,进一步体会平均数的特点。第二个小绿点通过"小熊冷饮店进冰糕时,查看本月前 3 周卖出冰糕情况的记录"这一情境,呈现条形统计图的记录方式,让学生进一步运用平均数解决生活中的实际问题,加深对平均数意义的理解,渗透统计思想,建立数据分析观念,并为今后"平均数的再认识"的学习奠定基础。

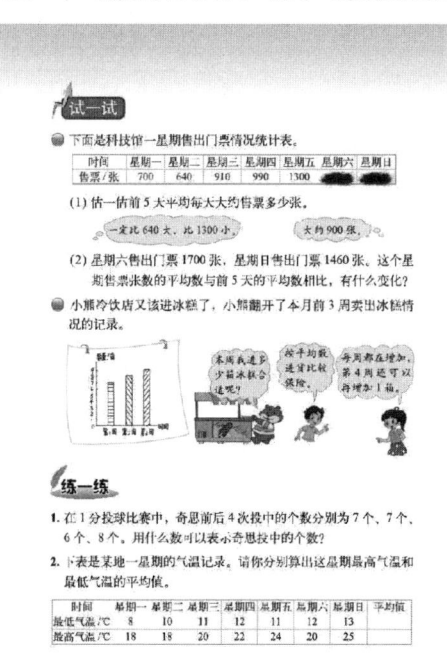

图 14-5

以上是"平均数"新授部分的知识点变式层级群分析。知识点的层次安排由具体到抽象，且定性描述和定量分析相结合。教材以游戏引入平均数概念，让学生自主发现平均数的计算方法，并尝试用"移多补少"的方法求解平均数，最后把平均数应用于实际生活中，不仅提高了学生的迁移应用能力和判断推理能力，还渗透了统计思想，培养了学生的数据分析观念，提升了学生的数学素养。

3. 练习题中的知识点变式层级群

从新课学习转向作业练习，让知识点进一步"活"起来（图14-6）。

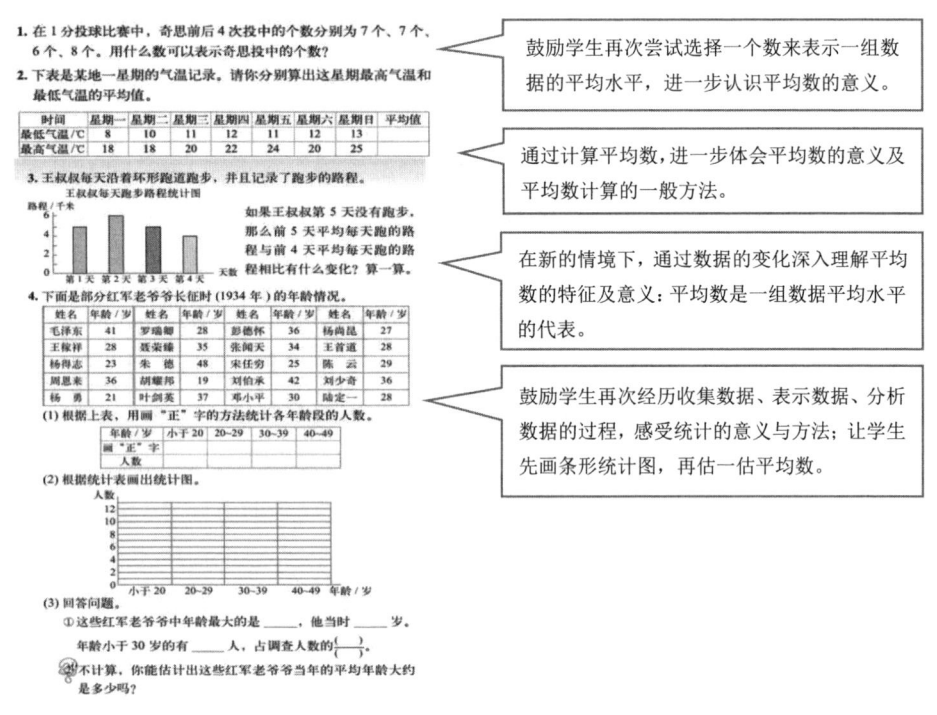

图 14-6

通过对习题的研究，发现教材课后练习题的编排都是有层次的，且基本与教材小绿点所对应知识点的层次保持一致。我们聚焦教材每一个小绿点所对应的知识点来设置相应的练习题，以强化学生对知识点的理解和掌握。最终，让学生能够运用平均数来解决生活实际问题，感受数学与生活的密切联系以及数学知识的广泛应用。

通过以上对平均数在横纵两方面的教材分析，我们绘制得到平均数的内涵结构图（图14-7）。

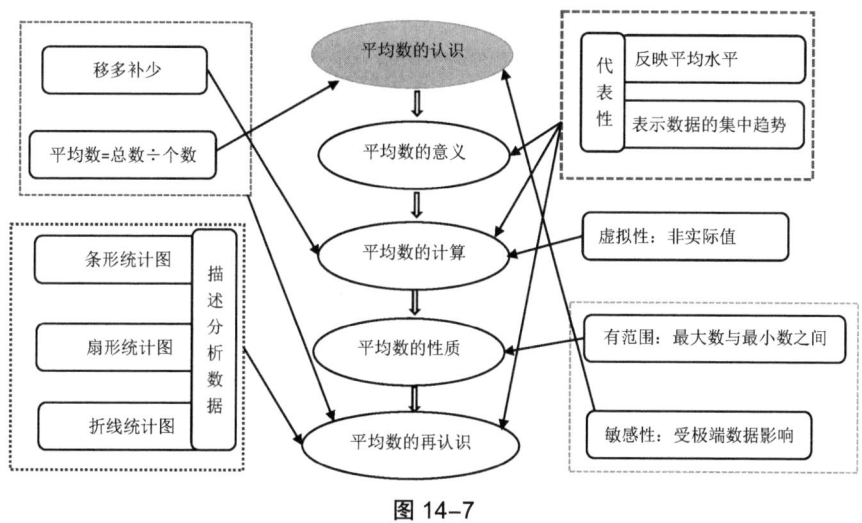

图 14-7

（三）从单元视角解读教材，构建单元知识点变式层级群

本单元中，与"平均数"有关联的内容有"栽蒜苗（一）"和"栽蒜苗（二）"（认识折线统计图）。"平均数"的教学是在学习了基本统计图的基础上进行的，要求学生会画条形统计图和折线统计图，会用基本的统计图描述数据、分析数据，具体框架如图 14-8 所示。本单元的学习有利于积累学生的统计活动经验，发展学生的统计思想，培养数据分析观念。

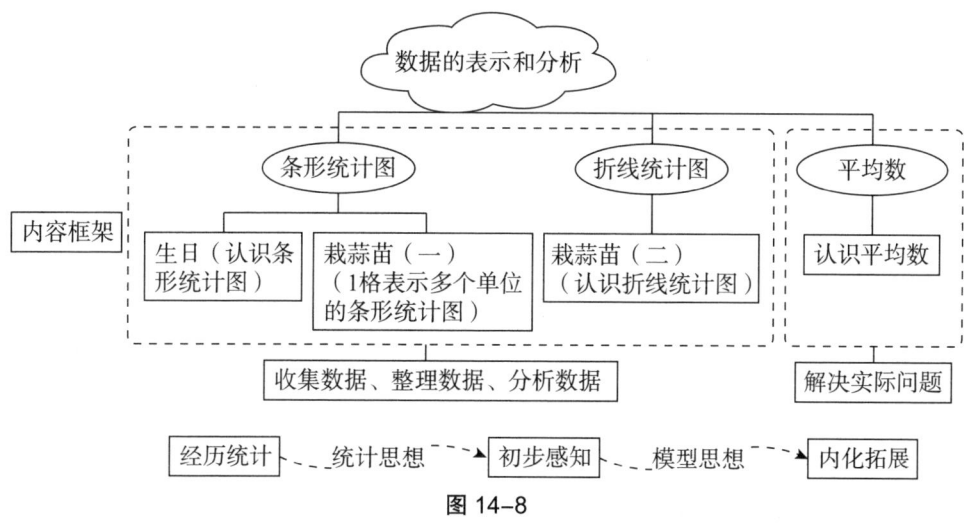

图 14-8

1. 栽蒜苗（一）

"栽蒜苗（一）"一课让学生经历根据实验数据绘制统计图的过程，认识 1 格表示多个单位的条形统计图，并会进行简单的数据分析，感受统计在生活中的应用。教材内容如图 14-9 所示。

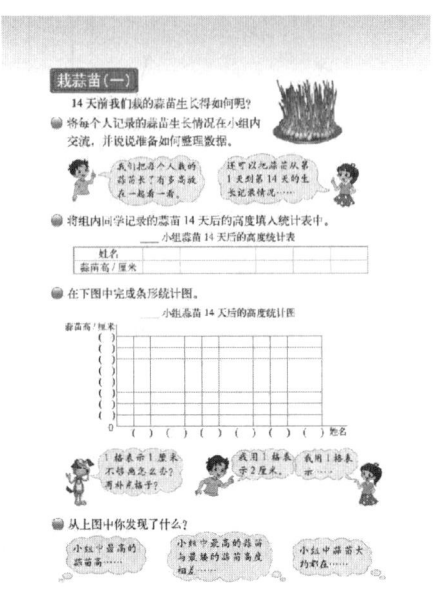

图 14-9

第一个小绿点,通过对组内成员所栽蒜苗 14 天后高度的整理与对比,对数据进行分析,让学生在交流中经历数据的收集与整理过程。第二个小绿点,教材出示统计表,引导学生以统计表的方式对数据进行整理,强化学生对统计图表的应用意识,发展统计思想。第三个小绿点,教材鼓励学生根据实验数据尝试画条形统计图,让学生感受到随着数据的增大,1 格表示 1 厘米已无法满足需求,从而产生 1 格表示几厘米的需求,让学生认识 1 格表示多个单位的条形统计图。

本课时让学生经历收集数据、整理数据、分析数据的过程,为学生学习折线统计图奠定基础,也对学生学习平均数有着重要的促进作用。

2. 栽蒜苗(二)

"栽蒜苗(二)"一课让学生经历处理实验数据的过程,了解折线统计图的特点,能绘制折线统计图,并能根据折线统计图分析数据信息。教材内容如图 14-10 所示。

第一个小绿点,教材直接出示根据笑笑所栽蒜苗的高度数据绘制而成的折线统计图,让学生凭借已有的认知结构解读折线统计图的含义,学生在自主探究、合作交流中认识折线统计图,掌握折线统计图的画法。第二个小绿点,教师引导学生观察折线统计图的整体趋势,判断蒜苗的生长情况,渗透整体思想。第三个小绿点,教材引导学生在了解蒜苗整体生长情况的基础上对蒜苗生长变化情况进行分析，提问"什么时候增长快？什么时候增长慢"，让学生感受折线统计图的特点。第四个小绿点，让学生亲身经历数据的收集、整理过程，自主绘制折线统计图，并根据自己所画的折线统计图进行数据分析。

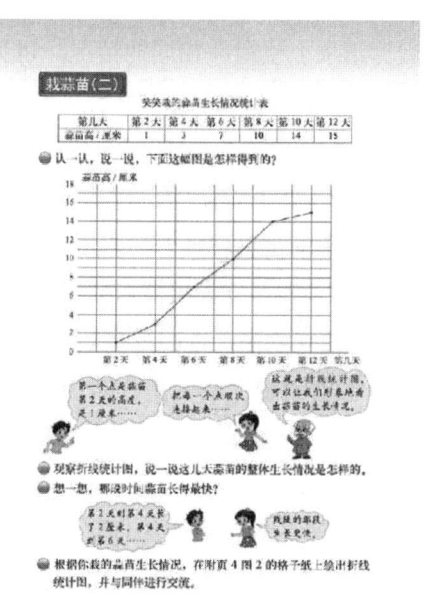

图 14-10

3. 单元编排体系

分析本单元中与"平均数"相关的三个内容，进一步梳理单元编排思路与编排规律。第一课时认识条形统计图，按照从具体情境到抽象概念理解再到应用于实际生活的思路编排，并引出折线统计图和平均数的学习。第二课时主要从折线统计图的认识、绘制和分析方面展开学习。第三课时主要学习平均数的概念、平均数的计算和平均数的应用，在应用中强化对平均数意义的理解，感受生活中大量存在平均数的应用，体会数学来源于生活，并广泛应用于生活。本单元知识的学习为后续平均数再认识的学习奠定基础。

4. 从单元视角解读教材编排逻辑

我们首先梳理出每课时知识点变式层级群，接着探寻单元内容的展开顺序，最后找到课时之间知识点生长过程的联系与区别，发现知识点的形成是一般到具体、直观到抽象的过程；并让学生在具体生活情境中感受统计思想，通过对具体数据的收集、整理、分析过程，培养数据分析观念，积累统计活动经验，为后续学习奠定基础。

二、系统分析学生认知结构，促进知识和方法的迁移

教学"平均数"前，我们对学生进行了前测，共四道试题。前测题 1 中，40% 的学生认为"平均数"和"平均分"是一样的，理由是在计算平均数和平均分成几份时，都会用到除法，且运算结果上也存在相同的情况。可见，多数学生混淆了"平均数""平均分"概念，而实际上两者存在较大差异。"平均分"是把总数分成几份，每份数量一样多，且分得的结果是一个实际数；"平均数"是一组数据的总和除以这组数据的个数而得到的商，是一个计算值，表示一组数据的平均水平，并不是实际分得的结果。因此，教学时应帮助学生理解平均数是表示统计对象的一般水平。

前测题 2 的反馈情况较好，大部分学生能对条形统计图进行"移多补少"，能自动把每个数据和整体数据建立联系，通过观察、比较进行移补，使图形外观从"不平整"变成"平整"。分析前测题 3 的学生作答情况，发现 40% 的学生能正确选择平均数来代表一组数据的一般水平，已会使用"平均数 = 总数 ÷ 个数"的计算方法；但是，发现不少学生会把平均数与众数、中位数相混淆。前测题 4 主要考查学生对平均数是表示一般水平的虚拟数值的理解，发现只有不到 10% 的学生能理解平均数不是真实数，因此教学中应通过具体实例让学生体会平均数的虚拟性。

由此可见，学生对平均数已有一定认知，在日常生活中也与平均数有过一定的接触，如经常听到的平均身高、平均成绩、平均工资等概念。部分学生已能通过"平均数 = 总数 ÷ 个数""移多补少"的方法求出平均数，但容易混淆平均分和平均数的概念，从根源上缺乏对统计量意义的理解。基于以上分析，我们构建出学生认知结构图（图 14-11）。

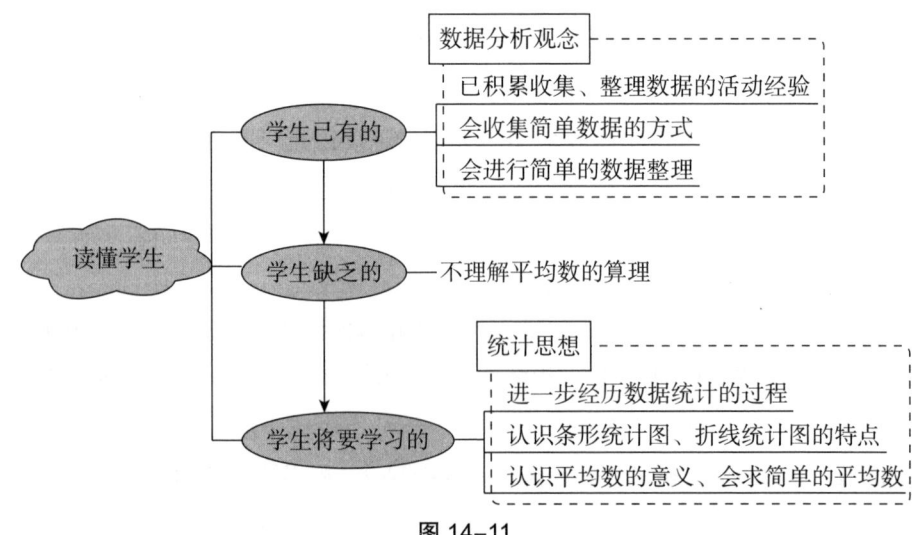

图 14-11

三、整合学习内容，以结构化教学促数据分析观念的形成

由前文分析可知，本单元"栽蒜苗（一）"与"栽蒜苗（二）"两课时内容与平均数知识相互渗透，教学中可作适当整合，用结构化教学进行设计，教学结构框架如图14-12所示。在教学过程中有序渗透数学思想，推进学生数据分析观念的形成。

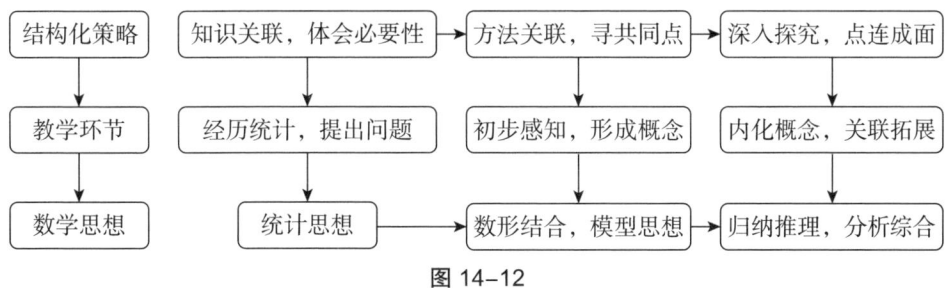

图 14-12

具体教学过程如下。

经历统计数据的过程，渗透统计思想

设计"看谁记得多"记数游戏。

出示游戏规则：每次出现10个数字，看一眼（3秒），记录每次最多能记住几个数字。

游戏共5轮，每轮记住数字最多的学生得1颗☆，最后☆数最多的学生获胜。教师提供记录单（表14-2），四人一组进行游戏，并让学生自主统计、填写表格。

表 14-2 记录单

轮次	第一轮	第二轮	第三轮	第四轮	第五轮
组员1					
组员2					
组员3					
组员4					

游戏结束后，呈现一组学生游戏结果，如表14-3所示。

表 14-3 某组学生游戏结果

轮次	第一轮	第二轮	第三轮	第四轮	第五轮
学生A ☆	3	5	7√	5	5
学生B ☆	4	5	6	7	8√

（续表）

轮次	第一轮	第二轮	第三轮	第四轮	第五轮
学生C☆☆	8√	5	4	8√	5
学生D☆	5	9√	6	6	7

学生统计，容易发现该小组学生C的☆数最多，是该小组的获胜者。

教师追问：通过表格中的数据，可以看出每个人对于10个数字的记忆水平都不同。如果你是教练，要选一位学生参加记数比赛，你会派谁参加呢？

学生讨论，在思维碰撞中引出平均数概念。

【说明】前测发现，教学前学生已或多或少对平均数有一定的认识，因此教师在教学过程中更重视对学生统计思想的渗透，而不仅仅是计算。本环节通过设计真实的游戏情境，让学生经历统计数据、整理数据的过程，发展应用意识，并顺势提出关键问题，引出求平均数的必要性。

在问题解决中形成概念，渗透数形结合和模型思想

① 教学片断1。

教师提问：如果请你从学生A的这组数据中选一个数字代表他的一般水平，你会选哪一个？为什么？（引导学生思考平均数的意义及其计算方法）

学生有的选5，认为5在这组数据中出现次数最多，可以代表学生A的一般水平。（虽然答案正确，但认识上存在误区）

也有学生选5，方法是把5轮游戏的总成绩加起来，再除以5，计算得到这组成绩的平均数，即$(3+5+7+5+5)÷5=5$（个），用平均数就可以代表学生A的一般水平。

教师适当提炼平均数的意义及其计算方法，板书"平均数＝总数÷个数"。

② 教学片断2。

出示学生B成绩的条形统计图（图14-13），并计算其平均成绩。

学生应用公式容易计算出$(4+5+6+7+8)÷5=6$（个），即学生B记数成绩的平均数是6。

追问：有没有同学只通过观察条形统计图，不用计算，就能算出学生B记数成绩的平均数？（引导学生从对"数"的关注转移到"形"上）

通过观察，学生发现可以把多的补给少的，"8"给"4"补2个，"7"给"5"补1个，使得每一轮的数字都是6，这样学生B每一次的成绩就一样了，数字6就是

他的平均成绩。(板书"移多补少")

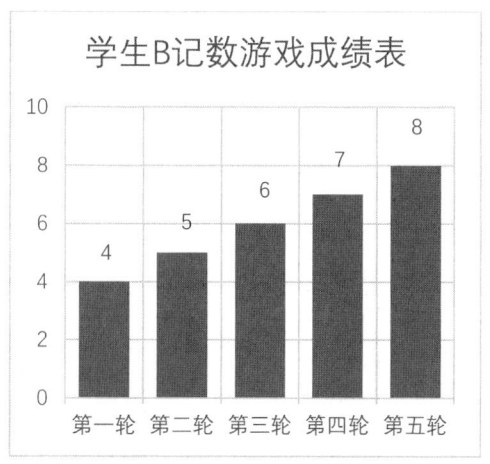

图 14-13

【说明】本环节让学生在数据分析过程中体会平均数的意义。在确定"代表数"的过程中自然引出平均数,进而引导学生用熟悉的除法提炼出求平均数的一种方法——计算,再借助直观、简洁的条形统计图,帮助学生理解求平均数的另一种方法——移多补少,从中感悟平均数的本质,即表示一组数据的一般水平。

③ 教学片断 3。

出示学生 C 的成绩,要求计算其平均成绩,得出平均成绩是 6。

学生发问:学生 C 哪一次也没有记住 6 个数字啊,为什么平均数是 6 呢?

教师追问:学生 C 记住数字的平均数,并不等于她任何一次的成绩。像这样"无中生有"的数字 6 能代表学生 C 的一般水平吗?(小组讨论后全班分享)

总结得出:平均数不一定是一组数据中的已知数据。

最后要求求出学生 D 的平均成绩,得到 $(5+9+6+6+7)\div 5=6.6$(个),是小数,而非整数。学生再次疑惑,并再次展开讨论。

教师总结:生活中很多时候的平均数都是小数,因为它是"平均得来"的。

教师一并出示这四位学生的平均成绩,再次提问"如果你是教练,要选一位学生参加记数比赛,你会派谁参加呢",学生不约而同地选择学生 D,因为他记数的平均成绩最高,表示水平最高,赢得比赛的可能性更大。

【说明】通过对平均数的深入研究,分析数据中蕴含的信息,学生发现平均数可能是一组数据中不存在的数,也可能是一个小数,但都代表一组数据的平均水平,进一步体会平均数的虚拟性及数据分析的价值。

在深入探究中内化概念，促进数据分析观念的形成

问题1：A、B、C三人去射击，A射中了5环，B射中了6环，C射中了10环。下面两幅条形统计图（图14-14）中的虚线是否准确标注出了三人射击平均成绩的位置？

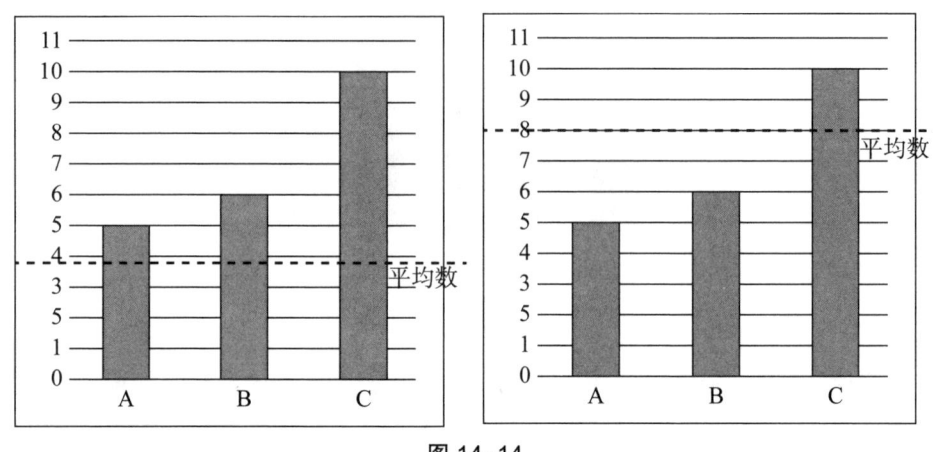

图 14-14

问题2：根据条形统计图（图14-15）中平均数所在的虚线位置，猜测C可能射中的环数。若C射中了7环，虚线的位置会改变吗？

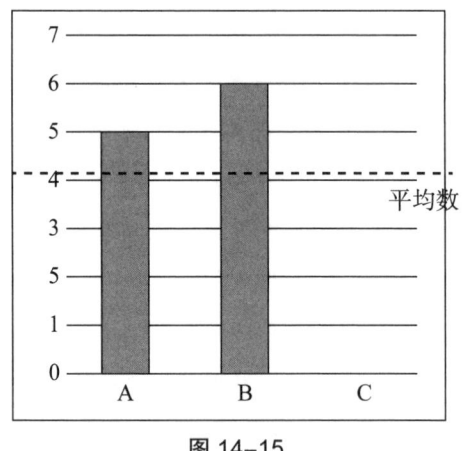

图 14-15

【说明】问题1让学生理解平均数的取值范围，即在最大数和最小数之间。问题2旨在帮助学生应用几何直观灵活处理平均数问题，感知每个数据的变化都会对平均数的大小产生影响。此外，在计算C的不同成绩的过程中，进一步帮助学生巩固算法、提升能力，并体会平均数的代表性、敏感性和有范围。

回顾反思,帮助学生形成结构化知识体系,助力数学素养生长

① 利用思维导图整理复习,帮助学生构建结构化知识体系。

【说明】为了使学生对平均数有更好的理解,"回头看"是非常有必要的。我们以思维导图(图 14-16)的形式带领学生梳理本课知识点,帮助学生打通思路,建立结构化知识体系,促进学生对知识本质的理解。

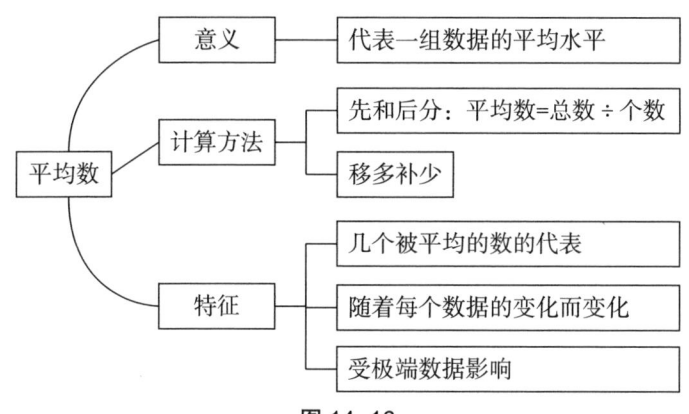

图 14-16

② 评价设计:巩固提升,练习赋予知识生活的原型。

【说明】课尾我们设计了两道练习(图 14-17)。第一题是练习计算平均数的一般方法,进一步体会平均数的意义;第二题引发学生深入理解平均数的意义,即平均数是一组数据平均水平的代表。练习由浅入深,层层递进,实现练习的结构化。

1. 下表是某地一星期的气温记录。请你分别算出这星期最高气温和最低气温的平均值。

时间	星期一	星期二	星期三	星期四	星期五	星期六	星期日	平均值
最低气温/℃	8	10	11	12	11	12	13	
最高气温/℃	18	18	20	22	24	20	25	

2. 王叔叔每天沿着环形跑道跑步,并且记录了跑步的路程。

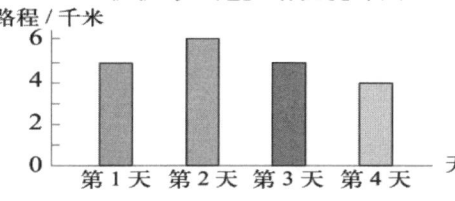

如果王叔叔第 5 天没有跑步,那么前 5 天平均每天跑的路程与前 4 天平均每天跑的路程相比有什么变化?算一算。

图 14-17

总之，教师要不断更新教学观念。特别是在当前的新课程背景下，在关注知识落实效果的同时，也要关注学生全面和可持续的发展，以及能力、思维和品质的提升。教学过程中要深入挖掘教材价值，对知识体系要有整体性、全局性的认识和把控，建立结构化的知识体系和数学思想体系，这样才有利于学生能力和思维的发展，有利于学生核心素养的养成。

附 录

"成都高新区小学数学如何发展学生知识结构化的意识与能力"教师团队技能赛参赛学校

（按音序排列，排名不分先后）

成都高新滨河学校
成都高新和平学校
成都高新区成外美年学校
成都高新区芳草小学
成都高新区行知小学
成都高新区锦城小学
成都高新区锦晖小学
成都高新区菁蓉小学
成都高新区庆安小学
成都高新区尚阳小学
成都高新区西芯小学
成都高新区新光小学
成都高新区益州小学
成都高新区中和小学
成都高新顺江学校
成都高新新城学校
成都高新新华学校
成都高新新科学校
成都高新新源学校
成都霍森斯小学
成都金苹果公学
成都美视国际学校
成都蒙彼利埃小学
成都墨池书院小学
成都七中初中附属小学
成都师范银都小学
成都师范银都紫藤小学
成都市教育科学研究院附属学校（成都天府实验学校）
成都市教育科学研究院附属学校（西区）
成都市泡桐树小学（天府校区）
成都玉林中学附属小学
电子科技大学实验中学附属小学
四川省成都市石室天府中学附属小学

后　记

　　成都高新区教育发展中心长期坚持"教、研、培、评"的一体化工作思路，以引领全区教师专业成长。本书是成都高新区小学数学团队继2016年出版《关注四种意识，培养学生的问题解决能力——成都高新区区域数学课题推进的智慧实践》后的又一力作，呈现了近年来团队如何通过对"课程图谱"的构建与使用，实现"结构化教学"的主要成果。

　　研究过程中，我区小学数学团队的700余名教师始终秉持"创字当头、惟高惟新、以质为炬、争先率先"的"高新精神"，在实践中不断摸索，并最终探索得到实现核心素养落地的有效路径。这是一个从模糊到清晰、从初具轮廓到内容详实、从彼此独立到互相关联的发展过程，更是一个"从实践中来，到实践中去"的过程。

　　书稿撰写期间，恰逢《义务教育数学课程标准（2022年版）》颁布，我们欣喜地发现前期的研究与"新课标"精神有着太多的不谋而合。对于"新课标"的个别变化之处，我们也在实践中小心求证、反复探索，不仅更新了原有认知，也在初稿上作了相应修改。几经周折，书稿终于成形。

　　感谢全国著名特级教师吴正宪老师、《小学数学教师》特约副主编陈洪杰老师为本书倾情作序；感谢省、市教研员及专家们的指导与帮助；感谢成都高新区教育文化体育局彭涌局长、匡世联副局长的大力支持；感谢成都高新区教育发展中心李建萍副主任、黄泰铭副主任的关心与指导；感谢区域所有学校、700余名小学数学教师的全身心投入。

　　鉴于我们研究水平有限，对于书中存在的不足之处，还恳请广大一线教师、专家的批评与指正，帮助我们进一步提升教学研究水平和文稿编撰水平。

成都高新区小学数学团队

2022年7月